学术中国文丛

史与思：面向具体的存在

杨国荣 著

广东高等教育出版社
Guangdong Higher Education Press
·广州·

图书在版编目（CIP）数据

史与思：面向具体的存在/杨国荣著. —广州：广东高等教育出版社，2022.8

（学术中国文丛/张江，王兆胜主编）

ISBN 978-7-5361-7091-9

Ⅰ.①史… Ⅱ.①杨… Ⅲ.①哲学-研究-文集-中国 Ⅳ.①B2-53

中国版本图书馆 CIP 数据核字（2021）第 173238 号

SHI YU SI：MIANXIANG JUTI DE CUNZAI

史与思：面向具体的存在

杨国荣　著

版权所有　翻印必究

总 策 划	黄红丽
项目统筹	靳　辉
责任编辑	何栩隽
装帧设计	陈智慧
责任技编	吴练武　王丽珍
责任校对	严　颖
营销总监	姚永清

出版发行　广东高等教育出版社
　　　　　地址：广州市天河区林和西横路
　　　　　邮政编码：510500　电话：（020）87554153　87551436
　　　　　http://www.gdgjs.com.cn

印　　刷	广东鹏腾宇文化创新有限公司
开　　本	787 毫米×1 092 毫米　1/16
印　　张	26.75
字　　数	385 千
版　　次	2022 年 8 月第 1 版　2022 年 8 月第 1 次印刷
定　　价	88.00 元

如发现印刷、装订质量问题，请与出版社联系调换。

"学术中国文丛"编委会

学 术 顾 问：陈春声
总 主 编：张 江
执 行 主 编：王兆胜
文 学 卷 主 编：陈剑晖
历史学卷主编：仲伟民
哲 学 卷 主 编：赵培杰
经济学卷主编：张宇燕
编 委（按姓氏笔画排序）：
　　　　丁 帆　王兆胜　仲伟民
　　　　张 江　张宇燕　陈春声
　　　　陈剑晖　赵培杰　南 帆
　　　　黄红丽　彭玉平

总　序

张　江

习近平总书记在哲学社会科学工作座谈会上的讲话指出,当代中国正经历着我国历史上最为广泛而深刻的社会变革,也正在进行着人类历史上最为宏大而独特的实践创新。这种前无古人的伟大实践,必将给理论创造、学术繁荣提供强大动力和广阔空间。这是一个需要理论而且一定能够产生理论的时代,这是一个需要思想而且一定能够产生思想的时代。

习近平总书记的重要论述是对思想理论发展规律的科学论断,也是对哲学社会科学工作者的殷切期望。当前中国处于近代以来最好的发展时期,世界处于百年未有之大变局,两者同步交织、相互激荡。一方面,当代中国比历史上任何时期都更接近中华民族伟大复兴的目标,比历史上任何时期都更有信心、有能力实现这个目标。另一方面,当代世界全球化潮流滚滚向前,逆全球化趋势暗流涌动,各种思潮相互激荡,各种文化相互交融,各种观念相互碰撞,多样性、差异性、复杂性、不确定性正在成为这个世界越来越突出的特征。

这样的时代条件,既为我们的哲学社会科学研究带来许多新问题和新挑战,也为思想理论的创新发展增添了强劲动能,开拓了宏阔空间。在这样的时代条件下,不断推进学科体系、学术体系、话语体系建设和创新,努力构建一个全方位、全领域、全要素的哲学社会科学体系,是坚持和发展中国特色社会主义的一项重要任务,也是当代哲学社会科学的重大使命。在中国特色社会主义进入新时代的今天，中国故事需要更好地被全世界所理解，中国经验需要更好地被现代社会科学所表达，中国学术也要更好地被世界学术界所倾听。让世界了解"学术中的中国""理论中的中国""哲学社会科学中的中国"，构建哲学社会科学的"中国学派"，恰逢其时，大有可为。

理论的生命力在于创新。创新是哲学社会科学发展的永恒主题，也是社会发展、实践深化、历史前进对哲学社会科学的必然要求。学术创新离不开两样东西：一是必须立足源自于本土经验的学术传统和时代问题，二是必须牢牢把握世界学术发展的趋势和潮流。学术创新更要有批判精神，这是马克思主义最可贵的精神品质。不管是对传统的理论、范畴、体系，还是外来的概念、话语、方法，都要有分析、有鉴别、有汲取、有批判，不要盲目崇拜，不可生搬硬套。尤其是面对西方话语霸权，不应该满足于向"为西方思想作注，为西方学术致敬"，更不应该"以西方的是非为是非，以西方的标准为标准"，必须立足于中华优秀传统文化，立足于中国特色社会主义建设的伟大实践，在世界视野中发现问题，在中国经验中思考问题，让思想理论更具中国特色、中国风格、中国气派。

"学术中国文丛"正是在这样的现实语境和文化背景下产生的。丛书希望通过对中国学术传统的资源挖掘与价值再发现，在构建"学术中的中国"方面有所作为，有所贡献。我们坚信，中华民族伟大复兴必将推动知识建构范式的革命，必将带来中国学派的诞生。"学术中国文丛"的历史使命就是要形成具有中国特色、解决中国问题的知识体系，并为人类发展提供中国智慧与中国方案。

"学术中国文丛"的出版，总体而言，具有开拓补白之功，它走的是"文化积累"与"学术建设""学科建构"的路子，其理论价值与现实意义，主要体现在以下几个方面。

一是响应时代主题精神，契合国家文化战略。"学术中国文丛"关注一流专家学者，反映中华人民共和国成立以来国内学术研究最高成果，它的出版对推动中国当代学术文化的发展繁荣，加强中外学术对话，在世界学术体系传播中国声音，展现中国学派，提升中国学术的世界地位，推进中国文化"走出去"，具有重要意义。

二是承接优秀传统文化，增强民族文化自信。文丛植根于中华优秀传统文化，通过深入挖掘中华优秀传统文化蕴含的思想观念、人文精神、道德规范，按照新时代精神，去粗取精，去伪存真，赋予新的时代内涵，对推动中华优秀传统文化的创造性转化和创新性发展，增强民族文化自信具有重要意义。

三是加强学术积累传承，推进高校学科建设。文丛广泛覆盖文、史、哲、经等学科，通过荟萃不同学科学派的经典名作，全面展现中国现代学术体系发展过程，促进学术体系和话语体系创新，推进人才培育，催生学术经典，为各领域研究者提供基础性的经典范本。

总之，"学术中国文丛"的出版，是构建"理论中的中国""学术中的中国"的一部分。中华民族伟大复兴为构建中国学派提供了丰厚的实践土壤，也提供了空前的历史性机遇。"学术中国文丛"的出版，正是将中华优秀传统文化当代化以及进行创造性转化的实践，是增进文化自信的有益尝试。

"学术中国文丛"具有权威性、经典性、时代性、中国性等特点。

一是在作者选取上坚持权威性。为了保证丛书的品质，作者一律选取国内各领域的顶尖学者，并且是资历深、水平高、广受认可、影响力大的作者，做到多中选好、好中选优、优中选精，从根本上保证丛书的高标准和权威性。

二是在内容组织上强调经典性。文丛的遴选标准首要是重视学术含量、学术价值，以学术史的眼光、经典性的标准，采用自选或精选的方法来确定图书内容。入选内容应是均为作者的开山之作、奠基之作、经典之作，必须站得住、立得稳，能成为学术标杆，能经得住历史考验，具有相当的文化积累意义和学术传承价值，在国内外具有较大影响。

三是在写作旨趣上契合时代性。在选材上，文丛优先考虑体现时代精神、富有宏大格局、与国家经济社会发展密切相关的研究成果。

以学术为出发点，以文化为立足点，以中国价值为落脚点，自觉承担起举旗帜、聚民心、育新人、兴文化、立形象的使命任务。换言之，就是要自觉关注时代主题、回应社会热点、着眼于国家战略、融入世界发展大势，不是单纯为学术而学术。

四是在关注焦点上体现中国性。文丛坚持立足中国、聚焦中国，把中国成就和中国经验等重大问题的历史经验和理论阐释作为重中之重，特别是关注反映当代中国经济社会发展现状趋势经验的具有中国特色的学术成果，以便讲好中国故事，反映中国成就，传播中国声音，分享中国经验，展示中国形象。

"学术中国文丛"，值得期待。

2020 年 6 月 8 日

杨国荣 华东师范大学资深教授、人文社会科学学院院长、教育部重点人文研究基地中国现代思想文化研究所所长、校学术委员会副主任。教育部长江学者、国务院学位委员会第五、第六届哲学学科评议组成员。主研究领域包括中国哲学、中西比较哲学、伦理学、形而上学等,出版学术著作近20种,多种论著被译为英文、韩文,在Indiana University Press、Brill等出版。主要学术兼职包括国际形而上学学会(ISM)主席、国际哲学学院(IIP)院士、国际中国哲学史学会(ISCP)会长。

本书诸篇则既涉及哲学史的考察，也关乎哲学理论方面的思考，其中体现的是"史与思"统一的进路。在"史"的层面，本书考察的范围包括中国古代哲学与近现代哲学；在"思"的层面，本书的探索指向认识论、伦理学、政治哲学、实践智慧等领域。以具体、真实的存在为指向，史与思的以上交融面，同时呈现"具体形上学"的形态。

| 目 录 |

作为哲学的中国哲学 /001
中西之学与世界哲学 /030
何为儒学？ /043
庄子哲学中的名与言 /060
理学的衍化
　　——从张载到王阳明 /082
经学的实证化及其内蕴 /120
实证主义的东渐 /136
20世纪科学主义的多向度展开 /152
分析哲学与中国哲学 /182

主体间关系论纲 /196
政治哲学：问题与内蕴 /206
道德系统中的德性 /252
认识、存在与智慧 /283
意义的意义 /312
论实践智慧 /355
"事"与现实世界 /387

杨国荣著作一览 /413
后记 /414

作为哲学的中国哲学

从"哲学"的视域理解中国哲学,有其历史的背景,后者可以从中西两个具体的角度加以考察。从西方哲学的视域看,自黑格尔始,西方主流哲学对中国哲学便视之甚低。黑格尔在《哲学史讲演录》中曾提到中国哲学,但并未把中国哲学纳入他所理解的哲学之列。在他看来,孔子"是中国人的主要的哲学家",但他的思想只是一些"常识道德","在他那里思辨的哲学是一点也没有的"。《易经》虽然涉及抽象的思想,但"并不深入,只停留在最浅薄的思想里面"①。黑格尔之后,主流的西方哲学似乎沿袭了对中国哲学的如上理解,在重要的西方哲学家那里,中国哲学基本上没有进入其视野。

另一方面,自哲学作为学科在中国现代形成之后,关于如何理解中国哲学便存在不同看法。晚近以来,中国哲学是否为"哲学"进而成为有争议的问题。这里可以简要地提及所谓"以中释中"之说。"以中释中"的本来含义是以中国的学术或中国的学问来解释中国的学问,在"以中释中"的视野中,如果用"哲学"这样的范畴来讨论中国的学术和思想问题,便意味着将其西方化。从逻辑上看,这一主张所蕴含的前提是,"哲学"为西方所特有,从而,一旦运用"哲学"的概念、术语来分析中国的思想,便会使之失去本来的形态和内涵。在比

---

① 黑格尔:《哲学史讲演录》第一卷,贺麟、王太庆译,商务印书馆,1981,第118-132页。

较极端的"以中释中"论那里，同时可以看到一种倾向，即把哲学还原为哲学史、把哲学史还原为思想史、把思想史又还原为学术史。这种还原的背后，内在地蕴含着关于中国哲学是否为现代学科意义上之哲学的质疑。

以上两重背景，使如何理解中国哲学成为一个无法回避的问题。

一

对以上问题的具体回应，离不开对哲学本身的理解："何为中国哲学"与"何为哲学"这两个问题密切相关。在具体讨论作为哲学的中国哲学之前，需要先对"何为哲学"作一概要的考察。大致而言，"哲学"的内涵，不能仅仅从某一特定的传统或特定的形态出发去界定，而应着眼于其深层规定以及普遍特征。从本原的层面看，作为把握世界的观念形态，哲学的内在规定体现于智慧的追问或智慧之思。这不仅仅在于"哲学"（philosophy）在词源上与智慧相涉，而且在更实质的意义上缘于以下事实：正是通过智慧的追问或智慧之思，哲学与其他把握世界的形式区分开来。这一意义上的智慧——作为哲学实质内涵的智慧，首先相对于知识而言。如所周知，知识的特点主要是以分门别类的方式把握世界，其典型的形态即是科学。科学属分科之学，中国近代以"科学"（分科之学）翻译"science"，无疑也体现了科学（science）的特征。知识之"分科"，意味着以分门别类的方式把握世界：如果具体地考察科学的不同的分支，就可以注意到，其共同的特点在于从不同的角度或特定的视域去考察世界的某一方面。自然科学的领域中的物理学、化学、生物学、地理学、地质学等等，侧重于从特定的维度去理解、把握自然对象。社会科学领域中的社会学、政治学、经济学、法学等等，则主要把握社会领域中的特定对象。无论是自然科学，抑或社会科学，其研究领域、研究对象都界限分明。以上现象表明，在知识的层面，对世界的把握主要以区分、划界的方式展开。

然而，在知识从不同的角度对世界分而观之以前，世界首先以统一、整体的形态存在：具体、现实的世界本身是整体的、统一的存在。与这一基本的事实相联系，如欲真实地把握这一世界本身，便不能仅仅限于知识的形态、以彼此相分的方式去考察，而是同时需要跨越知识的界限，从整体、统一的层面加以理解。智慧不同于知识的基本点，就在于以跨越界限的方式去理解这一世界。可以看到，这一意义上的"智慧"主要与分门别类理解世界的方式相对。

具体而言，智慧又展开为对世界的理解与对人自身的理解二重向度。关于世界的理解，可以从康德的思考中多少有所了解。康德在哲学上区分把握存在的不同形态，包括感性、知性、理性。他说的理性有特定的含义，其研究的对象主要表现为理念。理念包括灵魂、世界、上帝，其中的"世界"，则被理解为现象的综合统一：在康德那里，现象的总体即构成了世界（world）。[1] 不难注意到，以"世界"为形式的理念，首先是在统一、整体的意义上使用的。对世界的这种理解，与感性和知性的层面上对现象的把握不同，在这一意义上，康德所说的理性，与"智慧"这种理解世界的方式处于同一序列，可以将其视为形上智慧。确实，从哲学的层面上去理解世界，侧重于把握世界的整体、统一形态，后者同时又展开为一个过程，通常所谓统一性原理、发展原理，同时便具体表现为在智慧层面上对世界的把握。尼采从另一个方面突出了以上问题。在《善恶的彼岸》一书中，尼采对局限于特定之域的哲学家提出批评，认为这种哲学家"让自己限定于某处并使自己专门化，从而他不再达到他应具有的高度，不再具有超越限定的视域，不再环顾四周，不再俯视一切"[2]。"专门化"涉及学科意义上的知识化，"超越限定的视域"则呈现为哲学的本然形态。这里已注意到，哲学把握世界的内在特点在于"超越限定的视域"，而"专门

---

[1] 参见 Immanuel Kant, *Critique of Pure Reason*, trans. N. K. Smith（New York: St. Martin's Press, 1965），p. 323。

[2] Friedrich Nietzsche, "Beyond good and evil," in *The Philosophy of Nietzsche*（New York: Random House, 1927），p. 501。

化"则意味着对哲学这种本然形态的偏离。

对人的理解也呈现类似的特点。关于人的存在，每每有不同的考察角度。人可以被理解为生物学意义上的对象：这一视域中的人首先是一种生命存在，后者使之与生物学这一具体知识领域相涉。同时，人又具有社会品格、处于社会的关联之中，这一意义上的人，主要是社会学、政治学等特定学科的对象。此外，人还包含精神、意识，从而也可以从心理学的层面去把握。对人的以上理解，基本上仍停留在知识的层面：生物学、社会学、政治学、心理学等等，都属于具体的知识学科，它们各有自己确定的对象、界限。相形之下，智慧的特点在于超越分而论之的知识视野和学科界限，从相互关联、多方面规定的统一这样的维度去理解人的存在，由此达到对人的具体把握。

从比较内在的层面上说，人不仅具有一般意义上的意识属性，而且包含内在的精神世界，与后者相联系的是理性、情感、意志、想象、直觉等心理的规定。在"智慧"的视野中，精神现象之间的彼此相关，并非仅仅表现为心理学意义上知情意的统一，而是同时渗入了价值内涵，并具体地体现于对真善美的追求：从智慧意义上去理解精神世界，意味着肯定知情意和真善美的内在统一，而非单纯地限定于某种片面的心理规定。除了通常意义上包含多重规定之外，精神世界还可以从更深沉的层面加以理解。具体而言，可以从人的精神境界和人的内在能力等角度去考察。精神境界的实质含义主要体现在两个方面，一是人的理想意识，二是人的使命意识。理想意识以"我应当追求什么"为内容；使命的意识则表现为"我应当承担什么"的追问。这一意义上的精神境界同时呈现为人的内在德性。与内在德性相联系的是人的现实能力。能力可以理解为人改变人自身以及改变世界的内在力量。从精神世界这一层面看，人的真实形态便体现为精神境界（德性）和内在能力的统一。事实上，真实的人格或自由的人格即表现为德性和能力的交融。

对世界和人自身的以上理解，与从知识层面分门别类地把握对象，其进路显然有所不同。进而言之，哲学同时表现为从本源性或根源性的层面追问人所理解的世界。科学追求真理，哲学则进一步追问何为真理；艺术追求美，哲学则进一步追问什么是美；道德追求善，哲学则进一步追问何为善。哲学的这种追问具有本源性、反思性的特点。从说明世界的层面看，知识（包括科学）的特点在于如其所是地把握对象及其规定和法则，智慧（哲学）则进一步追问这种把握过程是否可能以及如何可能。从人对世界的作用看，知识（包括科学）主要关注"是什么"的问题，哲学则进一步从价值的层面追问"意味着什么""应当成为什么"等问题。概而论之，从智慧的层面把握存在，可以理解为对宇宙、人生一般原理的本源性追问，后者具体展开为对世界之"在"与人自身存在的理解。这种追问和理解既构成了智慧之思的具体内容，又从实质的维度，展现了哲学的内在品格。

从形式的方面看，哲学同时表现为运用概念的活动。哲学的重要特点之一，就在于用概念的方式展开智慧的追问或智慧的沉思。前面所提到的智慧与知识之辩，更多地从实质层面展现了哲学区别于科学的内在规定：在此视域中，哲学的特点在于超越知识的界限，以智慧的方式去理解世界。当然，这并不是说哲学与科学毫无关联，正如智慧与知识无法截然相分一样，哲学与科学也非彼此隔绝。但在不同于以知识的形式把握世界这一点上，哲学又确实有别于科学。哲学同时以概念的方式理解这一世界，在这一方面，哲学又不同于艺术：如所周知，艺术主要以形象的方式把握世界。与之相关的是形象性思维与逻辑性思维的分野。哲学当然也需要借助想象等方式，但从主导的方面看，它的特点在于以理论思维的方式把握世界，而以理论思维的方式把握世界，则是通过概念的运用而实现的。

历史地看，真正意义上的哲学家，其思想的创造性、独特性总是体现在其核心概念之中。西方哲学史上，柏拉图的哲学，便与他的"理念"概念密切相关，追溯得再早一点，前苏格拉底时期的哲学家巴门尼德，他的哲学则与"存在"等概念相联系。中国哲学同样体现了类似特点，以孔子而言，其思想系统便与"仁"这一概念无法相分，所谓"孔子贵仁"，即有见于此。相对于孔子，《老子》哲学以"道"

"自然"等核心概念为主干。先秦的另一显学墨家，则以"兼爱"为核心概念之一，所谓"墨子贵兼"①，便涉及其思想的这一特点。可以看到，无论是中国哲学，抑或西方哲学，哲学系统的独特之处或创造性内容，总是以其核心概念为具体载体。

运用概念的过程具体表现在两个方面，其一是概念的生成或构造，其二是概念的分析。所谓概念的生成或构造是指提出新的概念，或赋予某些已有概念以新的内容，前者是新瓶装新酒，后者则可以视为旧瓶装新酒。哲学家在建构新的哲学体系时，往往或者提出新的概念，或者赋予已有的概念以新的内容，这一过程便表现为概念的构造或概念的生成。除了概念的生成和构造之外，运用概念的另一重要方面，是概念的分析。概念的生成首先是新的概念的形成或已有概念的引申和阐发（赋予其新的内涵）；概念的分析则是对既成概念的逻辑分析，包括概念的界定、内涵的解释等等。从消极或否定性的方面来说，概念的分析也包括对某些概念可能存在的问题、偏向的批评性考察，如揭示某种概念可能包含的歧义或不恰当，甚至错误的内涵，等等。如后面将提及的，这一方面的工作，在当代分析哲学中得到了具体的展现。

哲学的研究和思考无法离开概念的运用。如上所述，从形式的层面上看，哲学活动即体现于运用概念的过程之中，后者既包括概念的构造、新概念的生成，也涉及既成概念的分析，这一点，从以往哲学家对哲学的理解中也不难注意到。在谈到哲学的特点时，康德曾指出，"哲学将自己限于普遍的概念"，"总是通过概念在抽象中考虑普遍"。②这里所说的"普遍"，涉及存在的统一性，如前面提到的"世界"这一普遍概念，便体现了现象的统一。在康德的视野中，通过概念考虑普遍，便包含对存在统一性的把握。同时，康德又认为："至少就其意向（intention）而言，形而上学完全由先天综合命题构成。"由此，康

---

① 《吕氏春秋·不二》。
② 参见 Kant, *Critique of Pure Reason*, p. 578, p. 590。

德进而在更普遍的意义上将哲学与先天综合命题联系起来。① "先天"规定着知识的普遍必然性,"综合"则表明认识具有新的内容。哲学作为先天综合命题,其"先天性"更多地侧重于形式层面的规定,与之相关的是逻辑分析;"综合性"则关乎新内容的生成与提出,与之相关的主要是概念的构造。在此意义上,"先天综合"同时指向形式之维的概念分析和内容层面的概念构造。当康德把哲学理解为先天综合命题、先天综合判断时,似乎同时也肯定了哲学的活动既涉及概念的分析,也关乎概念的构造。

广而言之,概念的运用同时展开于判断和推论的过程。正如知识通过判断而确立一样,哲学的观点也以判断或命题为表现形式。单纯的概念往往并未表明具体的哲学立场,唯有将概念运用于判断之中,哲学的观点才得到具体展现。仅仅说出"仁",尚未表达确定的哲学观点,唯有形成"仁者爱人""君子无终食之间违仁"等广义的判断,才展示了独特的哲学观念。进而言之,基于概念、通过判断而表达的哲学观念,其展开过程又离不开推论:无论是肯定某种观念,抑或质疑、否定某种观点,都需要给出理由、提出根据、经过论证。从形式的层面看,推论以一定的判断为前提,其结论也表现为某种判断,判断本身则涉及概念之间的联结,在此意义上,判断与推论都表现为概念的运用。

可以看到,哲学作为概念性的活动,总是离不开概念的运用,与之直接相关的,则是概念的构造和概念的分析。当然,在不同的哲学家和不同的哲学学派中,以上两个方面常常会有不同侧重:一些哲学家或哲学学派可能偏重于哲学的构造,另一些哲学家或哲学学派也许更侧重于哲学的分析。这一点,在当代哲学中也不难注意到。从世界范围看,20世纪初以来,当代哲学的主要思潮主要展显为现象学和分析哲学。现象学的重要特点在于侧重概念的构造,从胡塞尔开始,现象学便提出了一系列概念,如"意向性"(该概念虽不是胡塞尔先提出

---

① 参见 Kant, *Critique of Pure Reason*, p. 578, p. 55, p. 591。

来的，但他赋予其以新的内容）、"纯粹的意识"、"纯粹的自我"、"本质直观"、"范畴直观"、"先验还原"等等。不过，在突出概念构造的同时，现象学对概念的分析往往没有给予同等的注重。由此，这一流派中的哲学系统常常呈现出思辨性、晦涩性：读现象学的著作每每有难以把握、理解困难之感，这与它们比较多地注重概念的构造，而对概念的分析有所忽略显然不无关系。20世纪以来另一重要学派是分析哲学，与现象学不同，它更关注概念的分析，对概念的构造则往往不像现象学那样注重，由此形成的趋向，是哲学的形式化、技术化，后者每每疏离了哲学作为智慧之思这一实质的方面。分析哲学对一些既成概念固然分析得细致入微，但似乎较少在实质意义上深化对世界和人本身的理解，这与它较多地注重概念的分析，而没有对实质层面的概念构造给予同样的关注难以相分。

  以智慧为指向，哲学的沉思总是凝结为理论的形态。哲学史上留下的各种经典文献，便可以看作是哲学智慧的结晶。但同时，真正的哲学又总是处于探索的过程中，并不断地在这一过程中逐渐地敞开自己，展示自身的意义。事实上，不仅哲学的理论形成于探索过程，而且对其意义的理解和把握也离不开这一过程。就此而言，哲学既是一种理论，又展开为一种活动。作为一种理论思维的活动，哲学的探索主要不是现成地接受或认同已有的观点或看法，从本质上看，哲学需要自由、独立的思考，离开自由的思考也就没有哲学。

  哲学作为活动的另一重含义，在于它与哲学的历史无法分离：哲学本身就是体现在哲学的历史发展过程之中，离开了哲学演进的历史过程，我们就无法回答"哲学究竟是什么"的问题。要真正理解哲学的内涵，便需要与哲学家展开"对话"。思考、理解哲学的过程，也可以被看作是回到历史之中、不断与历史中的哲学家对话的过程。这种对话，往往以诠释哲学家的思想为形式，哲学家的思想是其沉思过程的结晶，我们在诠释其思想并以此种方式与哲学家对话的同时，也逐渐地揭示和了解其心路历程，并经历他的沉思过程。通过这种"对话"，我们可以从一个方面逐渐对"哲学究竟是什么"的问题获得比具体的理解。

哲学作为一种追寻智慧的活动，也是一个不断地进行批判和反思的过程。哲学之思难以无批判地认同既成的结论，它不会对已有的知识、教条、看法，未经反思地接受下来。哲学对已有的命题、观念、理论，都以批判的眼光加以反思，并要求进一步追问其根据。总之，它具有批判性的特点。哲学家的使命之一就是对既成的观念系统进行反思性的考察。他既拒绝无批判地接受现成的论点，也反对独断地给出一个结论。无论对他人或自己提出的观点，都要进行分析、论证。这种反思、批判的态度与趋向，也构成了哲学活动的重要特点。

通过概念的运用展开智慧的沉思，具体包含哪些内容？这里可以借用康德所提出的几个问题作一简略的考察。康德曾提出了四个著名的问题：我能知道什么？我应当作什么？我可以期待什么？人是什么？此处第一个问题（"我能知道什么？"）涉及理论的理性或认识的领域。在日常经验中，我们都会经历不同的认识过程——从日常经验到科学家的探索活动，都涉及具体的认识活动。哲学思考的特点在于：从这种具体的认识过程出发，又进一步追问认识过程所以可能的根据，考察达到普遍、必然的知识必须具备的条件。知识是否有其限度？我们能够知道什么、不能知道什么？等等。由这一类的追问，常常具体地演化出不同形式的认识论或知识论。

康德所提出的第二个问题（"我应当作什么？"）涉及实践理性或伦理的领域。这里，我们也许可以区分作为社会现象的道德和作为伦理学说的道德哲学。道德主要展开为一种规范系统，它规定"你应该作什么""不应该作什么"。但是，道德哲学则不仅仅满足于颁布"可以作什么""不可以作什么"的律令，它还进一步追问：为什么应当作这种而不是那种选择？社会要求人们遵循的道德原则的根据是什么？怎样的行为才可以视为道德行为（一种合理的道德行为的特征是什么）？如何才能建立社会的普遍道德秩序？怎样理解应当作什么（成就行为）与应当成为什么（成就自我）的关系？等等。对这些问题的追问，往往引发出不同形态的伦理学或道德哲学。

康德提出的第三个问题（"我可以期待什么？"）在引申的意义上指向终极的目的或个人的终极关切。如我们所知，终极关切每每关乎宗教的追求。但哲学不同于宗教，宗教意义上的终极关切，往往与彼岸或来世等问题相涉，哲学则基于人的现实存在，以理性的方式探索如下问题：终极关切的意义何在？终极关切何以不可避免？等等。这一类追问常常与人对自身的理解相联系。对无限的存在者或宗教领域中的上帝来说，不存在终极关切的问题，因为"无限"或"上帝"的预设本身就承诺了终极性，从而无须提出这样的问题。另一方面，人之外的动物则仅仅是一种有限的存在，它总是限定在自己的物种之中，受到自己特定物种的限制而无法超越，对这种有限的存在来说，也不会发生终极关切的问题。相形之下，人不同于宗教意义上的上帝，他是有限的存在，其生命总是会走向自己终点；但另一方面，人又不像动物那样，仅仅限定在自己的物种之中，他可以超出自身，提出超越既成存在形态的理想和目标，并且通过自己的力量，在实践的过程中不断去实现这些目标。质言之，人是一种既有限又无限的存在，具有超越有限的能力；终极关切和人的这种独特的存在品格显然难以分离。哲学对终极关切的追问，也常常基于对人的以上存在品格的分析和理解。

康德所概括的第四个问题（"人是什么？"）具有总结的性质。前面几个问题的追问，最后便归结到"人是什么？"的问题。如前所述，"人是什么？"这一问题既不同于生物学意义上的追问，也有别于社会学或心理学层面对人的关切，而是要求从整体的、综合的层面上理解人，这样的理解同时又和人自身存在的多重关系以及人存在的历史过程紧密相关。在这一意义上，人是什么这一问题又进一步引向历史哲学。人存在的历史过程同时与政治秩序、人与人之间的政治关联、政治实践等相联系，从而，它又涉及政治哲学的问题。事实上，在康德提出如上一些问题之后，从黑格尔到马克思，与人是什么的追问相关联的历史哲学、政治哲学得到了进一步的考察，并呈现出不同的发展方向。

以上，主要借用康德所提出的问题，大致地考察了哲学作为以理论思维的方式把握存在的活动所涉及的具体方面。这些方面在总体上关乎"何为哲学"的问题，其内容在宽泛意义上指向对世界和人自身的说明和理解。与"何为哲学"相关的问题是"哲学何为"，后者所关涉的，主要是哲学的实践意义。如前所述，作为智慧之思，哲学以不同于知识的形式把握世界和人自身。从人和世界的互动看，问题不仅仅关乎说明世界和人自身，而且更在于改变世界与改变人自身。说明世界和说明人自身主要追问世界与人自身"是什么"，改变世界和改变人自身则进一步引向世界与人自身"应当成为什么"的问题。按其内涵，"应当成为什么"涉及哲学的规范性问题，具体而言，哲学对成就世界和成就人自身的实践活动、对人和世界的互动是否具有引导意义？从现实的形态看，哲学不仅仅以不同于知识的形式说明、理解、阐释世界和人自身，而且也从不同维度为改变世界与改变人自身提供范导。实践视域中的规范或引导关乎"应当"，后者具体展开为两个方面。首先是"应当成就什么"，与之相关的是价值目标。在实质的层面，"应当成就什么"所关切的，也就是应当追求什么样的价值目标，哲学在此更多地通过提供价值理想、价值目标、价值原则，为人的实践活动提供引导。以改变世界和改变人自身为具体内容的实践活动，总是基于一定的价值原则、价值理想：改变世界就是让本然的世界变得合乎人的理想，改变人自身则是使人自身达到理想之境。世界的改变和人自身的改变总是和普遍的理想、价值原则紧密相联系，而哲学则通过探寻普遍的价值原则、价值理想，为实践活动提供引导。

与"应当成就什么"相联系的是"应当如何成就"，亦即应当如何达到理想的价值形态。前者（"应当成就什么"）侧重于实践的价值目标和价值理想，后者则主要关注如何实现这种价值理想。具体而言，这里涉及人作用于世界与作用于人自身的方式、途径。哲学既考察普遍的价值理想、价值原则，也探寻人作用于世界及作用于人自身的方式、人和世界互动的途径等等。更简要地说，"应当成就什么"涉及"做什么"，"应当如何成就"则关乎"如何做"，后者着重从实践方式这一维度,为实践过程提供多方面的引导。可以看到,在"应当"(规范性)这一层面,哲学既从价值目标上引导人的实践,也从作用方式上规范实践过程。

要而言之,在实质的层面,哲学表现为智慧之思,其特点在于跨越知识的界限,从统一、整体的维度把握世界。在形式的层面,哲学展开为运用概念的活动,后者可以视为理论思维实现的具体方式,其中既涉及概念的生成或构造,也关乎概念的分析、批判。综合起来,从把握世界这一视域看,哲学的特点在于通过概念的运用展开智慧之思,由此走向真实、具体的世界。哲学不仅说明世界和人自身,而且以改变世界与改变人自身为指向,并从价值目标、价值理想与实践方式等方面,为人的实践过程提供引导,由此展现其多方面的规范意义。

二

从以上前提考察中国哲学,首先面临如下问题:中国哲学是否具有前面论及的哲学品格和规定?如所周知,与 philosophy 对应的"哲学"一词,出现于近现代,尽管"哲"和"学"两词在历史上早已存在,但现代学科意义上的"哲学"概念,其出现则是晚近之事。从实质内容上看,哲学表现为智慧的追问或智慧之思,这一意义上的"智慧"也是现代概念,尽管"智"和"慧"作为文字古已有之,"智""慧"连用在先秦文献(如《孟子》)中也已出现,自佛教传入后,其使用频率更是渐见其多,但是哲学(philosophy)意义上的"智慧",仍是比较晚近的概念。然而,尽管"哲学"以及与哲学实质内涵相关的"智慧"等概念相对晚出,但这并不是说,在中国传统的思想中不存在以智慧的方式去把握世界的理论活动与理论形态。这里需要区分特定的概念与实质的思想,特定概念(如"哲学"以及与哲学实质内涵相关的"智慧"等)的晚出并不意味着实质层面的思想也同时付诸阙如。历史地看,在实质层面上以智慧的形式把握世界,很早已出现于中国思想的发展过程中。智慧的追问或智慧之思,并不仅仅为西方哲学所独有。

当然，把握世界的以上进路在中国哲学中有其独特的形式，后者具体表现为对"性与天道"的追问。中国古代没有运用"哲学"和"智慧"等概念，但却很早便展开了对"性与天道"的追问。从实质的层面看，"性与天道"的追问不同于器物或器技层面的探索，其特点在于以不囿于特定界域的方式把握世界。作为有别于器物之知的概念，"性与天道"很早就已出现：在先秦的文献如《论语》中便可看到"性与天道"的提法。诚然，孔子的学生曾感慨："夫子之言性与天道，不可得而闻也。"① 但这并不是说孔子不讨论"性"和"道"，毋宁说，这里所指的乃是：孔子对性与天道的论说总是联系人的存在和世界之"在"，而很少以抽象、思辨的方式加以谈论。事实上，从《论语》之中，便可以看到孔子对性与天道的多方面考察，这种考察既以人的存在和世界之"在"为背景，又以区别于器物之知的形式具体展开。

就总体而言，"性与天道"的追问表现为以不同于知识或器物之知的方式把握世界。分别开来看，"天道"更多地与世界的普遍原理或终极性原理相联系；"性"在狭义上和人性相关，在广义上则关乎人的整个存在，"性与天道"，合起来便涉及宇宙人生的一般原理。这一意义上的"性与天道"，在实质层面上构成了智慧之思的对象。如前所述，智慧之思所指向的是宇宙人生的一般原理，关于"性与天道"的追问，同样以宇宙人生的一般原理为其实质内容。历史地看，从先秦开始，关于"性与天道"的追问，几乎伴随着中国哲学的整个发展过程。特别需要指出的是，中国哲学不仅实际地以"性与天道"的追问这一形式展开智慧之思，而且对这种不同于知识或器物之知的把握世界方式，逐渐形成了理论层面的自觉意识。至明代，学人已开始区分"辞章之习与性道之学"②，这里的辞章关乎具体之知（修辞、作文），与之相对的"性道之学"则超乎知识之域。明末的高攀龙进一步肯定"性道

---

① 《论语·公冶长》。
② 朱宪瀼：《迩言·序》。《迩言》为宋人刘炎所著。

无穷，学问亦无穷"①，亦即将性道与学问联系起来，并把性道层面的追求（以性道为对象的学问）视为无穷的过程。

更值得注意的是龚自珍对"性道之学"的理解。作为哲学家，龚自珍有其独特的地位：他既可以被视为中国古代哲学的殿军，也可以看作是中国近代哲学的先驱，从而具有承前启后的意义。在中国古代哲学的终结时期，龚自珍已非常自觉地意识到"性道之学"（性与天道的追问）不同于知识层面的探索，这一点，从他所作的学科分类中便不难了解。龚自珍是生活在清代的哲学家，清代的学术趋向主要体现于乾嘉学派，在评价乾嘉学派的重要人物阮元的思想与学术时，龚自珍区分了不同的学科，这些学科分别表现为如下方面：训诂之学（包括音韵、文字）、校勘之学、目录之学、典章制度之学、史学、金石之学、九数之学（包括天文、历算、律吕）、文章之学、掌故之学，以及性道之学。② 这里特别应当关注的是"性道之学"，在龚自珍看来，"性道之学"的具体内容包括经学、理学、问学与德性等方面的思想，为学的过程，总是无法完全离开性与天道方面的思与问，即使是被视为主要关注形而下之域的汉学，也涉及以上问题："汉人何尝不谈性道？"③ 相对于性道之学的训诂之学、校勘之学、典章制度之学等属特定的知识性学科，如校勘之学涉及文本的校勘、整理，训诂之学主要关乎文字的理解，典章制度之学以历史上的各种具体规章、体制的考察为内容，这些知识学科在宽泛意义上可以视为器物之学或专门之学，与之相别的"性道之学"则不限定于特定的知识领域，而是以性与天道为追问的对象。质言之，器物之学以分门别类的方式把握对象，性道之学则关注宇宙人生的普遍原理。在器物之学与性道之学的分别之后，是知识与智慧的分野。对性道之学与器物之学的以上区分，表明龚自珍已自觉地意识到二者在把握世界方面的不同特点，而"性道之

---

① 高攀龙：《高子遗书》卷五《会语》，载《无锡文库》第四辑八十六册，凤凰出版社，2011，第 93 - 106 页。
② 参见龚自珍：《阮尚书年谱第一序》，载《龚自珍全集》，上海古籍出版社，1999，第 225 - 227 页。
③ 龚自珍：《与江子屏笺》，载《龚自珍全集》，第 347 页。

学"则与哲学意义上的智慧之思具有内在的一致性。不难看到，中国哲学不仅在实质上以性道之学的形式展开了智慧层面上对世界的把握，而且已对这一不同于器物之知、不同于专门之技的把握世界的方式，形成了自觉的理论意识。

为了更具体地理解"性道之学"作为不同于器物之学或专门之学的特点，这里也许可简略回溯中国哲学如何把握"道"与"技"、"道"与"器"的关系。首先可以考察中国哲学关于"道"和"技"关系的理解。"道"作为普遍的原理，首先区别于"技"。从先秦开始，中国的哲学家已开始对"道"和"技"加以区分，并对此有十分自觉的意识，从《庄子》的"庖丁解牛"篇中便可看到这一点。"庖丁解牛"是《庄子》一书中的著名寓言，庖丁被描述为当时的解牛高手，他能够以非常娴熟、出神入化的方式去分解牛。在解牛之时，庖丁对牛的各个骨骼都观察入微，"手之所触，肩之所倚，足之所履"，每一个动作都近乎舞蹈，相当完美；解牛过程发出的声音则如同乐章，非常悦耳。庖丁在解牛之后，常常"提刀而立，为之四顾，为之踌躇满志"，表现出自我满足之感。一般人所用的解牛之刀一月就得更换，技术稍好一点也只能用一年，但庖丁的刀用了十九年，依然崭新如初。为什么他的解牛过程能够达到如此高超的境地？根本之点就在于：其"所好者道也，进乎技矣"[1]。也就是说，他已从具体的"技"提升到"道"的层面。"技"进于"道"，这就是庖丁之所以能够达到如上境地的原因。在这里，庄子已自觉地把"技"和"道"区分开来："技"是技术性的操作，涉及经验性的知识，"道"则超越于以上层面。

与之相近，儒家也对道和具体的器物作了区分。对于道，儒家同样给予了自觉的关注，孔子曾说"朝闻道，夕死可矣"[2]，其中便体现了对道的注重。儒家的经典《易传》进而从更普遍的层面谈到"道"与"器"的关系，所谓"形而上者谓之道，形而下者谓之器"，便表

---

[1] 《庄子·养生主》。
[2] 《论语·里仁》。

明了这一点。在此,"道"与"器"之别,得到了具体的界定。"器"主要指具体的器物,属经验的、知识领域的对象,"道"则跨越特定的经验之域,对"道"的追问相应地也不同于知识性、器物性的探求,作为指向形上之域的思与辨,它在实质上与智慧对世界的理解属同一序列。可以看到,在中国哲学中,关于"性道之学"与"器物之学"或"器技之学"的分别,已有十分自觉的意识,这一意义上的"道"(与"技"和"器"相区别的形上之道),可以理解为世界的统一性原理和世界的发展原理,它与作为智慧之思的哲学所追问的对象,具有实质上的一致性。

在通过"闻道"而把握世界之普遍原理的同时,中国哲学也注重对人自身的理解,后者主要通过对广义之"性"的追问而展开。对人的理解在不同学派中有不同的特点,儒家关注所谓"人禽之辩",人禽之辩所追问的,就是何为人的问题。对儒家来说,人之为人的基本品格,就在于具有自觉的理性意识,这种自觉的理性意识又以伦理为其主要内容,从而具体表现为自觉的伦理意识,正是这种伦理意识,使人区别于其它动物,孟子、荀子等都反复地强调这一点。荀子曾对人与其它存在作了比较,认为人和其它存在区别的根本之点,在于人有"义"。所谓"义",也就是普遍的道德规范以及对这种规范的自觉意识(道德意识)。同时,儒家又把人的理想存在形态与多方面的发展联系起来,孔子所说的"君子不器",便意味着人不应当限定在某一片面,而应该形成多方面的品格。在荀子那里,这一观念进一步展开为所谓"全而粹":"君子知夫不全不粹之不足以为美也。"① "全而粹"就是得到多方面发展的人格。以上可以视为儒家在性道之学(哲学)意义上对人的理解。道家对人的看法,也关乎道的视域。在道家那里,道与自然相通,考察何为人的问题相应地离不开道和自然这一形上前提。当然,道家对人的理解,同时体现了与儒家不同的视域。在道家看来,自然的状态、人的天性是最完美、最理想的形态,真正意义上

---

① 《荀子·劝学》。

的完美人格，应该走向或回归这种自然的状态。

尽管儒道两家对于何为人、何为理想的人，有着不同的理解，但是在关心、追问以上问题方面，又有相通之处。对人的存在的这种关切，同样不同于器物层面的理解。从价值观的层面看，在儒道两家对人的不同理解背后，可以看到对仁道原则和自然原则的不同侧重。儒家把人之为人的根本特征理解为人具有自觉的伦理意识，与此相联系，在儒家那里，仁道的原则也被提到突出地位。道家将天性、自然看作是最完美的存在形态，相应于此，在道家那里，自然的原则也被视为最高的价值原则。就广义的价值系统而言，仁道原则与自然原则都不可或缺，儒道两家则分别展开了其中一个方面。

概而言之，以有别于知识、技术、器物之学的方式把握世界，构成了智慧之思的实质内容。西方的 philosophy，中国的"性道之学"，在以上方面具有内在的相通性。当我们肯定传统的"性道之学"包含哲学的品格、具有哲学的意义时，并不是按西方的标准确立哲学的内涵，而是从哲学本身的内在规定出发，把握其特点。在这一理解中，不管是西方的 philosophy，还是中国的"性道之学"，其共同的特点在于超越分门别类的知识、技术或器物之学，以智慧的方式把握世界。换言之，在智慧的追问或智慧之思这一层面，中国的"性道之学"与哲学呈现了一致性。

以上是就实质的内容而言。从形式的层面看，前面已提到，哲学同时表现为运用概念的活动——以概念的方式来展开智慧之思。在这一方面，中国哲学同样呈现出哲学的品格。如所周知，中国哲学很早就关注名言问题。名和言既涉及语言，也关乎概念，在此意义上，概念比较早地已进入中国哲学的视野之中。孔子提出正名的学说，后者既有政治学或政治实践的意义，又有认识论、逻辑等层面的哲学涵义。事实上，哲学论域中的性道之学与名言（概念）的运用一开始便无法分离。

中国哲学家对名言的运用，可以从名言的生成或名言的构造与名言的分析这两个方面加以考察。从名言的构造或概念的构造这一层面来说，真正有创造性的中国哲学家，总是通过提出新的名言（概念）来形成自己的哲学系统，并通过概念之间关联的阐述来展开自己的体系。在这一意义上，中国哲学中不同哲学系统的形成和其概念的生成或概念的构造具有一致性。前面提到，孔子提出了"仁"的概念，"仁"是孔子哲学思想的核心概念，除了"仁"这一概念之外，他还提出了"为仁之方"，后者涉及如何贯彻"仁"这种理想或原则，所谓"忠恕"就是"为仁之方"，"忠"即"己欲立而立人，己欲达而达人"，"恕"则是"己所不欲，勿施于人"。作为"为仁之方"，"忠"与"恕"构成了仁道思想的重要方面。同时，孔子又具体地讨论"仁"和"礼"、"义"、"知"之间的关联，如此等等。孔子以"仁"为核心的整个哲学系统，即通过上述概念的提出以及对这些概念之间关系的考察而具体展开。

《老子》提出"道可道，非常道；名可名，非常名"①，对"可道"之道与"常道""可名"之名和"常名"作了分别，其中也体现了对名言的独特关注。具体而言，这里包含着形上意义中的"名"（常名）和日常意义上的"名"（可名之"名"）的区分，它表明，不能用日常的概念、语言去把握形而上的原理。从具体内涵看，《老子》哲学的形成，也与它所提出的核心概念相联系，其核心概念主要便是"道""自然"。"道"可以理解为形而上的原理，"自然"则体现了价值的原则。以"道"为内涵的形上原理和"自然"所体现的价值原则，构成了《老子》哲学的主干，而其哲学的形成，则与"道""自然"等核心概念的提出，以及这些概念之间关系的讨论密切相关。

同样，墨子、孟子、庄子等中国哲学家，其哲学也与他们所提出的核心概念相关，如墨家作为儒家之外的显学，其哲学思想便体现于墨子的"兼相爱""交相利"等概念之中，所谓"墨子贵兼"，也有见于此。孟子提出"性善""仁政"等概念，由此展开其儒学思想；庄子通过"齐物""逍遥"等概念，建构了其思想世界，如此等等。在

---

① 《老子·第一章》。

以上方面，都可以看到名言的生成在相关哲学系统形成中的意义。

在重视概念生成或概念构造的同时，中国哲学家也注意到概念的分析。尽管后者（概念的分析）没有得到充分的发展，但这并不意味着中国哲学家完全隔绝于概念的分析。事实上，从先秦开始，中国哲学的发展便与名言的分析无法分离。名言的分析首先体现于概念的界定，中国哲学家在提出概念时，常常对相关概念的内涵作多方面的解说。以孔子而言，在提出"仁"这一核心概念的同时，他也从不同的角度对"仁"作出界定，如以"爱人"解说"仁"，肯定仁的核心内容就是爱人，以此彰显人的内在价值原则。此外，他还对"礼"的内涵加以界定，所谓"礼云礼云，玉帛云乎哉"①，便从一个方面体现了这一点。"礼"也是孔子的重要概念，对于"礼"，是否可以仅仅从"玉""帛"这些器物层面去理解？孔子的回答是否定的。"人而不仁，如礼何？"② 如果不以"仁"为内在规定，则"礼"便只是形式的东西，缺乏实质的内涵。这里便涉及"仁"与"礼"这些不同概念的辨析。

同样，《老子》一方面认为日常的语言很难把握形而上的原理，另一方面又从不同角度对其核心概念进行各种分疏。以"道"这一概念而言，《老子》便对其作了种种界定，如"视之不见，名曰夷；听之不闻，名曰希；搏之不得，名曰微"③，便属于这一类的界说：通过肯定"道"超越于视、听等感知活动，《老子》从一个方面突出了"道"与感性规定的分别。这些解说在宽泛意义上也可视为概念的分析。广而言之，哲学家展开其思想系统的过程，与他们对自身所用名言的具体分析、阐发紧密相联；可以说，名言的分析、阐发过程，同时也是他们哲学系统形成、发展的过程。无论是孔子以"仁"为核心的学说，抑或《老子》的道论，都体现了这一点。

中国哲学家对于名言（概念）的辨析，同时展开于不同学派、人

---

① 《论语·阳货》。
② 《论语·八佾》。
③ 《老子·第十四章》。

物之间的相互争论之上。中国哲学家很注重彼此之间的讨论、论争，战国时期所谓"百家争鸣"，即以不同学派之间的相互争论为内容。孟子曾有"好辩"之名，所谓"好辩"，也与概念的辨析相关，其中包含对所批评对象相关概念的分析、评判。"辩"以"知言"为前提，孟子即肯定自己的所长为"知言"，并对"知言"作了如下解释：

何谓知言？曰：诐辞知其所蔽，淫辞知其所陷，邪辞知其所离，遁辞知其所穷。①

诐辞、淫辞、邪辞、遁辞等都是名言的特定形式，其特点在于包含不同的偏向。在此，"知言"主要便表现为对这些各自内含偏向的名言作批评性的考察。事实上，哲学家之间的相互"争鸣"，总是同时渗入名言（概念）的辨析。这一意义上的论争，每每也发生于同一学派。如荀子与孟子同属儒家，但荀子对孟子却有所抨击。在《非十二子》中，荀子即批评孟子："案往旧造说，谓之五行。甚僻违而无类，幽隐而无说，闭约而无解。"这里不仅涉及观点的分歧，而且关乎概念的涵义：所谓"僻违而无类，幽隐而无说，闭约而无解"，便是指孟子的相关概念表述晦涩（幽隐）、不合逻辑（无类）、缺乏论析（无说）。这种批评是否合乎孟子思想的实际状况，或可讨论，但其中确乎可以注意到对概念的批评性分析。

进而言之，在中国哲学的衍化中，很多新思想的阐发，往往通过注疏或注解的方式展开，如王弼的《〈周易〉注》《老子〈道德经〉注》，朱熹的《四书章句集注》，王夫之的《张子〈正蒙〉注》，等等，便是借注解以阐发自己的思想，这种注疏、注解的方式，也内在地包含名言（概念）的分辨和解析。佛教传入后，中国的一些佛教流派（如唯识宗），进而关注名相分析，后者更具体地以概念（名相）分析为其内容。可以看到，运用名言（包括名言的分析）来展开"性道之

---

① 《孟子·公孙丑上》。

学"，构成了中国哲学的重要特点，其中名言（概念）的运用既包括概念的生成和构造，也兼及概念的分析、明辨。在这一层面，中国的"性道之学"同样体现了哲学以概念的形式把握世界这一普遍特征。

以名言的形式展开的"性道之学"，其具体的内容涉及前面提到的多重问题。如前所述，康德曾提出了四个问题，其中涉及哲学的不同方面，中国的"性道之学"，也可从这些方面加以考察。

首先是"我能知道什么？"，与之相关的是认识论问题。通常认为中国哲学主要讨论伦理学或道德问题，对认识论不太注重，事实上，中国哲学也从独特的方面对认识论问题作了考察。以孔子而言，他曾提出一个著名的看法，即："知之为知之，不知为不知，是知也。"① 这一表述的重点在于肯定无知和知的联系：自己知道自己处于无知的状态，这本身也是一种知，即自知无知。知和无知的这种统一，同时被理解为认识（知）的出发点。这一思想表明，中国哲学已较早地从"知"的开端，对认识论问题加以考察。认识论问题同时涉及认识的可能性、认识的界限等方面，中国哲学中的另一些人物从否定的方面对此提出质疑。庄子曾指出："吾生也有涯，而知也无涯，以有涯随无涯，殆矣。"② 这里便包含对认识界限的确认，与之相联系的是对超出知识的界限是否可能的质疑。在以上方面，中国哲学对知识问题的讨论既表现在关于认识如何开端的探讨，也表现在知识是否有界限、超出知识的界限是否可能等问题的追问。认识论问题的进一步考察，涉及能所关系。"能""所"概念的形成，可能与佛教的传入相联系，后来逐渐成为中国哲学家用来解释认识过程的重要概念。能所中的"所"，不同于本然之物，而是与人发生关系、为人所追问和作用的对象，所谓"境之俟用者"；"能"则是指能够具体运用于相关对象之上，并产生一定的作用和效果的认识力量，所谓"用之加乎境而有功者"。在此，能与所紧密联系在一起。从能所之间的关联看，一方面，

---

① 《论语·为政》。
② 《庄子·养生主》。

"因所以发能"，能知的作用要以所知的存在为前提；另一方面，"能必副其所"，能知通过作用于所知而获得的认识，必须合乎所知。对"能""所"关系的以上理解与哲学认识论意义上的主客体关系，具有实质上的相通性。可以看到，尽管中国哲学没有在现代意义上运用"主体""客体"等概念，但在实质的层面，同样涉及相关认识论问题。

在"我应当作什么？"这一问题的探讨方面，中国哲学展现了更为丰富的资源。中国哲学对道德哲学、伦理学的考察，具有深厚的传统。孔子很早就已提出"修己以安人"。"修己"首先与人自身的道德涵养相联系；"安人"则更多地关乎社会的安定、社会价值的实现。在孔子看来，人一方面应当按照仁道的原则来自我塑造、提升自己，这一意义上的"修己"就是改变人自身。另一方面，人又应承担社会的责任。对孔子来说，承担对自我的责任与承担对社会的责任不可相分，两者都是人"应当"做的：自觉地去履行对自我和社会的伦理责任，这就是孔子所理解的一般意义上的"应当"。道家对"应当"的理解更多地与天人之辩相联系，并以自然或天性的理想化为前提。由此出发，道家认为人"应当"做的，就是按自然的原则，维护、回归自身的天性，《老子》所谓"道法自然"、《庄子》所谓"无以人灭天"等等，强调的便是这一点。可以看到，尽管儒家与道家对"应当做什么"这一问题的理解有不同的侧重，但两者都涉及对相关问题的思考。

与"我可以期待什么？"相关的终极关切问题，在中国哲学中同样有其独特的表现形式。孔子提出"志于道"，亦即以道作为人追问、努力的方向。对孔子而言，人生的过程，应该始终朝向道、追求道。后来，宋明理学家进一步提出"为天地立心，为生民立命，为往圣继绝学，为万世开太平"，其内在含义在于确立人在宇宙天地中的主体地位，关怀天下大众，延续文化的命脉，实现永久的安平。按儒家的理解，这就是人应当追求的终极目标。宽泛而言，以上观念也可以理解为与"我可以期待什么？"相关的终极关切。在儒家那里，这一意义上的终极关切同时又和人的日用常行相互关联。中国人很少分割此岸与彼岸两个世界，而更趋向于把终极关切和现实存在中的日用常行紧密联系在一起。这一点，在《中庸》中有具体的体现。《中庸》提出"极高明而道中庸"，"极高明"表现为终极的关切，它与"志于道"意义上的终极追问相一致。所谓"道中庸"，则强调应在日用常行中去实现终极意义上的关切。可以看到，中国哲学一方面包含着"我可以期待什么？"这一问题所涉及的终极关切，另一方面在如何展开终极关切方面又有自身的特点。后者主要体现在肯定终极关切和日用常行的关联，从而与一般意义上的宗教走向有所不同。

最后，与"人是什么？"直接相关的是"何为人"，这一问题首先涉及中国哲学所讨论的人禽之辩，其论域关乎对人的理解，这方面的具体内容前面已提及。在引申的意义上，对人的理解又与历史过程的关切相联系。在后一方面，中国哲学也表现出自觉的理论意识。儒家很早已形成深厚的历史意识和传统意识，历史意识的重要之点体现在肯定历史发展过程的延续性。孔子曾提及："殷因于夏礼，所损益可知也；周因于殷礼，所损益可知也。其或继周者，虽百世，可知也。"[1] 殷上承夏代、周继承殷代，其中既有延续，也包含着变革（损益），此后如有继周而兴的朝代，虽然百世，也可预知。这里肯定了历史可以预知，而历史可以预知的前提，则是其前后衍化具有延续性，而非断裂间隔、变迁无序。在肯定历史发展连续性的前提下注重以往察来，其中无疑包含着历史哲学的观念。

中国哲学在理解历史过程时，往往运用"势"和"理"这一类概念。柳宗元在考察封建制（有别于郡县制的分封制）起源的时候，便指出"封建非圣人之意也，势也"[2]，封建制（分封制）的形成，并不是圣人个体意志的结果，而是历史大势使然。王夫之进一步从理论上对理势关系做了概括："在势之必然处见理"，"势既然而不得不然，则即此为理矣"[3] 这里的"势"与"理"彼此相关，但二者并非完全重

---

[1] 《论语·为政》。
[2] 柳宗元：《封建论》，载《柳河东集》上册，上海古籍出版社，2008，第44页。
[3] 王夫之：《读四书大全说》卷九，载《船山全书》第五册，岳麓书社，1996，第992、990页。

合、等同，相对于"理"，"势"涉及多重方面，"理"所体现的，主要是"势"之中包含的必然趋向，所谓"在势之必然处见理"，强调的也正是这一点。从理势统一的角度去理解历史的过程，显然在更深的层面上体现了历史哲学的思想。

在注重历史过程的同时，中国哲学很早就开始讨论礼法关系，关注人的存在过程中社会秩序的生成及其条件。先秦诸子之间的重要论争之一就是礼法之辩。后来儒家有内圣外王之学，其中的外王之学更多地涉及政治实践及其原则等方面的问题。就此而言，礼法之辩、外王之学，以及与之相关的王道理想、德治主张，都与宽泛意义上的政治哲学相涉。同时，在中国哲学中，伦理的问题与政治实践始终紧密相关，孟子将孔子的仁道原则展开为仁政主张，便具体地展现了这一点。从以上方面看，与"人是什么？"相关联的问题既涉及历史哲学，也关乎政治哲学。中国哲学对这些问题的讨论，经历了绵长的过程。

从哲学的规范性层面看，中国哲学很早就把"明道"和"行道"联系在一起。"明道"主要是对性与天道的追问，它与说明世界、解释世界有着更多的联系；"行道"则意味着把"性道之学"化为人的践行，由此来改变世界、造就人自身。明道和行道统一，隐含着对性道之学（智慧之思）规范意义的肯定和关注。《中庸》进一步提出："天命之谓性，率性之谓道，修道之谓教。"这里的"教"内在地蕴含引导、规范之意，"性""道"与"教"的以上关联，也从一个方面展现了"性道之学"的规范性之维。

以上趋向可以通过对儒道两家思想的考察，作一简要的说明。如所周知，儒家很早就提出了"成己"和"成物"的观念。"成己"意味着成就人自身，亦即按照儒家的价值原则、价值理想来改变人；"成物"则是成就世界，包括自然层面对天地万物的变革，与此相联系的是"赞天地之化育""制天命而用之"，化"天之天"为"人之天"，等等，这些观念都包含按照人的理想、价值理念去改变世界之意。同样，在社会领域中，儒家追求王道或外王的理想。王道的理想的推行，意味着在社会政治领域实现世界的变革，这也属于广义上对世界的改变。在如上的改变过程中,"性道之学"层面对世界的理解、对宇宙人生原理的把握(明道),进一步化为引导改变世界与改变人自身的实际践行(行道)。在这里,"性道之学"或中国哲学所具有的引导意义和规范意义,得到了自觉的体现。

从形式层面上看,道家讲自然无为,似乎不很重视实际践行。然而,事实上,道家在实质层面同样对实践过程给予多方面的关注,而并不是无条件地否定"为"。道家所说的"无为",并非一无所为。在道家那里,"无为"往往被理解为特定的"为",所谓"为无为"①,便是以"无为"的方式去"为",而不是完全无所作为。什么是以"无为"的方式去"为"? 这里的"无为",可以理解为完全合乎道或与道为一,与之相关的"为无为",则是以合乎道的方式去"为",后者即是道家所追求的"为"。这一意义上的"为"与"道法自然"的观念紧密相关,其中同样体现了对道的追问和理解(明道)与具体践行(行道)的一致性。在道家看来,道作为终极原理,同时构成了实践过程中应当遵循的普遍原则,"道法自然"意味着应当循道而行。不难注意到,道家对"性道之学"(哲学)所具有的规范意义,也在实质层面作了肯定,"性道之学"与行道过程,则相应地呈现相关性。

综合起来看,在不同于"技""器"层面的追问、以区别于器物之知的方式把握世界等方面,中国的"性道之学"与跨越知识界限的智慧之思具有一致的内涵。就此而言,中国性道之学显然是真正意义上的哲学。尽管在具体表述上,中国谈"性道之学",西方讲philosophy,但两者的实际指向则并无根本不同:"性道之学"与哲学,都是智慧之思,其实质的内涵彼此相通。从形式层面看,哲学离不开概念的运用,其中既关乎概念的构造,也包括概念的分析。同样,性道之学也涉及名言的生成和名言的辨析。魏晋时期进一步提出辨名析理,"析理"以性道为内容,"辨名"则关乎名言(概念)的分析。由此,"性道之学"与名言(概念)之间的关联得到了更自觉的肯定。

---

① 《老子·第三章》。

在具体的论域方面，以康德所提到的问题而言，中国的性道之学同样在实质层面上包含着对相关领域和问题的思考。从哲学何为这一层面看，中国的"性道之学"对智慧之思所具有的规范意义和引导意义，也给予了自觉的关注。从以上方面看，中国的"性道之学"显然包含着哲学的内涵，属于实质意义上的哲学。

三

在明了中国哲学作为哲学的同时，需要关注另一些相关的问题。首先是肯定哲学为智慧之思与确认智慧探索本身的多样性这两者之间的关系。如前面所论，哲学表现为对智慧的追问或以不同于知识的方式把握世界，这是其普遍的品格，无论"philosophy"，抑或"性道之学"，都具有以上特点。从具体展开过程看，智慧之思又表现为多样化、个性化的过程。历史地看，西方哲学的衍化经历了古希腊哲学、中世纪的经院哲学、近代大陆理性主义和英国经验论、德国思辨哲学、现代的分析哲学和现象学等发展形态，不同时期的哲学呈现出不同面貌，其论域的侧重之点、运用的概念也有历史层面的前后差异。就中国哲学而言，从先秦、两汉、魏晋、隋唐、宋元、明清，到近现代，在不同的时期中，"性道之学"或哲学的发展也取得了不同的品格，具有多样的内涵和侧重之点。这样，一方面，中国哲学和西方哲学都以智慧的方式去理解、把握这一世界；另一方面，在历史发展过程的不同时期，二者又都呈现不同的特点。

不仅如此，在同一历史时期，不同哲学家的思与辨，也往往各有自身的特点。以古希腊而言，从前苏格拉底时期的巴门尼德、德谟克利特、毕达哥拉斯，到后来的柏拉图、亚里士多德，每一哲学系统都有自己的个性品格，其智慧探索的方式、侧重之点、理论立场等等，也存在明显的差异。从中国古代哲学看，老子、孔子、墨子、孟子、庄子、荀子，其思想也面貌各异，有独特的个性。质言之，哲学之思一方面表现为智慧的探索，另一方面又展开为多样化、个性化的过程。

这种不同的形态和特点不仅仅体现于哲学发展的不同历史时期或同一时期不同的人物和学派，在宏观的层面，它也内在于不同的哲学传统。以中西哲学而言，如前所述，中国哲学与西方哲学都表现为以不同于分科之学或器物之知的方式把握世界，都涉及对世界和人自身的存在或性与天道的追问，但在具体的侧重上又呈现出不同的特点。从"性与天道"的追问看，比较而言，中国哲学也许更多地侧重于"性"或人的存在问题，西方哲学则相对地较为注重对"天道"、世界之"在"的追问。当然，必须强调，以上区分只具有相对意义：事实上，中西哲学都涉及"性与天道"、世界之"在"与人的存在。不过，在侧重点上，又确实可以看到二者所呈现的某些不同趋向。

从概念的运用看，中西哲学都关乎概念的构造和概念的分析。不过，比较而言，中国哲学固然既注重概念构造，也关注概念的辨析，但在概念的分析这一方面却显得相对薄弱。冯友兰曾区分形式的体系和实质的体系，从这一区分看，中国哲学更多地注重实质性的体系，而不是通过严密的、形式化的形态来展开自己的哲学系统。相对于此，西方哲学在比较早的时候就开始对形式的层面给予比较多的关注，与之相关的概念分析也显得更为细致。中西哲学的以上不同特点从一个方面解释了为什么中国哲学在很长的时期中不被视为真正意义上的哲学：从形式的层面看，中国哲学在概念的辨析、形式的系统方面，确实有别于西方哲学，这种差异在一定意义上构成了西方主流哲学家质疑中国哲学是否为哲学的原因之一。中国哲学在以上方面的相对薄弱，同时也为当代中国哲学为什么较为认同现象学提供了解释：相对于分析哲学，现象学更多地表现出对概念构造的注重，而在概念的分析这方面则未能给予同样的关注，在注重概念的构造、对概念辨析相对薄弱这一点上，中国哲学和现象学似乎呈现出某种相关性，从而，二者在理论上也容易相互趋近。

哲学同时具有规范性，在这方面，中国哲学和西方哲学也呈现相近的趋向：两者都肯定哲学或"性道之学"的对"成己"与"成物"的引导意义。但是，在"成己"和"成物"这两个层面上，两者又有不同的侧重。比较而言，中国哲学可能更多地侧重于"成己"，或者说，对"成己"过程作了更多的考察，西方哲学则对"成物"这方一面作了更系统的研究。当然，需要强调，这并不是说中国哲学完全忽略"成物"、西方哲学纯然无视"成己"，事实上，如前所述，"成己"与"成物"都构成了中西哲学的题中之义。不过，相对地看，两者在侧重点上又确乎呈现某种差异。

就中国哲学本身而言，在肯定"中国哲学为哲学"这一前提之下，中国哲学的研究应有适当的进路。承认"中国哲学是哲学"，首先意味着应当对中国哲学中与"性道之学"相关的内容给予高度的重视。如前所述，"性道之学"表现为不同于器物之知的智慧之思，关注以往哲学系统中所内含的"性道之学"，其实质的意义便是把握其中的哲学内涵。从哲学研究的角度看，需要避免前面提到的"还原"趋向，即把哲学还原为哲学史、把哲学史的研究还原为思想史的研究、把思想史的研究还原为学术史的研究：如此还原的理论后果，往往是中国哲学的虚无化，"以中释中"的主张，便多少表现出如上理论偏向。

从形式的层面看，需要对概念的生成或构造和概念的分析给予同样的关注。概念的生成或构造更多地与冯友兰所说的"接着说"相联系，其意义在于推进哲学的思考、形成新的哲学系统。如果没有概念的生成或构造，哲学就难以发展，新的形态便无从形成，因此，对概念的构造、生成要给予高度重视。前面已提及，新的哲学系统的形成、对相关问题理解的推进，往往是通过概念的生成或构造而实现的。哲学研究不仅要"照着讲"，而且也需要"接着讲"，后者即离不开概念的生成或构造。同时，中国哲学又需要关注概念的分析。概念的分析包括概念的辨析、概念的界定，对概念之间关系的把握、对所提出之观点的论证，以及对既成概念的批评性考察，等等。可以看到，这一层面的概念分析，是就广义而言的，包括概念的辨析、观点的批判以及逻辑的论证。

在中国哲学的研究中，概念的生成或构造和概念的分析不能偏执一端。若只有概念的分析，而无概念的生成或构造，则往往将导致智慧的遗忘。在遗忘智慧的背景下，哲学每每容易成为某种技术性、形式化的空洞形态，其中难以获得活生生的智慧内涵，当代的分析哲学常常表现出这一偏向。反之，如果仅注意概念的构造，而忽视概念的辨析，则可能将哲学变为思辨、抽象、晦涩的系统，使之无法真实地把握世界，当代的现象学在某些方面似乎趋向于此。要而言之，在中国哲学的研究中，实质与形式难以相分：实质之维的智慧追寻，内在地要求在形式层面达到概念生成与概念分析的相互统一。

（本文原载《社会科学》2013 年第 8 期）

中西之学与世界哲学①

一

关于中西哲学之间的关系,可以从不同的层面加以理解。在相对静态的意义上,中西哲学往往首先被置于同异关系之中。在中西哲学刚刚相遇时,我们常常可以看到上述层面的比较研究,它所关注的通常是如下一类问题:中国哲学如何、西方哲学怎样;什么是二者的共通之处、何者为它们的差异之点;等等。不难看到,这种视域所侧重的,不外乎同异(相同与差异)的比较,从严复、梁启超、章太炎到梁漱溟,都不同程度地表现出这一特点,在尔后的比较研究中,依然可以一再看到如上趋向。这一类的比较研究对于具体把握中西哲学各自的特点,无疑具有积极的意义,然而,仅仅停留于此,似乎也容易流于平面的、静态的罗列。

与静态的、平面的比较有所不同的,是互动的视域,后者意味着从相互作用的层面理解中西哲学之间的关系。这里首先涉及西方哲学对于中国哲学研究的意义,后者本身又可以从不同的方面考虑。对中

---

① 本文系作者于2008年6月22日在由上海社科院、上海中西哲学与文化比较研究会主办的"中西哲学比较研究中的前沿问题研讨会"学术会议上的发言,由研究生根据录音记录,并经作者审定。

国古典哲学的理解,往往涉及多方面的背景,在中西哲学相遇之后,西方哲学便提供了一个重要的参照系统。以先秦《墨辩》(《经上》《经下》《经说上》《经说下》《大取》《小取》)而言,其中的不少观念、思想长期以来素称"难解",梁启超便曾列举了八点难读之处。《墨辩》之难读,当然有各种原因,其中很重要的一点在于它涉及不少科学的、逻辑的问题。近代以后,不少思想家,如梁启超、章士钊、胡适、谭戒甫等以西方亚里士多德以来的形式逻辑系统为参照背景,从一个新的角度解读这一经典,号称"难读"的《墨辩》之意义也随之逐渐清晰。可以设想,如果没有以上的参照背景,《墨辩》中的一些内容恐怕到现在仍会如同"天书",其意义难以获得确切的理解。

另一方面,不管是中国哲学,抑或西方哲学,在其发展过程中都会形成自身的某些问题,这些问题可以是比较具体的、特殊的,也可以是普遍层面的。以中国哲学而言,如冯友兰等已注意到的,从宽泛的、普遍的层面来看,较之西方哲学,它更多地展现为一种实质的体系,而在形式的系统方面显得相对薄弱。此所谓"形式的系统",包括概念的辨析、论点的逻辑推论等。历史地看,中国哲学家的体系都有内在的宗旨,其思想、观念都围绕这一宗旨而展开,但这种哲学系统内在的逻辑关联常常未能在形式的层面得到展示。同时,中国古典哲学系统中的概念、范畴固然有其深沉、丰富的涵义,但这种涵义也往往缺乏形式层面的清晰界定。对古典哲学的诠释,总是涉及概念的辨析、理解以及哲学观念的系统把握,在回顾、反思中国古典哲学的过程中,如果借鉴西方哲学注重逻辑分析的研究进路,显然不仅有助于在实质的层面理解传统哲学的意义,而且将促进我们从形式的层面阐明其概念、范畴的内涵,并进一步把握其内在的逻辑关系。

同样,西方哲学也在不同的方面涉及如何解决自身衍化中出现的理论张力等问题,而在解决这些问题的过程中,也需要以不同的哲学系统为其参照背景。以伦理学而言,休谟从实质的方面突出了情感在伦理学中的地位,相对而言,康德的伦理学则更多地注重伦理学的形式方面,其道德哲学常常被视为形式主义的伦理学。与《纯粹理性批判》中注重感性的作用有所不同，康德的《实践理性批判》对经验、感性等实质的内容，往往更多地持疏离、悬置的立场，后者也从一个侧面表现了伦理学上的形式主义的倾向。后来舍勒（Max Scheler）对康德的伦理学提出了很多批评，并提出非形式的价值伦理学，将价值作为伦理学关注的中心之一，但在注重价值等实质方面的同时，舍勒似乎对形式的方面有所忽略。以"实质"超越"形式"，在逻辑上便蕴含着对形式规定的某种疏离和贬抑。形式与实质的对峙在20世纪分析哲学与存在主义哲学中得到了另一种意义上的延续。相对而言，分析哲学更多地着眼于元伦理学，后者主要侧重于从形式的层面对道德语言作逻辑的分析，存在主义的系统则更多地将伦理学与人的自由、价值、存在意义等联系起来，亦即以实质的方面为主要关注之点。如何解决形式、实质之间的张力？这里当然涉及多方面的理论问题，而不同的哲学传统也可以对解决以上问题提供不同的视域。在中国哲学的传统中，便可以看到另一种进路。自先秦以来，儒家系统的哲学家一直注重"仁""义"的统一。"仁"更多地关注人的存在意义，其中内在地体现了对人的价值关怀；"义者，宜也"，"宜"即"应当"，引申为当然之则、规范系统，作为当然，"义"同时涉及形式的方面。对传统儒学而言，"仁""义"之间有着内在的关联，孟子便指出："仁，人之安宅也；义，人之正路也。旷安宅而弗居，舍正路而不由，哀哉！"① "安宅"隐喻稳定的基础、根据，"正路"意味着正确的方向（正确大道），具有引导的意义。在这里，以确认人的存在价值为内容的仁道，构成了道德系统的基础，而以"应当"这样的规范形式表现出来的"义"，则显示了其行为导向的作用。如前所述，作为当然或应然（"宜"）的体现，"义"有其形式的方面，"仁"则以确认人的价值与存在意义为内容，从而更多地呈现实质的涵义，与之相应，肯定完美的道德行为是"仁""义"的统一，意味着道德实践中形式的规定与实质的规定不可偏废。"仁"与"礼"的统一也表现出同样的趋向。

---

① 《孟子·离娄上》。

"仁"与"礼"的统一是早期儒家非常重要的观念,所谓"人而不仁,如礼何"①,便强调"仁"和"礼"不能分离。"礼"既指政治、伦理的体制,也表现为规范系统,后者亦具有形式层面的意义。总起来,从道德哲学的角度看,仁与义、仁与礼的统一所蕴含的是如下观念:形式层面的一般规范应以实质的仁道观念为根据;仁道观念本身则又应通过普遍化为行为规范而为行为提供导向。不难看到,在中国传统哲学(首先是传统儒学)的视域中,伦理学中形式的层面与实质的层面并不存在非此即彼的冲突关系,毋宁说,二者更多地展现为内在的统一。这种"仁"与"礼"、"仁"与"义"相互融合的思路对于扬弃西方伦理学史上形式和实质的对立显然提供了富有启示意义的思路和思想资源,它从这一方面表明:中国哲学对回应西方哲学的问题具有不可忽视的意义。

当然,哲学之思并不仅仅限定于历史的回顾以及对哲学史演化中各种问题的反思,在更本原的意义上,哲学同时面临如何说明、把握现实世界和人自身存在的问题;中西哲学本身都试图以不同的方式提供对世界的理解和说明,并以理论性的沉思和建构为指向。也就是说,思考、解决历史中的问题,彼此提供参照背景,最后总是引向如何说明、把握世界的问题。从这方面看,中西哲学之间的关系既不能停留于单纯的同异比较,也不应限于相互参照以应对各自的问题,而应当指向建设性的理论思考,并进一步通过这种理论思考以更深入地把握我们所面对的世界。相对于以往的哲学演化过程,以中西哲学的互动为背景而展开的哲学沉思,在历史与逻辑二重意义上都具有世界哲学的意义。② 在这里,中西之学与世界哲学同时形成了内在的关联。

---

① 《论语·八佾》。
② 自中西哲学相遇、交汇以后,中国的哲学家便开始从不同的方面关注世界哲学的问题,如胡适在20世纪初所作的《中国哲学史大纲》(上卷)中已提及,随着中西哲学的相互影响,未来可能发生一种"世界的哲学",冯友兰也从中国哲学与西方哲学的关系这一角度,对"未来世界哲学"予以了自觉的关注。在20世纪的后期,冯契先生进一步肯定了中西哲学交融的历史涵义,认为中西方哲学在中国土地上的合流,"是一件具有世界意义的大事"。(冯契:《中国近代哲学的革命进程》,华东师范大学出版社,1997,第723页)

二

世界哲学可以从不同的层面加以理解。将哲学理解为"世界哲学",首先与历史已成为世界的历史这一更广的背景相联系。马克思曾指出:随着资本主义生产方式的发展,"人们的世界历史性的而不是地域性的存在同时已经是经验的存在了"①。与之相联系,世界哲学意味着超越地域性的、特定的文化背景和文化传统,从"世界"的角度来理解、看待这个世界本身。从以往的历史衍化来看,中西哲学系统在存在境域以及文化传统上都有自身的限定,这种不同的文化空间、历史背景往往在相关的哲学思考中留下自身的特定印记。如所周知,在古希腊的城邦中,城邦认同具有某种优先性,如何使一定的城邦成员之间在政治、经济等方面形成公正的关系,构成了哲学家关注的重要问题,柏拉图在《理想国》中将正义作为中心论题,即体现了这一点。相形之下,在早期中国的宗法关系中,人首先表现为家族的成员,与这种基本的身份认同相联系的,是孝、慈等社会要求。仁义等观念亦可追溯于此(原始儒学以孝悌为仁之本,便体现了这一点)。这里已可看到不同的存在境域与背景对哲学思考的制约。从某种意义上说,在历史成为世界历史之前,人们拥有不同的世界,相对于此,在历史成为世界历史之后,人们则开始走向同一个世界。"世界哲学"意味着在共同的世界之下,展开对世界的思考和理解。当然,在近代以前,似乎也出现过某种超越特定地域的观念,如中国思想史中的"天下"观念,便包含普遍的内涵。不过,在传统哲学中,"天下"这一观念往往又与"夷夏之辩"相联系,而"夷夏之辩"在地域与文化上都蕴含着对世界的分别与划界,与之相涉的"天下"概念,也仍有其历史视野的限定。

---

① 马克思、恩格斯:《马克思恩格斯选集》第一卷,中共中央马克思恩格斯列宁斯大林著作编译局编译,人民出版社,1995,第86页。

世界历史主要从存在的背景上，规定了哲学的"世界"向度。就哲学本身而言，走向世界哲学，同时意味着回归哲学的本原形态。哲学从其诞生之时即与智慧的追求无法分离。作为把握世界的方式，智慧不同于知识：知识主要指向经验世界之中各种特定的领域和对象，智慧则要求超越经验领域的界限，把握作为整体的世界。黑格尔曾指出："哲学以思想、普遍者为内容，而内容就是整个的存在。"① 以"整个的存在"为指向即意味着超越知识对存在的某一方面、某一层面的理解。撇开其对存在的思辨规定，这里已注意到了哲学与整个的存在之间的关系。按其本义，哲学确乎以扬弃知识的界限而达到对世界的整体性理解为其内在特点。历史地看，由于受到地域性以及不同文化传统和文化背景等的制约，超越知识的视野而从整体的、统一的层面把握世界哲学进路，往往也有其自身的限度。然而，在历史越出地域的限制而走向世界历史，特别是今天逐渐走向全球化的背景之下，存在背景方面的限制也在某种意义上得到了扬弃，这就为真正超越特定的界限（包括知识的界限）而走向对整个存在的理解，提供了更为切实的历史前提。同时，近代以来，随着知识的不断分化，学科意义上的不同知识形态逐渐取得了相对独立的形态，并愈来愈趋于专业化、专门化。知识的这种逐渐分化既为重新回到智慧的本原形态提供了可能，又使超越界限、从统一的层面理解世界显得愈益必要。就理性思维而言，知识的分化往往使人容易以知性的方式来把握世界，事实上，以知性的思维方式理解存在与近代以来知识的不断分化过程常常呈现同步的趋向。在经历了知识分化的过程之后，如何真正回到对世界的整体性的、智慧形态上的把握？这是今天的哲学沉思无法回避的问题，而回应这一问题的过程，同时也是走向世界哲学的过程，在此意义上，所谓"世界哲学"，也可以理解为智慧的现代形态，或者说，现代形态的智慧。这里，似乎可以对初始的、未经分化的智慧形态与近代以来经过分化以后而重新达到的智慧形态作一区分，"世界哲学"便是经过

---

① 黑格尔：《哲学史讲演录》第一卷，贺麟、王太庆译，商务印书馆，1981，第 93 页。

分化之后，在更高、更深刻的层面上重新达到的智慧形态。从以上方面看，世界哲学显然不仅仅是一个空间的概念，而是同时包含着时间性、历史性的内涵。

作为智慧的形态，哲学既超越知识的限度而表现出普遍的向度，又内在地包含着价值的关怀，与之相联系，世界哲学意味着从更普遍的人类价值的角度，理解世界对人的意义。宽泛而言，无论是作为智慧的早期形态，抑或现代的智慧形态，哲学在某种意义上都是"以人观之"。这里的"以人观之"是指站在人的存在背景或与人相关的前提之下展开对世界的认识和理解，这一意义上的"以人观之"与"以道观之"并不彼此冲突：所谓"以道观之"，无非是"人"从道的维度把握（"观"）世界。"以人观之"有不同的"观"法，在人受到地域、文化传统等条件的限制之下的"观"与这些限定不断被超越之后的"观"是不一样的。近代以来，在历史走向世界历史的背景下，哲学逐渐有可能在一种比较普遍的、人类共同的价值基础和前提下，提供关于世界的说明，包括澄明世界对于人所呈现的意义。这里，特别值得注意的是康德的有关看法。康德没有谈到"世界哲学"，但却提到了"世界概念"（world concept）下的哲学。在《纯粹理性批判》中，他特别对与哲学相关的"世界概念"做出了如下解释："世界概念在这里就是那涉及使每个人都必然感兴趣的东西的概念。"[①] 这里，"每个人"包含普遍之意，它意味着从整个的人或者人类整体的角度去理解存在。在《逻辑学讲义》中，他进一步指出，"在世界公民的意义上"，哲学领域可以分别提出四个问题。在这里，"世界公民"与"每个人"在含义上具有相通之处，"每个人"存在于"世界"之中，而"世界公民"则是"世界"的成员。康德所说的四个问题具体包括："我能知道什么？""我应当作什么？""我可以期待什么？""人是什么？"康德特别强调，前三个问题都与最后一个问题相关，可以说，"世界公民"的最后落实点是对人的理解（"人是什么？"），它意味着从普遍的人的

---

① 康德：《纯粹理性批判》，邓晓芒译，人民出版社，2004，第634页。

视域来理解世界。① 另一方面，在"世界概念"之下谈哲学问题，康德也涉及了哲学在价值的、实践层面的意义，他虽没有直接、明了地表达这一点，但是从他的具体论述之中仍可看到相关的思想。在谈到哲学性质时，康德认为，"就世界概念来说，哲学是关于人类理性的最后目的的科学"②。"目的"与价值问题相联系，"理性的最后目的"这一提法意味着将哲学对世界的把握与价值问题联系在一起。康德同时对"世界概念"下的哲学与从学术或学院（scholastic concept）这一概念下理解的哲学做了区分。在他看来，从学术或学院的角度去理解哲学，主要涉及"技术"（skill），而从"世界概念"之下去理解哲学，则与"有用性"（usefulness）相联系。③ 如果说"目的"主要在抽象层面上涉及价值问题，那么"有用性"则更具体地指向价值之域。按其内涵，技术性更多地涉及较为形式化的方面，20世纪的分析哲学在某种意义上表现出将哲学引向技术化的趋向，而与之相联系的是对形式的、逻辑的方面的关注。尽管分析哲学出现于康德之后，但在一定意义上，他似乎预见到哲学在过度学院化之后，容易逐渐衍化为技术化的、形式化的系统。与之相对，他所提及的"世界哲学"则涉及"有用性"的问题，后者（"有用性"）更具体地关涉世界对人所具有的价值意义，或者说，哲学对于人和世界的价值作用。正是在此语境下，康德同时指出："哲学家不是理性的艺术家，而是立法者。"④ 所谓"立法"，即涉及哲学之外的领域。在康德那里，以上观念更多地表现为从人如何把握世界（"人为自然立法"）的角度去理解哲学的现实作用，它从认识世界的层面，突出了哲学的规范意义。就哲学与世界的关系而言，哲学的这种规范性隐含着从更普遍的层面加以理解的可能。概而言之，康德对"世界概念"下的哲学之理解具体展开为两个方面：从普遍的人类价值的角度去理解世界对于人的意义，以及强调哲学对人的规范意义。

---

① 参见康德：《逻辑学讲义》，许景行译，商务印书馆，1991，第15页。
②④ 同上书，第14页。
③ 参见 Immanuel Kant, *Logic* (New York: Dover Publications, 1988), pp. 27-28。

类似的观念在马克思那里也可以看到。在形成"世界历史"概念的同时，马克思也提出并阐发了"世界概念"下的哲学、"世界哲学"等思想。按马克思的理解，"任何真正的哲学都是自己时代的精神上的精华，因此，必然会出现这样的时代：那时哲学不仅在内部通过自己的内容，而且在外部通过自己的表现，同自己时代的现实世界接触并相互作用。那时，哲学不再是同其他各特定体系相对的特定体系，而变成面对世界的一般哲学，变成当代世界的哲学"①。与康德相近，马克思也把这种"世界的哲学"与"世界公民"联系起来："哲学思想冲破了令人费解的、正规的体系外壳，以世界公民的姿态出现在世界上。"② 上述意义上的世界哲学，内含着扬弃地域及文化传统的限定、从普遍的层面理解世界之意。与"工人没有祖国"③、解放全人类或"人的解放"④ 等观念前后相联，这种普遍的哲学视域同时包含了一种超乎特定地域、民族的普遍价值关切。

　　在从世界公民、世界历史的角度规定哲学内涵的同时，马克思也谈到了哲学的规范意义。早在其思想发展的初期，马克思已指出，"在自身中变得自由的理论精神成为实践力量，作为意志走出阿门塞斯冥国，面向那存在于理论精神之外的尘世的现实"，这是一种"哲学的内在规定性和世界历史性。这里我们仿佛看到这种哲学的生活道路的集中表现，它的主观要点"⑤。在这里，哲学的"世界历史性"与哲学的"实践力量"呈现内在的关联性，二者的这种联系在以下表述中得到了更具体的展示："世界的哲学化同时也就是哲学的世界化。"⑥ "哲学的世界化"涉及在普遍的层面上对于世界的理解、把握；"世界的哲学化"则意味着蕴含于哲学之中的普遍价值理想在世界之中得到真正实现。上述思想后来在马克思那里得到了进一步的展开，从马克思的如

---

①② 马克思：《〈科隆日报〉第179号的社论》，载《马克思恩格斯全集》第一卷，中共中央马克思恩格斯列宁斯大林著作编译局编译，人民出版社，1995，第220页。
③ 马克思、恩格斯：《共产党宣言》，载《马克思恩格斯选集》第一卷，第291页。
④ 马克思：《〈黑格尔法哲学批判〉导言》，载《马克思恩格斯选集》第一卷，第16页。
⑤⑥ 马克思：《德谟克利特的自然哲学和伊壁鸠鲁的自然哲学的差别》，载《马克思恩格斯全集》第一卷，第75页。

下名言中,便不难看到这一点:"哲学家们只是用不同的方式解释世界,问题在于改变世界。"① 在这里,康德通过"理性立法"而确认的哲学的规范性,已由认识过程中对世界的说明,进一步转换为以实践的方式变革世界。不难注意到,从康德在"世界概念"下确认哲学视域的普遍性,到马克思在世界历史的背景下肯定"哲学的世界化",从康德在"理性立法"的形式下触及哲学的规范性,到马克思将哲学的规范性与改变世界联系起来,其间既包含视域的扩展和转换,又存在某种历史的联系。

在"历史完全转变为世界历史"② 的背景下,人类的共同价值、普遍利益逐渐变得突出,人类的认同(肯定自身为人类的一员)的问题也较以往的历史时代显得更为必要和可能。尽管经济、政治、文化、意识形态等领域各种形式的差异、冲突依然存在,但这种差异和冲突本身又内在于全球化的过程之中,其化解无法离开普遍的、全球的视域。从总体上看,以全球化为历史前提,经济的盛衰、生态的平衡、环境的保护、社会的稳定与安全等等,愈益超越地域、民族、国家之域而成为世界性的问题,人类的命运也由此愈来愈紧密地联系在一起。普遍伦理、全球正义等观念和理论的提出,既从不同的方面表现了普遍的价值关切,也具体地折射了人类在不同层面上走向一体化的趋向。如上所述,世界哲学在植根于以上历史背景的同时,也表现为从人类普遍价值的维度考察世界对于人的意义;这种意义不仅通过对世界的说明得到呈现,而且在改变世界的历史实践中不断得到现实的确证。

世界视域下的普遍视域,同时与哲学自身的建构与发展相联系。从后一方面看,世界哲学进一步涉及哲学衍化的多重资源与多元智慧问题。这一意义上的世界哲学意味着超越单一或封闭的传统、运用人类在不同文化背景下所形成的不同智慧形态,进一步推进对世界的理解和哲学思考本身的深化。随着历史成为世界历史,"过去那种地方的

---

① 马克思:《关于费尔巴哈的提纲》,载《马克思恩格斯选集》第一卷,第57页。
② 马克思、恩格斯:《马克思恩格斯选集》第一卷,第89页。

和民族的自给自足和闭关自守状态,被各民族的各方面的互相往来和各方面的互相依赖所代替了。物质的生产是如此,精神的生产也是如此。各民族的精神产品成了公共的财产。民族的片面性和局限性日益成为不可能,于是由许多种民族的和地方的文学形成了一种世界的文学"①。这里的"文学"一词德文是"Literatur",泛指科学、艺术、哲学、政治等方面的著作②,与之相涉的"世界文学",其形成也相应地以不同的文化传统为思想资源。就哲学而言,在相当长的时期中,中国哲学、西方哲学都是在各自的传统下相对独立地发展的,而在历史成为世界历史的背景下,哲学第一次可以在实质的意义上超越单一的理论资源和传统,真正运用人类的多元智慧推进对世界的理解。

从哲学理论的建构看,不同哲学传统的彼此相遇不仅为哲学的发展提供了更为丰富的思想之源,而且也在更广的空间之下为不同观念、思想的相互激荡、彼此影响提供了可能。历史地看,哲学的问题往往有相通之处,但思考与解决哲学问题的进路、方式则可以表现出不同的特点。以存在的追问而言,中西哲学便呈现不同的趋向。古希腊的哲学通常从泰勒斯讲起,根据哲学史的记载,泰勒斯在仰望天上的星辰时,曾忽略了地下之路,以致跌落坑中。这一记载颇有寓意:关注天上、忘却地下,似乎隐喻着离开形下之域而沉思存在,这种形上进路后来以更理论化的形式得到体现,巴门尼德以存在为第一原理,便表现了这一点。相对于此,中国哲学展示的是另一种路向。在中国哲学的早期经典《易传》中,"仰则观象于天"和"俯则观法于地"便呈现内在的联系,较之关注天上、忘却地下,"观象于天"和"观法于地"的统一,显然在隐喻的意义上更趋向于形上与形下的沟通,后者在中国哲学尔后的发展中具体地展开于日用即道、体用不二等传统。可以看到,不同的哲学传统在追问、理解世界的过程中,确乎表现出

---

① 马克思、恩格斯:《马克思恩格斯选集》第一卷,第276页。
② 参见马克思、恩格斯:《马克思恩格斯选集》第一卷,第276页编者脚注。

不同的侧重，而通过相互碰撞、对话与沟通，无疑可以使哲学的思考在"世界"的视域下获得多方面的资源，并进一步深化对世界的理解和把握。

当然，不能简单地将世界哲学归结为某种单一的哲学形态，也不应把它独断地理解为囊括全部哲学、其大无外的系统。单一、独断的哲学形态不是世界哲学的真正涵义。相反，世界哲学与哲学的个性化、多样化具有内在一致性。在步入世界历史的背景之下，不同的文化传统、生活境遇下的哲学家们所做出的哲学思考依然会具有个性化的特点，世界化与个性化并非相互冲突，毋宁说，世界化的思考正是通过个性化的进路而体现的。在走向世界哲学的过程中，每一哲学家所处的背景、所接受的传统等等，都将既表现在他对问题的独特意识和思考之中，也体现于他对不同哲学资源的理解、取舍之上，其思考的结果也相应地会呈现出个性化的特点。就其现实性而言，哲学的世界化与哲学的多样化、个性化是同一过程的两个方面。

从历史上看，西方哲学、中国哲学在其发展过程中，都曾经出现多样的形态。以历史时期为视域，同为"西方哲学"，在历史的演进中有古希腊哲学、中世纪哲学、近代哲学、现代哲学之分；进而言之，在同一个时代，如近代，斯宾诺莎、莱布尼茨、洛克、休谟等的哲学也呈现出不同形态。同样，中国哲学在历史时期上有先秦、两汉、魏晋、隋唐、宋元明清等区分；在同一时期，如先秦，孔子、墨子、庄子、孟子等思想形态也各有特点。在世界哲学的概念之下，哲学的多样性、个体性并不会消失。一方面，在"历史完全转变为世界历史"的背景下，哲学家已有可能超越特定地域、单一的传统，从普遍的视域出发，运用多元的智慧资源，对世界作出更深刻的说明和更合理的规范；另一方面，他们对问题的理解、解决问题的进路和方式等等，仍将具有个性的特点。事实上，哲学按其本义即表现为对智慧的个性化、多样化的沉思，这种沉思不会终结于某种形态，而是展开为一个无尽的过程。在世界哲学的概念下，哲学的这种品格并没有改变，世界性与多样性、开放性、过程性将在世界哲学的历史发展中不断达到内在的统一，而中国哲学与西方哲学也将在这一过程中相互融合并呈现各自的独特意义。

(原载《社会科学》2008 年第 10 期)

何为儒学？

随着儒学逐渐再度成为显学，其不同形态也开始纷然而起，政治儒学、心性儒学、制度儒学、生活儒学、社会儒学等的先后亮相，便表明了这一点。众多的"儒学"虽都冠以儒学之名，但实质上又主要侧重于儒学的某一方面。以上诸种形态的所谓"儒学"，或者是对历史上儒学既成形态的再解释，或者表现为对儒学未来发展的思考。从理论上看，无论是对儒学历史形态的重新理解，抑或对儒学未来发展的展望，都涉及一个基本的问题，即："何为儒学？"尽管关于儒学已有不同论说，但这无疑依然是一个需要反思的问题。

一

理解儒学，需要回到儒学自身的历史语境。从其原初形态看，儒学的内涵首先体现于"仁"和"礼"，后者同时构成了儒学的核心观念。"仁"主要关乎普遍的价值原则，其基本内涵则在于肯定人自身的存在价值。比较而言，"礼"更多地表现为现实的社会规范和现实的社会体制。从社会规范这一层面看，"礼"可以视为引导社会生活及社会行为的基本准则；在社会体制方面，"礼"则具体化为各种社会的组织形式，包括政治制度。儒家的基本价值取向是："仁者爱人，有礼者敬人。"① 其中蕴含着对"仁"和"礼"的双重肯定。以上论域中的"礼"与"义"具有相通之处，"义者，宜也"②，引申为"当然"，作为当然之则，"义"可以视为规范层面之"礼"的内化形式，"仁"与"义"的相关在此意义上与"仁"和"礼"的统一呈现一致性。

"仁"作为价值原则，首先涉及情感的凝聚和情感的沟通，情感的凝聚关乎内在的精神世界，情感的沟通则以人与人之间的交往为指向。比较而言，"礼"在社会规范的层面上，主要指向理性的秩序和理性的引导，理性的秩序关乎社会共同体的存在形态，理性的引导则侧重于以理性的方式制约人的行为。

"仁"和"礼"固然各有侧重，但所侧重的两个方面并非截然分离。"仁"以情感的沟通和情感的凝聚为其主要的方面，但并不排斥人与人之间的理性关联。关于"仁"，孔子有两个值得关注的界说。首先是以"爱人"规定"仁"："樊迟问仁。子曰：'爱人。'"③ "爱人"既以肯定人的内在价值为前提，又包含情感关切，它所侧重的是"仁"的内在的情感凝聚和情感沟通。孔子关于"仁"的另一重要界说是："克己复礼为仁。"④ "克己复礼"更多地表现为对理性规范的认同和接受，后者同时涉及理性的引导和理性的制约。这样，"仁"既有内在的情感侧重，同时也兼及理性之维。就"礼"而言，与之相关的首先是"理"："礼也者，理之不可易者也。"⑤ 即使儒家之外的文献，也肯定"礼"与"理"的关联："故礼者，谓有理也。理也者，明分以谕义之意也。"⑥ 这里的"理"既指条理、法则，也涉及依据这种条理法则来制约人的知和行，所谓"理也者，明分以谕义之意"便关乎后一方面。与之相应，"礼"与"理"的以上关联，侧重的是"礼"的理性秩序义及理性引导义。不过，在与理相关的同时，"礼"并非与"情"完

---

① 《孟子·离娄下》。
② 《中庸》。
③④ 《论语·颜渊》。
⑤ 《礼记·乐记》。
⑥ 《管子·心术上》。

全隔绝,《郭店楚简》所谓"礼因人之情而为之"①,便表明了这一点,类似的观念也见于儒家的其他文献:"礼者,因人之情而为之节文,以为民坊者也。"② 这里的"因人之情",便关乎"礼"与情感沟通和情感凝聚之间的联系。基于情感的这种人与人之间的沟通,在以下看法中得到了更具体的肯定:"礼尚往来,往而不来,非礼也;来而不往,亦非礼也。"③ 在此,"礼"展示了制约人与人之间相互交往、相互沟通这一面。

　　作为儒学的内在核心,"仁"和"礼"同时构成了儒学之为儒学的根本之点,儒学与其他学派的内在区别,也与之相关。这里可以首先对儒学与墨家作一比较。墨家提出"兼爱",这一观念在肯定人道价值方面,与儒家的"仁"具有相通之处:尽管"仁"基于亲亲之情,"兼爱"则并未赋予亲亲以优先性,后来的儒家学者(尤其是理学家)一再由此辨析"仁"与"兼爱"的差异,但在关切人这一点上,二者确实有一致之处。然而,另一方面,墨家对"礼"在总体上则持批评态度,其"非乐""节葬"的主张以及对"亲疏尊卑""昏(婚)礼威仪"④ 等抨击,从不同维度体现了这一点。这种取向,具有重于"仁"而轻于"礼"的特点。后来的佛家在某种意义上也与墨家有相近之处,他们主张慈悲为怀、普度众生,在这方面与"仁"和"兼爱"并不相悖,但同时对"礼"所规定的伦理责任(包括家庭伦理)和社会义务(包括政治义务),则疏而远之,从儒学的角度看,其中同样蕴含有见于"仁"而无见于"礼"的趋向。

　　相对于墨家之疏离"礼",法家更倾向于化"礼"为"法"。"礼"与"法"在注重规范性这一点上,有相通之处。但"礼"建立于情理之上,具有引导性的特点;"法"则以法理为基础,表现为非人格、冷冰冰的律令,并具有强制性的特点。法家总体上已由"礼"而走向

---

① 《郭店楚简·语丛一》。
② 《礼记·坊记》。
③ 《礼记·曲礼上》。
④ 《墨子·非儒下》。

"法"。与此相应的是对"仁"道的拒斥：谈到法家之时，历史上常常以"刻薄寡恩"来形容，"刻薄寡恩"与"仁"彼此相对。在以上方面，法家与注重"仁"和"礼"统一的儒家形成了明显的差异。

道家从另一层面表现出来对"仁"和"礼"的疏离。老子曾指出："绝仁弃义，民复孝慈。"① 尽管对"绝仁弃义"有各种不同的解说，但其对"仁"和礼义不予认同的立场，无疑显而易见。这一价值立场与道家注重自然原则、对人文或文明化的规范持批评和怀疑的态度，总体上前后一致。在这一方面，道家与儒家注重"仁"和"礼"的统一，同样形成了某种对照。

作为儒学的核心，"仁"和"礼"的统一既体现于儒家自身的整个思想系统，又展现于人的存在的各个领域。以下从相关的方面对此作一考察。

二

首先需要关注的是精神世界这一层面。从总体上看，精神世界体现的是人的精神的追求、精神的安顿以及精神的提升。在精神世界中，"仁"和"礼"的统一具体展现于三个维度，即宗教性的维度、伦理的维度，以及具有综合意义的精神境界。

在宗教性的层面，终极关切是无法回避的问题。按其本义，终极关切意味着不限定于人的当下存在或此在形态，而是以"极高明"为精神取向。孟子曾指出："尽其心者，知其性也。知其性，则知天矣。"② 这里的"天"可以视为超验意义上的存在，从人之心、性指向天，相应地包含着某种终极关切的意味。需要注意的是，在儒家那里，以上视域中的终极关切，同时建立在"仁"之上。"仁"作为儒家的核心价值，肯定的是人之为人的内在价值，与之相联系，基于"仁"

---

① 《老子·第十九章》。
② 《孟子·尽心上》。

的终极关切,同时指向对人自身存在的关怀。这一意义上的终极关切的特点,在于不离开这个世界:它既非否定人自身或离开此在,也不同于以彼岸世界为指向的所谓"超越",而更多地侧重于人自身的成长、提升、完成。这里应当对时下比较流行的所谓"内在超越"论作再思考。在这一论域中,"超越"(transcendent)沿袭了西方宗教中的相关观念,意味着走向绝对的、无条件的、无限的存在,而在"超越"之前冠以"内在"则试图表明,儒学所具有的这种所谓"超越性",同时呈现"内在性"(immanent)。事实上,在儒学那里,终极关切并没有走向以上视域中的"超越"。这里的关键之点,首先在于儒学的终极关切始终与"仁"这一观念联系在一起,正是以"仁"为核心,使儒家的终极关切一开始便以人自身的存在为关切之点,从而避免了离开人的此在而面向彼岸的"超越"。

在儒家那里,终极关切同时涉及"礼"。前面提及,"礼"与"理"相关并内在地蕴含理性的精神。与理性精神的这种联系,使儒家的终极关切既有别于宗教的迷狂,也不同于非理性的蒙昧追求。从早期开始,儒家便对超验的存在保持了某种距离,孔子"不语怪、力、乱、神"[1],主张"敬鬼神而远之"[2],已体现了清醒的理性立场。即使在"天者,百神之君也,王者之所最尊也"[3] 这一类似乎具有超验性质的表述背后,也不难看到如下理性的取向:借助超验之天的权威,以制衡世上之"君"。[4] 在此,"礼"作为儒学的核心观念之一,从另一方面制约着儒家的终极关切。不难注意到,在仁、礼、现实之人、超验之天(神)以上四重关系中,"仁"主要体现为爱人,"礼"则更多地表现为敬神;前者关乎价值关切,后者则渗入了理性意识。

精神世界不仅关乎具有宗教性的终极关切,而且包含更为现实的道德面向。以"仁"为内核,精神世界中的伦理面向首先表现为德性

---

[1] 《论语·述而》。
[2] 《论语·雍也》。
[3] 《春秋繁露·郊义》。
[4] 参见杨国荣:《善的历程:儒家价值体系研究》,上海人民出版社,1994,第 123–157 页。

的完善，即所谓"仁德"或以"仁"为内涵的德性，包括仁爱的取向、基于恻隐之心的普遍同情、天下的情怀等等。这种德性的重要特点之一是包含善的精神定向或善的精神定势，始终以自我的成就和天下的安定（内圣外王）为价值目标。这也可以视为"仁"在伦理意义上的精神世界的体现。

如前所述，与"仁"相联系的"礼"既展现为现实社会规范，也可以内化为理性的原则。在精神世界这个维度上，"礼"则既表现为普遍的伦理规范，也体现为内在的理性观念，二者从不同方面规定着人的品格和德性的培养。儒家要求自我确立理性的主导地位，抑制和克服感性的冲动，避免仅仅跟着欲望走，等等，都体现了基于"礼"的理性精神。荀子曾指出："凡治气养心之术，莫径由礼。"① 所谓"治气养心"，主要以德性的培养为内容，而在荀子看来，内在德性培养的最好途径，即是依循于"礼"，这里的"礼"，主要便表现为内化的理性原则。

可以看到，在精神世界的伦理之维，"仁"和"礼"的统一具体表现为德性完善和理性自觉之间的统一。《大学》提出"正心诚意"，这里也蕴含了"仁"和"礼"这两个方面对伦理世界的影响。"正心"更多地侧重于以理性的原则来规范、约束人的伦理观念，"诚意"则首先表现为基于"仁"的要求，完善内在道德意识，使之真正成为"实有诸己"的真诚德性。在这一意义上，"正心诚意"无疑从一个方面体现了伦理之维的精神世界所内含的"仁"和"礼"的统一。

儒家精神世界更一般的形式，体现于精神境界。精神境界同时包含宗教性、伦理等多重方面，从而具有综合性的特点。精神境界在儒家那里有不同的表现形态，包括天下安平、走向大同等等，其实质的内容则包括两个方面：其一是理想的意识，其二是使命的意识。所谓精神境界，从实质的内涵看，即表现为理想意识和使命意识的统一。在儒学那里，这一意义上的精神境界始终没有离开"仁"和"礼"的

---

① 《荀子·修身》。

交融。天下安平、万物一体、走向大同等取向首先体现了人应当追求的理想,它同时又规定了人的使命,即化以上理想为现实。作为理想,以上取向体现的是"仁"的价值原则:天下安平、万物一体、走向大同,都可以视为"仁"道观念的具体化。从使命的层面看,以上取向则与"礼"所渗入的内在责任和义务相联系:"礼"作为普遍的"当然之则"(规范),包含应当如何的要求,后者关乎责任和义务,精神境界中内含的使命意识,则表现为这种责任和义务观念的引申,仁与礼的统一在以上境界中获得了内在体现。

三

在体现于精神世界的同时,儒学的具体内涵又展开于社会领域。从传统的观念看,这里所谓社会领域包括"家国天下"这样广义的存在空间;从哲学层面来说,它涉及的则是政治、伦理以及日常的生活世界等方面。

从政治之维看,基于"仁"的政治关切首先在总体上表现为对仁政、王道、德治等政治理念的追求。孔子提出仁道的观念,强调"为政以德",主张对民众"道之以德"①,到了孟子那里,仁道观念进一步引向仁政的学说,仁政学说和儒家所追求的王道、德治等观念紧密地联系在一起,其中包含对人的多方面关切,这种关切同时体现了"仁"的内在精神。

比较而言,在政治领域,"礼"首先表现为确定度量界限,建立包含尊卑等级的社会秩序。荀子在考察"礼"的起源时,曾对此作了具体考察:"人生而有欲,欲而不得,则不能无求,求而无度量分界,则不能不争。争则乱,乱则穷。先王恶其乱也,故制礼义以分之,以养人之欲,给人之求。"② 所谓"度量分界"也就是确定社会成员的不同

---

① 《论语·为政》。
② 《荀子·礼论》。

社会地位，为每一种地位规定相应的权利和义务。在缺乏如上社会区分的条件下，社会常常会陷入相争和纷乱的境地，而当所有的社会成员都各安其位，互不越界之时，整个社会就会处于有序的状态。在此，"礼"的核心的方面便体现于通过确立度量界限，建立起一定的社会秩序。

以上是"仁"和"礼"的统一在儒家政治中的总体体现。在具体的政治实践展开过程中，政治的运作同时涉及实质的方面和形式的方面。从"仁"的观念出发，儒家往往比较注重政治实践主体的内在人格和德性在政治生活中的作用。从政治哲学的角度来说，对政治主体及其内在品格德行的注重属于政治实践中实质的方面。从孔子、孟子到荀子，儒家在思考国家治理、政治运作之时，往往把政治实践的主体放在主导性的地位。对他们而言，国家是否得到治理，社会是否陷于纷乱，等等，总是与政治实践主体即君臣自身的品格、能力联系在一起。儒家比较注重所谓贤能政治，孟子、《礼记》、荀子，都一再强调政治主体应当具备贤与能的品格，对贤能的这种注重，源于儒家"仁"的观念，儒学对政治实践中实质性方面的关注，也与之相关。

在形式的层面，儒家对政治领域的考察更多地与"礼"的观念联系在一起。从肯定"礼"出发，对政治实践运行过程的思考往往会引向对政治规范、政治体制等的注重，与之相应的是由"礼"而接纳"法"。前面提到，法家的政治走向，是化"礼"为"法"，相形之下，儒家则始终不放弃"礼"的主导性，其特点在于通过"礼"而在政治实践中接纳"法"，或者说，由"礼"而入"法"。在儒家关于政治实践运行过程的具体考察中，不难看到由注重"礼"而进一步关注"礼"和"法"的理论取向，荀子的以下论点便体现了这一点："礼者，法之大分"，"法者，治之端也"，"非礼，是无法也"，"治之经，礼与刑"①，如此等等。由"礼"而接纳"法"或由"礼"而入"法"，最后引向礼法交融，构成了儒家在政治哲学上的重要趋向，这

---

① 《荀子·劝学》《荀子·君道》《荀子·修身》《荀子·成相》。

一特点也体现于政治实践的层面：在儒学独尊的汉代，政治的实际运作便表现为所谓"霸王道杂之"①，后者所体现的，实质上即是以"礼"为主导的礼法统一。从治国的层面看，以"礼"为主导的礼法统一所侧重的，主要是政治实践的形式之维。

就政治哲学的角度而言，"礼"以度量分界建构社会秩序，同时又关乎社会正义。如前所述，度量分界的实际意义在于把人区分为不同等级和地位，同时为每一等级和地位中的人规定各自的权利和义务，后者在否定的方面要求个体不可彼此越界，从肯定的方面看则意味着每一个体都可以得其应得：在界限允许的范围之内，个体可以得到与其身份、地位一致的社会资源。这一意义上的得其应得，从一个方面体现了正义的要求：自亚里士多德以来，得其应得都被理解为正义的基本规定之一。就此而言，通过"礼"而建构起理性的秩序，同时也为从形式的层面走向正义提供了某种可能。

可以看到，基于"仁"的贤能政治与以"礼"为主导的礼法统一，构成了儒家政治哲学的两个相关方面，它可以视为"仁"和"礼"的交融这一儒家核心观念在政治领域的具体体现。按其内涵，"仁"所指向的是人与人之间的沟通，包括建立在情感之上的人际关联，由此达到社会成员彼此和谐相处。"礼"则侧重于区分界限，亦即为不同个体规定不同的等级和地位，使之各有相应的义务和权利，彼此相分，互不越界，由此建立社会秩序。概要而言，基于"礼"而分界限、建秩序与基于"仁"而合同异、趋和谐，构成了儒学总的政治取向。儒家所说的"礼之用，和为贵"②，也从一个方面体现了这一点：礼本言其"分"，"仁"则以"和"为指向，"礼"所规定的人际之"分"，需要通过"仁"而引向社会的和谐，由此，"仁"和"礼"也从不同侧面展示了它们在政治生活中的作用。

与政治的运作相关的社会领域，是伦理关系和伦理实践。事实上，

---

① 《汉书·元帝纪》。
② 《论语·学而》。

政治和伦理在儒家那里往往难以截然相分。伦理既关乎精神世界，也体现于社会领域，精神世界中的伦理之维，更多地表现在观念层面。在社会领域，伦理则通过人的具体存在、人与人之间的关系，以及人的实际行为而展现。

从现实的社会领域考察人的伦理之维，通常面临两个方面的问题：其一，"成就什么？""如何成就？"；其二，"做什么？如何做？""成就什么？如何成就？"。主要是以人格的完善、品格的培养为目标，涉及的是道德实践的主体，换言之，它关心的是道德实践主体本身如何生成或成就什么样的道德主体。"做什么？如何做？"则更多地表现为行为的关切：相对于道德实践主体，它更为关注道德行为本身。在儒家那里，与"仁"和"礼"的统一这一核心的观念相联系，以上两个问题以及与之相关的不同关切也彼此关联。首先，从"仁"的观念出发，儒家把成就德性、完善人格提到重要地位，如所周知，儒家有"成己"和"成人"之说，其内涵在于把"成就什么？"作为主要关切之点。与"仁"相关的是"礼"，在社会领域，"礼"的伦理之维更多地表现为现实的社会伦理规范，一般而言，伦理规范重在指导人们的行为选择和行为展开，与之相应，"礼"的关切之点也更多地指向人的具体行为过程，包括人在不同的情景中应该选择什么样的行为，在实践过程中应当如何依"礼"而行，等等。这些问题首先与前面提到的"做什么？如何做？"联系在一起。

历史地看，以上两个方面的问题往往分别地与不同的伦理趋向相涉。"成就什么？如何成就？"每每被视为所谓德性伦理的问题。德性伦理所侧重的首先是道德主体的完善，其内在的理论旨趣在于通过人的成就，以达到道德主体的完美，并进一步以道德主体的完美来担保道德行为的完善。"做什么？如何做？"则更多地与行为的关切联系在一起，这种关切在伦理学上属规范伦理的问题。规范伦理首先指向人的行为，如何在行为层面合乎道德规范，是其关心的主要问题。在伦理学上，儒家常常被看作是德性伦理的代表，确实，如前所述，与注重"仁"相联系，儒家将德性（仁德）放在重要地位。然而，儒家同时处处以"礼"为关注之点,"礼"作为普遍规范,以行为的制约为指向。从现实层面看,与"仁"和"礼"的交融相关联,儒家既关注"成就什么?如何成就?"这一类德性伦理的问题,也关切"做什么?如何做?"等规范伦理意义上的问题。不难注意到,在社会领域的伦理维度上,"仁"和"礼"的关联具体表现为德性伦理和规范伦理的统一,尽管在儒学的演进中,不同的人物常常表现出相异的侧重,如朱熹较多地表现出对规范或规范的形上形态(天理)的关切,比较而言,在王阳明这样的哲学家中,内在德性(良知)则成为其优先的关注之点,但从总体上看,以"仁"和"礼"的关联为前提的德性和规范的统一,构成了儒家在伦理学上的主导取向。

在儒学的演化过程中,政治和伦理彼此相关,总体上表现为"仁"和"礼"的统一。孔子所提出的"君君、臣臣、父父、子子"①,便已体现了以上趋向。具体而言,"君君、臣臣"更多地涉及政治领域的问题,"父父、子子"则与道德人伦相关联,两者的共同特点在于都在实质的层面指向"仁"和"礼"的沟通。一方面,在个体人格之维,"君君、臣臣"要求"君"和"臣"都要合乎各自的准则:"君"应有"君"的品格,"臣"要像"臣"的样子。另一方面,从具体实践过程看,"君"和"臣"都应各自履行其承担的政治义务:"君"应履行"君"之职,"臣"也同样应如此。这里体现了政治领域中实质层面(政治品格)与形式层面(政治规范)的不同要求。与之相关的"父父、子子"主要是侧重于伦理之维。这里同样涉及"仁"和"礼":一方面,"父父、子子"关乎亲子之情,后者体现了"仁"的精神;另一方面,其中也包含亲子之间的道德责任,后者与"礼"的要求相联系。无论从政治之域看,抑或从伦理之维考察,"君君、臣臣、父父、子子"都体现了"仁"和"礼"的相关性。

社会领域的另一个重要方面,是日常生活或生活世界。现代政治学往往区分国家与个体(私人),并以两者之间的社会区域为所谓"公

---

① 《论语·颜渊》。

共空间"或"公共领域"。儒学没有对此作这样严格的区分,但宽泛而言,这里将要讨论的日常生活或生活世界近于上述视域中的社会空间,关乎日常处世、日常行事的方方面面。日常生活展开于人的日常存在,生活与生存也具有相关性,在此意义上,日常生活无疑具有本体论意义。不过,在儒学中,日常生活更具体地表现为日用常行。在家庭之中,有事亲事兄等日常的行为。在家庭之外,则关涉乡邻交往。后者构成了传统社会重要的社会活动空间,如何做到长幼有序、尊老爱幼等等,是其间需要应对的日常问题。在朋友之间的交往中,朋友有信、朋友之间有情有义等等,构成了基本的要求。在师生关系中,则涉及尊师重道、洒扫应对等日常行为。以上的日用常行既包含基于"仁"的情感沟通,也涉及礼仪的形式和礼仪的规范。

日常生活的展开,以多样的人伦关系为背景,人在生活世界中的共在和交往,既关乎规矩,也涉及情感,后者总是渗入了"仁"的精神。孔子认为,能普遍地做到"恭、宽、信、敏、惠",即意味着达到了"仁"①,"恭、宽、信、敏、惠"便涉及情感的沟通,它构成了儒家视域中人与人之间日常交往的基本要求。与之相辅相成的是"礼":"讲信修睦,尚辞让,去争夺,舍礼何以治之?"② 对儒家而言,礼本来即以"辞让"为题中之义,所谓"辞让之心,礼之端也"③,便表明了这一点。在政治领域,"礼"主要表现为通过确立度量分界,以担保社会秩序。在日常生活中,"礼"则一方面为日常交往提供礼仪形式和礼仪规范,另一方面又通过辞让等要求,避免人与人之间的日常纷争,以保证交往的有序性。礼在政治领域和日常生活中的以上二重规定体现了礼本身的相关方面,荀子和孟子则在一定意义上分别侧重于其中一个方面。从人的日常活动看,以辞让为内在要求的"礼"从不同方面为人与人之间的和谐交往提供了前提:"尊让絜敬也者,君子之所以相接也。君子尊让则不争,絜敬则不慢,不慢不争,则远于辨矣。不

---

① 《论语·阳货》。
② 《礼记·礼运》。
③ 《孟子·公孙丑上》。

斗不辨，则无暴乱之祸矣。"① 可以看到，"仁"与"礼"从不同意义上构成了日常生活有序展开所以可能的条件。以人与人的交往而言，"尊老爱幼"更多地体现"仁"的要求，"长幼有序"则首先体现了"礼"的内在规定，两者在显现交往过程多重内涵的同时，也表明了日常生活的展开过程与"仁"和"礼"的相关性。

四

就人的存在而言，精神世界主要涉及人和自我的关系，社会领域指向的则是人与人之间的关系：政治、伦理、日常生活等社会领域都以人与人之间的互动为内容。从更广的视域看，人的存在同时关乎天人之间。在儒家那里，对天人关系的理解，同样体现了"仁"和"礼"统一的观念。大致而言，以上意义中的天人关系既有形而上的维度，也有伦理的方面。

在形而上的层面，儒家对天人关系的理解首先表现在强调人为天地之心："人者，天地之心也。"② 人为天地之心的实际所指即"仁"为天地之心。关于这一点，从朱熹的以下论述中便不难看到："盖仁之为道，乃天地生物之心，即物而在。"③ 与张载所说的"为天地立心"相近，人（仁）为天地之心的具体内涵，也就是人为自然确立价值目标和价值的方向。康德在晚年曾将上帝视为"人与世界的内在精神"④。这里的"内在精神"也关乎价值意义，康德在将人和世界的价值意义与上帝联系起来的同时，也似乎表现出以上帝为价值意义的终极根据的趋向。相对于此，儒家以人（仁）为天地之心，显然体现了不同的价值取向。在这里，"仁"作为儒学的核心，同时制约着儒家对天人关系的理解，并由此赋予自然（天）以价值意义。

---

① 《礼记·乡饮酒义》。
② 《礼记·礼运》。
③ 朱熹：《仁说》，载《朱子全书》第 23 册，上海古籍出版社、安徽教育出版社，2002，第 3280 页。
④ Immanuel Kant, *Opus Postumum* (Cambridge: Cambridge University Press, 1993), p. 240.

与"仁"在天人之辩中的体现相联系的,是从"礼"出发规定天和人的关系。在儒家看来,天地有分别,自然也有序,天地之序与社会之序之间,存在着连续性:"大礼与天地同节","礼者,天地之序也","在天成象,在地成形。如此,则礼者天地之别也"。①从形上之维看,这里所强调的是天道与人道的相关性。按儒家的理解,天地之序既构成了"礼"所表征的社会秩序之形上根据,又展现为基于"礼"的社会之序的投射,天地之序与社会秩序通过"礼"而相互沟通。张载对以上关系作了更具体的论述:"生有先后,所以为天序;小大、高下相并而相形焉,是谓天秩。天之生物也有序,物之既形也有秩。知序然后经正,知秩然后礼行。"②"天序"与"天秩"体现的是自然之序;"经"与"礼",则关乎社会之序。在张载看来,经之正、礼之行源于"天序"和"天秩",天道(自然之序)构成了人道(社会之序)的根据。

"仁"和"礼"与天人之辩以上关联,主要展现了形上的内涵。广而言之,天人之际既涉及人与自然(天地)的关系,又与人自身的存在形态相关,两者都包含伦理之维。在形上的视域中,天人关系以"合"(关联)为特点,相对于此,两者在伦理的层面则同时呈现"分"(区别),后者首先表现为人的本然(天)形态与人化(人)形态之分。从肯定人的内在价值出发,儒学始终注重把握人之为人的根本之点,并由此将人与自然之域的存在区别开来,儒家的人禽之辩,便以此为关注之点。对儒家而言,人不同于禽兽的根本之点,就在于人受到"礼"的制约:"是故圣人作,为礼以教人。使人以有礼,知自别于禽兽。"③禽兽作为动物,属广义的自然对象(天),人则不同于自然(天)意义上的存在,而人与自然存在(禽兽)之分,首先便基于"礼"。在此,"礼"作为现实的社会规范,同时也为人形成不同于自然(天)的社会(人化)品格提供了担保。

---

① 《礼记·乐记》。
② 张载:《正蒙·动物》,载《张载集》,中华书局,1978,第19页。
③ 《礼记·曲礼上》。

在儒家那里，人禽之辩同时关联着文野之别。这里的"野"大致属自然（天）或前文明的存在状态，"文"则指文明化或具有人文意义的存在形态。儒家要求人的存在由"野"而"文"，从内在的方面看，由"野"而"文"意味着获得仁德等品格，并形成人文的价值取向；从外在行为过程看，由"野"而"文"则要求行为合乎"礼"的规范、趋向文明的交往方式。前文曾提及，"礼"的具体作用包括"节文"，这里的"节"主要与行为的调节和节制相联系，"文"则关乎形式层面的文饰。以"礼"为规范，人的言行举止、交往方式逐渐地趋向于文明化的形态。这一意义上的文野之别既是天人之辩的延续，也渗入了"仁"与"礼"的互动。

当然，伦理意义上的天人关系既有上述天人相分的一面，也包含天人关联的维度。在儒学之中，这种相关性首先体现在将"仁"的观念引申和运用于广义的自然（天）。儒学从孟子开始，便主张"仁民而爱物"①。这里包含两个方面。首先是"仁民"，即以仁道的原则对待所有人类共同体中的成员，与之相关的"爱物"则要求将仁道观念进一步引用于外部自然或外部对象，由此展现对自然的爱护、珍惜。这一意义上的"爱物"，意味着在伦理（生态伦理）意义上肯定天人的相合。《礼记》提出了"树木以时伐"②的观念，孟子也主张"斧斤以时入山林"③，即砍伐树木要合乎"天"（自然）的内在法则，而非仅仅基于人的目的。这里既蕴含着保护自然的观念，也基于"仁"道原则而肯定了天与人之间的统一。

除了"仁民爱物"，天人关系还包含另一方面，后者体现于"赞天地之化育"等观念。对儒家而言，人不仅应"成己"，而且有责任"成物"，后者意味着参与现实世界的生成，所谓"赞天地之化育"，便以这一意义上的"成物"为指向。以上观念包含两方面的前提：其

---

① 《孟子·尽心上》。
② 《礼记·祭义》。
③ 《孟子·梁惠王上》。

一，人具有参与现实世界的生成之能力；其二，人生活于其间的世界并不是本然的洪荒之世，而是与人自身的活动息息相关，其中处处包含着人的参与。"赞天地之化育"不仅体现了人对世界的责任意识，而且渗入了人对世界的关切意识：在参与世界形成的过程中，人承担对于世界的责任与人关切这个世界表现为彼此相关的两个方面。对世界的这种关切和承担对世界的责任既体现了"仁"的意识，也涉及"礼"的观念。如前所述，"礼"作为普遍的规范，以"当然"（应当如此）为形式，其中蕴含着内在的责任意识和义务意识；"仁"则一开始便表现出对人与世界的普遍关切，由仁民而爱物，即从一个方面体现了这一点。对天人关系的如上理解，从另一个方面体现了"仁"和"礼"统一的观念。

可以看到，儒学以"仁"和"礼"为其思想的内核，"仁"和"礼"的统一作为儒家的核心观念同时渗入儒家思想的各个方面，并体现于精神世界、社会领域、天人之际等人的存在之维。在哲学的层面，"仁"和"礼"的关联交错着伦理、宗教、政治、形而上等不同的关切和进路，儒学本身则由此展开为一个综合性的文化观念系统：儒学之为儒学，即体现于这一综合性的系统之中。有"仁"和"礼"的内核而无多方面展开的儒学是抽象的，有多重方面而无内核的儒学，则缺乏内在灵魂或主导观念，二者都各有所偏，儒学的具体性、真实性，即体现于它的综合性或内核的多方面展开之上。时下所谓心性儒学、政治儒学、制度儒学、生活儒学等等，似乎都仅仅抓住了儒学的某一方面或儒学在某一领域的体现：如果说，心性儒学主要涉及儒学有关精神世界的看法，那么，政治儒学、制度儒学、生活儒学等则分别以儒学在政治、伦理领域以及生活世界的展开形态为关注之点。儒学在某一方面的体现和儒学的本身或儒学的本来形态，应当加以区分。以儒学的某一个方面作为儒学的全部内容，往往很难避免儒学的片面化。诚然，从历史上看，儒学在其衍化过程中，不同的学派和人物每每有各自的侧重，但不能因为儒学在历史中曾出现不同侧重或趋向而把某种侧重当作儒学的全部内容或本然形态，儒学在具体演化过程中的侧重与本来意义上的儒学不应简单加以等同。要而言之，对儒学的理解，需要回到儒学自身的真实形态，后者与"仁"和"礼"的核心观念及其多重展开无法分离。

（原载《文史哲》2018 年第 5 期）

庄子哲学中的名与言

对名与言的考察，构成了庄子哲学的重要方面。名言与人之"在"究竟呈现何种关系？在谈到人之"言"时，庄子曾提出了如下问题："果有言邪？其未尝有言邪？其以为异于鷇音亦有辩乎？其无辩乎？"①这里值得注意的是对人之"言"与"鷇音"的比较，"鷇音"是幼禽的鸣声，泛指动物所发出的声音。尽管庄子在此对人之言与动物之声的区分是以疑问的方式提出的，但问题的提出本身表明，庄子已注意到"言"是人不同于动物的特征之一："言"为人所特有，动物之声则仅仅表现为"言"之外的"音"。②作为与人相关的现象，"言"总是有所表述："言非吹也，言者有言。"③就"言"与所言的关系而言，言说总是涉及名实之辩；就表达的形式与表达的内容而言，言说过程又指向言意之辩；而从言说与道的关系看，问题则进一步涉及能否"说"以及如何"说"。按庄子的理解，名与言既敞开了世界，也有自身的限度。通过名与实、言与意、道与言等关系的辨析，庄子展示了其多方面的哲学立场。

---

① ③ 《庄子·齐物论》。
② 这里的"言""音"之辩有其复杂性。一方面，庄子对言音之分提出了质疑，另一方面，人之言与鷇之音作为相互比较的二项，又内含某种分别："言"在符号表意的层面与"鷇音"诚然有相通之处，但作为人所特有而不同于鸟鸣的表达方式，它又无疑从一个方面表现了人的存在特征。

一、名止于实

以名实之辩为背景,名与言的考察既涉及语言形式与涵义的关系,也以概念与对象的关系为指向。事实上,在庄子那里,"言"与"名"都既有语词之义,又兼指概念;名实之辩也相应地既以词与物的关系为讨论对象,也涉及概念与世界的关系。

在庄子看来,对象世界有其自身的规定,这种规定并不依存于言说:"天地有大美而不言,四时有明法而不议,万物有成理而不说。"① 在此,言说与世界的呈现展开为两种不同的存在方式,自在的规定与自在的呈现在对象世界中融合为一。然而,从人与对象世界的关系看,言说又构成了联结二者的一个方面:物总是通过名与言而向人敞开。就人与物的言说关系而言,庄子首先肯定了名与言对于物的从属性:"名者,实之宾也。"② 作为"实之宾","名"应与"实"一致并合乎"实"。《大宗师》曾以颜回之口论及名与实的以上关系:"颜回问仲尼曰:'孟孙才其母死,哭泣无涕,中心不戚,居丧不哀,无是三者,以善处丧盖鲁国。固有无其实而得其名者乎?'"③ 这里重要的不是对某一具体历史人物的评价,而是其中所涉及的名实关系。"无其实而得其名"即名不副实,它既指外在声誉与实际行为不一致,也在广义上意味着"名"与"实"之间的脱节,庄子借颜回之口所作的以上质疑,显然以名与实应当相符为前提。

名与实的如上关系,在以下论述得到了更具体的规定:

名止于实,义设于适。④

---

① 《庄子·知北游》。
② 《庄子·逍遥游》。
③ 《庄子·大宗师》。此句成玄英等断为"无是三者以善处丧,盖鲁国固有无其实而得其名者乎",刘文典引李桢语曰:"以善处丧绝句,文义未完,且嫌于不辞。下'盖鲁国'三字,当属上为句,不当连下'固有'云云为句。'盖'与《应帝王篇》'功盖天下'义同。言孟孙才以善处丧,名盖鲁国。"(刘文典:《庄子补正》,云南人民出版社,1980,第251-252页)按李说可从,此处данные以为断。
④ 《庄子·至乐》。

"止"有限定之意,"止于实",意味着"名"不能越出或偏离"实";换言之,二者应当具有对应的关系。与"名"相对的"义"与"宜"相当①,引申为当然之则,"适"则有合宜或适合具体情景之意,"义设于适",表明当然之则的作用应以合乎具体的情景为前提,其中蕴含着对权变(原则运用的变通性)的肯定。在此,庄子将"名"与"义"区分开来,强调"名"应严格对应于"实","义"则可视情景而变通。名与义的如上分疏,无疑进一步突出了名与实的关系以相符或一致为内在指向。

从另一方面看,以"止于实"规定"名",同时也对"名"与"言"的作用对象或范围作了限定。在《齐物论》中,庄子已提出"物谓之而然"的论点,所谓"谓之而然",也就是通过以"名"指称物,使物得以分辨和把握,其意近于后来荀子所说的"名定而实辨"②。这种指谓关系首先将名与物联系起来,并在二者之间建立起对应关系。由此,庄子进一步强调:"言之所尽,知之所至,极物而已。"③ 就认识过程(知)而言,"极物而已"意味着经验之知无法超越具体对象;就名实关系而言,"极物而已"所强调的则是"名"与"言"仅仅作用于特定之物。与以上看法相应,庄子区分了"物"与"虚":"有名有实是物之居,无名无实在物之虚。"④"物"以"实"为品格,并可以"名"来指称("有名有实"),"虚"则缺乏"实"的规定,也无法以"名"来表示("无名无实")。

作为"名"的对象,"物"与"实"首先呈现特殊或个体的特点,与"物"相对的则是"道"。"物"与"道"之别,在"殊"相与普遍规定的区分上得到了具体的体现:对庄子而言,"道"总是超越了殊相,从而,以"物"(殊相)为对象的"名",无法把握"道"。在谈到物、道与名的关系时,庄子便对此作了如下分疏:"万物殊理,道不

---

① 成玄英:"义者,宜也。随宜施设,适性而已。"(《庄子疏·至乐》)
② 《荀子·正名》。
③④ 《庄子·则阳》。

私,故无名。"①"万物殊理"表明具体事物具有不同的规定,"不私"则是超越个体或殊相而具有普遍的涵盖性,庄子将"物"之"殊"与"道"之"不私"区别开来,并由后者引出了"无名",这一分辨,进一步赋予"名"以指称特定之物的品格。

以"殊"而不同的"物"为对象,"名"往往疏离于"一"。在谈到世界的原初形态时,庄子指出:"泰初有无无,有无名②,一之所起,有一而未形,物得以生谓之德。"③ 日常话语中的"无",往往与"有"相对,在这种语境中,"无"意味着缺失或不存在,"有无无"所肯定的,并不是与"有"相对的"无",毋宁说,它所指向的,是融具体"有""无"为一,具有普遍涵盖性的"无"。与扬弃"有""无"之分相应,世界也呈现了其原初的形态,这种原初性具体便表现为"一"而未形。所谓"一"而未形,也就是浑然一体、未分化为特定的事物。《齐物论》中所谓"有未始有夫未始有无也者",表达的也是类似的涵义:世界的本然形态既无"有",亦无"无",从而,"有""无"之别在此并无实质的意义。按庄子之见,这种原初的统一形态,已超越了名言之域:以"无名"规定"一而未形",便表明了这一点。

"名"无法把握统一的存在形态,意味着"名"有自身的限制。从名实关系看,"名"首先以"分"为其特点,当庄子强调"名"为实之"宾""名止于实"时,已同时肯定了"名"与"实"("物")之间的对应性,后者(对应性)既体现了"名"与"物"关系的确定性,也突显了"名"所内含的"分"与"别"等功能:名与物的对应性,以不同的"名"分别地指称或表示不同的"物"为前提。"名"的这种分别性,同时蕴含着对存在本身的某种分离或分化:当人们以"名"指称不同的"物"时,浑而为一的世界也被区分为不同的对象。

---

① 《庄子·则阳》。
② "泰初有无无,有无名"句,通行本断为"泰初有无,有无名",刘文典认为:"此当以'泰初有无无,有无名'为句。本书《知北游》篇'予能有无矣,而未能无无也'……老子《道经》'无名,天地之始',泰初即天地之始也。"按:刘说是。如后文将论及的,从理论内涵及表述方式上看,皆当以"泰初有无无,有无名"为句。
③ 《庄子·天地》。

从人与世界的认识关系看,通过以"名"相分,存在的混沌性得到了扬弃,具体地把握世界成为可能;从世界本身的呈现方式而言,"一而未形"的统一存在则由此分化为各有界限、与"名"相应的殊物或殊相。质言之,"名"使存在从统一走向分殊。

从先秦哲学的发展看,庄子之前与庄子之后的一些哲学家,也从不同的角度考察了名与实、名与物的关系。墨家主张"以名举实"①,并以是否合乎"实"为判断是否知"名"的依据:"今瞽曰钜者白也,黔者黑也,虽明目者无以易之。兼白黑使瞽取焉,不能知也。故我曰瞽不知白黑者,非以其名也,以其取也。"② 这里的"取",一方面涉及人的行为过程,另一方面又表现为以"实"定"名":根据所"取"之"实"是否合乎所称之"名",来确定是否真正把握了"名";后者的前提是肯定"名"应当与"实"一致。荀子进而提出"制名以指实"的论点③,从而更明确地指出了"名"对"实"的指称功能,在荀子看来,一旦名与实之间建立了确定的关系,对象便能为人所把握,所谓"名定而实辨"④。荀子由此具体考察了"名"的社会作用:"制名以指实,上以明贵贱,下以辨同异。贵贱明,同异别,如是则志无不喻之患,事无困废之祸,此所为有名也。"⑤ "明贵贱""辨同异"所着重的,是"名"对存在的"分"与"别",在这里,荀子从社会的领域,肯定了"名"对世界的分离。庄子强调名为实之宾、名止于实,并将"名"的运用与存在的分化联系起来,与墨家、荀子的以上看法,无疑有相通之处。不过,由肯定"名"的"分"与"别",庄子对"名"能否把握世界的本来形态及统一性表示怀疑,以"无名"规定道等论点,已表明了这一趋向。如后文将进一步讨论的,对"名"的以上限定,在理论上包含着自身的问题。

作为内含意义的符号,名与言确乎具有区分的功能:"一而未形"的世界通过名与言而被分而别之,从而可以为人所把握。然而,这只

---

① 《墨子·小取》。
② 《墨子·贵义》。
③④⑤ 《荀子·正名》。

是问题的一个方面。名言在区分对象的同时，也从不同的方面再现对象的统一性。墨家已注意到这一点。在谈到"名"与"实"的关系时，墨家曾从"类"与"私"的角度，具体探讨了"名"的作用。从"私"的层面看，"命之臧，私也，是名也，止于是实也"①。"臧"作为指称某一个体之名，属"私"名，在"臧"与它所指称的对象之间，具有对应的关系（"是名止于是实"）。但"名"本身并不限于"私"名，它同时涉及"类"的关系，从后一方面看，"名"又具有普遍的涵盖性。墨家举例对此作了说明："命之马，类也，若实也者，必以是名也。"②"马"相对于仅仅指称某一特定个体的"臧"而言，属"类"名，凡在物种上属于这一"类"的所有个体（"若实也者"），都可以用"马"来指称。在名与实的以上关系中，"马"这一"类"名，无疑将相关的个体联结起来，它同时也从类的层面，体现了存在的统一性。荀子对此作了更具体的阐释：

> 同则同之，异则异之。单足以喻则单，单不足以喻则兼。单与兼无所相避，则共；虽共不为害矣。知异实者之异名也，故使异实者莫不异名也，不可乱也，犹使异实者莫不同名也③。故万物虽众，有时而欲偏举之，故谓之"物"。"物"也者，大共名也。推而共之，共则有共，至于无共然后止。有时而欲遍举之，故谓之"鸟兽"。"鸟兽"也者，大别名也，推而别之，别则有别，至于无别然后止。④

这里所涉及的，是"名"形成的原则，"同则同之，异则异之"侧重于名与物之间的对应性，"单足以喻则单"则类似墨家以"私"

---

① ② 《墨子·经说上》。
③ "犹使异实者莫不同名也"中的"异实"，疑为"同实"之误，"知异实者之异名也，故使异实者莫不异名也，不可乱也，犹使同实者莫不同名也"，在逻辑上与本段开首"同则同之，异则异之"一致，若为"异实"，则前后抵牾。杨倞《荀子注》引"或曰"，亦持此说。（参见杨倞：《荀子注·正名》）又，王念孙也认为，"或说是也"。（参见王先谦：《荀子集解·正名》，中华书局，1988，第419页）
④ 《荀子·正名》。

名指称个体。"单"之外的"别"与"共",则涉及不同程度的普遍性:"鸟兽"表示一定的"类","物"则泛指一切对象;后者既以类或普遍的规定为根据,又从不同的方面再现了存在的统一之维。相形之下,庄子仅仅肯定"名止于实",并强调存在的统一形态超越于"名",似乎未能注意"名"的多重品格。

二、言意之辩

与名实之辩相关的是言意之辩。名实之辩以名与物或名与存在的关系为对象,言意之辩则指向言与意的关系。在庄子的哲学系统中,与言相对的"意"既指意义或"名"的涵义,也指意念或意识内容,言意之辩则相应地既涉及语言形式与内涵的关系,也以名言与意念(意识内容或广义的心之所悟)关系的辨析为内容。

在言意关系上,庄子首先提出以"意"为贵的论点:

> 语有所贵也,语之所贵者,意也。……故视而可见者,形与色也;听而可闻者,名与声也。悲夫!世人以形色名声为足以得彼之情。[1]

"语"与"言"处于同一序列,此处之"意",指"语"所具有的涵义。"语"与"意"的如上关系,略近于语词与概念或语句与命题的关系;语以"意"为贵,则意味着涵义在名言中处于主导的地位。从外在的层面看,"语"或"言"与感性的对象有相关之处:以"意"为内涵的符号,既可呈现为形,也可表现为声,如果仅仅关注于外在的符号,则往往得其"形""声"而失其内在之"意",从而难以把握现实的世界("得彼之情")。

外在之"形"与内在之"意"的区分,在关于古人(圣人)之言

---

[1] 《庄子·天道》。

的讨论中得到了进一步的阐释。《庄子·天道》记叙了轮扁与桓公的一段对话:"桓公读书于堂上,轮扁斲轮于堂下,释椎凿而上,问桓公曰:'敢问公之所读为何言邪?'公曰:'圣人之言也。'曰:'圣人在乎?'公曰:'已死矣。'曰:'然则君之所读者,古人之糟粕已夫。'"书中所载,固然是古代圣人之言,但这种"言"却未必真正体现往古圣人之"意";所谓古人"已死",意味着赋予"言"以"意"的主体已不复存在,而立"意"之主体一旦失去,则"言"便仅仅呈现为外在的形式。庄子认为言说的主体逝去之后,"言"本身便无意义,无疑未能注意"言"所具有的相对独立性,事实上,如解释学所反复强调的,"言"一旦以文本的形式呈现,其意义便非立言者所能限定;文本所载之"言",总是包含着不断延伸的意义空间。不过,这里重要的,是庄子对名言之域中"意"的注重:在往古圣人规定"言"的意义这一历史现象之后,是"意"对"言"的决定作用;古代圣人在此已被视为"意"的本源或象征,正是来自圣人之"意",赋予"言"以内在的生命,离开了"意",则"言"便成为糟粕。

言与意的以上辨析,涉及的主要是语言形式或外在符号与内在涵义的关系。如前所述,"意"之所指,并不仅仅限于语言的涵义。在对"言""意"作进一步考察时,庄子指出:

> 夫精粗者期于有形者也,无形者数之所不能分也;不可围者数之所不能穷也。可以言论者,物之粗也;可以意致者,物之精也。言之所不能论,意之所不能察致者,不期精粗焉。①

"物之粗"即对象的感性形态,"物之精"则是对象的内在规定或内在之理,在庄子看来,前者可以用"言"来加以指称或讨论,后者则主要借助"意"而达到。这里所说的"意",显然不同于语言的涵义,而更多地表现为意念或心的体悟、理解;"以意致",也就是通过

---

① 《庄子·秋水》。

心的体悟、理解来把握对象的内在之理。庄子将"言""意"分别对应于"物之粗"与"物之精",多少对二者的作用作了某种限定:根据如上区分,名言似乎难以达到对象的内在规定或内在之理。换言之,对象的内在之理虽构成了心之所悟("意")的内容,但却超乎名言之域。事实上,在谈到"意之所随"与"言"的关系时,庄子已从一个方面对名言的作用作了某种限制:"语之所贵者,意也。意有所随,意之所随者,不可以言传也。"① 此处之"意"首先指涵义,从而有别于作为心之所悟的"意",但它同样也涉及与对象的关系;"意之所随",便是"意"所指谓的事物之理。在此,"言"("语")、"意"、意之所指("意之所随")表现为三项;"言"("语")以"意"为涵义,但却无法表达"意"之所指。这里似乎已涉及涵义与所指的关系:名言虽有自身的涵义,但它不一定表达所指,在涉及事物内在之理时,情形便是如此。

当然,与释"意"为意念或心之所悟相应,言意之辩本身所涉及的内容也有所扩展。从现代哲学的演化看,语言哲学(philosophy of language or linguistic philosophy)与心的哲学(philosophy of mind)往往被区分为不同的分支,前者以语言的意义为主要考察对象,后者则将心智活动列入研究之域。② 如果说,庄子关于名言及其涵义的讨论多少关涉语言哲学,那么,"以言论"与"以意致"的辨析,则同时涉及心的哲学。不难看到,在言意之辩中,名言形式与心智活动、语言哲学与心的哲学呈现相互交错的形态。它使庄子在限定名言作用的同时,也表现出某种联结名言分析与心智活动的趋向:如上所述,通过对言意之辩的广义理解,庄子的关注之点也超越了单纯的名言涵义而兼及心之所悟。

以心之所悟为指向,"以意致"更多地侧重于人自身之"在"。前

---

① 《庄子·天道》。
② 当然,当代一些哲学家已注意到语言哲学与心的哲学之间的联系,如塞尔便认为,"语言哲学是心灵哲学的分支"。(参见约翰·塞尔:《心灵的再发现》,王巍译,中国人民大学出版社,2005,第 2 页)不过,主流哲学似乎仍主要将二者分而"治"之。

文已论及，在轮扁斲轮的寓言中，庄子借轮扁之口，对言意与行为的关系作了具体阐述：

> 以臣之事观之，斲轮徐则甘而不固，疾则苦而不入，不徐不疾，得之于手而应于心，口不能言，有数存焉于其间。臣不能以喻臣之子，臣之子亦不能受之于臣。①

斲轮是人的实践活动，"不徐不疾"，"得之于手而应于心"，则表现了这一行为过程的完美性。在庄子看来，行为的这种完美性虽然无法以语言加以表述（"口不能言"），但其中却包含着内在之理，后者具体表现为行为节奏的恰到好处、心手之间的默切配合等等，所谓"有数存焉于其间"之"数"，便可视为内含于行为过程中的内在之理。这种内在之理既不可表达，也难以在主体间传递：行为者不能以此"喻"（告知）他人，他人也无法从行为者"受"（接受、获得）此理。然而，实践过程中的这种"数"或"理"虽不可言传，但却能够以心默会：所谓"应于心"，便表明了这一点。不难看到，这里的"应于心"与前文的"以意致"存在内在的相通性：二者在超乎名言而走向默会这一点上，无疑具有一致之处。

如前所述，"意之所随"作为所指，首先涉及对象世界；相对于"意之所随"，"存焉于"实践过程的"数"更多地与人自身之"在"相关。从外在的形式看，认为"意之所随"无法言传，与肯定"应于心"者"口不能言"都表现为超越名言之域，然而，二者的侧重之点又有所不同：前者突出了对象世界之理与名言的距离，后者则着重将心之所悟引入人自身的实践。在"得之于手而应于心"的行为过程中，关于对象的言说已转向对实践智慧的默会。如果说，"意之所随"无法言传等看法多少赋予言意之辩以消极的意味，那么，肯定"存焉于"行为过程的"数"可以"应于心"（默会），则使言意之辩呈现积极的

---

① 《庄子·天道》。

实践意义。从涵义（"语之所贵者"）与所指（"意之所随"）的区分，到"应于心"的注重，言意之辩由对象的言说引向对主体之"在"的关切。

实践过程的"应于心"，主要以"意"为内容；与关注人自身之"在"相联系，"意"进一步获得了对于"言"的优先性。在庄子关于言意关系的如下论述中，便不难看到这一点：

> 筌者所以在鱼，得鱼而忘筌；蹄者所以在兔，得兔而忘蹄；言者所以在意，得意而忘言。吾安得夫忘言之人而与之言哉！①

筌、蹄分别是捕鱼和捕兔的工具，"言"与筌、蹄并提，其内在之意便是将"言"规定为工具或手段。此处之"意"，既指名言的涵义，也指心之所悟或意念、观念，后者包括对事物内在之理及实践智慧的理解、体悟。就名言形式与涵义的关系而言，"言者所以在意"意味着突出涵义（"意"）在名言中的主导性；从言说与心悟的关系看，"言者所以在意"则肯定了名言或言说以心之所悟为指向。在以上关系中，"言"都仅仅被规定为外在的手段或工具。作为"言者所以在意"的引申，"得意而忘言"由肯定"意"的主导性，进一步强调了"意"对"言"的独立性或分离性："忘言"表明"意"可以离开"言"而存在。对"意"与"言"的如上看法，既肯定了"言"作为工具的外在性，也确认了心与名言的距离。事实上，在庄子所谓"无言而心说（悦）"②之说中，已蕴含了心（意）与言的相分。

从"言"与涵义的关系看，以何种符号形式表达某种涵义固然有约定的性质，但涵义本身总是需要借助一定的形式而存在；无一定的形式，则涵义难以获得确定性。就名言与所思、所悟的关系而言，"思"与"悟"本身也并不是以纯意识的形态存在，即使最初缺乏明

---

① 《庄子·外物》。
② 《庄子·天运》。

确表达形式的洞见或灵感,也非完全与名言彼此隔绝:这种洞见或灵感要成为可以在主体间传递或讨论的知识,便必须获得名言的形式,而它们最后能够以名言形式呈现,也以其形成的过程与名言具有相关性为前提。同样,"默会"之知作为隐含意识虽超乎显性的名言,但正如感性经验本身有其自身的形式一样,这些隐含之"意"也是有形式的意识内容,而非仅仅表现为剔除任何名言形式的纯粹意识之流。庄子主张"得意而忘言",无疑忽视了言意关系的如上方面。

与庄子有所不同,《易传》在言意关系上提出了"言不尽意"和"以象尽意"之说:"书不尽言,言不尽意,然则圣人之意其不可见乎?子曰:圣人立象以尽意,设卦以尽情伪,系辞焉以尽其言,变而通之以尽利,鼓之舞之以尽神。"[①] 这里首先涉及文本的表达形式与文本意义、直接或表层语义与内在思想意蕴的关系。文本(书)通过一定的名言形式而存在,但名言直接表达的语义和文本所内含的思想意义,并不完全重合:文本往往包含着更为丰富的意蕴,并给人以更广的理解空间。尽管这种理解和阐释依然离不开名言,但它已不限于文本直接的语言表达形式。《易传》以卦象为"尽意"的形式,无疑表现了对《易经》符号系统的注重。"象"由爻构成,从逻辑上看,它具有范畴的意义。作为范畴,"象"的特点在于可以转换:通过改动一定的爻,某一"象"便可转换为其它"象",在此意义上,"象"同时表现为一种形式的系统,而所谓以象尽意,则意味着以普遍的范畴形式及范畴之间的转换,来表达思想内容。相对于庄子之强调"得意而忘言",《易传》将"言不尽意"与"以象尽意"联系起来,显然在肯定名言限制的同时,更多地注意到了"意"离不开形式之维。

对言、意、象作进一步考察的,是王弼。以庄子及《易传》的思想为背景,王弼在某种意义上将言意之辩与意象之辩结合起来,从更广的视域阐述了言、意、象之间的关系:

---

① 《易传·系辞上》。

夫象者，出意者也；言者，明象者也。尽意莫若象，尽象莫若言。言生于象，故可寻言以观象。象生于意，故可寻象以观意。意以象尽，象以言著。故言者，所以明象，得象而忘言；象者，所以存意，得意而忘象。犹蹄者所以在兔，得兔而忘蹄；筌者所以在鱼，得鱼而忘筌也。然则言者，象之蹄也；象者，意之筌也。是故存言者，非得象者也；存象者，非得意者也。象生于意，而存象焉，则所存者乃非其象也；言生于象，而存言焉，则所存者乃非其言也。然则忘象者乃得意者也，忘言者乃得象者也。得意在忘象，得象在忘言。故立象以尽意，而象可忘也，重画以尽情，而画可忘也。是故触类可为其象，合义可为其征。①

"象"以"意"为源并显现"意"，但它本身又通过名言而得到澄明，较之《易传》，"尽意莫若象，尽象莫若言"这一看法无疑更明确地将"象"与名言联系起来。言、意、象的如上关系，使"寻言以观象""寻象以观意"成为可能，而后者又从另一个层面体现和展开了"言"与"象""意"之间的联系。这样，一方面，"意"为"象"本、"象"明于"言"；另一方面，由"言"察"象"、以"象"得"意"，名言、概念（范畴）、义理（意）彼此相关而互动。然而，王弼同时又由辨言、意、象之异，强调"得意在忘象，得象在忘言"，亦即将"忘象""忘言"，视为"得意""得象"的前提，从而多少将义理与概念（范畴）、概念（范畴）与名言形式分离开来。这些看法直接或间接地打上了庄子思想的印记。事实上，王弼以筌、蹄隐喻名言，并由名言的工具化而要求"得象而忘言，得意而忘象"，都明显地受到庄子的影响。当然，在这方面，王弼似乎走得更远。

---

① 《周易略例·明象》。

三、道与言

言意之辩从不同的方面表明,"意"具有超乎名言的一面。对庄子而言,名言不仅存在于"意"之外,而且与"道"相对。事实上,如前所述,在庄子看来,名言的作用首先表现为对存在的"分"和"别","道"作为存在的普遍原理,则以"齐"与"通"为内在品格,后者同样使道与名言呈现内在的距离和张力。"道"能否以名言来把握?是否存在非一般名言的把握方式?以上述问题为对象,庄子进一步展开了道与言之辩。

前文已论及,"道"超越于殊相或个体,具有普遍的涵盖性,庄子以周、遍、咸具体地表示"道"的这一品格:"至道若是,大言亦然,周、遍、咸三者,异名同实,其指一也。"① 这种普遍性决定了"道"无法以名言来限定,所谓"道不私,故无名"②。由此,庄子进而将"道"超乎闻见与"道"超乎名言联系起来:"道不可闻,闻而非也;道不可见,见而非也;道不可言,言而非也。知形形之不形乎!道不当名。"③ "闻"与"见"所指向的,是特定的感性之物,"言"同样"极物而已",在限于感性对象及个体殊相上,二者具有一致性。与之不同,"道"决定、制约着有形的具体事物("形形"),但它本身却有别于感性之"形"("不形"),从而,指称有形之物的"名",无法加诸其上;所谓"知形形之不形乎!道不当名",便着重指出了以上关系。

关于"道不可言""道不当名"的以上论述,主要以"道"与"物"之辩为前提。从逻辑的层面看,对"道"的言说同时涉及可言与不可言的关系。在谈到"言"与所言的问题时,庄子指出:

---

①③ 《庄子·知北游》。
② 《庄子·则阳》。

> 既已为一矣，且得有言乎？既已谓之一矣，且得无言乎？一与言为二，二与一为三，自此以往，巧历不能得，而况其凡乎？故自无适有，以至于三，而况自有适有乎！无适焉，因是已。①
>
> 夫道未始有封，言未始有常，为是而有畛也。②

"一"所表示的是存在的统一性或整体性，在庄子看来，对整体的言说，总是难以避免逻辑的悖论，整体一旦被言说，便发生"说"与"所说"的关系：一方面，言说与被言说的整体彼此对待；另一方面，被言说的整体又无法将与之相对的言说纳入自身，二者都难以达到完全的整体性。③以上形态在逻辑上同时蕴含着无限的系列：所说的整体为"一"，此"一"加上言说为"二"，后者与进一步的言说相加而为"三"，如此类推，将导致无穷后退，这种无穷系列也意味着整体本身在逻辑上难以言说。就终极形态而言，存在的统一性或整体性体现于"道"，整体的不可言说，从另一个方面表明"道"非言说的对象：一旦对"道"有所言说，则必然导致统一之"道"的分解；所谓"道未始有封，言未始有常，为是而有畛"，便着重指出了"道"因言而分（"有畛"）。

在相近的意义上，庄子将"道"与是非之辩区分开来："是非之彰也，道之所以亏也。"④是非之辩一方面运用名言，另一方面又基于"成心"或意见。争论的各方往往从一偏之见出发，仅仅抓住"道"的某一方面，各是其所是、各非其所非，所谓"辩也者，有不见也"⑤。如此争辩的结果，则是愈辩而离道愈远："道昭而不道，言辩而不及。"⑥"其道舛驳，其言也不中。"⑦而作为整体的"道"也往往由此而被片面化（有所"亏"）。这种情形如同"鼓琴"，在演奏琴的

---

① ② ④ ⑤ ⑥ 《庄子·齐物论》。
③ 冯友兰在其新理学中，亦持与庄子相近的看法，认为："严格地说，大全，宇宙，或大一，是不可言说底。因其既是至大无外底，若对之有所言说，则此有所言说即似在其外。"在论证此观点时，冯友兰特别引用了庄子的以上论述。（参见冯友兰：《三松堂全集》第四卷，河南人民出版社，1986，第30页）
⑦ 《庄子·天下》。

过程中，总是时而弹出某一音节，时而奏出另一音调，从而有"成"有"亏"。相反，如果停止弹奏，则无"成""亏"之分："有成与亏，故昭氏之鼓琴也；无成与亏，故昭氏之不鼓琴也。"① "无成与亏"近乎天籁，正如达到天籁以放弃人为的演奏为前提一样，惟有超越以名言形式展开的是非之辩，才能把握表现为整体的"道"。

作为统一的存在形态，"道"与"德"相对，并处于感性之知的领域之外。后者同时也为"言"规定了界限："故德总乎道之所一，而言休乎知之所不知，至矣。道之所一者，德不能同也；知之所不能知者，辩不能举也。"② "德"作为对象世界的具体规定，本身以"道"为根据，"言"则限于"极物"之知；"德"无法达到"道"所体现的统一性，"言"也难以超越可知之域。在此，"道"与"德"之别和"言"与"知"之辩彼此对应；"知"止于"道之所一"与"言"休乎"知之所不知"，表现为同一过程的两个方面。前文曾提及，按庄子之见，"言"可论"物之粗"，"意"可致"物之精"，"言之所不能论，意之所不能察致者，不期精粗焉"③。 "不期精粗"者，亦即超越于"物"之道，它既非"意"所能知（"察致"），也非"言"可指称。

当然，庄子对名言能否把握道的质疑，本身在逻辑上也可能被"质疑"：既然"道"非"言"所能指称，何以庄子本身却一再以"道"为论题？事实上，怀疑论者往往很难回避这一类的责难。庄子似乎也意识到了这一点，不过，对逻辑上可能面临的如上责难，他依然以存疑的方式加以回应："今我则已有谓矣，而未知吾所谓之其果有谓乎？其果无谓乎？"④质言之，关于"道"或存在本然形态的讨论是否真正为有意义的言说，本身难以确定。而在终极的层面上，庄子的看法仍然是："可言可意，言而愈疏。"⑤ 这种存疑的立场，从另一方面对言说作了解构。

---

①④ 《庄子·齐物论》。
② 《庄子·徐无鬼》。
③ 《庄子·秋水》。
⑤ 《庄子·则阳》。

"道"超乎名言，也决定了它难以成为论辩的对象："大道不称，大辩不言。"① 如前所述，在庄子那里，责难是非之辩与肯定"道"超越名言呈现内在的一致性。也正是基于以上前提，庄子引入了"默"："辩不若默，道不可闻。"② "道"与"默"的如上联系表明，对不可言说的"道"，最好保持沉默。庄子的这一看法令人联想到维特根斯坦：维特根斯坦曾以沉默作为对待不可言说者的方式，庄子的以上看法与之似乎不无相通之处。当然，维特根斯坦所谓"不可说"，是指不可以命题的方式说，在他那里，"可说"与"不可说"之别所体现的，首先是科学知识与形上观念之间的张力；庄子则主要将"言说"与基于"成心"的是非之辩联系起来，由此彰显的，是"道"对外在之"物"与内在"成心"的超越。

"道"不能"以言论""以意致"，当然并不是说"道"完全无法把握，在庄子看来，通过心斋、坐忘，以及"以神遇"等直觉方式，人可以在不同程度上体悟"道"。但是，在把握"道"的同时又认识到"道"超乎名言，则非易事："知道易，勿言难。知而不言，所以之天也。知而言之，所以之人也。古之人天而不人。"③ 在这里，庄子将名与道之辩与天人之辩结合起来，超乎言说（"知而不言"）则同时表现为合乎"天"（"之天"）。对庄子而言，"天"表现为一种本然或本真的存在形态，"不言"与"天"的如上统一，相应地将"不言"或"默"规定为名与道关系的本然或本真形态。在同一意义上，庄子认为"知者不言，言者不知"④，此所谓"言"与"知"都涉及"道"，它所强调的是：对"道"有所言说，便意味着昧于（"不知"）"道"。

庄子的如上看法与《老子》无疑前后相契。事实上，"知者不言，言者不知"⑤ 之说便来自《老子》。从更广的层面看，在"道"与名言的关系上，《老子》首先将可道之"道"与"常道"区分开来："道可

---

① 《庄子·齐物论》。
②④ 《庄子·知北游》。
③ 《庄子·列御寇》。
⑤ 《老子·第五十六章》。

道，非常道。"① "可道"，即可以用日常的、经验领域的名言来言说、表述，"常道"则是作为存在根据或统一性原理的"道"，这里已肯定了"道"具有超乎名言的品格。在对"道"的如下描述中，"道"与名言的分际得到了更具体的确认："视之不见名曰夷，听之不闻名曰希，搏之不得名曰微。此三者不可致诘，故混而为一。其上不皦，其下不昧，绳绳不可名。"② "吾不知其名，字之曰道。"③ 基于如上前提，《老子》一再直接以"无名"指称"道"："道常无名"④、"大象无形，道隐无名"⑤ 与"无名"相联系的，是对言说的疏离，所谓"多言数穷，不如守中"⑥、"希言自然"⑦ 等等，便表明了这一点。庄子强调名言无法把握"道"，似乎导源于此。从理论上看，经验领域的名言往往指向特定的对象，"道"作为形而上的原理，则更多地体现了存在的统一性、无限性，以名言指称经验对象与体悟形而上之道，确乎难以简单等同。与《老子》一样，庄子注意到了以上差异，但如后文将进一步分析的，由此将"道"与名言视为不相容的两个方面，则内含着自身的问题。

前文已论及，对庄子而言，名言的确定性意味着界限（分与别），"道"对"物"的超越，则体现了存在的统一性；与"名言"与"道"的分野相应，庄子所追求的，是从存在的分离走向存在的统一，后者同时上接了"齐物"的主题。从逻辑上看，名言所内含的界限性，决定了回归统一的存在形态与扬弃名言的界限之间的一致性。在以下论述中，可以具体地看到二者的这种关联：

以指喻指之非指，不若以非指喻指之非指也；以马喻马之非

---

① 《老子·第一章》。
② 《老子·第十四章》。
③ 《老子·第二十五章》。
④ 《老子·第三十二章》。
⑤ 《老子·第四十一章》。
⑥ 《老子·第五章》。
⑦ 《老子·第二十三章》。

马，不若以非马喻马之非马也。天地一指也，万物一马也。①

"指"本来表示手指，引申为以"指"指物，后一意义上的"指"，通过进一步的抽象，往往近于一般的名或概念。公孙龙在《指物论》中曾指出："物莫非指，而指非指。天下无指，物无可以谓物。"这里的"指"，便有名与概念之意。从名实关系看，"物莫非指"既意谓"物"总是与指称"物"的名或概念对应，又表明名或概念本身以"物"为指称对象；"而指非指"，则是指名或概念本身并不以另一概念为指称的对象。从逻辑学上看，上述看法所强调的是名或概念（"指"）与对象（"物"）的界限和区别："物"为名或概念（"指"）所指称，但名或概念（"指"）本身却非被指称的对象（非为另一"指"所指，故"非指"）。② 不难注意到，"指"与"非指"的以上讨论，以肯定概念的确定性为前提，并主要表现为概念层面的辨析。从逻辑上看，上述论点显然构成了庄子"以指喻指之非指"之说的背景。③ 与公孙龙突出概念的作用并执着于概念与对象的区分不同，庄子认为，与其通过概念的辨析指出名言或概念有别于被指称的对象，不如悬置纷杂多样的名言或概念，并由此消除"指"（名言、概念）与"所指"（对象）之分，所谓"以指喻指之非指，不若以非指喻指之非指"。同样，借助"马"这一概念来说明"马"的概念不同于马本身，不如直接取消"马"的概念以消解"马"的概念与马本身的对峙。多样的"名"与概念一旦被消解，便可复归于"一"："天地一指，万物一马"的着重之点即在于"一"而无分，它通过消解纷繁的"指"以及扬弃"指"与所指的对峙而将存在还原为无分别的形态，后者从

---

① 《庄子·齐物论》。
② 在"物无非指"中，"物"为"指"的指称对象，这里的"物"无法以"指"来代替，因为若说"指无非指"，则前一"指"就成了被指称的对象，而在公孙龙看来，"指"可以指称"物"，但自身却不能成为被指称的对象。如"马"这一概念（"指"）以马这一类动物为指称对象，但"马"这一概念（"指"）本身却不能在以上指称关系中成为被指称的对象。正是在此意义上，公孙龙强调"指非指"。
③ 章太炎在解释庄子的以上论点时，曾指出："指马之义，乃破公孙龙说。"（参见章太炎《齐物论释》），这一看法似亦注意到了庄子思想与公孙龙指物论的相关性。

"指"与所指的关系上体现了庄子"道通为一"的本体论立场。

以"指"指物,"指"与物之间往往具有确定的对应关系,这种对应性同时呈现为"指"与所指之间的界限,一般的名言都难以摆脱这种界限;对"指"的消解,首先也旨在超越这种确定的界限。如何扬弃一般名言的这种局限?与《老子》以"正言若反"① 超越可道之"道"相近,庄子也试图揭示不同于日常名言的"达"(表达)道形式。在庄子看来,除了体现"指"的确定性与界限性的一般名言之外,还存在一种"卮言",庄子本人便"以卮言为曼衍"②。关于"卮言"的特点,庄子作了如下论述:

> 卮言日出,和以天倪,因以曼衍,所以穷年。不言则齐。齐与言不齐,言与齐不齐也,故曰无言。言无言,终身言,未尝言,终身不言,未尝不言。有自也而可,有自也而不可,有自也而然,有自也而不然,恶乎然?然于然;恶乎不然?不然于不然。恶乎可?可于可;恶乎不可?不可于不可。物固有所然,物固有所可,无物不然,无物不可。非卮言日出,和以天倪,孰得其久?万物皆种也,以不同形相禅,始卒若环,莫得其伦,是谓天均。天均者,天倪也。③

卮是盛酒的器皿,郭象注曰:"夫卮,满则倾,空则仰,非持故也。况之于言,因物随变,唯彼之从,故曰日出。"④ 置酒于卮,满则溢,少则可增,空则可再注,并无确定的程式。与之相近,卮言也具有流动、可变的特点,它与对象无确定的对应关系,可以如水而流,曼衍无际。相对于"指"的确定性、界限性,卮言更多地呈现流变而无界限、不可为典要的性质。就其无固定的所指、超越差异与分化

---

① 《老子·第七十八章》。
② 《庄子·天下》。
③ 《庄子·寓言》。
④ 《庄子注·寓言》。

("和以天倪，因以曼衍")而言，卮言也可视为"无言"（包括不作具体的断定）。"指"与"言"隐含指与所指、言与所言的分别，与之相对，"不言则齐"：卮言已泯除了以上分界，近于"言无言"，故不仅可扬弃"物"之异，而且能消解"可"与"不可"、"然"与"不然"之别，从而在双重意义上达到"齐"。事实上，在庄子那里，卮言日出与同于万物、不遣是非呈现内在的一致性："以卮言为曼衍，以重言为真，以寓言为广。独与天地精神往来而不敖倪于万物，不遣是非以与世俗处。"① 作为"物"的存在形态，"始卒若环，莫得其伦"，可以看作是对万物一齐的形象描述；"天倪""天均"则指道所表征的未始有封（未分化、无差别）、是非一齐的本然形态。在庄子看来，通过以卮言取代"指"（有界限的名言），便可在把握形而上之"道"的同时，既敞开道通为一的存在之境，又超越观念领域的是非之辩。

可以看到，在庄子那里，对名言的考察与本体论上扬弃存在的分化、走向"齐"与"通"一开始便彼此相关。名实之辩中的"名止于实"，着重指出了名言对物的分与别；言意之辩上的"得意忘言"，彰显了言与意的距离与张力；名言与道之辩，则进一步由突出名言的界限而强调"道"对名言的超越。就"道"之"得"（认识、理解）而言，庄子以心斋、坐忘对观念世界的解构为把握"道"的前提，而这种解构过程同时兼及名言；就其"达"（表达）而言，"道"又"不可言""不当名"。这样，无论其"得"，抑或其"达"，"道"都超乎名言的形式。

就其内在品格而言，名言不仅指向经验对象，而且涉及形上之域。荀子已注意到了这一点，在肯定制名以指实的同时，荀子又强调："不异实名，以喻动静之道。"② 制名以指实，首先关涉名言与经验对象的关系；动静之道，则包含形而上的原理。作为表示经验对象的方式，"指实"以指称、描述为内容；对"道"的把握，则既基于同一律

---

① 《庄子·天下》。
② 《荀子·正名》。

（不异实名），又以"喻"为形式。以名指物主要是对特定对象的描述，相对于此，以名喻道更多地表现为对世界的整体把握；前者显示的是存在的某一方面或层面，后者所敞开、澄明的，则是存在的统一性。如前所述，名言既有相对确定的一面，又处于相互联系、辩证转化的过程之中；既指向特定的对象，又内含具体的、多方面的规定。概念所具有的辩证性质，使之能够扬弃界限、把握世界的统一性原理与发展的原理。庄子认为名可指物（名言可以指称特定的对象），亦即对名言能否把握经验对象这一问题作了肯定的回答，就此而言，似乎很难将其完全归入怀疑论；然而，关于名与形上之道的关系，庄子又着重强调了二者之间的距离，从而表现出某种怀疑论的立场。在言意之辩上，庄子有见于心的问题与语言问题的联系，但"得意而忘言"之说则又在逻辑上导向言与意之分。同时，"卮言"的提出固然注意到了应扬弃概念的凝固化，并在某种程度上表现了赋予名言以过程性的意向，然而，对概念确定性的消解，无疑容易偏离"不异实名"的同一律，而"卮言"与"无言"的沟通，则与"非指"之说相呼应，使名言始终难以获得合理的定位。庄子在名言之域中的以上进路既展示了多重理论视域，又表现了其思想的复杂性。

（原载《中国社会科学》2006年第4期）

理学的衍化
——从张载到王阳明

如何平治天下、安顿社会与如何成就自我，是理学的重要关注之点。前者涉及世间秩序，后者关乎人格之境；作为价值的关切，二者都以"当然"为题中之义。从哲学的立场与形态看，理学本身又有注重气、理、心之分，张载、二程与朱熹、陆九渊与王阳明便体现了以上的哲学分野。在理学的系统中，气、理、心并不仅仅是本体论的概念，它们同时或在更实质的意义上涉及"当然"；对气、理、心的不同侧重，往往体现了对"当然"的不同理解。与关注"当然"相联系，气、理、心的考察，又与心体与性体、德性之知与见闻之知、格物与诚意、本体与工夫的种种辨析彼此交错，理学由此展开了复杂的思想画卷。

一

社会伦理之序与自我的成就，属广义的人道之域，然而，从先秦开始，儒学便注重人道与天道的贯通。这一传统在理学中同样得到了延续。由人道追溯天道、以天道为人道的形上根据，构成了理学的某种思维模式。周敦颐以无极、太极、阴阳、五行、二气、万物解释宇宙的化生过程，并由此阐发"圣人与天地合其德"的思想，已表现了如上趋向。当然，周敦颐主要还只是提出一种思辨的构架，未能将其加以充分的展开。相形之下，在张载那里，天道的内涵得到了更为具体的阐述，天道与人道的沟通，也被赋予了更实质的内容。

气为万物之源，这是张载在天道观上的基本观点。较之以往的气论，张载的特点在于进一步区分了气的本然形态与气的特定聚合，并对二者的关系作了规定：

> 太虚无形，气之本体，其聚其散，变化之客形尔。①
>
> 太虚者，气之体。气有阴阳，屈伸相感之无穷，故神之应也无穷；其散无数，故神之应也无数。虽无穷，其实湛然；虽无数，其实一而已。阴阳之气，散则万殊，人莫知其一也；合则混然，人不见其殊也。形聚为物，形溃反原，反原者，其游魂为变与！所谓变者，对聚散存亡为文，非如萤雀之化，指前后身而为说也。②

这里所涉及的，首先是存在的本源与存在的多样形态之间的关系，万物一方面千差万别，另一方面又有统一的本源。仅仅肯定气为万物之本，往往难以说明世界的多样性；停留于存在的多样形态，则无法把握世界的统一本源。通过确认太虚为气之本然形态，张载同时追溯了万物存在的统一本源，所谓"虽无穷，其实湛然；虽无数，其实一而已"；通过肯定气的聚散，张载又对存在的多样性作了说明，所谓"阴阳之气，散则万殊"。这里特别值得注意的是以太虚为气之本体。在哲学的论域中，"虚"往往被视为"无"或"空"，佛道在某种意义上便表现了这一思维趋向，由"无"与"空"，又每每引向消解存在。张载将终极形态的"虚"（太虚）理解为气之本体，旨在从本源的层面论证世界的实在性：事物的变迁，都无非是气的聚散；万物来自于

---

① 张载：《正蒙·太和》，载《张载集》，中华书局，1978，第7页。
② 张载：《正蒙·乾称》，载《张载集》，第66页。

气,又复归于气,从而,世界既非由"无"而生,也不会由"实"走向"空"。质言之,以太虚之气为本体,物只有"如何在"(聚或散)的问题,而没有"是否在"(有或无)的问题:散只是"反原"于太虚,而非走向"无"。在此,对存在方式转化(如何在)的关注,取代了对存在本身的质疑("是否在"),世界的实在性则由此得到了本体论上的确认。

作为儒学的历史复兴,理学在历史与逻辑上都以佛道两教的存在为其背景。从形而上的层面看,佛与道的特点首先表现在以"空""无"消解世界的实在性,儒学的复兴在理论的层面无疑需要对此作出回应。张载对这一点有较为自觉的历史意识,事实上,他以太虚为气之本体,在相当程度上便是针对佛道而发:"知虚空即气,则有无、隐显、神化、性命通一无二,顾聚散、出入、形不形,能推本所从来,则深于易者也。若谓虚能生气,则虚无穷,气有限,体用殊绝,入老氏有生于无自然之论,不识所谓有无混一之常;若谓万象为太虚中所见之物,则物与虚不相资,形自形,性自性,形性、天人不相待而有,陷于浮屠以山河大地为见病之说。此道不明,正由懵者略知体虚空为性,不知本天道为用,反以人见之小因缘天地,明有不尽,则诬世界乾坤为幻化。幽明不能举其要,遂躐等妄意而然。不悟一阴一阳,范围天地、通乎昼夜、三极大中之矩,遂使儒、佛、老、庄混然一途。语天道性命者,不罔于恍惚梦幻,则定以有生于无为穷高极微之论。入德之途,不知择术而求,多见其蔽于诐而陷于淫矣。"① 不难看到,在这里,以气为本已不仅仅表现为一种哲学本体论的预设,而是同时体现了对儒学的守护和回归,所谓"不悟一阴一阳","遂使儒、佛、老、庄混然一途",便表明了这一点:以阴阳之气立论,构成了儒与佛道相分的前提;不悟此理,则将导致儒与佛道相混,从而难以真正把握性与天道(天道性命)。正是这种观念,使张载的气论同时体现了理学的立场。

---

① 张载:《正蒙·太和》,载《张载集》,第8页。

当然，张载之以气立论，并不仅仅在于辨儒佛或儒道之异。如前所述，以太虚之气说明万物之源，无疑体现了天道之域的观念，但在张载那里，天道的考察，同时又关联着人道。气的追溯，处处引向人的存在："气之聚散于太虚，犹冰凝释于水。知太虚即气，则无无。故圣人语性与天道之极，尽于参伍之神变易而已。"① "由太虚，有天之名；由气化，有道之名；合虚与气，有性之名；合性与知觉，有心之名。"② "气有阴阳，推行有渐为化，合一不测为神。其在人也，智义利用，则神化之事备矣。德盛者穷神则智不足道，知化则义不足云。天之化也运诸气，人之化也顺夫时，非气非时，则化之名何有？化之实何施？"③ 气的聚散属对象世界的变迁，"性"则与人的存在相联系，由气的聚散进而究性与天道之极，本身无疑也体现了天道与人道的相关性；而"合虚与气，有性之名；合性与知觉，有心之名"，则肯定了"性"作为与人相关的规定，本于"太虚"之气，从而非空幻抽象；心虽属观念之域，但亦有现实的根据；天道意义上的太虚之气与人道意义上的心性由此得到了进一步的沟通。"天之化"与"人之化"尽管具体内涵不同，但从"运诸气"到"顺夫时"，同样既体现了二者的联系，又表现为从天道到人道的进展。在太虚之气与心性、"人之化"的如上关联中，一方面，天道构成了人道的根据，另一方面，天道的考察本身又落实于人道。

以道观之，气的聚散，并非杂而无序，其间包含内在的条理："天地之气，虽聚散、攻取百涂，然其为理也顺而不妄。气之为物，散入无形，适得吾体；聚为有象，不失吾常。"④ "顺而不妄"意味着有法则可循。天道之域的这种有序性，同样体现于人道之域：

生有先后，所以为天序；小大、高下相并而相形焉，是谓天

---

① 张载：《正蒙·太和》，载《张载集》，第8页。
② 同上书，第9页。
③ 张载：《正蒙·神化》，载《张载集》，第16页。
④ 张载：《正蒙·太和》，载《张载集》，第7页。

秩。天之生物也有序，物之既形也有秩，知序然后经正，知秩然后礼行。①

天序与天秩，属自然之序；"经"与"礼"，则涉及社会之序。在张载看来，经之正、礼之行，以"知序"和"知秩"为根据，这一观点的前提，便是天道（自然之序）与人道（社会之序）的联系。在这里，天道的考察进一步引向并体现于人道。

"经"与"礼"所体现的社会之序，更多地与普遍原则相联系，对张载而言，人道意义上的秩序包含更具体的社会伦理内容。在著名的《西铭》中，张载指出：

> 乾称父，坤称母；予兹藐焉，乃混然中处。故天地之塞，吾其体；天地之帅，吾其性。民吾同胞，物吾与也。大君者，吾父母宗子；其大臣，宗子之家相也。尊高年，所以长其长；慈孤弱，所以幼其幼。圣其合德，贤其秀也。凡天下疲癃残疾、惸独鳏寡，皆吾兄弟之颠连而无告者也。于时保之，子之翼也。乐且不忧，纯乎孝者也。违曰悖德，害仁曰贼，济恶者不才，其践形，唯肖者也。知化则善述其事，穷神则善继其志。不愧屋漏为无忝，存心养性为匪懈。②

在此，张载将整个世界视为一个大家庭，社会中所有的成员，则被看作是这一大家庭中的一分子。家庭中的亲子、兄弟等关系，既基于自然的血缘，又具有伦理秩序的意义；将家庭关系推广到整个世界，意味着赋予世界以普遍的伦理之序。这一观念后来也为后来的理学家所反复确认，从二程到王阳明，都一再肯定"仁者与天地万物为一体"，这种一体，便可以视为民胞物与说的引申。从"乾称父，坤称

---

① 张载：《正蒙·动物》，载《张载集》，第19页。
② 张载：《正蒙·乾称》，载《张载集》，第62页。

母",到"尊高年,所以长其长;慈孤弱,所以幼其幼",天道与人道再一次呈现了内在的连续性、统一性,而对自然层面之天秩和天序的肯定,则具体地表现为对社会伦理之序的关切。

正是基于对伦理之序的这种关切,张载进一步提出如下观念:"为天地立心,为生民立道,为去圣继绝学,为万世开太平。"① 这里既体现了理想的追求,又包含内在的使命意识。理想的追求以"人可以期望什么"或"人应当期望什么"的问题为指向,使命的意识则以"人应当承担什么"的自我追问为内容。在张载看来,人为天地之心,民为社会之本,往圣之学体现了文化的精神命脉,天下安平则构成了历史的目标;理想的追求就在于真正确立人在天地之中的价值主导地位,顺应生民的意愿,延续文化的命脉,实现天下的恒久安平;而人的历史使命,便在于化上述理想为社会现实。不难看到,理想与使命在更内在的层面上所体现的,是普遍的社会责任。如果说,理想从目标、方向上规定了人的责任,那么,使命则通过确认应当做什么而赋予人的责任以更具体的内容,事实上,"为天地立心,为生民立道,为去圣继绝学,为万世开太平",便同时以形而上的方式,突显了人的普遍社会责任。

与天道之域以气的本源性回应佛道对实在的消解相应,人道之域对社会责任的强调,同样以佛教疏离社会人伦的观念与倾向为背景。在评价释氏对"实际"的解释时,张载指出:"释氏语实际,乃知道者所谓诚也,天德也。其语到实际,则以人生为幻妄,有为为疣赘,以世界为阴浊,遂厌而不有,遣而弗存。"② 以人生为幻妄,意味着否定社会人伦的实在性,"厌而不有,遣而弗存"则既表现为对社会生活的疏离,也蕴含着对社会责任的消解。在这里,儒佛在本体论(天道观)上的分歧,进一步展开为价值观上的对峙。事实上,对张载以及整个理学而言,儒佛之间差异,更深刻地体现于价值观念,佛家之拒斥现

---

① 张载:《拾遗·近思录拾遗》,载《张载集》,第376页。
② 张载:《正蒙·乾称》,载《张载集》,第65页。

实人生（以人生为幻妄）与儒学之维护社会人伦，佛家之漠视现实人伦和社会责任与儒家强调群臣、父子之义，在价值取向上难以彼此相容。历史地看，理学之反复强调作为当然的人伦之责，既基于佛教对儒家人伦传统的挑战，也表现为对这种挑战的回应。张载的以下论述，便清楚地表明了这一点："今浮屠极论要归，必谓死生转流，非得道不免，谓之悟道可乎？……自其说炽传中国，儒者未容窥圣学门墙，已为引取，沦胥其间，指为大道。其俗达之天下，致善恶、智愚、男女、臧获，人人著信，使英才间气，生则溺耳目恬习之事，长则师世儒宗尚之言，遂冥然被驱，因谓圣人可不修而至，大道可不学而知。故未识圣人心，已谓不必求其迹；未见君子志，已谓不必事其文。此人伦所以不察，庶物所以不明，治所以忽，德所以乱，异言满耳，上无礼以防其伪，下无学以稽其弊。自古诐、淫、邪、遁之词，翕然并兴，一出于佛氏之门者千五百年。自非独立不惧，精一自信，有大过人之才，何以正立其间，与之较是非、计得失！"①"人伦所以不察，庶物所以不明"所展示的，是佛教流播之后的社会后果，"较是非、计得失"则表现了对儒家价值原则的自觉维护。

儒佛在价值观上的分野，更为集中地体现于对"理"的不同态度。尽管张载没有如后来的二程及朱熹那样，将"理"作为第一原理，也未对这一范畴以充分展开的形式加以论述，但在辨儒佛之异时，亦运用了"理"这一范畴：

> 儒者穷理，故率性可以谓之道。浮图不知穷理而自谓之性，故其说不可推而行。②

在此，儒之"理"与佛之"性"彼此相对，而"穷理"与"不知穷理"则进一步将儒佛区分开来。不同于佛之"性"的这种"理"，

---

① 张载：《正蒙·乾称》，载《张载集》，第64—65页。
② 张载：《正蒙·中正》，载《张载集》，第31页。

内涵究竟是什么？张载对此也有一个简要的界说："义命合一存乎理。"① "义"者宜也，亦即当然，其具体的内容则涉及应当如何的规范系统；"命"则表现为一种人无法决定、选择、左右的力量，包含必然之义。相应于"义"与"命"的如上内涵，以"义命合一"界定理，既把体现社会伦理责任与义务的规范系统作为"理"的题中之义，又似乎将这种规范系统理解为人无法选择、左右的超验原则，后者同时蕴含着以"当然"为必然的趋向。不过，在张载那里，这一趋向尚未得到充分的展开。从理学的演化看，张载主要侧重的，还不是"当然"与必然的融合，如后文所论，融"当然"于必然的理论进路，主要与二程与朱熹相联系。

从外在的伦理关系与规范系统（理）转向作为个体的人，便涉及对人性的理解。张载区分了人性的二种形态，即天地之性与气质之性："形而后有气质之性，善反之，则天地之性存焉。故气质之性，君子有弗性者焉。"② 这里的"形"即感性之身，"形而后有气质之性"表明气质之性主要与人的感性存在相联系。与之相对的天地之性，则更多地体现了人作为伦理存在的普遍本质，包括人的理性规定。在张载看来，人一旦作为现实的个体而存在（有其形），则气质之性便随之呈现，气质之性与人的这种相关性，在逻辑上也赋予体现于气质之性的感性规定以存在的理由。然而，张载同时又提出了变化气质的要求，并将其与"为学"联系起来："为学大益在自能变化气质，不尔，卒无所发明，不得见圣人之奥。故学者先须变化气质，变化气质与虚心相表里。"③ 所谓变化气质，也就是以普遍的伦理原则、规范对人加以改造，使其言行举止都合乎普遍规范的要求，"使动作皆中礼，则气质自然全好"④，由此进而走向理想的人格之境（"见圣人之奥"）。变化气质的以上过程，在张载看来也就是反归天地之性的过程，所谓"善反

---

① 张载：《正蒙·诚明》，载《张载集》，第 20 页。
② 同上书，第 23 页。
③ 张载：《经学理窟·义理》，载《张载集》，第 274 页。
④ 张载：《经学理窟·气质》，载《张载集》，第 265 页。

之,则天地之性存焉",便表明了这一点。在这里,天地之性似乎表征了更为理想的存在形态。基于以上前提,张载对气质之性采取了疏而远之的立场,在"气质之性,君子有弗性者焉"这一结论中,便不难看到疏离气质之性的取向。对人性的如上理解,同时涉及对人的规定:由气质之性复归天地之性,多少蕴含着理性本质对于感性存在的优先性。从张载关于"身"与"道"关系的理解中,可以进一步看到这一趋向:"身而体道,其为人也大。"① "身"体现的是人的感性形态,"道"则包含普遍的原则,后者与理性的品格具有更切近的关系;身而体道,既意味着赋予感性的存在以理性的品格,也表现为理性向感性的渗入。这里无疑包含人不能停留于感性存在之意,但同时也多少强化了理性的主导性与支配性,后一思维趋向在二程与朱熹那里得到了进一步的发展。

与气质之性和天地之性的区分相联系的,是见闻之知与德性之知的分野。见闻属感性之域,德性则不限于见闻。在谈到二者关系时,张载指出:

> 大其心,则能体天下之物,物有未体,则心为有外。世人之心,止于闻见之狭,圣人尽性,不以见闻梏其心,其视天下无一物非我。孟子谓尽心则知性知天,以此。天大无外,故有外之心不足以合天心。见闻之知,乃物交而知,非德性所知。德性所知,不萌于见闻。②

见闻以物为对象,其所及之域也有自身的限度,停留于见闻,则无法把握天下之物。圣人的特点在于能够不为见闻所限,以德性之知"体天下之物"。这里所说的德性之知不同于见闻而与"心"相联系,如前所述,见闻有自身限制,"心"则可以超越限制(大其心,则能体

---

① 张载:《正蒙·大心》,载《张载集》,第25页
② 同上书,第24页。

天下之物）。与心相联系的这种德性之知具有二重性：它既以道德意识为内容，并相应地渗入了价值内涵，又呈现为认识层面的理性品格；德性之知对见闻之知的超越则既体现了道德关切的优先性，又展现了对理性之知的注重。德性之知的以上二重内涵，在逻辑上潜含了尔后理学发展中尊德性与道问学的不同进路：强化德性之知中的理性维度，则入手的主导方面将放在道问学；突出德性之知中的道德内涵，则尊德性将被推向更为前沿的地位。在程朱与陆王那里，我们分别可以看到以上二重发展趋向。

要而言之，"太虚即气、气为万物之源"，更多地表现为对实然（天道之域的对象世界）的理解，伦理之序与社会责任则以当然（人道之域的价值理想与规范系统）为实际的内容，从前者到后者的推绎既体现了天道与人道的沟通，又表现为当然与实然的统一。以气质之性和天地之性的预设为前提，人的感性规定与理性本质呈现相关而又相分的关系，而德性之知的二重内涵，则进一步预示了理学发展的不同路向。从以上方面看，张载的哲学无疑构成了理学在实质意义上的开端。

二

从天道走向人道，以当然为人道的价值内涵，这一思维进路在突出"理"的理学流派中也得到了体现，就以上方面而言，张载与注重"理"的理学流派并无根本的差异。然而，在张载那里，与"太虚即气、气为本源"这一本体论立场相应，天道的考察具体展开为对实然的确认，天道与人道的统一，则具体地表现为当然与实然的沟通；与之相应，以天道为人道的前提，同时表现为以实然为当然的根据。相对于此，在本体论上，以理为第一原理的理学流派，则将关注的重心由气转向理。"气"与"空""无"相对，体现的是现实的存在（实然），"理"则首先表现为必然的法则，以"理"为第一原理，同时呈现出化当然为必然的趋向。理学中的以上趋向虽然发端于二程，但其充分的展开,则完成于朱熹。作为理学的集大成者,朱熹本身也是在理学的以上展开过程中显示了其思想的意义。这里的考察,主要便以朱熹的思想为中心。

较之张载强调气的本源性,朱熹首先将关注之点指向理气关系:"天地之间,有理有气。理也者,形而上之道也,生物之本也;气也者,形而下之器也,生物之具也。是以人物之生,必禀此理然后有性,必禀此气然后有形。"① 这里的气与理分别近于质料因和形式因,人物则指作为具体对象的个人及其它事物,对朱熹而言,理决定了某物之为某物的本质(性),气则规定了事物形之于外的存在形态(形),具体事物的存在既依赖于理,也离不开气。在这里,理与气的关系无疑呈现了统一的一面,朱熹以二个"必"("必禀此理""必禀此气")强调了具体事物形成过程中理与气的不可分离性。不过,理与气的这种统一,主要限于经验领域的具体事物:唯有既禀理又禀气,经验对象的发生与存在才成为可能。在从经验的层面理解理气关系的同时,朱熹又从形而上与形而下的维度,对理气关系作了总体上的规定:气为形而下之器,理则是形而上之道。从内涵上看,道具有超越具体对象的普遍品格,作为形而上之道,理相应地构成了存在的普遍根据或本源(生物之本);器是处于特定时空中的有限事物,以气为器,意味着将气等同于有限的经验对象;所谓生物之具,便既指事物构成的质料,也指具体事物本身。理气与道器的以上对应,显然蕴含了对理气关系的另一种理解。

在关于理气是否有先后的问题上,对理气关系的不同理解得到了具体的展示:"或问:'必有是理,然后有是气,如何?'曰:'此本无先后之可言。然必欲推其所从来,则须说先有是理。然理又非别为一物,即存乎是气之中;无是气,则是理亦无挂搭处。'"② 理气"本无先后",是就经验领域的具体事物而言,在这一层面,理并非别为一

---

① 朱熹:《晦庵先生朱文公文集》卷五十八《答黄道夫一》,载《朱子全书》第 23 册,上海古籍出版社、安徽教育出版社,2002 年,第 2755 页。
② 朱熹:《朱子语类》卷一,载《朱子全书》第 14 册,第 115 页。

物，而即在气之中。然而，从形而上与形而下的视域看，则理又具有对于气的优先性，所谓"必欲推其所从来"，便是从形而上的角度立论，在此层面，理为万物存在的根据，因而"须说先有是理"。以上关系，朱熹同时从本原与禀赋之分加以解释：

> 若论本原，即有理然后有气，故理不可以偏全论。若论禀赋，则有是气而后理随以具，故有是气则有是理，无是气则无是理。①

本原是就本体论而言，禀赋则涉及经验领域具体事物的发生或生成，在本体论上，理作为生物之本，具有更为本源的性质，故为先；在经验领域，特定事物的生成则既需理，又离不开气，故理气无先后。类似的辨析在朱熹那里可以一再看到："或问先有理后有气之说。曰：'不消如此说。而今知得他合下是先有理，后有气邪？后有理先有气邪？皆不可得而推究。然以意度之，则疑此气是依傍这理行。及此气之聚，则理亦在焉。盖气，则能凝结造作，理却无情意，无计度，无造作。只此气凝聚处，理便在其中。且如天地间人物草木禽兽，其生也，莫不有种，定不会无种子，白地生出一个物事，这个都是气。若理，则只是个净洁空阔底世界，无形迹，他却不会造作。气则能酝酿凝聚生物也。但有此气，则理便在其中。"② "问：'有是理便有是气，似不可分先后？'曰：'要之，也先有理，只不可说是今日有是理，明日却有是气，也须有先后。且如万一山河天地都陷了，毕竟理却只在这里。'"③ 从经验领域具体事物的存在看，理气都不可或缺，故对理气不必分先后（"不消如此说"），但是，气作为形而下之器，是有限的、特殊的，其凝结造作表现为时间中的过程，理作为形而上之道，则同时具有超验特定时空的品格，表现为一个"净洁空阔""无形迹"的世界；气在时间中凝结造作的万物尚未出现，理作为超越时间的

---

① 朱熹：《晦庵先生朱文公文集》卷五十九《答赵致道》，载《朱子全书》第23册，第2863页。
②③ 朱熹：《朱子语类》卷一，载《朱子全书》第14册，第116页。

"净洁空阔"世界已存在("要之,也先有理");同样,时空中的万物都归于消亡(万一山河天地都陷了),时空之外的理却依然存在(毕竟理却只在这里)。

不难看到,在理气关系上,关于理气无先后与理气有先后的不同表述既非朱熹理学系统中简单的内在矛盾,也不是如一些论者所言,表现了朱熹在早年与晚年的不同思想,事实上,同样的观念,在其早年与晚年都可看到;以上所引论述,便同时出自其不同的时期。从更实质的意义上看,理气关系不同的内涵,与不同的考察视域具有对应性,这种不同,主要便表现为经验视域与形上视域之别。经验的视域涉及时空关系中具体事物的生成与存在,形上视域则指向存在的根据与本原。对朱熹而言,在经验领域,具体事物的生成既以理也以气为其必要前提,理与气在此意义上无先后之分;从形上之域看,理超越于具体时空,构成了存在的普遍本原与根据,作为超时空的存在本原,理既存在于气以及万物化生之前,又兀立于气以及万物既陷之后。"或问'理在先,气在后'。曰:'理与气本无先后之可言。但推上去时,却如理在先,气在后相似。'"[1] 这里的"本无先后"是就经验之域而言,"推上去"或"推其所从来"[2],则是从形上之域加以追问,与之相应的便是理气"本无先后"与"理在先,气在后"的二重认定。

理气关系的二重规定既肯定了气作为生物之具的意义,又突出了理在本体论上的优先性。与后者相应,朱熹将注重之点更多地放在理之上。从理气有无先后的问题转向存在的具体形态,首先便涉及事物的同与异的关系问题:天下万物,既千差万别,又有共同或普遍之性,如何理解这种存在形态?从理为万物之本的前提出发,朱熹对此作了如下解释:

> 论万物之一原,则理同而气异;观万物之异体,则气犹相近

---

[1] 朱熹:《朱子语类》卷一,载《朱子全书》第 14 册,第 115–116 页。
[2] 同上书,第 115 页。

而理绝不同也。气之异者,粹驳之不齐;理之异者,偏全之或异。①

"万物之一原"体现的是物之"同",对朱熹而言,物的这种"同"乃是以理之"同"为其根据,在这里,"理"主要被理解为万物的普遍本质。与"万物之一原"相对的是"万物之异体",后者涉及的是不同类的事物或事物的不同类,这种不同,同样由理所决定,朱熹将"物之异体"与"理之不同"联系起来,便表明了这一点。如前所述,张载提出"阴阳之气,散则万殊",其中包含以气的聚散说明事物的差异(万殊)之意。然而,气的聚散主要涉及质料的构成,这一层面的异同,似乎尚带有外在的性质。相对于此,朱熹强调"观万物之异体,则气犹相近而理绝不同",则表现出从"理之不同"理解"物之异体"的趋向。较之以气为出发点,从理的角度理解事物的同异关系,在理论上无疑更深入了一层。

理与物的以上关系,在"有血气知觉"与"无血气知觉"等不同存在形态之间的比较中得到了进一步的阐述:"天之生物,有有血气知觉者,人兽是也;有无血气知觉而但有生气者,草木是也;有生气已绝而但有形质臭味者,枯槁是也。是虽其分之殊,而其理则未尝不同。但以其分之殊,则其理之在是者不能不异。故人为最灵而备有五常之性,禽兽则昏而不能备,草木枯槁,则又并与其知觉者而亡焉,但其所以为是物之理,则未尝不具耳。若如所谓才无生气便无此理,则是天下乃有无性之物,而理之在天下乃有空阙不满之处也,而可乎?"②这里区分了有生命且有知觉、有生命但无知觉、曾有生命但生命已终结等不同形态的事物,作为不同的存在形态,它们无疑体现了"分之殊",但"殊"之中又有"同",后者主要表现在它们内含共同之"理"("其理则未尝不同")。然而,既为"分之殊",则内在于其中的

---

① 朱熹:《晦庵先生朱文公文集》卷四十六《答黄商伯四》,载《朱子全书》第 22 册,第 2130 页。
② 朱熹:《晦庵先生朱文公文集》卷五十九《答余方叔》,载《朱子全书》第 23 册,第 2854 页。

理又有差异（其理之在是者不能不异）。通过理之同与理之异的以上分疏，朱熹一方面肯定了不同存在形态中理的特殊性以及事物之殊与理之异的联系，另一方面又确认了理的普遍存在：即使失去生命之物（所谓"枯槁"），仍有其理。与之相应，理既规定了存在的特殊形态，又从普遍的方面制约着事物。

理对物的二重制约，在理一分殊说中也得到了体现。"理一分殊"的提法最早出自程颐，所谓："《西铭》明理一而分殊，墨氏则二本而无分。"① 这一语境中的"理一分殊"主要与道德原则及其作用形式相联系。朱熹对此作了引申，使这一命题同时具有本体论的意义。在解释太极与万物的关系时，朱熹指出："二气五行，天之所以赋授万物而生之者也。自其末以缘本，则五行之异，本二气之实，二气之实，又本一理之极。是合万物而言之，为一太极而已也。自其本而之末，则一理之实，而万物分之以为体。故万物之中，各有一太极，而小大之物，莫不各有一定之分也。"② 太极是理的终极形态（所谓"一理之极"），由经验对象（末）追溯存在的本原，则万物源于五行，五行产生于阴阳二气，二气又本于太极，故太极为万物的最终本源；自终极的存在向经验领域下推，则太极又散现于经验对象。在这里，"理一"意味着理为万物之本，"分殊"则表明理在具体的事物之中规定着具体事物，二者从不同方面体现了理的普遍制约。

尽管"分殊"在逻辑上蕴含着对多样性的肯定，但作为"理一"的展开，它（分殊）主要又表现为理本身的存在方式和存在形态，其意义首先也体现在理对万物的规定之上。也正是由此出发，朱熹在确认理一分殊的同时，一再强调理一的主导性：

> 天下之理万殊，然其归则一而已矣，不容有二三也。③

---

① 程颢、程颐：《二程集》，中华书局，1981，第 609 页。
② 朱熹：《通书注·理性命章》，载《朱子全书》第 13 册，第 117 页。
③ 朱熹：《晦庵先生朱文公文集》卷六十三《答余正甫》，载《朱子全书》第 23 册，第 3070 页。

万理本乎一理。①

本体论意义上的存在是如此，社会伦理实践的领域也是这样："世间事虽千头万绪，其实只一个道理，'理一分殊'之谓也。"② 质言之，无论是本体论之域，抑或社会伦理的世界，理一与分殊最终展示的都是理的普遍制约与主导性。

作为存在的第一原理，理同时表现为必然的法则，所谓"理有必然"。③ 当然，在朱熹那里，突出作为必然法则的理，并不仅仅在于确认天道之域中对象世界变迁的必然性，与张载、二程一样，朱熹对天道的考察最后仍落实到人道，在这方面，理学确乎前后相承。就理的层面而言，天道与人道的相关，具体表现为所以然与所当然的统一：

至于天下之物，则必各有所以然之故，与其所当然之则，所谓理也。④

"所以然"表示事物形成、变化的内在原因或根据，如上所提及的，在理学的论域中，它与"必然"处于同一序列，理之"所以然"，相应地也被表述为"理之所必然"。⑤ "所当然"则既指物之为物所具有的规定，也与人的活动相联系，表示广义的当然之则：所谓"理所当然者"，同时便指"人合当如此做底"。⑥ 以"所以然"与"所当然"为理的双重内涵，表明理既被理解为"必然"，也被视为"当然"。与之相应，对理的把握（明理）也同时指向二者："所谓明理，亦曰明其所以然与其所当然者而已。"⑦ 事实上，朱熹确乎一再地在理的层面上，将必然与当然联系起来。从实践的层面看，理首先与人应物处事的过

---

① 朱熹：《朱子语类》卷二十七，载《朱子全书》第 15 册，第 975 页。
② 朱熹：《朱子语类》卷一百三十六，载《朱子全书》第 18 册，第 4222 页。
③ 朱熹：《晦庵先生朱文公文集》卷十二《己酉拟上封事》，载《朱子全书》第 20 册，第 618 页。
④ 朱熹：《大学或问上》，载《朱子全书》第 6 册，第 512 页。
⑤ 参见《朱子语类》卷七十四，载《朱子全书》第 16 册，第 2530 页。
⑥ 参见《朱子语类》卷六十，载《朱子全书》第 16 册，第 1936 页。
⑦ 朱熹：《晦庵先生朱文公文集》卷五十二《答吴伯丰》，载《朱子全书》第 22 册，第 2420 页。

程相关:"要得事事物物,头头件件,各知其所当然,而得其所当然,只此便是理一矣。"① 这里作为"理一"的"所当然",便是社会领域(首先是伦理领域)的当然之则,而这种当然之则按朱熹之见同时具有必然的性质,在谈到格致诚正、亲亲、长长的关系时,朱熹便表达了这一点:

> 故不能格物致知,以诚意正心而修其身,则本必乱而末不可治。不亲其亲,不长其长,则所厚者薄而无以及人之亲长,此皆必然之理也。②

是否修身而立本、是否由亲其亲长其长而及人之亲长,所涉及的本来是社会伦理领域中的当然之则,但在朱熹看来,其间又内含必然之理;必然与当然在此亦彼此交融。

较之张载以实然(气化流行)为当然之源,朱熹将当然纳入理之中,似乎更多地注意到当然与必然的联系。当然作为行为的准则,与人的规范系统相联系,从具体的实践领域看,规范的形成总是既基于现实的存在(实然),又以现实存在所包含的法则(必然)为根据。对象世界与社会领域都存在必然的法则,规范系统一方面体现了人的价值目的、价值理想,另一方面又以对必然之道的把握为前提;与必然相冲突,便难以成为具有实际引导和约束意义的规范。朱熹肯定当然与必然的相关性,无疑有见于此。然而,如前所述,当然同时又与人的目的、需要相联系,并包含某种约定的性质。就规范的形成而言,某一实践领域的规范何时出现、以何种形式呈现,往往具有或然的性质,其中并不包含必然性。同时,规范的作用过程,总是涉及人的选择,人既可以遵循某种规范,也可以违反或打破这种规范;这种选择涉及人的内在意愿。与之相对,作为必然的法则(包括自然法则),却

---

① 朱熹:《朱子语类》卷二十七,载《朱子全书》第15册,第975页。
② 朱熹:《大学或问上》,载《朱子全书》第6册,第513页。

不存在打破与否的问题。规范与法则的以上差异，决定了不能将当然等同于必然。

以当然为必然的逻辑结果，首先是赋予当然以命定的性质。在对理之当然与理之所以然作进一步界说时，朱熹指出："理之所当然者，所谓民之秉彝，百姓所日用者也，圣人之为礼乐刑政，皆所以使民由之也，其所以然，则莫不原于天命之性。"①"秉彝"含有天赋、命定之意，以理之所当然为"民之秉彝"，意味着将当然规定为天赋之命。当朱熹强调"所以然，则莫不原于天命之性"时，便进一步突出了这一点：所以然与所当然彼此相通，"理之所以然"原于天命之性，同时也表明"理之当然"来自天所命之性。当然与"性""命"的这种联系，使循乎当然成为先天的规定，而当然本身也似乎由此被赋予某种宿命的性质。

作为先天之命，当然常常被置于超验之域："说'非礼勿视'，自是天理付与自家双眼，不曾教自家视非礼；才视非礼，便不是天理。'非礼勿听'，自是天理付与自家双耳，不曾教自家听非礼；才听非礼，便不是天理。'非礼勿言'，自是天理付与自家一个口，不曾教自家言非礼；才言非礼，便不是天理。'非礼勿动'，自是天理付与自家一个身心，不曾教自家动非礼；才动非礼，便不是天理。"②"天理付与"也就是天之所与，在界定仁道规范时，朱熹更明确地点出了此义："仁者天之所以与我，而不可不为之理也。"③作为天之所与，规范已不仅仅是一种当然，而且同时具有了必然的性质：所谓"不可不为"，便已含有必须如此之意。事实上，朱熹确实试图融合当然与必然，从其如下所论，便不难看到此种意向："及于身之所接，则有君臣父子夫妇长幼朋友之常。是皆必有当然之则，而自不容已，所谓理也。"④"自不容已"表现为一种必然的趋势，将当然之则理解为"自不容已"之理，

---

① 朱熹：《论语或问》卷八，载《朱子全书》第 6 册，第 763 页。
② 朱熹：《朱子语类》卷一一四，载《朱子全书》第 18 册，第 3615 页。
③ 朱熹：《论语或问》卷一，载《朱子全书》第 6 册，第 613 页。
④ 朱熹：《大学或问下》，载《朱子全书》第 6 册，第 527 页。

意味着以当然为必然。作为自不容已的外在命令,天理同时被蒙上某种强制的形式:遵循天理并不是出于自我的自愿选择,而是不得不为或不能不然,所谓"孝弟(悌)者天之所以命我,而不能不然之事也"① 即表明了此点。不难看到,在道德实践的领域,以当然为必然,总是很难避免使规范异化为外在的强制。

从普遍之道(必然与当然)转向人,便涉及对人性的理解。继张载、二程之后,朱熹也对天地之性(或天命之性)与气质之性作了区分。天地之性或天命之性本于理:"盖天命之性,万理具焉。"② 气质之性则源自于气:"气积为质,而性具焉。"③ 作为人性之中的规定,天命之性所具之理主要以社会伦理原则和规范为其内容:"盖天命之性,仁、义、礼、智而已。循其仁之性,则自父子之亲,以至于仁民爱物,皆道也;循其义之性,则自君臣之分,以至于敬长尊贤,亦道也;循其礼之性,则恭敬辞让之节文,皆道也;循其智之性,则是非邪正之分别,亦道也。盖所谓性者,无一理之不具。"④ 仁、义、礼、智等伦理原则体现的是人作为道德主体所具有的本质,它展示了人之为人的普遍规定,以此为内容的天命之性相应地表现为"一",气质之性作为气积而成者,则更多地体现了感性的多样性:"气禀之性,犹物之有万殊,天命之性则一也。"⑤ 不难看到,天命之性(天地之性)与气质之性之别,突出的是人的普遍伦理本质(所谓"一")与多样的感性规定(所谓"万殊")之间的区分。

与具体事物之中理气相即而不相分一致,天命之性(天地之性)与气质之性在具体的个人之中也无法彼此分离:"若无气质,则这性亦无安顿处。"⑥ 如同理需要以气作为承担者一样,天命之性也依托于气质之性。另一方面,气质之性本身又有待提升与成就,在这一意义上,

---

① 朱熹:《论语或问》卷一,载《朱子全书》第 6 册,第 613 页。
② 朱熹:《中庸或问上》,载《朱子全书》第 6 册,第 558 页。
③ 朱熹:《朱子语类》卷一,载《朱子全书》第 14 册,第 114 页。
④ 朱熹:《中庸或问上》,载《朱子全书》第 6 册,第 551 页。
⑤ 朱熹:《晦庵先生朱文公文集》卷五十一《答万正淳》,载《朱子全书》第 22 册,第 2412 页。
⑥ 朱熹:《朱子语类》卷四,载《朱子全书》第 14 册,第 195 页。

二者呈现互相依存的关系："性非气质，则无所寄；气非天性，则无所成。"① 在朱熹以前，二程已有"论性，不论气，不备；论气，不论性，不明"②之说，朱熹的以上看法无疑与之前后相承。对天命之性（天地之性）与气质之性相关性的以上肯定，同时也注意到了人的理性本质与感性规定之间的联系。

然而，按朱熹的理解，气质之性的作用，主要便在于安顿天命之性，从目的与手段的关系看，这种作用更多地呈现手段的性质。就气质之性本身而言，它则似乎缺乏内在的价值意义：

> 性只是理。然无那天气地质，则此理没安顿处。但得气之清明，则不蔽锢此理，顺发出来，蔽锢少者发出来，天理胜；蔽锢多者则私欲胜。便见得本原之性无有不善，孟子所谓性善，周子所谓纯粹至善，程子所谓性之本与夫反本穷源之性是也。只被气质有昏浊，则隔了。故气质之性，君子有弗性者焉，学以反之，则天地之性存矣。故说性须兼气质说方备。③
>
> 天地间只是一个道理，性便是理。人之所以有善有不善，只缘气质之禀各有清浊。④

气质之性固然为天命之性提供了安顿之处，但作为手段与目的意义上的联系，二者并未达到内在的、实质层面的统一，天命之性即使被安顿在气质之性上，也是各自平行，所谓"气自是气，性自是性"："未有此气，已有此性。气有不存，而性却常在。虽其方在气中，然气自是气，性自是性，亦不相夹杂。"⑤就气质之性自身而言，它始终有昏有浊，这种昏浊规定同时构成了恶（不善）产生的根源，从而更多地呈现负面的意义。也正是在此意义上，朱熹接受并进一步发挥了张载"气质之性，君子有弗性者焉"之说。

---

①③④⑤　朱熹：《朱子语类》卷四，载《朱子全书》第14册，第196页。
②　程颢、程颐：《二程集》，第81页。

与性相联系的是心。对应于天命之性与气质之性的分野，朱熹区分了道心与人心。关于道心与人心的涵义，《中庸章句·序》中有一具体阐述："心之虚灵知觉，一而已矣。而以为有人心、道心之异者，则以其或生于形气之私，或原于性命之正，而所以为知觉者不同，是以或危殆而不安，或微妙而难见耳。然人莫不有是形，故虽上智不能无人心，亦莫不有是性，故虽下愚不能无道心。"① 在此，人心与道心分别以形气和性命为源，"形气"与气质层面的规定相联系，体现了人的感性存在；"性命"则相应于天命之性，并从伦理之维展示了人的理性品格。"形气"作为感性的存在，涉及特定之欲。"性命"则以普遍之理为内容："此心之灵，其觉于理者，道心也；其觉于欲者，人心也。"② 可以看到，对"心"的以上论析既不是着眼于心理学，也非本于认识论，它的关注之点，主要在于人的社会伦理规定，后者未超出广义的当然之域。

作为现实的存在，人既呈现形气之身，又以性命或义理所体现的伦理品格为其普遍规定，与之分别相联系的人心和道心，也构成了内在于人的两个方面，无论圣凡，都不例外："道心是义理上发出来底，人心是人身上发出来底，虽圣人不能无人心，如饥食渴饮之类；虽小人不能无道心，如恻隐之心。"③ 饥而欲食、渴而欲饮，这是体现感性需要的欲求，以之为内容的人心，虽圣人亦不能免；另一方面，作为伦理的存在，人总是具有基本的道德意识（如恻隐之心），以之为内容的道心即使在道德境界并不很高者（所谓小人）中亦可发现。道心与人心的如上并存表明，对人心的现实存在，不能以虚无主义立场加以对待。

然而，现实的存在所呈现的主要是实然。实然并不能等同于应然或当然，同样，现实之在也有别于应然之在。按朱熹的理解，人心由于源自"耳目之欲"，因而有其伦理意义上的危险性，而道心则基于义

---

① 朱熹：《中庸章句·序》，载《朱子全书》第 6 册，第 29 页。
② 朱熹：《晦庵先生朱文公文集》卷五十六《答郑子上》，载《朱子全书》第 23 册，第 2680 页。
③ 朱熹：《朱子语类》卷七十八，载《朱子全书》第 16 册，第 2665 页。

理，从而能够保证所思所为的正当性："知觉从耳目之欲上去，便是人心；知觉从义理上去，便是道心。人心则危而易陷，道心则微而难著。"① 事实上，当朱熹肯定道心出于"性命之正"并将人心与"形气之私""危殆而不安"联系起来时，已蕴含对人心与道心的不同价值定位。由此出发，在肯定人心实际地存在于人的同时，朱熹又要求确立道心对人心的主导性："饥欲食、渴欲饮者，人心也；得饮食之正者，道心也。须是一心只在道心上，少间那人心自降伏得不见了。人心与道心为一，恰似无了那人心相似，只是要得道心纯一。"② "饥欲食、渴欲饮者，人心也"，这是实然；"须是一心只在道心上""只是要得道心纯一"等等，则属应然（当然）。在朱熹看来，饥欲食、渴欲饮这一类的人心固然是现实的存在（实然），对此不能完全无视，但承认这一事实并不意味着人"应当"停留于或自限于这种"实然"，毋宁说，从应然或当然的层面看，人恰恰"应当"超越以上存在形态，所谓"须是一心只在道心上""恰似无了那人心相似，只是要得道心纯一"，侧重的便是这一点。不难注意到，在承认实然（人心的现实存在）的同时，又强调实然与当然的区分，构成了朱熹论道心与人心的基本立场之一。

与实然和当然相联系的，是必然。如前所述，朱熹所理解的理具有当然与必然二重涵义，当然之则往往同时被视为不得不然的必然法则。以理为内涵，道心既表现为当然之则的内化形态，也被赋予某种必然的性质。另一方面，人心按其自身的发展之势而言，蕴含着"危殆而不安"的趋向，这种趋向在朱熹看来也具有必然性："人心亦未是十分不好底，人欲只是饥欲食、寒欲衣之心尔，如何谓之危？但既无理义，如何不危！"③所谓"既无理义，如何不危"，所强调的便是：一旦离开了源于理义的道心，则人心必然走向危殆。由此，朱熹强调：

---

①③　朱熹：《朱子语类》卷七十八，载《朱子全书》第16册，第2663页。
②　同上书，第2666页。

必使道心常为一身之主，而人心每听命焉，则危者安，微者著，而动静云为，自无过不及之差矣。①

在这里，道心对人心的主导性，进一步被规定为道心对人心的主宰，而这种主宰同时呈现无条件的、绝对的性质："必使道心常为一身之主"之"必"，便突出地表明了这一点。实然与当然之分，在此已开始引向当然与必然的沟通：人心"应当"超越现实形态而合于道心，被强化为人心"必须"无条件地听命于道心。

当然与必然的以上交融，不仅在规范的意义上使道心对人心的制约具有某种强制的性质，而且也在本体论的意义上蕴含了对人的存在形态的规定，后者具体表现为化人心为道心："盖以道心为主，则人心亦化而为道心矣。"② 对人心与道心关系的这种理解既与理气之辩前后一致，也与气质之性和天命之性的分疏彼此呼应：化人心为道心，在某种意义上即可视为变化气质的逻辑引申。对人心如此转化的结果，在逻辑上意味着将人主要规定为理性的化身，所谓"恰似无了那人心相似，只是要得道心纯一"，便已多少蕴含此意，而"圣人全是道心主宰"③，则从理想人格的层面表达了同一意向。在"道心纯一""全是道心"的形态下，人的多方面存在规定似乎难以得到适当定位。

对性（天命之性和气质之性）与心（道心和人心）的辨析与定位，其意义并不仅仅限定于心性本身，从更广的视域看，它所指向的是人的存在及其行为。如前所述，作为儒学的新形态，理学关注的中心问题之一是人格的成就与行为的完善。如何成就理想的人格并达到行为的完善？在朱熹关于心性的看法中，已蕴含着回答以上问题的思路。如前所述，天命之性与道心都以理为本，如果说，天命之性主要从本体论的层面突显了人作为理性存在的品格，那么，道心的内容则更直接地表现为实践理性。以天命之性优先于气质之性、道心主宰人

---

① 朱熹：《中庸章句·序》，载《朱子全书》第 6 册，第 29 页。
② 朱熹：《晦庵先生朱文公文集》卷五十一《答黄子耕》，载《朱子全书》第 22 册，第 2381 页。
③ 朱熹：《朱子语类》卷七十八，载《朱子全书》第 16 册，第 2664 页。

心的理论预设为前提,朱熹将关注之点更多地指向道问学。

从肯定理为存在的第一原理出发,朱熹首先将成就人格与明理或穷理联系起来:

> 夫"天生蒸民,有物有则",物者,形也;则者,理也。形者,所谓形而下者也;理者,所谓形而上者也。人之生也,固不能无是物矣,而不明其物之理,则无以顺性命之正而处事物之当,故必即是物以求之。知求其理矣,而不至夫物之极,则物之理有未穷,而吾之知亦未尽,故必至其极而后已,此所谓"格物而至于物,则物理尽"者也。物理皆尽,则吾之知识廓然贯通,无有蔽碍,而意无不诚、心无不正矣。①

意之诚、心之正,属成就人格或成就德性,知求其理,则是成就知识,朱熹认为一旦"知识廓然贯通",便可以达到"意无不诚、心无不正",显然以成就知识为成就德性的条件。不难看到,这里展示的,是一种由知而入德的进路。

朱熹所理解的穷理或明理,既指向天道之域,也包括人道之域;既涉及小学层面的日常之理,也关乎大学层面的形上对象。而能否把握广义的理,则不仅与个体的德性相关,而且也制约着天下国家之治:"理有未穷,故其知有不尽。知有不尽,则其心之所发必不能纯于义理而无杂乎物欲之私,此其所以意有不诚,心有不正,身有不修,而天下国家不可得而治也。昔者圣人盖有忧之,是以于其始教,为之小学,而使之习于诚敬,则所以收其放心,养其德性者,已无所不用其至矣。及其进乎大学,则又使之即夫事物之中,因其所知之理推而究之,以各到乎其极,则吾之知识亦得以周遍精切而无不尽也。若其用力之方,则或考之事为之著,或察之念虑之微,或求之文字之中,或索之讲论之际,使于身心性情之德,人伦日用之常,以至天地鬼神之变,鸟兽

---

① 朱熹:《晦庵先生朱文公文集》卷四十四《答江德功》,载《朱子全书》第 22 册,第 2037-2038 页。

草木之宜，自其一物之中，莫不有以见其所当然而不容已与其所以然而不可易者。"① 从自然现象，到社会领域，从个体的性情，到人伦日用，穷理的过程展开于各个方面，与之相联系的是"知识亦得以周遍精切"。这一过程不仅仅体现了天道与人道的统一，而且在更内在的意义上突出了人格成就中的自觉原则，后者的实质内容，是通过把握"所当然"与"所以然"而达到实践理性层面的道德自觉，由此进一步提升内在的德性。由穷理致知而正心诚意、养其德性，无疑将由知而入德的进路具体化了。从理学的演化看，在朱熹之前，二程已一再强调通过致知而诚意："未致知，便欲诚意，是躐等也。"② 由知而入德的进路，与之显然前后相承。

成就德性的方式，同时关联着成就德行。以"知识廓然贯通"、"知识"周遍精切为正心诚意、成就德性的前提，决定了达到行为的完善也离不开穷理而致知的进路。与德性成就过程一样，这里的穷理，也主要指向"所以然"与"所当然"："穷理者，欲知事物之所以然，与其所当然者而已。知其所以然，故志不惑；知其所当然，故行不谬。"③ 在此，天道与人道、当然（所当然）与必然（所以然）同样彼此交融，行为的正当（行不谬），以自觉地把握当然之则（知其所当然）为前提，而当然与必然（所以然）的合一，则使行其当然成为人的定向：知其必然而一意行此，故可超越游移、彷徨、疑惑（志不惑）。

作为伦理的存在，人无疑包含理性的品格，明其当然并进而行其当然，构成了道德主体的内在规定。正是对当然之则的自觉把握，使人能够在不同的存在境遇中判断何者当为、何者不当为，并由此作出相应的选择，而对当然之则的自觉意识，则基于广义的认识过程。如前所述，当然不同于实然与必然，但又非隔绝于后者（实然与必然），对当然之则的理解和把握，也相应地涉及以上各个方面。无论是对当

---

① 朱熹：《大学或问下》，载《朱子全书》第 6 册，第 527－528 页。
② 程颢、程颐：《二程集》，第 187 页。
③ 朱熹：《晦庵先生朱文公文集》卷六十四《答或人》，载《朱子全书》第 23 册，第 3136－3137 页。

然之则本身的理解，抑或对其根据的把握，都无法离开致知的过程。道德的主体也正是在这一过程中，逐渐形成了自觉的伦理意识，并由此区别于自然意义上的存在。就道德实践而言，完美的道德行为不同于自发的冲动而表现为自觉之行，这种自觉品格既关乎"应该做什么"，也涉及"应该如何做"。前者与当然之则的把握相联系，后者则进一步要求了解行为的具体背景，二者在不同的意义上关联着广义的"知"。二程及朱熹以致知明理为成就人格与成就行为的前提，无疑有见于以上方面。

然而，在强调道德主体及道德行为应当具有自觉品格的同时，二程和朱熹对德性形成过程及道德行为的多方面性和复杂性未能给予充分的注意。明其当然或明其理固然是成就德性的一个方面，但仅仅把握当然，并不能担保德性的成就：理或当然之则作为知识的对象，往往具有外在的性质，这一层面的知识积累与内在人格的完善之间，存在着逻辑的距离。朱熹认为一旦"知识廓然贯通"，则"意无不诚、心无不正"，既不适当地突出了理性的意义，也似乎将问题过于简单化了。

从实践之域看，道德行为诚然具有自觉的品格，但过于强调理性的自觉，往往容易忽视道德行为的其他方面。在二程那里，已可看到这一趋向。在谈到明理与循理的关系时，二程曾指出：

> 学者固当勉强，然不致知，怎生行得？勉强行者，安能持久？除非烛理明，自然乐循理。①

这里所说的"乐"，有乐于、愿意之意，"乐循理"也就是自愿地遵循当然之则。然而，对二程而言，"乐循理"同时又以"烛理明"为前提：一旦明理，便"自然乐循理"，所谓"烛理明"也就是自觉地把握当然之则。这样，自觉之中，便似乎已蕴含自愿。类似的思想

---

① 程颢、程颐：《二程集》，第187-188页。

在朱熹那里得到了更明确的表述:"要须是穷理始得。见得这道理合用恁地,便自不得不恁地。……且如今人,被些子灯花落手,便说痛,到灼艾时,因甚不以为痛?只缘知道自家病合当灼艾,出于情愿,自不以为痛也。"①"合用恁地"也就是应当如此,知道合当如此,是一种理性的明觉,出于情愿则属意志的自愿选择,朱熹认为知道了"合当"如此,同时也就是"出于情愿",显然将自愿纳入了自觉之中。自觉对自愿的如上消融,既以穷理过程为前提,又与消除自主的选择相联系,所谓"自不得不恁地",便意味着别无选择。

以理为存在的第一原理,朱熹上承二程,既表现出某种构造形上世界图景的超验趋向,又延续了儒学沟通天道与人道的传统。通过理气关系的辨析,朱熹在肯定理为超验本原的同时,又对形上之理与经验领域中具体事物(分殊)的关系作了考察,从而在不同的层面确认了理为存在的普遍根据。作为存在所以可能的根据,理又被赋予所以然与所当然二重涵义,与之相联系的是融当然于必然,正是在这里,以理为存在的第一原理的内在涵义得到了真正的展示。当然与必然的沟通既使当然之则的规范意义得到强化,也突出了人的理性本质:明理(把握所当然与所以然)与循理(遵循当然之则)都以人是理性的存在这一预设为前提,而天命之性对气质之性的超越、道心对人心的主宰,则在不同的层面确立了理性本质的这种优先性。当然和必然、天命之性和道心分别从外在与内在两个方面展开了普遍之理,后者(理)在人格的成就与行为的成就中具体地表现为自觉的原则,在以自觉的原则确证人不同于其他存在之本质规定的同时,朱熹又或多或少表现出以自觉原则消解自愿原则的趋向。

三

相对于张载以气为出发点、二程及朱熹以理为第一原理,理学中

---

① 朱熹:《朱子语类》卷二十二,载《朱子全书》第 14 册,第 760 页。

的另一些人物更多地将关注之点指向心,如所周知,后者的代表性人物主要便是陆九渊与王阳明。陆、王的具体思想(包括对心的理解)存在种种差异,但在以心立说这一点上,二者无疑前后相承。当然,心学的系统展开,主要完成于王阳明,这里对心学的考察,也以王阳明为中心。

与朱熹以理气关系为主要指向有所不同,王阳明对存在的考察首先表现为以心观之,后者具体展开为在心与物的关系中规定对象世界:"心之所发便是意;意之本体便是知;意之所在便是物。如意在于事亲,即事亲便是一物;意在于事君,即事君便是一物;意在于仁民爱物,即仁民爱物便是一物;意在于视听言动,即视听言动便是一物。所以某说无心外之理,无心外之物。"① 此处之物不同于本然的存在,本然的存在尚未成为意识的对象,作为"意之所在"的物,则已进入意识之域并成为意识的对象。意之在物既是一个意向(意指向对象)的过程,又是主体赋予对象以意义的过程。对缺乏伦理、政治意识者来说,亲(父母)、君、民等只是宽泛意义上的外物,只有当心体指向这种对象之时,亲、君、民才呈现伦理、政治等意义。同样,事亲、事君、仁民、爱物作为人的活动,也惟有在与主体意识的互动中,才获得道德实践、政治实践等意义。

要而言之,意之所在即为物,并不是意识在外部时空中构造一个物质世界,而是通过以心观之(意向活动),赋予存在以某种意义,并由此建构主体的意义世界;所谓心外无物,亦非指本然之物(自在之物)不能离开心体而存在,而是指意义世界作为进入意识之域的存在,总是相对于人才具有现实意义。可以看到,这种意义世界不同于形而上的本体世界:它不是外在于人的自在之物,而是首先形成并展开于人的意识活动之中,并与人自身的存在息息相关。王阳明从意义世界的层面考察对象,与朱熹以理为存在的形上根据(生物之本),无疑体现了不同的形上视域。

---

① 王守仁:《传习录上》,载《王阳明全集》,上海古籍出版社,1992,第6页。

作为一个过程，意义世界的形成并不是一种凭空的构造。王阳明曾认为："你未看此花时，此花与汝心同归于寂。"① 这里的"同归于寂"颇有寓意。意义世界的建构诚然离不开心体的作用，但就心体的意向活动而言，外部对象同样不可或缺；在心体作用之前，对象固然无从进入意义世界，但缺乏对象，心体的作用也无从展开：所谓同归于寂，便是二者尚未相遇时的情形。疏离于外部对象，不仅意义世界将往往缺乏现实性，而且心体本身的真切性也将成为问题："我的灵明离却天地鬼神万物，亦没有我的灵明。如此，便是一气流通的，如何与他间隔得？"② 质言之，在意义关系中，心体与对象不可相离，与之联系，心体不能完全在对象世界外凭空造作。这样，以意义世界的建构为视域，心物之间呈现相互作用、彼此依存的关系。

从本体论上看，气所体现的是实然和本然，张载以气为本源，首先突出了实然的世界和本然的存在；理则不同于经验领域的实然而更多地展示了必然，朱熹在从经验层面肯定理气不可分的同时又强调理为生物之本，其关注之点主要指向了形上意义上的必然。相对于此，心物关系中的意义世界既不同于气所体现的本然存在，也有别于与理相联系的超验必然。在心与物的互为体用中，一方面，天道层面的存在与人道层面的存在以更内在的形式融合为一。另一方面，理的至上性、绝对性开始受到抑制：存在的意义不再由超验之理规定，而是由心（人的意识）所赋予。进而言之，在王阳明那里，心或心体具有二重性：它既包含作为当然的理，又内在于个体，后者不仅仅表现为特定的存在，而且与现实之身、情与意等相联系。身作为生命存在（血肉之躯），包含自然的规定；情与意既有人化的内容，又同时涉及天性（自然的趋向）。与之相应，由心体建构意义世界，同时蕴含着当然与自然的沟通。

如前所述，朱熹要求以天命之性超越气质之性、以道心主宰人心，

---

① 王守仁：《传习录下》，载《王阳明全集》，第108页。
② 同上书，第124页。

表现出肯定理性本质优先于感性存在的趋向，与之有所不同，王阳明明确地表示不赞同朱熹关于道心为主之说：

> 今日道心为主而人心听命，是二心也。①

这种责难的背后，是对过度强调理性优先的责难与批评。在王阳明看来，心体固然内含理，但它同时又与经验内容及感性存在相联系："耳目口鼻四肢，身也，非心安能视听言动？心欲视听言动，无耳目口鼻四肢亦不能，故无心则无身，无身则无心。"② 身更多地与感性规定相联系。"无心则无身"，肯定的是人的感性存在及其活动无法离开心的制约，"无身则无心"，则强调了心及其作用与感性存在的关联性。

从另一方面看，心不能离身（无身则无心），意味着心难以疏离于经验内容。心与情的关系，进一步表明了这一点："喜、怒、哀、惧、爱、恶、欲，谓之七情。七者俱是人心合有的。"③ 相对于理性的灵明觉知，情感既与天性（自然）相联系，亦属于感性经验的序列，王阳明将七情视为人心的题中应有之义，同时意味着对先验的心体与经验的内容加以沟通。心同时与乐相涉："乐是心之本体，虽不同于七情之乐，亦不外于七情之乐。虽则圣贤别有真乐，而亦常人之所同有。但常人有之而不自知，反自求许多忧苦，自加迷弃。虽在忧苦迷弃之中，而此乐又未尝不存。"④ 乐诚然有感性层面的快感与理性层面的愉悦之分，但乐的不同形态又都关乎情感的认同，后者不同于抽象的逻辑思维而涉及经验之域。

在理学的前后传承中，孔颜乐处一再成为关注之点。不过，在理学的正统二程与朱熹那里，孔颜之乐主要被理解为理性化的精神境界而与感性的情感相对，前文已提及，二程所谓"乐循理"便以理性的

---

① 王守仁：《传习录上》，载《王阳明全集》，第 7 页。
② 王守仁：《传习录下》，载《王阳明全集》，第 90—91 页。
③ 同上书，第 111 页。
④ 王守仁：《传习录中》，载《王阳明全集》，第 70 页。

自觉（"烛理明"）为前提，这一意义上的"乐"显然不同于通常的情感。王阳明对乐的理解，与之有所不同。对王阳明而言，作为心之本体，乐总是无法离开自然之情，而并非仅仅与理相关。《传习录下》记载："问：乐是心之本体。不知遇大故于哀哭时，此乐还在否？先生曰：须是大哭一番方乐，不哭便不乐矣。虽哭，此心安处，即是乐也，本体未尝有动。"① 就外在形式而言，哀哭似乎与乐相对，然而，作为情感的表达形式，它也可以使人达到酣畅之乐。在此，王阳明所强调的是，不应将情感的真实流露与心体对立起来。

从以上所论不难注意到，以心为体既有本体论的意义，又在更内在的层面涉及对人自身的理解。从心体出发，王阳明在抑制形上之理的超验性的同时，又从正面肯定了感性规定（包括情感）的存在意义，从而避免了以天命之性及道心所体现的理性本质过度地消解气质之性和人心所体现的感性规定。天道与人道的统一在这里进一步表现为对理性本质与感性存在的双重肯定。

心体的阐释所蕴含的对人的理解，同时构成了考察如何成就人格与如何成就行为的前提。事实上，在理学的系统中，对人的理解和规定，总是指向人格的成就与行为的成就，在这一思维路向上，王阳明与程朱并无不同，不过，对人的不同理解，则使他们对如何成就人格与如何成就行为形成了不同的看法。

怎样在日用常行中为善去恶，是理学所关心的问题之一。为善去恶离不开分别善恶，而善恶分辨则表现为一个知的过程（知善知恶）。如前所述，程朱突出穷理尽性，在某种意义上以"知当然"为"行当然"的逻辑前提。这一看法既在知行之辩上蕴含着知先行后的观念，又在道德实践中赋予致知以优先性。

就"知当然"与"行当然"的关系而言，王阳明未限于以上视域。对他来说，格物致知与道德实践之间似乎具有更为复杂的关系。在评价朱熹的格物之说时，王阳明指出：

---

① 王守仁：《传习录下》，载《王阳明全集》，第112页。

> 朱子所谓格物云者，在即物而穷其理也。即物穷理，是就事事物物上求其所谓定理者也。是以吾心而求理于事事物物之中，析心与理而为二矣。夫求理于事事物物者，如求孝之理于其亲之谓也。①

这里区分了在物之理与在心之理，前者是外在于人的"定理"，后者则取得了心与理为一的形式。按王阳明的理解，即物而穷理，指向的是外在定理，停留于此，往往导致心与理的分离，难以达到二者的内在统一。在道德实践过程中，明其规范固然重要，但不能将它仅仅归结为对象性的理解过程。以孝而言，它的前提并不是在孝的对象（亲）之上去求"孝之理"：求孝之理于其亲，既意味着规范与行为主体的分离，也容易将道德实践的根据对象化。王阳明对朱熹格物说的理解是否适当，无疑可以进一步讨论，从实质的方面看，他的如上责难的意义在于强调以孝等形式表现出来的道德行为无法离开内在的根据。

在王阳明那里，道德实践的内在根据，具体即表现为以良知、心体为形式的德性。作为道德行为所以可能的条件，德性的形成展开为一个实有诸己的过程："良知即天理。体认者，实有诸己之谓也，非若世之想象讲说者之为也。"② 所谓实有诸己，即是通过自身的体察与践履，使道德意识成为主体的内在德性。以良知为具体形态，这种内在德性同时构成了道德实践中真实的自我："夫吾之所谓真吾者，良知之谓也。"③ 在这种真实的自我（真吾）中，穷理尽性的致知过程已内在于道德实践之中，知善知恶的理性意识与为善去恶的道德意向，也不再彼此分离。以真实的自我为道德认识和道德实践的主体，"知当然"与"行当然"之间的鸿沟，开始被跨越。

真实的德性不仅为沟通道德知识与道德实践提供了内在根据，而

---

① 王守仁：《传习录中》，载《王阳明全集》，第 44 – 45 页。
② 王守仁：《与马子莘》，载《王阳明全集》，第 218 页。
③ 王守仁：《从吾道人记》，载《王阳明全集》，第 250 页。

且规定着知与行的性质及作用方向。从知识及其作用看，如何缺乏内在的德性，则"知识之多，适以行其恶也；闻见之博，适以肆其辩也；辞章之富，适以饰其伪也"①。按其本来形态，知识带有某种价值中立的特点，可以用于不同的价值目的。相对于单纯的知识，德性已超越了价值的中立而具有善的定向，这种善的德性同时作为稳定的意识结构而逐渐凝结为主体的人格，并制约着知的作用方向。在逻辑的层面，实然之知不一定化为善的行为，但在价值的领域，内在的德性却为知识的正面作用提供了某种担保。

德性不仅制约着知识及其作用方向，而且构成了行为的内在引导力量。以良知而言，按王阳明的理解，作为德性或本真之我，良知同时表现为自我评价的准则。价值领域的评价固然涉及知识，但它又不同于事实领域的认知：善恶的判定总是为行为的选择提供了依据。在此意义上，价值评价不仅指向知善知恶，而且引向择善拒恶。王阳明以良知为内在准则，同时也确认了内在德性对行为的范导意义。

从现实的形态看，成就德性与成其德行往往难以分离。德行作为具体的道德行为，内在地关联着当然之则或普遍规范。如前所述，朱熹在沟通当然与必然的同时，又在某种程度上将当然之则视为必然法则，从而使当然之则（理）对行为的制约多少带有强制的性质。与朱熹所突出的天理有所不同，作为德性的良知和个体存在有着更为切近的联系。良知既内在于个体，又包含情意等维度，它在某种意义上已扬弃了外在的形式，而王阳明也正是着重从真实的自我（真吾）这一角度对其加以规定。良知与天理（道心）的如上不同规定，蕴含了对道德行为的不同理解。朱熹要求行为出于普遍的理性规范，无疑注意到了道德行为应当是自觉的。然而，仅仅强调以普遍规范"命"我，不仅无法避免道德实践的他律性，而且往往容易使行为趋于勉强而难以达到自然向善。较之超验天理的外在命令，作为德性的良知更多地表现为主体的自我要求。良知固然也包含理性之维，但这种理性已与

---

① 王守仁：《传习录中》，载《王阳明全集》，第56页。

情意等相融合，成为实有诸已的存在。在天之所命的形式下，行为往往表现为对天理的外在服从。以良知引导自我，则意味着行为出于内在意愿。

基于以上看法，王阳明对行为的自愿性质予以了相当的关注，以为行其良知（依良知而行）的过程也就是一种求自慊的过程："心得其宜之谓义。能致良知，则心得其宜矣，故集义亦只是致良知。君子之酬酢万变，当行则行，当止则止，当生则生，当死则死，斟酌调停，无非是致其良知，以求自慊而已。"① 宜即应当，主要体现为一种理性的要求，"当行则行，当止则止"，指行为应合乎理性的准则；"自慊"则是由于行为合乎主体意愿而产生的一种愉悦感和满足感。在王阳明看来，行为固然应当得其宜（合乎理性的原则），但不能仅仅将其归结为对外在规范的服从，完美的行为在于"得其宜"与"求自慊"的统一。

与肯定求自慊相应，王阳明对出于人为与出于自然作了区分："出乎心体，非有所为而为之者，自然之谓也。"② 出乎心体亦即本于德性，有所为而为则是以规范约束行为，前者表现为内在德性的自然流露，后者则具有人为努力的特征。良知作为德性，其作用方式也以自然为特点：

> 知是心之本体。心自然会知：见父自然知孝，见兄自然知弟，见孺子入井自然知恻隐，此便是良知，不假外求。③

以良知为内在根据，善的意向同时成为自然的趋向。这里的"外求"，首先相对于在对象之上求外在定理而言。从外在定理出发，行为往往具有单向的依循、服从等特点，从而难以摆脱行为的勉强性、他律性，以德性为本，则向善便具有出于自然的品格："出乎其心之所

---

① 王守仁：《传习录中》，载《王阳明全集》，第73页。
② 王守仁：《答舒国用》，载《王阳明全集》，第190—191页。
③ 王守仁：《传习录上》，载《王阳明全集》，第6页。

欲，皆自然而然，非有所强。"① 王阳明以先天良知为自然向善之源，无疑表现为抽象的思辨之论，但其肯定内在德性与自然向善之间的联系，则不无所见。

按王阳明的理解，仅仅注重人为努力是不够的："为学工夫有浅深。初时若不着实用意去好善恶恶，如何能为善去恶？这着实用意便是诚意。然不知心之本体原无一物，一向着意去好善恶恶，便又多了这分意思，便不是廓然大公。书所谓无有作好作恶，方是本体。"② "着实用意"亦即有所为而为，它诚然不失为初步的入手工夫，但执着于此，往往不免趋于有意矫饰，所谓"多了这分意思""不是廓然大公"便是就此而言。与之相对，"无有作好作恶"则是出乎心体（德性）之自然，它既非勉强服从外在规范，亦非刻意矫饰，从而体现了更高的行为境界。

当然，如前所述，以自然为更高之境，并不意味着放弃为学工夫。事实上，自然作为理想的行为境界，虽不限于自觉但又包含着自觉，正是这一点，使之区别于单纯的自发之境。当王阳明肯定"初时若不着实用意去好善恶恶，如何能为善去恶"时，他无疑也强调了自然之境需基于自觉的工夫。对王阳明而言，行为的自然向度有其内在根据，他以树木为喻，对此作了阐述：

> 譬之树木，这诚孝的心便是根，许多条件便是枝叶。须先有根，然后有枝叶，不是先寻了枝叶，然后去种根。礼记言：孝子之有深爱者，必有和气；有和气者，必有愉色；有愉色者，必有婉容。须是有个深爱做根，便自然如此。③

和气、愉色、婉容属行为过程中的自然体现，而其前提，则是先有"诚孝的心"，后者构成了德性的具体内涵。唯有形成了真实的德性

---

① 王守仁：《与黄宗贤》，载《王阳明全集》，第149页。
② 王守仁：《传习录上》，载《王阳明全集》，第34页。
③ 同上书，第3页。

之后，个体才可能"冬时自然思量父母的寒，便自要去求个温的道理；夏时自然思量父母的热，便自要去求个凊的道理"①。王阳明在此特别区分了作为内在根据的德性（诚孝的心）与作为枝叶的"条件"，这里的"条件"也就是特定境遇中行为的多样形式，前者作为本原，构成了自然向善（如冬时自然为父母求温、夏时自然为父母求凊）的前提，而它的形成，则离不开培养工夫。

如何理解道德行为的内在品格？前文已提及，程朱一系的理学着重突出的是行为的自觉之维，他们固然也注意到了自然与勉然等区分，但对天理、道心的强调，使其同时将自觉地服从理性规范放在更为优先的地位。相对而言，原始儒学则展示了更为开阔的理论视域。孔子在肯定仁知统一的同时，又强调自我的意向与意愿在行为过程中的作用："我欲仁，斯仁至矣。"② 在这里，自我的意愿（意欲），构成了仁道价值理想得以体现的前提。由此出发，孔子进一步将"从心所欲不踰矩"③ 视为人生的更高境界，"从心所欲"即出于内在意愿，"不踰矩"则是合乎普遍的理性规范，从道德实践的层面看，以上两个方面所体现的，是自觉与自愿的统一。仅仅肯定行为应出于理性之知，往往容易使理性规范变为外在强制，在程朱那里，我们已不难看到此种倾向。相对于程朱，孔子要求将自觉的合乎规范（不踰矩）与出于自我的内在意愿（从心所欲）结合起来，无疑体现了对道德行为的不同理解。

不过，合乎规范所体现的理性取向和从心所欲所内含的意志选择在某种意义上都仍是有意而为之。在理性的接受与意志的选择中，行为固然也可以取得自我决定的形式，但这种决定与有意而为之相联系，往往仍不免带有勉强的性质：基于理性自觉的意志选择，常常便伴随着对各种冲动的抑制，后者显然离不开内在的努力。同时，在理性的自觉与意志的选择中，对普遍规范的认同无疑居于更为主导的方面，

---

① 王守仁：《传习录上》，载《王阳明全集》，第3页。
② 《论语·述而》。
③ 参见《论语·为政》。

而当这种认同衍化为无条件的内在的服从时,行为便很难完全摆脱他律性:上述意义上的自我决定固然非出于外在强制,但仍以勉力服从为特点。如何扬弃行为的勉强性与他律性?在此显然应对行为的情感维度予以特别的关注。如果对现实的道德实践作一较为完整的分析,便可注意到,除了理性的权衡与意志的选择之外,具体的道德行为总是同时包含着情感认同。相对于理性接受与意志选择的人为倾向,情感认同更多地表现出自然的向度。休谟已注意到,对善恶的情感回应,是一种出于天性的自然过程,这种理解当然不免有其经验论的局限,但肯定情感与自然的联系,却并非毫无所见。就道德行为而言,情感的认同确乎不同于人为的勉强,而具有自然的趋向;正如好好色、恶恶臭总是不假思勉一样,道德行为中的好善恶恶也并非有意为之。这种自然的趋向,使道德中的情感认同表现为自我的真诚要求。完善的道德行为既基于理性的判断,从而具有自觉的品格,又出于意志的选择和情感的认同,并相应地呈现自愿和自然的形态。以德性(良知)为行为的根据,王阳明在某种程度上已注意到道德行为的以上特征。

不过,王阳明固然通过赋予良知或心体以理性的规定而确认了自觉的原则,但与知识和德性的区分相联系,他在强调自然与自愿的同时,往往未能充分关注广义之知在道德实践中的作用。对王阳明而言,重要的首先是确认心体的本源意义,较之心体,广义之知可以悬而不论:"大端惟在复心体之同然,而知识技能非所与论也。"① 这种看法显然包含内在偏向。事实上,缺乏必要的知识前提,不仅现实的道德行为难以具体落实,而且道德实践的自觉之维,也将受到限制。尽管王阳明所说的良知包含道德层面的自觉意识,但他对更广意义上的知识技能,却未能予以必要的关注,后者无疑限定了王阳明对道德行为的理解。

从理学的演进看,张载在以气为本源的前提下,从天道走向人道,并由此沟通了当然与实然。通过区分天地之性与气质之性,张载又突

---

① 王守仁:《传习录中》,载《王阳明全集》,第55页。

出了人作为理性存在的普遍规定,并由此进而彰显了人的伦理责任与道德使命,从而使理学的内在精神及价值取向得到确立。以理为第一原理,朱熹在分别经验世界与形上之域的同时,又赋予理以所以然和所当然二重规定,并由此联结了当然与必然,而在天命之性对气质之性的优先、道心对人心的主导中,人的理性本质被提到了更为突出的地位。然而,在这一进路中,人的多方面规定(包括感性的规定)却未能得到适当的定位。从心体(良知)出发,王阳明在以意义世界转换形上存在图景的同时,也多少扬弃了理的超验性和绝对性,而心体(良知)和个体存在的联系,则使理性本质之外的感性规定也获得了存在的根据;以身与心的互动、情与意的兼容为前提,价值领域的当然与自然也呈现彼此交融的形态。与价值理想、伦理责任与道德义务相联系的"当然"在理学之中无疑具有主导的地位,然而,在气论、狭义上的理学以及心学等不同系统中,"当然"分别与实然、必然、自然相沟通,后者既使理学呈现不同的形态,也蕴含了各自独特的理论意蕴。

(原载《伦理学研究》2009年第1期)

经学的实证化及其内蕴

明清之际，随着社会的变迁、西学的东渐，以及科学在不同程度上进入学人的视野，传统的儒学渐渐发生了某种折变，后者具体表现为一种实证化趋向。经学的实证向度既以文化历史变动为背景，又与科学或格致之学价值地位的提升相联系，其中包含值得注意的思想史意蕴。

一、经非训诂不明：走向实证研究

滥觞于明中叶的儒学流变，首先当然是相对于理学而言。作为儒学的一种形态，理学注重心性的辨析和义理的探求，但其末流往往导向了空疏玄虚，有鉴于此，明中叶至晚明的一些思想家已开始由形而上的义理之学，转向形而下的考据之学。这里首先值得一提的是杨慎（1488—1559）。杨慎对理学追求所谓"高远"的思辨路向甚为不满，并曾作了如下批评："故高远之蔽，其究也，以六经为注脚，以空索为一贯，谓形器法度皆刍狗之余，视听言动非性命之理，所谓其高过于大，学而无实。"① 理学以高远为进路，以性命之理为追求的对象，其结果则往往流而为空索无实。与理学相对，杨慎要求从训诂入手，以

---

① 杨慎：《禅学俗学》，载《升庵全集》卷七十五，商务印书馆，1937，第992页。

把握经义，而训诂又必须知古人之法："予谓解圣贤之经，当先知古人文法。"① 这里已表现出以实证的研究拒斥理学思辨的趋向，事实上，杨慎也确实一再要求研究朱熹以前的经学，所谓"求朱子以前之六经"②，便表明了这一点。

杨慎之后，陈第（1541—1617）进一步提出了"读经不读传注"③的主张。不读传注，意味着超越对经典的随意诠释，回到原始的经典本身。而在经典的研究方面，陈第首先将具体的音韵考证提到了重要的地位，要求通过了解文字的古音，以把握其古义。就研究方法而言，陈第已总结出"本证"与"旁证"相结合的原则。本证，即以本书同类之韵为证，如以诗之韵证诗经之音义；旁证，即以其他文献来印证。陈第运用本证、旁证以考证古音，并由此揭示经典中字、义的原始含义，这种方法，后来被广泛地运用于考证之中。

与陈第几乎同时，焦竑（1540—1620）也将注重之点转向了实证性的研究方式。焦竑对小学尤为重视，认为圣学应当以小学工夫为根基。焦竑关于小学的界说，不同于宋儒。宋儒虽亦注意到小学与文字训诂的联系，但往往较多地将其理解为"洒扫、应对、进退之节，礼乐、射御、书数之文"④，后一意义上的小学，常常与伦理行为、道德实践交错在一起。与之相对，焦竑更多地侧重于小学层面的文字之学义："小学，谓文字之学也。"⑤ 这一意义上的小学，其具体内容主要包括训诂、音韵、文字，它在相当意义上已属于具体科学（语言学）的范畴。焦竑主张以小学为把握经典的根基，已开始把经学研究与具体科学的研究联系起来。

明清之际，随着社会历史的剧烈变迁、西学的东渐、实学思潮的涌动、理学末流空谈心性之蔽的日渐呈露，思想家也开始对儒学本身进行反省。这种反省首先取得了理学批判的形式。如前所述，在杨慎、

---

① 杨慎：《数往者顺，知来者逆》，载《升庵全集》卷四十一，第393页。
② 杨慎：《答重庆太守刘嵩杨书》，载《升庵全集》卷六，第84页。
③ 陈第：《尚书疏衍·自序》。
④ 朱熹：《大学章句·序》，载《朱子全书》第6册，上海古籍出版社、安徽教育出版社，2002，第13页。
⑤ 焦竑：《焦氏笔乘》，上海古籍出版社，1986，第334页。

陈第、焦竑那里，已可以看到对宋儒"束书不观，游谈无根"的批评，明清之际的思想家则进一步对理学存在的合法性提出了质疑。在顾炎武关于理学与经学关系的论述中，便不难看到这一点：

> 理学之名，自宋人始有之。古之所谓理学，经学也，非数十年不能通也。……今之所谓理学，禅学也。①

质言之，儒学的本来形态是经学，而不是理学；儒学只有回到经学的形态，才能获得合法性，这里已内含从理学返归经学的要求。这一主张当然并不是明清之际首次提出，在杨慎、陈第等人那里已可以看到如上的趋向，归有光于明嘉靖隆庆年间，亦提出了类似的看法："天下学者，欲明道德性命之精微，亦未有舍六艺而可以空言讲论者也。"② 不过，明中叶以来的这些观点虽然为尔后的经学复兴提供了历史的前导，但在当时并没有产生重要的反响。惟有到了明清之际，以深入的历史反省为前提，从理学返归经学的呼声，才得到了普遍的思想认同。

从理学到经学，其间虽然只有一字之差，但却蕴含着重要的视域转换。理学以心性的形上辨析为主题，表现出明显的思辨趋向。与之相对，明清之际思想家所理解的经学，则以文献的考订、字义的训释等为入手工夫，它所推重的，首先是实证性的研究。顾炎武指出："读九经自考文始，考文自知音始。"③ 考文主要涉及文字训诂，知音则指古音韵的研究，二者都属于所谓小学。联系前文理学即经学的命题，我们可以看到如下的逻辑思路：由形而上的理学，返归原始的经学，并进而将经学建立于具有实证性质的小学之上。

对经学的如上倡导当然并不限于顾炎武。黄宗羲、方以智、毛奇

---

① 顾炎武：《亭林文集》卷三《与施愚山书》，载《顾炎武全集》第21册，上海古籍出版社，2011，第109页。
② 归有光：《震川先生集》卷三十九《送计博士序》，上海古籍出版社，1981，第213页。
③ 顾炎武：《答李子德书》，载《顾炎武全集》第21册，第127页。

龄等，从不同的角度提出相近的要求。江藩在《国朝汉学师承记》中便将黄宗羲与顾炎武相提并论，认为清代的经学，"二君实启之"：

> 有明一代，囿于性理，汩于制义，无一人知读古经注疏者。自梨洲起而振其颓波，亭林继之。于是承学之士，知习古经义矣。……读书论道，重在大端，疏于末节，岂若抱残守缺之俗儒、寻章摘句之世士也哉！然黄氏辟《图》、《书》之谬，知尚书古文之伪；顾氏审古韵之微，补左传杜注之遗。能为举世不为之时，谓非豪杰之士耶？国朝诸儒，究六经奥旨与两汉同风，二君实启之。①

与两汉同风，指出了清代经学上承两汉经学的特点。黄宗羲的治学背景和学术路向与顾炎武当然存在种种差异，但二者在注重实证的研究上，却又有一致之处。与顾炎武一样，黄宗羲认为经学之中仍有很多问题"至今尚无定说"，从而肯定了经学研究的必要性；同时，又强调经学研究应当剔除各种附会，还经义之本来面目。②尽管黄宗羲并没有放弃形而上的思考，但在注重实证性的研究上，却不同于宋儒的心性之学。

与顾炎武、黄宗羲同时代的方以智重质测之学，亦兼及经学考据，其《通雅》一书，便以训诂考证等为内容。《四库全书总目》对方以智在清代经学中的地位予以了相当高的评价："明方以智博极群书，撰《通雅》五十二卷。是书皆考证名物、象数、训诂、音声……风气既开，国初顾炎武、阎若璩、朱彝尊等沿波而起，始一扫悬揣之空谈……而穷源溯委，词必有征，在明代考证家中，可谓卓然独立矣。"③这种穷源溯委、词必有征的名物考据，在研究对象与方法上，与晚明和清代的经学研究无疑有一致之处。此外，在经学考据的倡导与确立

---

① 江藩：《国朝汉学师承记》卷八《顾炎武》，中华书局，1983，第132-133页。
② 参见黄宗羲：《南雷文定》前集卷八《万充宗墓志铭》，中华书局，1985，第123页。
③ 《通雅》提要，《四库全书总目》卷一百一十九。

方面，毛奇龄也是一位值得注意的人物。与明清之际其他思想家相近，毛奇龄对理学，特别是程朱也持批评的态度，而其治经则重实证。阮元曾对毛奇龄作了如下评价："国朝经学盛兴，检讨（毛奇龄——引者）首出于东林蕺山空文讲学之余，以经学自任，大声疾呼，而一时之实学顿起。当是时，充宗起于浙东，胐明起于浙西，宁人、百诗起于江淮之间。检讨以博辨之才，睥睨一切。论不相下，而道实相成。迄今学者日益昌明，大江南北著书授徒之家数十。视检讨而精核者固多，谓非检讨开始之功则不可。"① "实学"与"空文讲学"的对立，体现了二种治学方式的分野，毛奇龄在实现学术走向的转换上，显然扮演了与顾炎武等相近的角色。可以说，顾炎武、黄宗羲、方以智、毛奇龄等继陈第、焦竑之后，从不同的方面，奠定了经学考据的基础。

由明清之际的思想家所奠基的经学考据，在乾嘉时期得到了进一步的发展，所谓乾嘉学派，便是对这一时期具有相近学术倾向的学术群体之概称。尽管清代考据学本身亦有学术旨趣上的差异，所谓吴派、皖派之分，便表明了这一点；但在注重实证上，却又彼此相近。戴震曾对清代的经学考据治学特点作了概述：

> 数百年以降，说经之弊，善凿空而已矣。……后之论汉儒者，则曰：故训之学云尔，未与于理精而义明。则试诘以求理义于古经之外乎？若犹存古经中也，则凿空者得之乎？呜呼！经之至者道也，所以明道者，其词也，所以成词者，未有能外小学文字者也。由文字以通乎语言，由语言以通乎古圣贤之心志。譬之适堂坛之必循其阶，而不可以躐等。②

以理精义明相标榜而却不免导向凿空，这是理学的特点，戴震在另一处更明确地指出了这一点："宋以来儒者，以己之见，硬坐为古圣

---

① 阮元：《研经室二集》卷七《毛西河检讨全集后序》，载《研经室集（上）》，中华书局，1993，第543页。
② 戴震：《古经解钩沈序》，载《戴震集》，上海古籍出版社，2009，第191-192页。

贤立言之意，而语言文字实未之知"①；所谓理即在古经之中，实际上也就是要求由凿空的理学，回归本然的经学，而治经学的入手处，则是具有实证科学意义的小学。类似的看法亦见于阮元："圣贤之道存于经，经非诂不明。"② 以上的逻辑思路可以概括为：理学—经学—小学，它使明清之际已开其端的视域转换，取得了更明确的形式。

乾嘉学派可以看作是清代学术的主流，与之并存的还有浙东史学等。浙东史学的代表人物之一为章学诚。章学诚对当时的主流学术有所批评，认为乾嘉考据学派囿于名物训诂，以致"无所为而竟言考索"③。不过，他并不因此而否定考据的意义。事实上，浙东史学的奠基人黄宗羲同时亦为乾嘉学派的理论源头之一，这种历史联系也决定了章学诚与乾嘉学派在治学方法上往往有趋近的一面。在章学诚看来，通经明理，亦不能离开名物训诂："治经而不究于名物度数，则义理腾空而经术因以卤莽，所系非浅鲜也。"④ 更为值得注意的是，章学诚还着重将经与史联系起来，以史规定经："六经皆史也。古人不著书，古人未尝离事而言理，六经皆先王之政典也。"⑤ 六经皆史之说，当然并不是章学诚首次提出的，在章学诚之前，王阳明等已有类似提法，然而，正是在章学诚那里，六经被明确地理解为历史文献的载体，所谓六经皆先王之政典，也就是把六经视为古代先王治国政绩的记录。从逻辑上看，六经的以上历史内涵，决定了治经也总是与史实的研究相联系。六经向史实的这种还原，同时也意味着消解六经的形而上内容。这样，尽管章学诚批评乾嘉学派停留于训诂考订，并表现出对明道与经世致用的关注，但"六经皆史"的命题在扬弃经学的形而上性质这一点上，与乾嘉学派"经非训诂不明"的看法，无疑又有相通之处，二者似乎从不同的侧面展示了经学实证化的走向。

---

① 戴震：《与某书》，载《戴震集》，第187页。
② 阮元：《研经室二集》卷七《西湖诂经精舍记》，载《研经室集（上）》，第547页。
③ 章学诚：《文史通义·博杂》，辽宁教育出版社，1998，第175页。
④ 章学诚：《文史通义·答沈枫墀论学》，第281页。
⑤ 章学诚：《文史通义·易教上》，第1页。

二、治经方法的科学向度

作为经学演化的一种形态，与理学形而上学相对的经学实证化趋向更内在地体现于治经方法；事实上，从理学到经学的变更，具体便是通过治经方法的转换而实现的。尽管清代考据学的研究对象没有离开传统的经典，但在研究方法上，又确乎与近代实证科学的方法呈现相近的走向。概括起来，清代考据学的治经方法包括以下几个方面：

（一）面向本文与遍搜博讨

理学好谈性理而轻视名物训诂，为了论证一己之见，他们往往不惜曲解乃至擅改古代文献。对这种崇尚虚论的学风，清代学者深为不满。江声指出："盖性理之学，纯是蹈空，无从捉摸。弟所厌闻也。"[①]这实际上代表了清代乾嘉学派的普遍看法。与蹈空的宋学相对，清儒以"通经博物"相尚，强调无证不信，论必有据。在经学考据中，所谓证和据，主要便与古代文献相联系。从字、词等考释的角度看，作为古字古词载体的古代文献属于具体的事实材料，以群经古本为研究的起点，也就是从经验领域的对象出发。

由注重文献材料，清代学者又进而反对以孤证立论。在清代学者看来，片面地执着某一方面的例证，必然会导致迷误："偏举一隅，惑兹生焉。"[②] 在训诂上，清儒每释一字，往往广搜群籍，博考百家。如王引之对虚词的诠诂，即以遍为搜讨为基础："自九经三传及周秦西汉之书，凡助语之文，遍为搜讨。"[③] 这里所说的遍为搜讨，即是对所研究领域的相关对象逐一加以考察，不放过任何可能的反例，由此形成较为系统的、能反映事物全貌的材料，然后将这些材料综合起来加以参伍比较，得出结论。这种治学原则与任意挑选孤证的主观方法相对，体现了观察的全面性等要求。

---

① 江声：《问学堂赠言》，参见《孙渊如诗文集》卷四《江声》，商务印书馆，1920。
② 戴震：《毛郑诗考证》卷三，载《戴震全书》第 1 册，黄山书社，2010，第 648 – 649 页。
③ 王引之：《经传释词·自序》，岳麓书社，1984，第 3 页。

与注重遍为搜讨相联系,清代学者注重考察的客观性。戴震指出:

> 凡学未至贯本末、彻精粗,徒以意衡量,就令载籍极博,犹所谓"思而不学则殆"也。①

"贯本末、彻精粗"即全面的考察,"以意衡量"则是主观的臆测;清代学者肯定前者而拒斥后者,这就使遍为搜讨同时成为客观性的原则。从方法论上看,全面性原则与客观性原则具有内在的相通性:离开了对事物各个方面的系统研究,便很难提供一幅有关事物全貌的客观图景;全面考察所获得的材料如不能真实地反映对象的本来面目,则同样无法为把握事物提供可靠的基础。对经验事实的真实性、可靠性的如上注重,确实不同于性理之学的思辨趋向。

(二) 经验归纳与条理分析

通过遍搜博讨而广泛地占有材料之后,清代学者进而要求揭示其中的义例:"稽古之学,必确得古人之义例。执其正,穷其变,而后其说之也不诬。"② 所谓义例,包括语言文字领域的条理通则以及古书的著述体例等。在清代学者看来,只有对丰富的事实材料反复推究,严加剖析,概括出一般的条例规则,才能把握纷繁复杂的具体现象。王引之在《经义述闻》末卷(三十二卷)中,即以前三十一卷中所搜集的资料为基础,通过缜密的比较分析而总结出若干条例,如"旁记之文误入正文则成衍文""形近易误"等。清代学者正是通过这种概括而初步了解了古籍传抄过程中各种讹误产生的规律,从而使校勘工作有理可循。这里体现了一条重要的方法论原则,即经验材料只是认识的起点,实证研究不能停留于现象的观察,而必须从材料上升到义例,以揭示对象内在的规律性的联系。

与会通义例相辅相成的,是"一以贯之":"不会通其例,一以贯

---

① 戴震:《与任孝廉幼植书》,载《戴震集》,第181页。
② 阮元:《研经室一集》卷十一《汉读考周礼六卷序》,载《研经室集(上)》,第241页。

之，只厌其胶葛重复而已耳，乌睹所谓经纬涂（途）径者哉。"① 所谓一以贯之，即是在一般义例通则的指导下，考察千差万别的特殊现象。如果说，会通其例主要是从个别到一般的归纳过程，那么，一以贯之则表现为从一般到个别的演绎过程，二者统一，构成了清代学者经学研究的重要特点。戴震对《水经注》的校勘，在这方面提供了较为典型的一例。自唐代以来，《水经注》的经与注一直混杂相错，因而校勘此书的任务首先在于分别经与注。戴震通过参伍推敲，归纳出三条通则，然后又"以是推之"，即运用这三条通则逐句审订，从而对经与注作了明确区分。这种会通义例与一以贯之相统一的考订方法，无疑体现了较为严密的实证态度。

从一以贯之的角度看，条理的分析便成为一个重要的环节。清代学者很注重条理分析，戴震便指出："务要得其条理，由合而分，由分而合。"② 在考据领域，所谓条理，主要是指实证性的科学知识和理论，如音学原理等。在清代学者看来，只有把握了各个实证领域的知识原理，才能真正地把握经典之义：

> 至若经之难明，尚有若干事：诵尧典数行至"乃命羲和"，不知恒星七政所以运行，则掩卷不能卒业。诵周南召南，自关雎而往，不知古音，徒强以协韵，则龃龉失读。诵古礼经，先士冠礼，不知古者宫室、衣服等制，则迷于其方，莫辨其用。不知古今地名沿革，则禹贡职方失其处所。不知少广、旁要，则考工之器不能因文而推其制。不知鸟、兽、虫、鱼、草、木之状类名号，则比兴之意乖。③

这里所涉及的，便是天文、地理、数学、语言、生物、机械等具体领域的知识理论，而这些领域的知识同时又构成了指导经学研究的

---

① 凌廷堪：《礼经释例·自序》，北京大学出版社，2012，第3页。
② 引自段玉裁：《戴东原先生年谱》，载《戴震集》，第489页。
③ 戴震：《与是仲明论学书》，载《戴震集》，第183页。

理论；换言之，实证的理论成为治经的工具。在训诂方面，清代学者运用古音通假的原理及古韵分部等知识，对古代文字的本意作了成功的考释。一以贯之与条理分析的相互联系，使清代学者的考据超越了单纯的经验归纳。

（三）虚会与实证相结合

在博考的基础上，通过比较归纳、条理分析而作出的识断，必须经过严格的审察和验证。清代学者所谓验证，大致包括两个环节，即虚会与实证："事有实证，有虚会。"① 所谓虚会，即是从逻辑关系上加以推论，"如东坡谓蔡琰二诗，东京无此格，此虚会也"②。蔡琰有两首诗，其中所运用的格律在东汉时代尚未出现，从逻辑上说，东汉时代的人，不可能运用当时还未出现的格律来作诗，苏东坡正是根据这一点，推断这两首诗非蔡琰所作。这种表现为虚会的推论，显然具有逻辑论证的性质。

清代学者所说的虚会，表现为如下形式。其一，根据前后是否贯通，推断某种记载或观点的真伪。"事之真者，无往而不得其贯通，事之赝者，无往而不多其抵牾。"③ 这里所说的"抵牾"，即是形式逻辑意义上的矛盾，在清代学者看来，正确的思维首先应当在逻辑上始终一贯，具有内在的自洽性；凡是前后相悖，上下冲突，则很难断定其为真。这实际上是用形式逻辑的矛盾律，来确定某一结论能否成立。其二，通过对文献的内容或结构的分析，以论证某一假设。如《史记·陈丞相世家》有"平为人长美色"一句，王念孙经过考证，认为此句当作"长大美色"。然后又分析上下文义作了论证："下文'人谓陈平何食而肥'，肥与大同义，若无大字，则与下文义不相属。"④ 历史记载作为客观的文献材料，其前后各个部分有着内在的关联，通过考察不同部分的联系，即可从一个方面判断某一记载是否真实。这里所体现的，是根据本文各个部分之间的逻辑联系，来论证某一论点。

---

①② 阎若璩：《尚书古文疏证》卷五下第七十三，上海古籍出版社，2013，第252页。
③ 阎若璩：《尚书古文疏证》卷二第二十，第80页。
④ 王念孙：《史记杂志》卷三，载《读书杂志》，江苏古籍出版社，1985，第113页。

虚会主要着重于从逻辑关系上对言说观点加以论证，这种验证并没有终结检验言论的过程。逻辑上的推断之后，最终还要诉诸事实的验证。顾炎武在《日知录》中已强调以历史事实验证某种考订的结论，潘耒对此作了如下介绍："有一疑义，反复参考，必归于至当；有一独见，援古证今，必畅其说而后止。"① 反复参考而归于当，属逻辑的推断；援古证今，则是以历史事实为证。

虚会与实证的如上结合，在方法论上即表现为逻辑论证与事实验证的统一，在清代学者看来，只有在两者的这种联系中，才能达到十分之见："所谓十分之见，必征之古而靡不条贯，合诸道而不留余议，巨细毕究，本末兼察。"② "十分之见"可以看作是已得到确证的真理，与认识的出发点上强调广泛考察相一致，认识的检验也被理解为一个博证（巨细毕究）的过程。在具体的研究中，继虚会之后，清代学者总是进而诉诸客观的实证。如《史记·秦始皇本纪》引李斯语"若欲有学法令"，王念孙经过比较推敲，认为"欲有"当作"有欲"，接着即从行文结构的逻辑关系上加以论证："置欲字于有字之上，则文不成义。"最后又引其他文献为实证："《通鉴·秦纪二》正作'若有欲学法令者'。"③ 在此，逻辑上的推论与事实的验证便构成了相互联系的两个环节。对认识的这种检验方法既不同于仅仅停留于抽象的推绎，也有别于简单地列举实例，它从一个方面为达到"十分之见"提供了较为可靠的基础。

（四）阙疑与推求的统一

遍为搜讨、会通义例、一以贯之、虚会实证的经学考据，有其贯穿前后的基本原则，这就是实事求是。清代学者强调："通儒之学，必自实事求是始。"④ 要真正求其是，便不能盲目尊信，而应有阙疑的精神。所谓阙疑，也就是以存疑的态度对待一切历史记载及传闻之说。

---

① 潘耒：《日知录·序》，载顾炎武《日知录校注》，陈垣校注，安徽大学出版社，2007，第20页。
② 戴震：《与姚孝廉姬传书》，载《戴震集》，第185页。
③ 参见王念孙：《读书杂志》，第76页。
④ 钱大昕：《潜研堂集》卷二十五《卢氏群书拾补序》，上海古籍出版社，1989，第421页。

在校勘中，阙疑的具体形式往往表现为反对盲从旧本："谓旧本必是，今本必非，专己守残，不复别白，则亦信古而失之固者也。"① 与迷信旧本相反，清代学者主张以事实证旧本之失，凡旧本中出现了误字，便应参照各本以纠正之，而不能曲意解说。这种以事实为据而反对盲从的存疑原则，体现了一种科学的理性精神。

与提倡阙疑，反对盲信相联系，清代学者又提出了推求的主张："信古而愚，愈于不知而作，但宜推求，勿为株守。"② 所谓株守，即人云亦云，依傍古人；推求则是通过创造性的思考以提出新的见解。顾炎武在《日知录·自序》中把治学比作铸钱，批评仅仅以旧钱充铸，亦即满足于拾人牙慧，囿于旧说，而提倡"采山之铜"，即另辟蹊径，学有新意。在文献考订及音韵研究中，清代学者善于冲破前人的束缚，大胆提出新的见解。如在古韵分部上，传统的看法把"支""脂""之"三韵并为一部。段玉裁通过研究《诗经》，发现三者在上古实际上各自独立成部，于是推翻旧说，提出了新的分韵观点，从而把古音研究推进了一步。存疑与推求的结合，体现了独立思考与创造性研究的统一。

（五）溯源达流与历史的方法

在经学考据中，清代学者十分注重考察源流。卢文弨指出："学固有自源而达流者，亦有自流以溯源者。"③ 这可以看作是对历史方法的一种概括。

所谓"自流以溯源"，是指通过历史的回溯，把握对象的原始状况，然后将对象的原貌与现状加以比较，以揭示事实的真相。在辨伪中，这种方法表现为追溯伪书之材料来源，以证其伪。阎若璩在《尚书古文疏证》第一卷中，曾对此作了分析，认为伪书作者不能凭空造作，他必然要以已往的材料为依据，一旦找出了伪书之所本，就可以暴露其伪迹；阎若璩在辨《古文尚书》之伪时，即具体运用了这一方

---

① 钱大昕：《潜研堂集》卷二十五《卢氏群书拾补序》，第420页。
② 戴震：《与王内翰凤喈书》，载《戴震集》，第54页。
③ 卢文弨：《抱经堂文集》卷十九《答朱秀才理斋书》，商务印书馆，1937，第269页。

法。在史实考订中，溯源的方法具体化为根据原始的记载，以考证后起的叙述："言有出于古人而未可信者，非古人之不足信也，古人之前尚有古人，前之古人无此言，而后之古人言之，我从其前者而已矣。"① 文献的流传总是有一个前后相继的过程，一般说来，后起的文本总是以早出的本文为根据，因此辨别文献记载的真伪，应追溯到最为原始的文本。崔述在《考信录提要》中，即曾以早出的《论语》中所记载的事实，证晚出的《孔子家语》所记之误。在文字训诂中，清代学者主张："识字当究其源。"② 所谓字之源，也就是文字的本义，懂得了文字的本义，就可以进而把握其引申义。这些看法已注意到了，古代文献及语言文字都处于历史演变过程之中，作为这一过程起点的原始记载、文字本义等与后世的再传之文及引申之义往往会出现某种差异，要把握史实的真相及文字的确切含义，便必须向原始的起点上溯。

"自流溯源"旨在追溯对象的原始面目，相对于此，"自源达流"要求在把握对象的本来状况后，进一步考察它在各个演变阶段的不同特点，以辨古今之异。在典章制度的考证中，这种方法表现为疏通源流，即纵向的考察对象的变迁沿革。在音学研究中，清代的学者反对援今议古，主张"审音学之源流"，并运用历史方法对古韵演变作了相当细致的研究。如段玉裁以"音韵之不同，必论其世"的历史观点为依据，通过深入的分析比较，将先秦至隋代的古韵变化区分为三个阶段："唐虞夏商周秦汉初为一时，汉武帝后洎汉末为一时，魏晋宋齐梁陈隋为一时。"③ 这种自源达流的考察，已不限于对发展过程的起点与终点作历史的比较，而且将过程划分为若干阶段加以研究，即不仅力图找出其前后联系，而且注重把握各个阶段的特定形态，这就把历史考察与具体分析结合起来，从而深化了历史方法。

清代学者认为，一定的文字、语言等都与特定的历史背景相联系：

---

① 钱大昕：《潜研堂集》卷十六《秦四十郡辨》，第 253 页。
② 钱大昕：《潜研堂集》卷十五，第 239 页。
③ 段玉裁：《六书音韵表》表一《音韵随时迁移说》，载《段玉裁全书》第二册，江苏人民出版社，2015，第 708 页。

"唐虞有唐虞之文,三代有三代之文,春秋有春秋之文,战国秦汉以迄魏晋,亦各有其文焉。非但其文然也,其行事亦多有不相类者。"① 因此,在溯源达流时,他们不仅要求考察某一对象本身的演变过程,而且强调从对象与特定历史条件的联系中分析其特点。以辨伪为例,清代学者注意到伪书的文辞风格总是难免留有某种历史痕迹,"虽极力洗刷出脱,终不能离其本色"②。据此,他们主张对伪书的辞章与特定时代的文风作历史的比较,以揭示伪书的真实年代。这种溯源达流与分析特定时代背景相统一的历史方法,不同于思辨的推论,而更多地表现了对具体史实的注重。

要而言之,清代学者的经学考据方法以"实事求是"为原则,体现了归纳与演绎、逻辑分析与事实验证、无证不信(存疑原则)与大胆推求(创造性思考)的统一,并贯穿了朴素的历史主义精神。这种方法论系统扬弃了理学的思辨性,在相当程度上将经学引向了实证性的研究。

三、形上与形下

按其本义,经学首先代表了一种正统的意识形态,作为意识形态,它主要体现了一定时期人们的愿望、理想、评价准则、文化模式、行为目标等等,而后者无疑属于广义的价值理性。相对于经学的意识形态内容,音韵、训诂、校勘、天文、历算等具体科学,以及博考精思、严于求是的方法论思想,则更多地体现了理性的工具功能。清代学者将具体科学及实证方法引入经学,以此作为治经的手段与工具,似乎表现出融合二者的趋向。事实上,在经学实证化之后,我们看到的正是工具理性向价值理性的渗入,而这种渗入本身又蕴含着多重意义。

一般而论,实证的走向总是与形而上的超越之维相对。肯定实证

---

① 崔述:《考信录提要》卷下。
② 阎若璩:《尚书古文疏证》卷一第三,第 10 页。

研究的价值，往往逻辑地导向否定形而上学。与宋明理学家时时流露出浓厚的形而上学兴趣不同，清代学者更倾向于从事拆解形而上学的工作。戴震对宋儒将天理形而上学化提出了批评："宋儒合仁、义、礼而统谓之理，视之如有物焉，得于天而具于心，因以此为'形而上'，为'冲漠无朕'；以人伦日用为'形而下'，为'万象纷罗'。盖由老、庄、释氏之舍人伦日用而别有所贵，道遂转之以言夫理。……六经、孔孟之言，无与之合者也。"① 理学家将仁义等当然之则加以超验化，使之成为至上的天理，这既是对价值理性的强化，又表现出崇尚形而上本体的取向。在戴震看来，这种形而上的本体不外是思辨的虚构。他对形而上与形而下作了如下解说：

> 形谓已成形质，形而上犹曰形以前，形而下犹曰形以后。阴阳之未成形质，是谓形而上者也，非形而下明矣。②

这里体现的，是一种拒斥形而上学的立场，它不仅展示了一种本体论的观点，而且具有某种价值观的意义。就后者而言，对形而上学的排拒，即意味着将注重之点由超验的领域转向具体的对象，这种思路与近代具有科学主义倾向的实证论颇有相通之处。

如前所述，与消解形而上学相联系，经学的实证化同时又使经学在研究方式上，或多或少趋近于近代科学，它在某种意义上为中国近代对实证科学的普遍推崇和认同作了理论的准备和历史的铺垫。事实上，近代具有科学主义倾向的思想家（如胡适）在提倡科学精神、引入近代科学方法之时，便常常将这种精神及方法与清代学者的治经方法加以沟通，以获得传统的根据。这种现象从一个侧面表明，中国近代对科学的礼赞和认同并非仅仅是近代西学东渐的产物，它同样有着传统的根源。

---

① 戴震：《孟子字义疏证》，载《戴震集》，第314页。
② 戴震：《绪言》，载《戴震集》，第352页。

然而，具有历史与理论意味的是，在经学的实证化过程中，文字、音韵等科学本身似乎也经历了由"技"到"学"的演化。在传统儒学中，语言、文字、天文、历算等本来属于具体的"技"或"艺"，清代学者在从理学返归经学的前提下，进而以小学（语言文字、音韵学等）、天文、历算等具体科学为治经的主要手段，并将科学的治学方法与经学研究融合为一，与之相应，科学也开始作为经学的一个内在要素而获得了自身的价值。这一转换过程，与明清之际西方科学的东渐彼此相关。它一方面从经学内部促进了具体科学的成长，并形成了附庸蔚为大国的独特学术格局。另一方面也使科学的价值地位得到了提升：作为经学的内在要素，文字、音韵、天文、历算等具体科学已开始从"技"，步入"道"的领域。这种演化过程似乎又蕴含着在另一重意义上承诺形而上学的趋向，事实上，清代学者便一再批评"但求名物，不求圣道"①，即反对仅仅停留于实证研究，而未能进而把握普遍之道，这里已多少可以看到将名物训诂等实证研究与形而上追求沟通起来的意向；后者既与明清之际西学东渐的趋向前后相承，又预示了近代科学观念的变迁。

（原载《文史哲》1998 年第 6 期）

---

① 阮元：《研经室一集》卷二《拟国史儒林传序》，载《研经室集（上）》，第 37－38 页。

实证主义的东渐

中国哲学步入近代后,第一个比较系统地引入实证主义的人物是严复。作为真正受过西方哲学洗礼的哲学家,严复在中西哲学的交融会通中,表现出更多的近代特征。与康有为、谭嗣同等由糅合"以太""仁"等而建构不中不西的思辨哲学不同,严复通过输入西方的实测内籀之学,从思辨的构造转向了实证的观念,而这种转化一开始便受到了西方实证主义的影响。当然,在告别古典哲学的同时,严复又始终没有摆脱传统哲学的深层浸染。这样,西方的实证论与中国传统哲学相拒而又相融,赋予严复的哲学以独特的形态,这一形态既构成了中国近代实证主义思潮的逻辑起点,又折射了近代中西哲学合流的历史走向。

一、 实测内籀之学

当严复超越"技""器",从哲学的层面向西方寻求实测内籀之学时,他所遇到的首先是以孔德、穆勒、斯宾塞等为主要代表的第一代实证主义。[①] 从认识论与方法论上看,早期实证哲学包括两个方面:

[①] 严复主要是通过穆勒、斯宾塞、赫胥黎等而了解西方近代的"实测内籀"之学。西方哲学对严复的影响,也首先来自这些哲学家,而穆勒、斯宾塞、赫胥黎在哲学上均属于实证主义流派。

首先是对近代实证科学方法的诠释与引申。孔德将培根以来注重事实的精神，视为实证哲学的基本要求，并把观察、实验、比较及历史等方法，列为自然科学与社会学的主要方法。[1] 穆勒进一步将实证科学方法加以系统化与具体化，创立了完整的科学归纳法。斯宾塞则把科学方法分为三类，即抽象科学的方法（逻辑与数学方法）、抽象—具体科学的方法（物理学与化学等方法），以及具体科学（天文学、地质学、生物学等）的方法，并主张将这些方法同时引入社会学研究。[2] 尽管实证主义者对科学方法的规定存在种种缺陷，如孔德将逻辑学排斥在实证科学之外，穆勒则表现出归纳万能的偏向，等等，但是，注重近代实证科学方法，并将其纳入实证哲学之中，确实构成了实证主义的显著特征。

实证哲学的另一重要方面，是现象主义的原则。它首先表现为对实证科学方法适用范围的划界。在实证论看来，科学方法固然是自然科学与社会科学研究必不可少的手段，但它们只适用于现象界；现象之后的本质或本体超越了人的认识能力，科学方法在那里并无用武之地。孔德对此作了如下概述："人类的精神承认不可能得到绝对的概念，于是不再探索宇宙的起源和目的，不再求知各种现象的内在原因，而只是把推理和观察密切结合起来，从而发现现象的实际规律，也就是发现它们的不变的先后关系和相似关系。"[3] 依此，则科学方法之功能，即仅仅限于描述现象及现象之间的联系。穆勒进而将这种现象主义原则与联想主义心理学结合起来，以为现象之间的恒常联系最终基于意念的前后相继，从而把现象之间的关联还原为感觉的组合。

概而言之，实证科学的方法与现象主义的原则构成了实证哲学两重内容，前者表现了它与近代实证科学的联系，后者则构成了其本质的特征：从总体上看，实证主义正是以现象主义的原则，作为实证方

---

[1] 参见 Auguste Comte, *The Positive Philosophy of Auguste Comte*: vol. 2, trans. Harriet Martineau (Cambridge: Cambridge University Press, 2009), pp. 95 – 110。
[2] 参见 Herbert Spencer, *The Study of Sociology* (New York: D. Appleton and Company, 1899), pp. 22 – 42。
[3] 洪谦主编：《西方现代资产阶级哲学论著选辑》，商务印书馆，1964，第 26 页。

法的认识论基础。

实证主义的如上思想，对严复产生了多重影响。严复所感兴趣的，首先自然是实证哲学所涉及的近代科学方法。按严复之见，西方科学的昌明，主要根源其实测内籀之学。所谓实测内籀，也就是在即物实测（观察与实验）的基础上，通过归纳（内籀）概括出一般的公例（科学定律及一般原理），最后又将公例放到实验过程中加以验证，使之成为定理。严复特别强调归纳的作用，并将其与分析结合起来："盖知之晰者始于能析，能析则知其分，知其分则全无所类者，曲有所类……而后有以行其会通，或取大同而遗其小异，常、寓之德既判，而公例立矣。"① 与外在的同异比较不同，分析的特点在于深入到对象之内部，把握其稳定的特性（常、寓之德）。严复对西方实测内籀之学的如上阐发，基本上导源于穆勒，而其内容则涉及了近代实验科学方法的各个环节。在爬梳于故纸、求大义于微言的经学之风尚未根除的当时，面向自然、即物实测的主张无疑给人以耳目一新之感，而其严于实证的要求，对不敢越圣训之雷池的经学独断论，则更是有力的冲击，它在中国近代思想界所引起的振荡，已远远超出了实证科学的范围。

然而，以实证主义为接受、引入西方科学方法的媒介，同时亦埋下了向消极方向发展的契机。如上所说，实证哲学一开始便与近代实验科学有着历史联系与理论联系，这种联系使其现象主义的原则也带上了一层"科学"的光环，从而对推崇科学的严复具有同样的吸引力。这样，从西学格致到现象主义原则的过渡，便成为逻辑的必然。后者突出地表现在严复对实测内籀之学的进一步解释之上。在严复看来，科学的公例来自归纳（内籀），而归纳的范围总是不超出"对待之域"。所谓对待之域，也就是现象界；即物实测，主要限于现象界的对象，而公例则无非是现象之间恒常联系（常、寓之德）的概括。经验论的进一步推论，往往是现象与感觉的重合：现象总是通过感觉而为

---

① 王栻主编：《严复集》，中华书局，1986，第1046页。

主体所感知，离开了感觉，现象对主体来说便是没有意义的，从而现象也就可以还原为感觉。英国的实证主义者赫胥黎曾作过如上推论，严复则重复了这一结论："心物之接，由官觉相，而所觉相，是'意'非物。"① 就此而言，认识不越对待之域，也就意味着认识不越感觉，用严复的话来表述，也即是："可知者止于感觉"②。

不难看出，在实测内籀之学这一范畴中，既包容了近代实证科学的方法，又融入了现象主义的原则。二者的纠缠，构成了严复引入西学格致的显著特点，而这一特点又根源于实证主义本身的二重性：从斯宾塞的实证哲学中，严复既吸取了科学方法具有普遍性的观点，也接受了其认识不能超出表象的结论；从穆勒那里，严复既比较系统地了解了科学的归纳法，也输入了认识不越感觉的看法。当然，尽管孔德、穆勒、斯宾塞的实证哲学亦包含了近代科学方法的某些内容，但其注重之点，主要在于为近代科学方法规定实证主义的认识论基础。相形之下，严复则更多地注目于科学方法本身。对他来说，重要的首先是西学格致（科学）；实证论的现象主义原则之所以为他所接受，在很大程度上是因为它具有某种科学的外观。同时，严复对西方实测内籀之学的介绍阐发，乃是以近代中西哲学的会通交融为总的历史背景，西学的引入与传统的楔入，往往彼此交错，这一背景决定了严复在走向实证主义的同时，又常常逸出了实证论。

如前所述，严复认为，认识只能限于对待之域。不过，在他看来，这并不意味着不能探索现象的原因，相反，如果不求其故，则知识往往具有模糊混沌的缺陷。以因果关系为科学研究的任务，当然并非创见，英国实证论者穆勒即已把揭示因果关系列为实证科学的目标，并制定了探求因果关系的基本方法。但是，因果关系的本质究竟是什么？在这一问题上，严复与西方的实证主义产生了重要的分歧。按穆勒的看法，自然现象中存在着齐一性，而在所有的齐一性中，前后相继的

---

① 王栻主编：《严复集》，第 1377 页。
② 同上书，第 1036 页。

齐一性最为重要；所谓因果律，无非是现象前后相继的齐一性，而因果观念则建立在关于现象前后相继关系的联想之中。这种观点实质上对因果关系作了现象主义—心理联想主义的解释。与之相异，依严复之见，知其所以然（求故）同时也就是一个由显而入隐的过程："第不知即物穷理，则由之而不知其道；不求至乎其极，则知矣而不得其通……今夫学之为言，探赜索隐，合异离同，道通为一之事也。"① 探赜索隐具体表现为"由粗以入精，由显以至奥"②，亦即由外在的现象（显）深入到内在的规定（奥）。也正是在同一意义上，严复认为在社会政治的研究中不能停留于"形表"："夫考政治而欲得其真，则勿荧于形表。"③ 总起来，从"由之而不知其道"，到知其所以然之故的进展，便表现为一个从形表（外部现象）到内在之理的过程。严复的如上看法，明显地渗入了注重考察必然之理、普遍之道的传统哲学，在"即物穷理""道通为一"等命题中，我们便可看到这一点。不妨说，正是传统哲学的内在制约，使严复在接受实证主义原则的同时，又偏离了实证论之辙。

这种偏离，同样表现在对科学知识的理解之上。实证主义将科学法则规定为现象及现象间联系的描述，这同时也就意味着强调知识的相对性、不确定性，因为现象间的联系不管如何恒常，总是不可避免地带有相对的、不稳定的一面，而对它的描述，则往往受到主体的主观条件的制约。正是基于这一前提，实证主义强调必须把知识视为依赖于主体的"相对的东西"。在这一问题上，严复所持的是另一种看法。对严复来说，科学知识是普遍有效的，因而总有其绝对性的一面："格致之事，一公例既立，必无往而不融涣消释。"④ 一旦把握了道，则可学穷千古："夫道无不在，苟得其术，虽近取诸身，岂有穷哉？而行彻五洲，学穷千古，亦将但见其会通而统于一而已矣。"⑤ 对科学知

---

① 王栻主编：《严复集》，第52页。
② 同上书，第40页。
③ 同上书，第232页。
④ 同上书，第871页。
⑤ 同上书，第1095页。

识普遍有效的这种确信,可以看作是肯定由显而至奥的逻辑引申,它在本质上不同于实证主义的知识论。在严复与实证主义的如上分歧背后,我们既可以看到传统哲学的投影:公例无往而不适,在逻辑上即以道的普遍涵盖性为依据,而后者正是传统哲学根深蒂固的观念;又可以看到历史的内在制约——在严复那里,西学格致乃是中国走向近代化的必由之路,这种历史意识使严复对科学充满了近乎天真的信赖,并相应地疏离了实证论对科学知识的相对主义看法。

要而言之,严复对实测内籀之学的阐发,一开始便经过了实证主义的洗礼,这一历史特点决定了严复在引入西方近代实证科学方法的同时,也输入了实证论的原则,而以西学格致推进中国的近代化这一历史要求,又必然使前者居于更为主导的地位。这种主导地位与传统哲学的制约相融合,使严复在融入实证哲学的同时,又对实证论作了某种限制。

二、实证原则与功利主义

实测内籀之学要求从经验事实出发而达到普遍公例(一般原理),又以经验事实去印证由归纳分析而获得的公例。这种与经验科学相联系的实证精神在伦理学上往往导向功利原则。尽管功利原则主要涉及价值命题,而实测内籀则首先与事实陈述相关,但在以可经验的事实为依据这一点上,二者无疑有其相通之处:它们在某种意义上同属于经验主义这一总的范畴。

与注重实证的观点相应,严复反对脱离实际功利而谈义:"董生曰:'正谊不谋利,明道不计功。'泰东西之旧教,莫不分义利为二涂。此其用意至美,然而于化于道皆浅,几率天下祸仁义矣。"[①] 义即谊,亦即应当,引申为一般的伦理规范;利在广义上则指利益、功效。所谓分义利为二,也就是撇开功效去考察义,而如此割裂的结果,即是

---

① 王栻主编:《严复集》,第858页。

使义变得抽象化，从而失去现实的约束力。严复的如上看法蕴含着一个基本前提，即道德应当以实际的功效为基础，而这一前提又与广义的实证精神合拍。

从反对义利分途的观点出发，严复进而对道德的功能作了考察。在他看来，道德之真正作用，即在于它能产生积极的社会效应，一旦道德沦丧，则必然将导致负面的社会结果："须知东西历史，凡国之亡，必其人心先坏……惟此之关系国家最大。故曰德育尤重智育也。"① 在此，人心之善恶，并不仅仅与抽象的伦理原则相联系，它已超出了道德本身而具有一种现实的社会意义。正是基于这一看法，严复对宋明的道学气节颇有微词："赵宋之道学，朱明之气节，皆有善志，而无善功。"② 质言之，如果某种行为仅仅有好的动机（善志），而不能产生好的社会功效（善功），则这种行为便不具有完善的道德意义。在这里，对效果的关注，显然已压倒了对动机的评价。

道德作为一种社会现象，总是具有二重性：就其起源、作用而言，它乃是以社会功利关系为基础，带有工具的性质（表现为满足人的合理需要，维系社会稳定的手段）；但同时，作为人的尊严、人的理性力量的体现，道德又有其内在的价值，并相应地具有超工具的一面。前者赋予道德以现实性的品格，后者则体现了道德的崇高性。中国传统哲学以儒学为主流，儒学在总体上强调的主要是道德的内在价值，而对道德的功利基础及外在价值，则多少有所弱化：以正心诚意为道德的主要目标，便表现了这一特点。相对于以上传统而言，严复对"善功"的突出虽然有忽视道德内在价值的偏向，但同时毕竟更多地注意到了道德的现实社会功能。从反对离利言义，到强调"善功"，功利的原则逐渐被提升为价值判断的普遍准则，而这种推绎又使功利主义获得了更为具体的规定。

功利作为善的内容，首先表现为行为的结果。在严复看来，这种

---

① 王栻主编：《严复集》，第 168－169 页。
② 同上书，第 1024 页。

结果并不是不可捉摸的抽象之物,而是可以用经验方式加以把握的感性对象。真正的利,总是能够对主体产生一种快乐的效应,而与利相对的害,则往往产生负面的效应(苦)。这样,善恶最终便可还原为苦乐:"人道以苦乐为究竟乎?以善恶为究竟乎?应之曰:以苦乐为究竟,而善恶则以苦乐之广狭为分。乐者为善,苦者为恶,苦乐者,所视以定善恶者也。"① 此处之苦乐,乃是对行为结果的感性体验,尽管它在形式上与现象的感知有所不同(前者包含着评价的因素,后者则更多地侧重于认知),但二者本质上处于同一序列:均不超出经验的领域。将善恶规定为行为的功效(利害),又以感性的原则来界说这种功效,整个思维过程所循沿的,基本上是经验主义的路向。不妨说,正是在经验主义这一总的前提下,严复将实证的原则与功利的原则融合为一。

严复从实测内籀之学到功利原则的如上理论走向,在一定意义上折射了西方实证主义的逻辑行程。与后来的逻辑实证主义不同,以孔德、穆勒、斯宾塞等为代表的第一代实证主义既没有将伦理学(价值领域)的问题作为无意义的对象加以摒弃,也没有将这些问题的探讨仅仅归结为道德范畴的语义分析(元伦理学)。他们不仅保留了规范伦理学,而且都以目的论为其伦理学的基本主张。所谓目的论,也就是强调评判行为的价值必须超出行为本身,而以行为的结果为根据。在第一代实证主义那里,这种目的论与功利原则大致重合:所谓行为效果,主要便是以利或害的形式表现出来的功利结果。孔德在其社会静力学中指出,每个人都有利己与利他之心,只有当利己与利他趋于统一时,社会才能达到和谐。尽管这里还没有直接将功利效果作为价值判断之准则,但它本质上仍是从利益关系上考察社会伦理现象。穆勒则明确地提出了功利原则,主张以是否增进幸福作为评判行为是非的准则,而所谓幸福与不幸,则又被理解为快乐与痛苦。② 斯宾塞同样没

---

① 王栻主编:《严复集》,第1359页。
② 参阅约翰·穆勒:《功用主义》,唐钺译,商务印书馆,1957,第7页。

有超出功利主义的传统,在他看来,只有当行为即刻就使人愉快时,才是正当的。所谓即刻,强调的主要是行为的当下性、直接性。

可以看出,以行为的实际功效来规定善与恶,构成了第一代实证主义的共同特点。作为一种可经验的对象,行为的功效基本上不超出现象,这样,以行为的功效为善恶的内容,也就意味着在现象——经验的层面考察道德行为。就此而言,第一代实证主义的功利原则并未越出现象主义的轨辙;从实证原则到功利原则的过渡,同时也可以看作是实证主义本身的进一步展开。西方实证主义的这一逻辑演进,在理论上构成了严复在伦理学上走向功利主义的历史先导:从严复由引入实测内籀之学到推崇功利原则的哲学建构过程中,我们不难看到二者的渊源关系。

当然,在严复那里,功利原则同时又具有不同于西方实证论的内涵。西方的实证主义尽管并不绝对地主张以利己排斥利他(穆勒即认为应以最大多数人的最大幸福为道德的准则),但却以个体之利为主要的关注点。这种思维趋向在穆勒那里表现得十分明显。按穆勒之见,个人的发展、个体价值的实现,应当成为群体发展所趋的目标:"国家的价值,从长远看来,归根结蒂还在组成它的全体个人的价值。"[①] 这样,以个人利益的实现为行为的出发点便是天经地义的了。与此相异,严复往往更多地将功效与群体之利联系起来。在他看来,道德原则固然不应敌视个体之利,但个体之利最终应当以群体之利为依归。就当时而言,国家的富强,乃是第一急务,无论是鼓民力、开民智、新民德,还是个人的自利自由,都应服从于这一总目标。换言之,个人的完善(德、智、力的发展),个人利益的实现(自利),乃是为了群体之救亡图强。[②] 自利之所以重要,即在于它是达到上述目标的有效手段:"积私以为公,世之所以盛也。"[③] 从为公的原则出发,严复指出,

---

[①] John S. Mill, *On Liberty and Other Writings*, ed. Stefan Collini (Cambridge: Cambridge University Press, 2016), p.115.
[②] 王栻主编:《严复集》,第27页。
[③] 同上书,第101页。

一旦个体之利与群体之利发生冲突，则应以后者为重："事遇群己对待之时，须念己轻群重。"① 如果说，西方实证主义试图在个人利益与个人价值充分实现的基础上达到利己与利他的统一，那么，严复则要求在个体之利从属于群体之利的前提下，超越二者之对峙。

如前所述，由实证原则过渡到功利原则，这是严复与西方实证论走过的共同行程。然而，为什么在完成这一过渡之后，严复的看法与西方实证主义又发生了如上差异？首先当然应从近代中西不同的历史背景中探寻其根源。与西方第一代实证主义所面临的时代旋律主要是自由竞争不同，严复所面对的是民族危机日趋严重的严峻事实。西方列强的逼压，使救亡图强成为压倒一切的历史要求。在深重的民族危机下，群体的利益变得空前突出了，于是，西方自由竞争条件下居于中心地位的"个体自营"，便逻辑地服从于"利用善群"的要求。

历史的制约同时又与传统文化的深层影响相联系。严复诚然对旧学作过多方面的批评，但这并不意味着摒弃一切传统，无论是在情感上还是在理智上，严复都没有割断与传统文化的联系，这一点，在对传统伦理观念的态度上表现得尤为明显："往自尧舜禹汤文武，立之民极，至孔子而集其大成，而天理人伦，以其以垂训者无以易……为国家者，与之同道，则治而昌；与之背驰，则乱而灭。"② 此处之天理人伦，主要指在传统文化中占主导地位的儒家伦理，而"无以易"之断论，则表现了对这种人伦的肯定。与注重普遍之义相联系，儒家往往倾向于将整体置于个体之上。孔子对君子的要求，便是"修己以安人"③。质言之，个体之涵养，乃是以整体的认同（安人）为归宿。这一点，在儒家的经典《大学》中，阐述得更为明确。《大学》有所谓三纲八目之说，八目之中涉及群己关系的，即是"修身，齐家，治国，平天下"诸项，这既是儒家的个人理想，又是其社会理想，而整个逻辑行程则开始于修己（修身），终结于安人（治国平天下）。这种观点

---

① 王栻主编：《严复集》，第360页。
② 同上书，第168页。
③ 《论语·宪问》。

在后来的正统儒学中进一步向整体主义衍化。严复当然并没有完全认同正统儒学的整体主义倾向,他所说的群体与正统儒学的整体也有着不同的历史涵义,然而,儒家以修己从属于安人的观念,在民族存亡之秋多少适应了历史的需要。也正是这一点,使它又对严复产生了某种向心力:在严复"为公""善群"的主张中,我们多少可以看到其影子。如果说,实证精神在伦理领域的引申,使严复逻辑地趋向于功利原则,那么,传统的群己之辨与近代历史的双重制约,则使严复越出了功利原则与利己原则相结合的实证主义思路。

三、无对之域的双重意蕴

实证原则既展开于伦理领域,也制约着严复对一般存在的规定。根据实证原则,即物实测主要限于经验的范围,后者也就是所谓"对待之域":"吾生学问……亦尽于对待之域而已。"[①] 与对待之域相对的则是"无对者"。对待与无对之分界,具有某种本体论的意义,对二者关系的界说与阐释,在一定意义上可以看作是实证原则在本体论中的进一步推绎。

关于对待之域,严复曾作了多方面的界定,综合其意,大致包含二重涵义:其一,所见所觉的现象。作为现象,对待之物不同于本体,而是依附于本体者。[②] 其二,具体事物。作为具体事物,对待之物本身又有本末之分:"物德有本末之殊。"[③] 所谓本末之殊,与前文所提到的"显"与"奥"、"形表"与"理"之区分大致对应。正由于对待之域的具体对象本身表现为本末的统一,因而"尽于对待之域"与"由粗以入精,由显以至奥"的过程可以并行而不悖。从严复的如上规定中,可以看出,所谓对待之域,与西方实证主义所说的现象界既有相通之处,又并非完全重合。

---

①③ 王栻主编:《严复集》,第 1036 页。
② 同上书,第 1089 页。

对待之物无论是表现为附于本质的现象，还是作为本末统一的具体对象，都有相对性的一面。与此相异，无对者则是绝对的："彼是对待之名词，一切世间所可言者，止于对待，若真宰，则绝对者也。"①这种绝对的存在，也就是一般的本体，用中国哲学的术语来表示，可称为"太极"，以西方哲学的概念来表示，则是"庇音"（being），惟其普遍而绝对，故为"无对"。在严复看来，"无对者"并不是虚幻的，而是一种真实的存在。他既不同意培因取消"庇音"（being）的看法，也不满于黑格尔将"庇音"理解为无的观点，强调作为存在（being）的无对者，乃是引起感觉的终极原因："'在'实与'有'同义，既有矣，斯能为感致觉，既感既觉，斯有可言，何可废乎？"②

然而，尽管无对者不仅是一种真实的存在，而且构成了感觉的原因，但它本身属于"不可思议"之域。所谓不可思议，也就是无法以一般的逻辑思维形式（名理）加以把握。为什么作为本体的无对者无法以一般的名理加以把握？严复从逻辑上作了解释。在他看来，理解某一对象，总是意味着将它归入一个更大的类，亦即使之为一个更普遍的定律或原理所涵盖，"如是渐进，至于诸理会归最上之一理，孤立无对，既无不冒，自无与通，无与通则不可解，不可解者，不可思议也"③。作为普遍的存在（being）或本体，无对者内在地关联着统一性原理。一般说来，单纯的形式逻辑在把握世界统一性原理上，确实有其自身的限度，形式逻辑总是在相对静止的状态中，将对象分隔开来加以考察，由此而获得的，往往是孤立的事实命题或抽象的普遍定律，而难以把握作为具体真理的统一性原理。严复以为无对者不能以一般名理来把握，显然不自觉地触及了这一点。然而，严复不了解，统一性原理尽管不能仅仅以普通的名理（形式逻辑）来思议，但却可以通过概念的辩证运动来把握。从总体上看，严复所倾心与推崇的，主要是穆勒名学（形式逻辑），正是将形式逻辑绝对化，使严复把本体（无

---

① 王栻主编：《严复集》，第1106页。
② 同上书，第1039页。
③ 同上书，第1381页。

对者）推到了不可思议之域。

就本体论的意义而言，对待之物主要与经验界相联系，而无对者则是一种超验的对象，这样，对待与无对的分界，便表现为经验界与超验界的对峙：经验界是可知的（可以思议的）领域，超验界则超出了人的认识能力（不可思议）。严复的如上看法，明显地打上了实证主义的印记。孔德在其《实证哲学教程》中便认为，探索那些始因或目的因，对我们来说是绝对办不到的。所谓始因，即是一般的本体。关于这一点，斯宾塞表述得更为明白："终极的科学观念全都是关于实在的表象，而实在是不可思议的。"① 不难看出，将本体视为超验的对象，并断言其超出了人的认识能力，这种思维趋向构成了第一代实证主义的基本特征。严复以不可思议来规定无对者，在理论上即导源于此。当然，在西方第一代实证主义那里，实在不可思议往往表现为经验论的直接推论（本体论问题超出了经验范围，故不可知），而在严复那里，无对者无法把握的论点，则既与经验论原则相联系，又是形式逻辑绝对化的结果。在这一点上，严复似乎更接近于后来的逻辑实证主义。

不过，与后起的逻辑实证主义强调形而上学命题无意义，因而主张拒斥形而上学不同，严复以为，超经验的无对之域虽然不可思议，但并非没有意义。如前所述，所谓不可思议，主要是指无法以形式逻辑的名理加以诠释和规定。在严复看来，如果不以这种诠释和规定作为追求的目标，那么，无对之域仍然可以讨论。换言之，形而上学作为一种经验的认识固然不可能，但在哲学建构中仍然有其作用，而在严复的哲学思想中，我们确实也可以看到形而上学的多重印痕。

在引入实测内籀之学的同时，严复也力图运用近代的科学观念，对宇宙万物作出哲学的说明。他曾指出："大宇之内，质力相推，非质无以见力，非力无以呈质。"② 此处之质，又称化学原质，亦即原子，

---

① Herbert Spencer, *First Principles* (Cambridge: Cambridge University Press, 2009), p. 66.
② 王栻主编：《严复集》，第 1320 页。

引申为由原子构成的具有一定质量的物体；力则指原子之间的化合与分解，以及物体之间的吸引与排斥。力体现于质，质又通过力而表现出来，二者相互作用，构成了整个宇宙的变化运动。对世界图景的如上描述，尽管运用了一些近代科学概念，但本质上仍属于自然哲学，其内容具有明显的形而上学色彩，实际上已超出了实证科学的领域。尽管严复认为"质""力"的存在形式本身是一个难以思议的问题，但这并不妨碍他借助这些范畴来建构自然哲学层面上的世界图景。在这里，经验论及形式逻辑意义上的不可思议与哲学上的有意义，并行而不悖，正是通过后者，形而上学获得了立足之地。

就社会领域而言，其变迁运动存在着一种"莫知其所由然"的必然性，这种必然性严复称之为"运会"："夫世之变也，莫知其所由然，强而名之曰运会。"① 肯定社会演变过程中存在着"运会"（必然性），体现的乃是一种历史哲学的观点，它同时可以看作是对社会历史现象的一种形而上学的看法。历史运会作为决定社会变迁的普遍必然性，其本质究竟是什么？在严复看来，这是不可知的（"莫知其所由然"）。然而，运会之本质超出人的认识能力，并不意味着对它的考察毫无意义。按严复之见，历史上的伟大人物（圣人）虽然莫知运会之所由然，却仍然可以通过运会所表现出来的具体趋势"裁成辅相"，以安定天下。在这里，肯定运会存在这种形而上的信念，既构成了历史哲学的内容，又涉及历史的实际进程。

与自然哲学与历史哲学的如上观点相联系，严复同时表现出一种将科学加以提升和泛化的趋向。在这方面，最为明显的自然是对进化论的引申和发挥。近代意义上的进化论以生物发展规律为内容，因而首先表现为一种实证科学的理论。然而，尽管严复完全了解进化论的科学真谛，但在他那里，进化论并不仅仅被视为生物学的理论，它一开始便被理解为一种普遍的天演之学，从而获得了世界观的意义。从自然的演化到社会的盛衰，几乎无不涵盖于"天演"的公例之下，而

---

① 王栻主编：《严复集》，第1页。

"物竞天择"则作为普遍规律而构成了变法图强的形而上根据。简言之,天演之学既是一种自然哲学,又是一种政治哲学乃至价值哲学,其涵义已远远超出了实证科学。

不难看出,尽管严复把"形而上"的无对之域排除于科学认识之外,但并未进而将其从哲学领域清洗出去。对形而上学如此容忍的背后,是对哲学的世界观功能的肯定。这种思维趋向显然有别于西方的实证主义,在本质上与中国传统哲学有着更为切近的关系。回溯中国哲学的历史演进过程,我们可以注意到一种引人瞩目的传统,即注重形而上之道。道家以道为最高本体,并要求"技进于道";儒家虽然关心日用人伦,但同时又强调人伦乃是形而上之道的体现,正是基于后者,他们主张"君子不器",并追求一种"弥纶天地之道"的境界;在宋明理学中,儒道的以上倾向又与佛教的超验观念相结合,获得了进一步的发展;当然,此外还有朴素元气论的传统。尽管严复对传统哲学中的思辨倾向颇有微词,但并未因此而完全游离传统。作为一种深层的观念,传统哲学仍然内在地制约着其运思趋向。从严复的文著中,我们可以一再地看到这一点:"老谓之道,《周易》谓之太极,佛谓之自在,西哲谓之第一因,佛又谓之不二法门。万化所由起讫,而学问之归墟也。"① "道之本体,无小大也。语小莫破,语大无外,且无方体,何有比较?一本既立,则万象昭回。"② 如此等等。这里不仅仅是借用传统的概念,而且是对传统哲学的引申与阐发,而其注重之点,则是传统的形而上学。传统思想的如上融入,对实证主义反形而上学的要求,无疑具有某种抑制作用。

从更广的视野看,西方实证主义思潮的兴起,与近代科学的发展有着难以否认的联系,就一定意义而言,实证主义一方面试图对近代科学的方法与成果作出哲学的总结与说明,另一方面又力图以科学为模式,以实现所谓哲学的科学化。这一总的发展格局,决定了在西方

---

① 王栻主编:《严复集》,第1084页。
② 同上书,第1090页。

实证主义那里，反形而上学必然成为自觉的、主导的趋向；而消解哲学的世界观功能，则是如上趋向的逻辑结果。相形之下，严复的实证哲学主要以社会变革为其历史背景。走向近代这一历史主题，既要求格致（科学）的发展，又以政治文化各个方面的深层转换为其内容。如果说，发展科学的时代呼唤使严复在引入实测内籀之学的同时，又接受了与之相纠缠的实证主义观念，那么，变革政治文化的急迫任务则使严复不能不正视哲学的世界观功能。他之强调历史运会虽不可思议，但人们对它并非无能为力；他之将进化论泛化为"天演哲学"等，正是试图为社会变革提供一种形而上的根据与范导。质言之，实证哲学与"形而上学"的双峰对峙，在某种意义上折射了中国近代社会变革的双重内容。

（原载《哲学研究》1991 年第 5 期）

20世纪科学主义的多向度展开

随着由"技"而"道"的演进,科学在近代逐渐经历了一个形而上的过程。20世纪初叶,以科举制的废除及新式学校的兴起为背景,科学逐渐在社会教育系统中占有了一席之地,而科学观念的认同也相应地获得了较为普遍的基础。"五四"前后,在各种"主义"的引入和论争中,经过不断泛化的科学开始进一步被提升为一种主义:"五四"时期曾产生重要影响的刊物《新潮》,便明确地把"科学的主义",列为办刊的宗旨之一。① 而在当时众多的"主义"中,科学又以其普遍的涵盖性独领风骚。与引向"主义"相应,科学开始多方面地渗入社会文化的各个领域,并渐渐衍化为一种价值—信仰体系。

一、科学化:知识领域的科学主导

科学的凯歌行进,首先表现在知识的领域。从历史上看,中国传统的知识、学术在相当长的时期中带有未分化的特点。特别是自汉代以后,经学不仅成为正统的意识形态,而且逐渐构成了主要的知识与学术领域。尽管从现代学科分类的角度去考察以往学术,我们似乎亦可以划分出不同的领域,但在其传统的形态下,这些领域却往往都被

---

① 傅斯年:《〈新潮〉之回顾与前瞻》,《新潮》第2卷第1号,1919年10月。

涵盖在经学之中。即使到了清代，音韵学、训诂学、校勘学、金石学、地理学等具体领域的研究有了相当的发展，在某种程度上甚至出现了梁启超所谓"附庸蔚为大国"的格局，但就总体而言，它们仍从属于经学，而未能获得独立的学术品格。直到近代，随着经学的终结和西学的东渐，具有独立意义的学科，诸如哲学、文学、历史学、经济学、社会学、人类学等等，才开始分化出来，在20世纪初，这些学科逐渐取得了较为成熟的形态。

近代意义上诸种学科的出现，同时也可以看作是知识与学术领域的分化过程，它在某种意义上与科学的形上化（泛化）呈现为一种同步的态势，并构成了科学在知识领域建立霸权的历史前提。以各个知识领域的独立和分化为背景，将科学提升为"主义"的近代思想家们，往往倾向于知识的划界；知识的这种划界，主要便表现为科学与非科学的分野。中国科学社的核心人物之一任鸿隽曾明确指出："科学为正确智识之源。"① 在科学与玄学的论战中成为科学派主将的丁文江，后来进而对知识问题作了这样的阐释：

> 知识问题也要下几句注解。我说以"科学知识"为向导，其实科学二字是可省的，因为我相信不用科学方法所得的结论都不是知识；在知识界内科学方法万能。②

在此，知识与非知识成为壁垒分明的两大领域，而科学则似乎构成了知识的唯一形态：惟有经过科学方法的洗礼，才有资格进入知识之域。类似的看法亦见于"五四"前后知识界的领袖人物蔡元培，尽管蔡元培对艺术等作用予以了相当的关注，但在知识问题上，却仍强调："科学发达以后，一切知识道德问题，皆得由科学证明。"③ 质言之，科学之外无知识。

---

① 任鸿隽：《吾国学术思想之未来》，《科学》第2卷第12期，1916年12月。
② 丁文江：《我的信仰》，《独立评论》第100期，1934年5月。
③ 蔡元培：《致〈新青年〉记者函》，《新青年》第3卷第1号，1917年3月。

以科学为知识的合理形态，决定了不同的学科、学术领域，都应以科学化为其追求的目标。知识的这种科学化追求，首先表现为对自然科学方法的普遍仿效。在谈到历史学时，傅斯年曾作了如下解说："近代的历史学只是史料学，利用自然科学供给我们的一切工具，整理一切可逢着的史料。"① 关于历史学与史料学关系的如上规定是否确当，可暂且不议；这里使我们感兴趣的，是以自然科学的方法，作为人文学科（历史学）的工具。这种由自然科学所提供的工具，显然不限于哲学层面的一般方法论原理，而是同时涉及具体的操作环节和程序。与自然科学方法的如上引入相联系，具体的科学形态往往成为知识的理想范型，正是基于以上看法，傅斯年提出了如下要求："要把历史学语言学建设得和生物学、地质学等同样。"② 历史语言研究所是当时权威性的学术机构，以达到生物学、地质学这样的科学形态作为其"工作旨趣"，无疑较为典型地表现了科学在知识界的普遍渗入。

科学化的追求，当然不仅仅体现于历史学的领域。任鸿隽在展望中国学术思想的未来时，便明确地把科学化视为其归宿："吾国之学术思想，偏于文学的。……其变也，必归于科学。"③ 这里所涉及的，已是广义的思想文化领域。"五四"时期新潮社的重要成员毛子水从学术研究的角度进一步对此作了发挥：

> 因为研究学术的最正当的方法就是科学的方法，所以科学——广义的科学——就是合法的学术。因此我们现在要研究学术，便应当从研究现代的科学入手。④

此所谓现代科学，首先是指自然科学。在这里，科学（首先是自然科学）的洗礼构成了学术取得合法形态的前提；科学对知识的入主

---

① ② 傅斯年：《历史语言研究所工作之旨趣》，《国立中央研究院历史语言研究所集刊》第一本第一分，1928年10月。
③ 任鸿隽：《吾国学术思想之未来》。
④ 毛子水：《〈驳新潮国故和科学的精神〉篇订误》，《新潮》第2卷第1号，1919年10月。

在更广的层面得到了确认。

类似的看法亦见于自然科学及人文学科领域以外的思想家，这里首先可以一提的是孙中山。在著名的《孙文学说》中，孙中山指出："凡真知特识，必从科学而来也，舍科学而外之所谓知识者，多非真知识也。"① 孙中山首先是从事政治实践的革命者，但在其观念的深层，却同样可以看到科学至上的时代思潮的影响。在科学之外无真知的口号下，科学成为唯一合理的知识形态；而孙中山的革命背景，则使对科学的认同进一步与政治的信念融合在一起。

值得注意的是，早期的一些马克思主义者也在某种意义上表现出对科学普遍有效性的确信。陈独秀在谈到社会领域的知识时，曾指出："社会科学是拿研究自然科学的方法，用在一切社会人事的学问上，像社会学、论理学、历史学、法律学、经济学等，凡用自然科学方法来研究、说明的都算是科学；这乃是科学最大的效用。"② 在这里，自然科学的方法的引入亦被理解为社会、人文知识所以可能的前提。就其把社会领域的知识视为运用自然科学方法的结果而言，陈独秀的这种看法与傅斯年等似乎颇为一致。不同的是，陈独秀还试图进一步以此来解释马克思的理论："欧洲近代以自然科学证实归纳法，马克思就以自然科学的归纳法应用于社会科学。……马克思所说的经济学或社会学，都是以这种科学归纳法作根据，所以都可相信的，都有根据的。"③ 把马克思的学说归结为自然科学归纳法的应用，这种解释模式本身的非"科学"性是显而易见的，而在这种不科学的解释中，却不难看到以科学君临整个思想知识领域的倾向。

将自然科学视为不同知识领域的理想范型，当然并不是 20 世纪初叶中国思想界独有的现象。事实上，海耶克（F. A. Hayek）在 20 世纪 40 年代初所作的《科学主义与社会研究》一文中，已对社会科学及人文学科简单搬用和效法自然科学家的科学语言与科学方法提出了批判，

---

① 孙中山：《孙中山选集》上卷，人民出版社，1962，第 146 页。
② 陈独秀：《新文化运动是什么？》，《新青年》第 7 卷第 5 号，1920 年 4 月。
③ 陈独秀：《马克思的两大精神》，《广东群报》1922 年 5 月 23 日。

并把这种倾向称之为"科学主义"。① 索雷（Tom Sorell）进而把以上的科学主义倾向视为一种信仰："科学主义是一种信仰，它认为科学，特别是自然科学，是人类知识中最有价值的部分——之所以最有价值，是因为科学最具权威性、最严密、最有益。"② 海耶克的批评与索雷的解说，显然是针对当时思想界与知识界已存在的现象而发，它同时亦表明，自然科学研究模式向不同知识领域的渗入，是科学成为"主义"之后的重要特征。

与各个学术思想领域普遍引入科学方法、追求科学模式相应，科学本身也被理解为一个不断延伸的过程。吴稚晖曾乐观地推断，各门学科"向前愈进，即科学之区域愈大，进不已，大亦无穷"③。换言之，知识之域的每一进展，都意味着科学领地的扩展，科学在此似乎构成了知识发展的极限：知识的任何增长，都无法超越科学的界域。这种观点当然并非仅见于个别人物。事实上，在吴稚晖以前，曾留学美国、后来成为中国科学社中坚人物之一的胡明复，便已具体地表述了类似的看法：

> 科学之范围大矣：若质，若能，若生命，若性，若心理，若社会，若政治，若历史，举凡一切之事变，孰非科学应及之范围？虽谓之尽宇宙可也。④

对科学范围的如上规定，内在地涉及科学与知识领域的关系：将整个宇宙人生都视为科学的一统天下，同时亦意味着一切知识领域的科学化。

知识的科学化追求，有其多方面的历史意蕴。如前所述，作为知识理想形态的科学，首先是指科学方法，这种科学方法固然往往与自

---

① Friedrich A. Hayek, "Scientism and the Study of Society," *Economica*, 9 (1942); 10 (1943); 11 (1944).
② Tom Sorell, *Scientism: Philosophy and the Infatuation with Science*, p. 1.
③ 吴稚晖：《李石岑讲演集·序》，商务印书馆，1924。
④ 胡明复：《科学方法论一》，《科学》第 2 卷第 7 期，1916 年 2 月。

然科学纠缠在一起,但亦涉及一般的方法论原理,后者包括强调逻辑推论、注重事实验证等等。从历史上看,某些传统的学术研究与知识领域往往对形式逻辑注意不够,与之相联系,思想与知识的形态常常主要作为实质的系统而存在,而缺乏形式的体系。同时,经学传统中的经典疏解,也往往使研究过程较多地导向义理的揣摩,并由此渐渐疏离实证之域而趋向于思辨化和独断化。就此而言,将逻辑推论、实证态度提到重要地位,无疑有助于在学术研究中达到实质的体系与形式的体系之统一,并消解由经学研究而形成的思辨化、独断化传统。事实上,具有科学主义倾向的思想家,即一再地将科学与独断论对立起来,所谓"学科学的人最反对独断式的言论"[1],便表明了这一点。逻辑的注重和实证的原则与经学传统的如上消解相结合,构成了学术与知识领域走向近代的一个重要方面;事实上,知识的科学化与学术的近代化,在20世纪的历史进程中往往很难截然分隔。

然而,以科学为知识的理想形态,并把科学化作为划分知识与非知识的唯一准则,同时内含着在知识领域中确立科学霸权的意向。在科学之外无知识的观念之下,科学似乎成为知识合法性的主要根据。这里所谓知识的科学化,不仅涉及一般科学方法的运用,而且亦意味着狭义上的科学(包括自然科学的研究模式)向各个知识领域的扩展;而无论是广义的研究方法,还是狭义的科学模式,主要又被理解为两个方面,即逻辑的形式与实证的原则。从宽泛的意义上看,知识总是包括一般的认识成果和思维成果,而认识和思维的成果则既很难仅仅以自然科学的研究方式来规定,也无法以单一的逻辑框架和实证模式去裁套。以逻辑化与实证化为知识的准则,必然导致知识领域的贫乏化。确实,在科学向各个知识领域的扩展中,对知识本身的理解往往也变得片面化了。以人文学科而言,在科学化的追求中,人文学科作为知识的合法性似乎一再面临危机:因为它在很多方面显然难以满足实证的要求。

---

[1] 丁文江:《玄学与科学——答张君劢》,《努力周报》第54期,1923年5月27日。

科学向各个知识领域的扩展，从一个方面表现了以科学来统一不同知识领域的趋向。事实上，在具有科学主义倾向的早期实证主义那里，便已开始关注科学的统一。孔德提出了实证哲学的体系，而实证哲学同时又被理解为各门科学的一种综合。在孔德看来，"实证精神拥有构成我们知性最终统一的自发能力"①。马赫通过感觉的分析，提出了所谓"中立要素"论，并试图在此基础上实现科学的统一。作为实证主义第三代形态的逻辑经验主义，同样以科学统一性为追求的目标。当然，相对于马赫的心理主义趋向，逻辑经验主义更多地将科学的统一与科学的语言联系起来。卡尔纳普即把物理语言提到了重要的地位，以为用物理语言记录的观察结果，可以避免自我中心的困境，并达到主体间的一致性。由此，卡尔纳普进而认为，这种超越了私人性的物理语言能够普遍地运用于科学的各个学科，而科学语言的统一，最终又可以引向科学本身的统一。中国近代具有科学主义倾向的思想家，同样持有出类似的观点，丁文江便从对象与方法上，强调物质科学与精神科学的统一："我们说物质科学同精神科学没有根本的分别，因为他们所研究的材料同为现象，研究的方法同为归纳。"②

科学的统一所涉及的，并不仅仅是科学内部各个学科之间的关系，作为一种理想的追求，它往往指向科学之外的领域。从科学内部看，科学统一含义之一在于使科学认识成果具有可通约性，但广义的认识成果并不限于科学，由科学的统一进而达到一般知识领域的统一，是一种合乎逻辑的进展。换言之，科学统一的理想，总是包含着向一般知识领域扩展的要求：20世纪初中国思想界出现的知识科学化的追求，可以看作是科学的统一由内向外延伸的逻辑结果。而这种延伸与扩展所内含的历史意向，则是在知识领域普遍地建立科学的霸权。

当然，在20世纪初的中国，科学化的追求又有其较为独特的历史背景。如前所述，科学向各个知识领域的扩展，是以经学的终结为前

---

① 孔德：《论实证精神》，黄建华译，商务印书馆，1996，第18页。
② 丁文江：《玄学与科学——答张君劢》。

提的。经学的终结作为一种历史现象，似乎包含两重意义：一方面，随着经学独尊时代的过去，各门学科的分化与独立逐渐成为可能；另一方面，在学术思想的领域，向经学告别又意味着传统的统一模式的解体。学术与知识领域的分化，逻辑地引发了不同知识领域的相互关系问题；原有统一形态的解体，则使如何重建学术、知识与思想的统一变得突出起来。20世纪初的一些中国思想家以科学的普遍渗入和扩展来沟通各个知识领域，无疑表现了重建学术与知识统一的趋向。然而，颇有历史意味的是，作为知识统一主要形态的科学，在某种意义上似乎成为一种新的"经学"。

二、科学视野与人的存在

由科学的统一，进而追求学术、知识的普遍科学化，主要展示了科学入主各个知识领域的历史要求。与科学向知识领域的普遍扩展相联系的，是科学向人生领域的渗入。知识主要是一种观念形态的文化领域，人生则涉及人的存在；以科学统一知识，进而到以科学统一人生，意味着科学开始在更广义上被引入人的存在领域。

人生观首先涉及对人本身的规定。从科学的观点考察人，则人与作为科学研究对象的一般机械并没有什么本质的不同：

> 人与机械的异点，并没有普通所设想的那么大。人类的行为（意志作用也是行为）是因为品性的结构，与机械的作用由于机械的结构同理。①

质言之，人是机器。作为与机器同类的存在，人便成为可以用科学方法或科学操作程序来处理的对象，而人生的过程则似乎近于机械的运作。可以看到，人生的科学化，必然逻辑地导致了人生的机械化。

---

① 擘黄（唐钺）：《机械与人生》，《太平洋》第4卷第8号，1924年9月。

人的机械性质，决定了人生领域与科学世界受制于同一法则。在科学与玄学的论战中，科学派一再强调科学与人生观的统一性，这种统一的体现形式之一，便是二者都服从相同的因果法则。唐钺在谈到因果律时，曾指出："一切心理现象是受因果律支配的"，以人生观而言，人生观"无非是纯粹思想、意志、人格等的表现，这几件，我们都知道他们不是无因的了"。① 那么，具体而言，人生观之因又是什么？唐钺对此作了如下解释：

> 人生观不过是一个人对于世界万物同人类的态度，这种态度是随着一个人的神经构造、经验、知识等而变的，神经构造等就是人生观之因。②

因果法则对人生观的制约，在此即表现为神经构造等对人的作用。神经构造在广义上属于人的生理结构。一般而言，生理结构总是具有既定的性质：它往往通过遗传而赋予个体，非个人所能自主选择。作为人生观中因果联系的表现形式，生理、神经结构对人的作用无疑带有机械决定的性质。在这种因果作用的方式下，人的自由似乎变得相当有限。

从科学的角度看，因果法则更多地体现了对象世界的有序性。就研究过程和认识形态而言，科学又常常被赋予理性的规定。谭鸣谦（新潮社的重要成员）便在《新潮》上著文对科学作了如下的界说："科学者，以智力为标准，理性为权衡。彼对诸宇宙现象，靡论自然界，精神界，假诉诸理性。"③ 在此，科学的研究主要被理解为一个理性化的过程。陈独秀对科学亦持类似的看法，在著名的《敬告青年》一文中，陈独秀对科学下了如下定义："科学者何？吾人对于事物之概念，综合客观之现象，诉之主观之理性而不矛盾之谓也。"④ 质言之，

---

① ② 唐钺：《心理现象与因果律》，载《科学与人生观》，亚东图书馆，1923。
③ 谭鸣谦：《哲学对于科学宗教之关系论》，《新潮》第 1 卷第 1 号，1919 年 1 月。
④ 陈独秀：《敬告青年》，《新青年》第 1 卷第 1 号，1915 年 9 月。

合乎理性构成了科学的内在特征，而合乎理性与合乎逻辑（无矛盾）又具有一致性。

与科学引入人生观相应，科学的理性之维也决定了人生观的理性向度。人生观总是涉及情与理等的定位，任鸿隽曾对情与理的关系作了如下解说：

> 是故文学主情，科学主理。情至而理不足则有之，理至而情失其正，则吾未之见。①

文学以情为内容，科学以理为精神。在学术知识的领域，任鸿隽的理想是使传统学术思想由"偏于文学"而"归于科学"②，在人生之域，这一理想则具体化为以理正情。知识的科学化与人生的理性化，在这里似乎达到了一致。

对人生过程的如上看法，使人很自然地联想到传统哲学的某些看法。理与情的关系在中国传统哲学中常常表现为性与情之辨。魏晋时期，王弼提出了性其情之说③，其基本含义是以性统情和化情为性。二程对此作了发挥。从内涵上看，情属于广义的心，作为心的一个方面，它处于感性经验的层面。在《颜子所好何学论》中，程颐提出了如下看法：

> 天地储精，得五行之秀者为人。其本也真而静，其未发也五性具焉，曰仁义礼智信。形既生矣，外物触其形而动于中矣。其中动而七情出焉，曰喜怒哀乐爱恶欲。情既炽而益荡，其性凿矣。是故觉者约其情使合于中，正其心，养其性，故曰性其情。愚者则不知制之，纵其情而至于邪僻，梏其性而亡之，故曰情其性。④

---

① 任鸿隽：《科学与教育》，《科学》第 1 卷第 12 期，1915 年 12 月。
② 任鸿隽：《吾国学术思想之未来》。
③ 参见王弼：《周易·乾卦》注。
④ 程颢、程颐：《河南程氏文集》卷第八，载《二程集》，中华书局，1981，第 577 页。

这里提出了性情关系上的二种原则，即性其情与情其性。性其情的含义已如前述，情其性则意味着以情抑制性。程颐吸取并发挥了王弼性其情之说，以此拒斥了情其性。情性关系上的这一原则，后来亦得到朱熹的一再肯定。① 在程朱那里，与化人心为道心一样，性其情表现了理性本质的泛化趋向，在这一过程中，与感性存在相联系的人之情多少失去了其相对独立的品格：它惟有在同化于普遍的理性本体之后，才能存在于主体意识。不难看出，任鸿隽的以理正情，与传统哲学的性其情，显然颇有相通之处。近代具有科学主义倾向的思想家固然往往对传统的思想持批评的态度，但在其意识的深层，却常常又浸润着传统的观念。在从科学走向人生观的过程中，传统道德领域的理性主义主流，似乎为科学与人生的沟通作了某种理论上的铺垫。

在科学精神与理性的交融中，人生的过程往往呈现出现实的功利之维。陈独秀曾对科学精神与功利主义的关系作了如下阐述：

> 总之，人生真相如何，求之古说，恒觉其难通。征之科学，差谓其近是。……此精神磅礴无所不至，见之伦理道德者，为乐利主义。②

质言之，科学可以解决人生问题，而科学在人生领域的表现形式之一，便是功利主义。作为科学人生观的体现，功利主义还构成了道德的担保："自广义言之，人世间去功利主义无善行。"③ 一般而言，功利主义有二重性：就其将道德上的善还原为苦乐等感性的因素而言，它无疑表现出经验主义的倾向，就其注重利益的理性谋划、计较而言，又内含理性主义的向度；前者往往导致人生的物化，后者则与理性化的构成相一致。在科学的人生观中，这二重趋向似乎兼而有之。

从历史上看，科学精神与功利原则的结合，在科学主义的早期形

---

① 参见朱熹《朱子语类》卷五十九等。
② 陈独秀：《今日之教育方针》，《新青年》第 1 卷第 2 号，1915 年 10 月。
③ 陈独秀：《质问东方杂志记者》，《新青年》第 5 卷第 3 号，1918 年 9 月。

态中便已露其端倪。孔德在其社会静力学中指出，每个人都有利己与利人之心，只有当利己与利人趋于一致时，社会才能达到和谐。尽管这里还没有直接将功利效果作为价值判断的准则，但它本质上仍是从利益关系上来考察社会伦理现象。穆勒进而明确地提出了功利原则，主张以是否增进幸福为评判行为的准则，而所谓幸福与不幸，最终又还原为快乐和痛苦。西方科学主义的如上理论趋向在中国近代也得到了某种折射，从严复那里，便不难看到这一点。严复曾对脱离功利的传统伦理观念提出了批评：

> 董生曰：正宜不谋利，明道不计功。泰东西之旧教，莫不分义利为二涂。此其用意至美，然而于化于道皆浅，几率天下祸仁义矣。①

这一批评之后所蕴含的基本前提，便是对功利原则的确认。在严复看来，判断一种行为，不仅要视其是否有"善志"（好的动机），而且必须以"善功"（好的社会功效）为根据，这里既表现出对人生之中"物"这一层面的注重，又渗入了理性的计较。② 20世纪初有关人生观的科学主义立场，可以看作是如上趋向的延续。

从科学化的人生观出发，具有科学主义倾向的思想家往往将科学的活动，视为达到完美人生的前提。在谈到科学活动与人生的关系时，丁文江便指出：

> 了然于宇宙、生物、心理种种的关系，才能够真知道生活的乐趣。这种活泼泼的心境，只有拿望远镜仰察过天空的虚漠，用显微镜俯视过生物的幽微的人，方能参领得透彻，又岂是枯坐谈禅，妄言玄理的人所能梦见。③

---

① 王栻主编：《严复集》，中华书局，1986，第858页。
② 参见杨国荣：《从严复到金岳霖——实证论与中国近代哲学》第一章，高等教育出版社，1996。
③ 丁文江：《玄学与科学——评张君劢的〈人生观〉》，《努力周报》第49期，1923年4月22日。

运用科学仪器而展开的仰察俯视，更多地属狭义的认知过程；人生的乐趣，则包含着价值的追求。在前一过程中，人主要表现为一种理性的主体，而在人生的追求中，人则是包括情、意等多方面规定的具体存在。丁文江以为惟有通过科学的活动，才能达到完美的人生之境，似乎主要把人理解为一种科学认知的主体；这一意义上的人，无疑具有单面的性质。

　　科学不仅使人懂得生活的乐趣，而且规定了善的方向并给人以为善的技能："惟有科学方法，在自然界内小试其技，已经有伟大的成果，所以我们要求把他的势力范围，推广扩充，使他做人类宗教性的明灯：使人类不但有求真的诚心，而且有求真的工具；不但有为善的意向，而且有为善的技能。"① 为善的意向涉及的是"应当"，为善的技能则主要关乎"如何"。从如何为善的角度看，道德行为确乎需要以相关的知识为其条件，但丁文江将为善的意向与为善的技能合而为一，以为二者均由科学的方法所决定，这就把道德行为仅仅理解为一个科学认知的问题，这种看法与视人生主体为科学认知的主体显然前后一致。值得注意的是，在这里，人生似乎同时被理解为科学方法所运用的对象：科学方法的运用从自然扩及人，便可形成向善、为善的过程。与这一思路相应，人亦既被规定为科学认知的主体，又被看作是科学认知的对象：人在双重意义上被科学化了。

　　总之，在科学化的形式下，人更多地表现为理性的主体和逻辑的化身，人的情感、意志、愿望等经过理性与逻辑的过滤，已被一一净化，而人自身在某种意义上则成为一架科学的机器。与这一科学视野中的人相应，人生过程亦告别了丰富的情意世界，走向由神经生理系统及各种因果法则制约的科学天地：科学的公式代替了诗意的光辉，机械的操作压倒了生命的涌动。不难看到，随着科学对生活世界的主宰，人生观似乎变得漠视人本身了。

---

① 丁文江：《玄学与科学——答张君劢》。

三、社会领域的"技治"取向

人生领域更多地与个体的存在相联系,在人生领域之外,是更广的社会文化过程。由人生的科学化进而外推,便涉及科学与社会文化过程的关系。与人生观上的科学走向相一致,近代的一些思想家亦试图以科学的精神实现社会文化的转换。"五四"时期出版的《少年中国》,便明确提出了如下宗旨:"本科学的精神,为文化运动。"以科学改造社会、重建文化,确乎构成了一种普遍的时代意向。

"五四"时期,科学与民主并足而立,成为新文化运动的两面旗帜。相对而言,民主更多地关联着社会政治的变革,但民主本身在当时思想家看来又总是与科学息息相关,陈独秀将二者比之为舟车之两轮:"近代欧洲之所以优越他族者,科学之兴,其功不在人权说下,若舟车之有两轮焉。"① 对科学与民主的这种沟通,同时也似乎为科学对社会政治变革的作用提供了根据。事实上,陈独秀便把科学视为社会进步的条件:

> 我们相信尊重自然科学实验哲学,破除迷信妄想,是我们现在社会进化的必要条件。②

从科学与民主的并立,到科学为社会进步的前提,科学的精神进一步渗入了社会政治哲学。

科学向社会历史领域的扩展,首先表现于社会政治结构的设计。1922年5月,《努力周报》以政治宣言的形式,发表了《我们的政治主张》一文。该文的实际起草者是胡适、丁文江等,署名者大多为当时北京大学的教授及其他知名知识分子。宣言所讨论的,主要是政治

---

① 陈独秀:《敬告青年》。
② 陈独秀:《〈新青年〉宣言》,《新青年》第7卷第1号,1919年12月。

变革的问题，其目标则是建立"好政府"。所谓好政府的内涵包括："在消极的方面是要有正当的机关可以监督，防止一切营私舞弊的不法官吏。在积极的方面是两点：（1）充分运用政治的机关为社会全体谋充分的福利。（2）充分容纳个人的自由，爱护个性的发展。"这里所涉及的政治监督、个人自由、社会福利等，也就是当时理解的民主政治的主要内容之一，而把这些目标与政治机关联系起来，则蕴含着对机构运作、操作程序的注重。

为了达到以上目标，宣言还提出了政治变革的三项原则：

> 第一，我们要求一个"宪政的政府"，因为这是使政治上轨道的第一步。第二，我们要求一个公开的政府，包括财政的公开与公开考试的用人等等；因为我们深信"公开"（Publicity）是打破一切黑幕的唯一武器。第三，我们要求一种"有计划的政治"，因为我们深信，中国的大病在于无计划的漂泊；因为我们深信计划是效率的源头；因为我们深信，一个平庸的计划胜于无计划的瞎摸索。①

毋庸讳言，这里所罗列的，无非是近代民主政治某些初始的方面，从政治学的角度看，其内容似乎近于常识。当然，在当时政治生活处于无序状态的时代背景下，宪政、公开、计划等要求，无疑有其历史的合理性：尽管这种要求本身包含着很多空幻的色彩，但相对于少数军阀和政客操纵政府的政治格局，政治有序化的要求毕竟不失为一种近代的理想。

然而，与有序化的追求相应，在以上的政治主张中，亦包含着把政治的运作与技术性的程序联系起来的趋向。从运用正当机关进行政治监督、以正当机关保障社会福利，到宪政的实施、行政的公开化、政治的计划化，等等，政治生活主要表现为一个可以用某种机构和程

---

① 胡适、丁文江等：《我们的政治主张》，《努力周报》第 2 期，1922 年 5 月 14 日。

序来控制的过程。尽管民主政治总是有其程序的规定，这种程序对效率、公正等亦有某种程度上的担保作用，但如果过分地强调这一方面，亦容易将社会政治的运作，主要理解为一种技术性的操作。现代社会的发展，在某些方面已表现出这种特点，所谓技术控制，已不仅仅体现于工艺、生产等过程，而且在相当程度上也渗入于社会的政治领域：政治生活的过程，在一定意义上往往如同机器的运行。

20世纪初的中国思想家，当然还没有后来技术社会那种具体的设想，但他们对"正当机关""计划""宪政"等的"深信"，以为借助这些环节和程序就可以实现所谓"好政府"的理想，确乎内含着某种政治生活技术化的意向。正是这种意向，构成了科学主义的又一表现形式。约翰·齐曼（J. M. Ziman）曾指出了这一点："政治的唯科学主义的最宏伟的形式，就等同于技治主义。"① 胡适、丁文江尽管并未完全达到这种现代意义上技治主义，但其思维趋向，却显然与之相近之处。

由肯定社会政治领域的有序性而要求社会政治运作的科学化，同时又表现为对科学普遍有效性的确信。从科学向知识领域的扩展，到科学入主人生观，再进而追求社会政治运行过程的科学化，这是一个科学层层泛化的过程，而其间又有内在的逻辑关联。与中国具有科学主义趋向的思想家几乎同时，作为西方第三代实证主义的维也纳学派，在1929年发表了题为《维也纳学派的科学世界观》的著名"宣言"，向世人郑重宣告：

> 我们将会看到，科学世界观的精神将越来越广泛深入地按照理性的原则渗透到个人的和公共的生活方式中去，渗透到教育、陶冶、组织机构以及经济的和社会生活方式中去。②

---

① 约翰·齐曼：《元科学导论》，刘珺珺等译，湖南人民出版社，1988，第269页。
② M. W. 瓦托夫斯基：《维也纳学派和社会运动》，《哲学译丛》1985年第2期。

要而言之，科学精神将普遍地推向社会的各个领域：从个人生活到公共机构，都将一无例外地受科学精神的支配。这种乐观的预言，与胡适、丁文江辈的以上看法颇有异曲同工之妙，它在相当程度上表现了科学主义的共同立场。

社会政治的变革作为技术化的操作，往往又被理解为一个解决具体问题的过程。按照胡适等近代思想家的看法，科学的认知本质上与解题相联系："问题是知识学问的老祖宗，古今来一切知识的产生与积聚，都是因为要解答问题——要解答实用上的困难或理论上的疑难。"① 科学的这种解题性质，同样体现于社会政治领域。与政治运作的科学化追求相一致，胡适亦赋予社会政治的变革以解题的形式。在著名的问题与主义之争中，胡适便明确地表明了这一立场："请你们多提出一些问题，少谈一些纸上的主义。"按胡适的看法，当时中国存在着诸多亟须解决的问题，"从人力车夫的生计问题，到大总统的权限问题；从卖淫问题到卖官卖国问题，从解散安福部问题到加入国际联盟问题，从女子解放问题到男子解放问题"②，等等，社会变革首先应当从解决这些问题入手。

社会领域变革的解题性质，也决定了其作用的方式。正如科学研究中的解题总是要运用科学方法一样，社会领域的解题，也离不开科学的方法，而其具体步骤则被概括为："认清我们的问题，集合全国的人才智力，充分采用世界的科学知识与方法，一步一步地作自觉的改革。"③ 简言之，社会变革的途径即是运用科学的知识与方法，解决具体的问题，这种操作程序，大致以科学活动为其原型。通过不断地解题而达到的，则是所谓"现代"的社会："'现代的'总括一切适应现代环境需要的政治制度，司法制度，经济制度，教育制度，卫生行政，学术研究，文化设备等等。"④ 这里固然内含了对社会现代化的追求，

---

① 胡适：《胡适论学近著》，商务印书馆，1935，第525页。
② 胡适：《胡适文存》卷三，亚东图书馆，1921，第150-151页。
③ 胡适：《我们走哪条路》，载《胡适论学近著》，第452页。
④ 同上书，第445页。

但其中无疑亦渗入了如下观念，即通过程序化的机构来担保社会的有序运作，后者也可以看作是"技治"理想的一种体现。

相对于胡适辈关注于个别、具体问题的实证论倾向，早期的马克思主义者似乎更多地将注重之点指向历史过程的必然性。在谈到个人意志与历史必然性的关系时，瞿秋白曾指出：

> 一切动机（意志）都不是自由的而是有所联系的；一切历史现象都是必然的。所谓历史的偶然，仅仅因为人类还不能完全探悉其中的因果，所以纯粹是主观的说法。①

在此，历史被理解为一个完全受因果法则支配的必然过程，历史的偶然性则被视为主观的因素而剔除出历史过程。对历史过程的这种理解，多少带有某种机械的决定论色彩。而在线性的因果必然性的形式下，社会领域与自然对象似乎也彼此趋近：二者都受制于同一的科学法则。

作为必然的世界，社会领域给人的作用所提供的范围，便变得相当有限：相对于历史中的必然力量，个人仅仅具有工具的意义，即使历史上的伟大人物，也并不例外："社会发展之最后动力在于'社会的实质'——经济；由此而有时代的群众人生观，以至于个性的社会理想；因经济顺其客观公律而流变，于是群众的人生观渐渐有变革的要求，所以涌出适当的个性。此种'伟人'必定是某一时代或某一阶级的历史工具。"② 这里既包含着对社会结构的理解，亦涉及对社会活动主体的规定：社会展现为一个以经济为动力的自我运行过程，而个人则是这一过程借以实现的手段（工具）。

对社会历史过程的以上理解，无疑通过肯定历史发展的规律性而超越了囿于偶然现象的实证论观点。然而，它与经典马克思主义历史

---

① 瞿秋白：《自由世界与必然世界》，载《瞿秋白选集》，人民出版社，1985，第 116 页。
② 同上书，第 127-128 页。

观的距离，亦是显而易见的：马克思从未将经济作为社会的唯一动因。从这种忽略了偶然性的历史观中，无疑可以看到科学主义的某种浸染：在剔除了一切偶然性的纯粹必然趋向中，历史和人生似乎也成了可以用类似实验科学的方法来处理的对象。瞿秋白的以下论述更直接地表明了这一点："每一'时代的人生观'为当代的科学知识所组成；新时代人生观之创始者便得凭借新科学知识，推广其个性的人生观使成时代的人生观。"① 科学知识不仅决定着人生观，而且亦制约着广义的社会历史过程：就其按纯粹必然性运转而言，社会在某些方面似乎如同一部机器，而以工具形式存在的个人则类似其中的部件；作为机器，社会确乎可以用"学科学知识"来处理。不难看出，尽管对科学的内涵及社会的本质有着完全不同的理解，但在试图将科学的方式引入社会领域上，作为早期马克思主义者的瞿秋白与作为实证主义者的胡适似乎又有某种相通之处。

稍作分析便不难发现，在社会运行与科学的如上关联之后，蕴含着某种合理性的追求。无论是程式化的机构运作，抑或具体的解题操作，都在一定意义上表现为一个理性化的过程，而普遍的因果法则，则构成了理性化追求的本体论前提。作为实现社会有序运转的一种努力，理性化的过程又内含着对秩序的确信：所谓因果大法，往往被理解为内在于自然和社会的秩序，而社会机器的程式化操作，即以这种法则为根据。也正是这种秩序的信念，使社会政治领域的科学化趋向与广义的科学活动有了更为切近的联系。怀特海在谈到现代科学的特征时，曾指出：

> 我们如果没有一种本能的信念，相信事物之中存在着一定的秩序，尤其是相信自然界中存在着秩序，那么，现代科学就不可能存在。②

---

① 瞿秋白：《自由世界与必然世界》，载《瞿秋白选集》，第 126 页。
② 怀特海：《科学与近代世界》，何钦译，商务印书馆，1989，第 4 页。

这种信念，实际上具有本体论的意义：它所肯定的是理性运演与对象结构的一致性。科学活动总是试图揭示对象的稳定联系，而这种努力的前提则是承认对象存在有序的结构。理性化的追求与确认秩序的本体论观念，总是难分难解地联系在一起，它既内在于科学活动之中，又体现于社会领域"技治"（程序化运作）的过程；在这里，狭义的科学活动与社会领域广义的"科学化"进程，确乎彼此趋近。

当然，"科学化"追求中的秩序观念，并不仅仅是西方近代科学的单向移入，它有着更为悠深的传统根源。历史地看，中国哲学很早就表现出探求形而上之道的趋向。就本体论之维而言，道作为存在的根据，首先展现为对世界统一性的一种规定；为道（追问普遍之道）的过程既包含超越具体现象的意向，又渗入了关于世界是一个有序系统的信念。宋明时期，随着理气、道器之辩的展开，道、理及其与器、气的关系，进一步成为哲学关注的中心问题之一。在程朱一系的哲学家中，理逐渐被提升为世界的第一原理。从形而上的角度看，理内含着普遍的秩序观念：所谓物物皆有其理，意味着每一对象都有稳定的内在联系；理一分殊则把整个世界理解为一个有序的结构。虽然在理学的论域，理常常被赋予当然之义，从而与伦理的规范纠缠在一起，并在某种意义上表现为当然之则的形而上化，但作为当然的理，本身亦被视为社会领域人伦秩序的象征。在理的形式下，天地万物与社会人伦都表现为一个有序的系统。理学要求格物致知、即物穷理，既包含着对形而上的宇宙秩序的追寻，又以社会人伦秩序的把握为其内容。

理与道及其蕴含的秩序观念，构成了中国文化精神的内在维度；作为深层的传统，它也制约着近代思想家的思维方向。尽管近代的思想家一再地对传统提出种种批判，其锋芒所向，甚而常兼及道、理等形而上的范畴，但传统的批判者本身又难以完全摆脱传统的影响，即使如丁文江、胡适这样的实证主义者，也未能例外。在其统一知识、人生观的努力以及对社会有序运作的确信中，不难看到普遍的秩序观念。这一思维趋向甚至也体现在对科学方法的理解中，丁文江便认为："科学的方法，是辨别事实的真伪，把真事实取出来详细的分类，然后求他们的秩序关系。"① 这里既可以看到注重具体事物的科学向度,亦内含着万物皆有秩序的"形而上"确信。

从近代历史的演进看,科学向社会政治领域的渗入,亦经历了一个逻辑的过程。严复提出"开民智",试图通过传布实测内籀之学、进化理论(天演哲学)、自由学说等而使社会普遍地接受近代的新思想,以实现维新改良的政治理想。这里已不仅开始把科学的观念与社会的变革联系起来,而且表现出以理性的运作影响社会的趋向。"五四"时期,科学与民主成为启蒙思潮的两大旗帜,如果说,民主的要求作为维新改良的继续,更多地指向社会政治的变革,那么,科学的倡导则更直接地上承了"开民智"的主张;科学与民主的双重肯定,无疑亦从一个方面确认了科学理性在社会变革中的作用。科学功能在社会领域的进一步强化和扩展,便逻辑地蕴含着导向某种"技治"主义的可能:胡适、丁文江等试图通过机构的程序化运作、有计划的解题等来担保社会的秩序及民主进程,便多少表明了这一点。在20世纪初的科学主义走向中,我们确乎可以看到历史与逻辑的双重制约。

四、 作为价值—信仰体系的科学

从重建学术、知识的统一,到入主人生领域;从生活世界的存在,到社会政治领域的运行,科学的影响涵盖了社会的各个方面。随着向各个社会领域的这种扩展,科学的内涵也不断被提升和泛化:它在相当程度上已超越了实证研究之域而被规定为一种普遍的价值—信仰体系。在1917年所撰的《再论孔教问题》一文中,陈独秀便明确主张"以科学代宗教"。胡适在《科学与人生观·序》中,也自称为"信仰科学的人"。作为信仰的对象,科学显然已不同于实证的具体知识形态,而是被赋予了某种世界观的意义。正是内涵的如上转换,使20世纪初的"赛先生"(科学)成为文化变革的重要旗帜。

---

① 丁文江:《玄学与科学——评张君劢的〈人生观〉》。

20 世纪初的思想界，在推崇与倡导科学的主潮之外，亦存在怀疑、批评、责难科学的潜流。一些坚持传统价值体系的知识分子，对科学往往持拒斥的立场。薛祥绥在《讲学救时议》一文中，甚而断言："功利倡而廉耻丧，科学尊而礼义亡。"① 礼义既是一般意义上的规范，又常常被视为传统价值体系的象征，科学与礼义不并立，意味着科学与传统价值体系的不相容。对科学的这种抨击和否定，在当时新旧思潮的激荡中代表了一种颇具典型意义的趋向，它可以看作是走向近代过程中出现的历史回流。以此为背景来反观科学的泛化，便不难看到，将科学提升为一种正面的价值体系，意味着从价值观的层面确认科学存在的合理性，后者无疑可以视为对近代反科学历史回流的一种积极回应。

将科学提升为价值—信仰体系，其意义当然不限于对科学价值的维护；它在更内在的层面涉及思维方式的变革，这种思维方式常常又被称为科学精神。新潮社的重要人物毛子水曾对科学精神作了如下解说：

> 凡立一说，须有证据，证据完备，才可以下判断。对于一种事实，有一个精确的、公平的解析；不盲从他人的说话，不固守自己的意思，择善而从。这都是科学的精神。②

此处的基本之点，不外乎求是的态度和理性的观念。求是（如实把握对象）意味着将目光转向事实界，理性的观念则要求悬置独断的教条。这些思想在今天看来似乎近于常识，略无新意可言，但在后经学的时代，它却有独特的意义。随着以权威为准则的经学传统的终结，确立新的思维方式已逐渐成为时代的问题，科学精神的倡导，无疑在这方面表现了一种建设性的努力。当近代思想家试图以科学统一学术、

---

① 薛祥绥：《讲学救时议》，《国故》第 3 期，1919 年 5 月。
② 毛子水：《国故学和科学的精神》，《新潮》第 1 卷第 5 号，1919 年 5 月。

知识领域时，已蕴含着以科学取代经学的意向；与之相联系的科学精神，则从更普遍的层面表征着从经学时代向理性时代的转换。

求是的态度与理性的精神所指向的，首先是真理；推崇科学精神的近代思想家对真理往往表现出热切的向往。任鸿隽在谈到科学精神时，曾作了简要的界说："科学精神者何？求真理是已。"① 胡明复则从方法论的角度，表述了类似的看法："科学方法之唯一精神，曰求真。"② 这里所谓求真，已不限于文献考证意义上的求其实，而是具有更为宽泛的内涵。从求真的主张出发，近代思想家进而要求超越单纯的实用意识：

> 科学之最初，何尝以其有实用而致力焉？在"求真"而已。③

从逻辑上看，尽管求知过程就其终极的意义而言总是与人的实践过程无法分离，但在一定的层面，它似乎又可以区分为两种向度，即为实用而求知与为真理而求知，在前一种情形中，知识、真理似乎只具有手段的价值；在后一场合中，真理则呈现出自身的内在价值。相对而言，中国传统文化对"用"似乎予以了较多的关注，从个人德性培养中追求"受用"，到广义的经世致用，都可以看到这一点。这种趋向如果推向极端，往往容易忽视知识的内在价值，并使知识难以获得独立的品格。事实上，在儒家仁知统一的格局中，格物致知总是与正心诚意联系在一起，知识的追求亦往往与修（身）齐（家）治（国）平（天下）相纠缠，而未能在纯粹理性的形态下展开。近代的科学信仰者要求为真理而求真理，其深层的意义就在于：它以相当的历史自觉突出了知识的内在价值，并赋予知识以独立的品格。这是一种视域的转换，可以说，正是在为真而求真的倡导中，学术的独立才作为一个时代要求而突出起来。这当然不是个别思想家的偶然提法，陈独秀

---

① 任鸿隽：《科学精神论》，《科学》第2卷第1期，1916年1月。
②③ 胡明复：《科学方法论一》。

便曾撰《学术独立》一文,对"学术独立之神圣"① 作了明确肯定;胡适亦强调在学术研究中"当存一个为真理而求真理的态度"②,从中不难看到一种科学旗帜下的时代趋向。

与学术独立相联系的是人格的独立。学术独立既要求学术从精神受用、经世致用等考虑中解脱出来,又意味着不受制于独断的教条、不盲从外在的权威;后一意义上的独立,更多地与理性的独立思考等相联系。从现实形态看,理性的独立品格与个人的独立人格并非存在截然分隔的鸿沟。陈独秀便指出了二者之间的这种联系:"若有意识之人间,各有其意识,斯各有其独立自主之权。若以一人而附属一人,即丧其自由自尊之人格。"③ 此所谓有意识,并非泛然有知,而是指理性的独立意识;正如在知识活动中,理性的独立思考不应屈从独断的教条一样,在社会的交往过程中,主体不应成为他人的附庸。在这里,科学的观念与自由平等的意识似乎已融合为一,而科学精神则更具体地展示出其价值观意义。

然而,如前所述,作为涵盖各个文化层面的普遍之道(价值体系),科学在被一再提升和泛化后,本身往往又成为信仰的对象。胡适曾说:"我们也许不轻易信仰上帝的万能了,我们却信仰科学的方法是万能的。"④ 这种信仰当然并非宗教式的盲从,但它确实又有别于认知意义上的相信。对科学的如上崇信,本质上表现为一种寻找新的文化范式的尝试:20世纪初,特别是"五四"前后,在传统的价值体系分崩离析之后,科学便成为建立新世界观的一种选择。但科学在被强化为一种规范体系后,亦不可避免地形成了其负面的意义:科学向各个知识领域普遍扩展以建立自身的霸权,科学入主生活世界而将人生逻辑化和机械化,科学渗入社会政治领域以及与之相联系的"技治"倾向,等等,已从不同方面展示了这一点。

---

① 陈独秀:《学术独立》,《新青年》第5卷第1号,1918年7月。
② 胡适:《论国故学》,载《胡适文存》卷二,黄山书社,1996,第321页。
③ 陈独秀:《一九一六年》,《新青年》第1卷第5号,1916年1月。
④ 胡适:《我们对于西洋近代文明的态度》,载《胡适文存》三集卷一,亚东图书馆,第7页。

随着科学的信仰化,科学本身也逐渐取得了权威的形式。作为一切知识所追求的最终形态,科学同时也被理解为一种真理体系,它不仅提供了对宇宙人生普遍有效的解释,而且构成了评判、裁定一切学说、观念的准则。作为真理的化身,科学获得了"无上的尊严"①,一切知识、学术观点只有合乎科学的准则,才有立足的可能,一旦被判为非科学,则将被逐出科学之域。这种经过形而上化的科学,不仅在重建学术的统一这一意义上成为一种"新经学",而且在权威性上也获得了某种"新经学"的性质:它绝对正确而又凌驾于所有知识形态之上。权威化往往蕴含着独断化,在科学的"经学化"和独断化之后,我们确实可以看到一层独断论的阴影。思想的发展往往有自身的逻辑,近代思想家力倡科学精神,本来具有拒斥经学独断论的意义,而他们要求理性的独立思考,反对盲从权威,确实也表现出转换思维方式的努力。然而,在被提升为普遍的价值—信仰系统以后,科学本身却在某些方面与它所否定的对象渐渐趋近。

与科学的权威化相联系,科学的外在社会功能往往容易受到更多的注意。一般而言,科学的价值总是展现为内在与外在两个方面:所谓内在价值主要与追求真理的认知过程相联系,外在价值则更多地体现于广义的社会规范作用。如前所述,当近代思想家赋予科学精神以为真而求真的内涵时,他们无疑肯定了科学的内在价值,从而不同于仅仅以知识为"用"的某些传统观念。然而,科学一旦被尊奉为裁断一切的最高准则和变革社会的普遍手段,其外在的规范功能便同时被突出起来。胡明复在肯定科学精神在求真的同时,又认为,科学"最适于教养国民之资格"②,后者所注重的,便是科学的外在教化作用。同样,在陈独秀那里,科学与民主相似,主要也是一种解决政治、道德等问题的手段:"我们现在认定只有这两位先生(科学与民主——引者),可以救治中国政治上、道德上、学术上、思想上一切的黑暗。"③

---

① 胡适:《科学与人生观·序》,载《胡适文存》二集卷二,亚东图书馆,第140页。
② 胡明复:《科学方法论一》。
③ 陈独秀:《本志罪案之答辩书》,《新青年》第6卷第1号,1919年1月。

此处所强调的,仍不外乎科学的社会规范功能。

对科学外在规范功能的注重,无疑有其历史的理由。在思想启蒙和社会变革成为时代的中心问题这一历史背景下,科学在启发民智、转换观念、确立价值导向等方面的社会作用往往容易更直接地突显出来。然而,尽管在科学精神的提倡中也包含着对其内在价值的确认,但启蒙、社会变革等历史的需要,却常常使科学的内在价值为外在的社会功能所抑制。从当时的不少文著中,便不难看到这一点。《科学月刊》在其《周年独白》中曾这样写道:

> 今日中国之所需要,不是科学结果的介绍,是在科学精神的灌输,与科学态度的传播。科学的结果产品得之甚易。[①]

"科学的结果",主要与具体的研究过程相联系,它所展示的是科学的求真之维;科学的精神与态度则更多地表现为形而上之道。认为科学结果得之甚易,并将其列在时代需要之外,多少流露出对具体研究过程的轻视。这种观点,当然并非仅见于《科学月刊》。事实上,在更早的时候,便已出现了类似的趋向,并逐渐引起一些思想家的注意。中国科学社的重要成员杨铨在《科学与研究》一文中即颇为忧虑地表示,"深惧夫提倡科学之流为清谈"[②]。这里所谓清谈,是相对于具体的研究而言,在杨铨看来,科学不能与具体的研究相分离:"吾人果欲提倡科学乎?则当自提倡研究始。"[③] 这种研究,主要便表现为一个以达到真理为目标的认知过程。从扬铨的以上忧虑中,我们可以依稀看到,形而上的科学信仰在当时似乎已渐渐趋向于压倒形而下的具体研究。在中国近代,一方面,科学在价值观的层面一再得到普遍的倡导;另一方面,具体的实证研究却总是显得相对薄弱,这种带有悖论性质的现象固然有其多方面的社会历史根源,但过多地强调科学的外在社

[①] 《科学月刊》第 2 卷第 1 期,1930 年 1 月。
[②][③] 杨铨:《科学与研究》,《科学月刊》第 5 卷第 7 期,1920 年 7 月。

会功能，从而使其在某种意义上"流而为清谈"，显然也是一个不可忽视的因素。

五、历史的缘由

以上考察表明，20世纪初，科学已确乎被泛化与提升为一种"主义"，并渐渐渗向知识学术、生活世界、社会政治各个领域。在追求知识、学术统一的努力中，科学趋向于在知识领域建立其霸权；以走向生活世界为形式，科学开始影响和支配人生观，并由此深入个体的存在领域；通过渗入社会政治过程，科学进而内化于各种形式的政治设计，而后者又蕴含着社会运行"技治"化的趋向。科学的这种普遍扩展，既涉及文化的各个层面，又指向生活世界与社会领域，其中包含着多方面的历史意蕴。

作为知识体系的科学，在"五四"时期何以会泛化为一种普遍价值—信仰体系？除了中国近代由技到道这一科学演化过程的制约之外，它还与20世纪初，特别是"五四"时期特定的历史背景相关。如所周知，"五四"是一个文化裂变的时代，传统的规范、观念、价值、信仰等等，至少在表层上受到了普遍的冲击。这种冲击和否定当然并非始于"五四"。但正是在这一时期，它达到了空前激烈的程度。面对旧的价值—信仰体系的崩溃，"五四"时期的知识分子在摆脱了传统内在束缚的同时，也产生了某种迷茫而无着落之感。他们迫切需要一种新的价值—信仰体系，以便重新获得依归与范导。而传统的观念体系，也只有在新的价值—信仰体系确立之后，才能真正超越。于是，重建价值—信仰体系便历史地提到了"五四"知识分子面前。就其本质而言，价值—信仰体系既应当具有可信的品格，也应具有世界观的功能，前者决定了它至少必须在外观上包含真的形式，后者则要求提供最大限度的涵盖面。在近代中国，只有科学才内在地包含着被赋予以上两重品格的可能。这不仅在于科学以真为追求目标，而且在于科学思想本身蕴含着较大的理论张力：从明清之际到近代，科学往往纠缠于形上形下之间，便表明了这一点；严复等维新志士在将进化论等提升为普遍的天演哲学（救亡图强的一般根据）时，更是进一步朝普遍泛化的方向迈出了一步。这样，当"五四"知识分子为重建新的价值—信仰体系而上下求索之时，严复辈的终点便成了他们的起点：科学经过再一次升华与泛化而成为一种新的范导体系。正是由于科学主要作为价值—信仰体系而被推至时代的前台，因而它一开始便超出了具体的实证与经验之域。

重建价值—信仰体系的过程，同时又与思想的启蒙相联系：以新的价值—信仰体系取代旧的价值—信仰体系，其内在含义即在于使主体从传统走向近代，而后者又构成了启蒙的历史主题。一般而论，启蒙作为一种思想的变革，主要表现为观念的转换：人的近代化之本来内涵首先是观念的转换；作为启蒙内容的观念转换，当然不仅仅是个别观念的更新，而是一种总体上（格式塔式）的转换，即整个意识形态框架的变更。后者所需要的，显然不是某一领域的具体知识，它的实现，恰恰要求突破特定的经验领域。这样，当科学与启蒙的历史要求相遇时，它首先便面临着一个自身超越的问题，换言之，它必须由具体的知识形态，转换为更为普遍的观念形态。"五四"的知识分子在确立新的价值—信仰体系的过程中，实际上同时完成了以上的转换，而后者的直接结果，便是使科学进一步获得了普遍之道的性质。

当然，科学的形上化，并不仅仅取决于启蒙的历史要求，它有着更为深沉的历史缘由。"五四"时代的知识分子在不同程度上都有反传统的倾向，但传统的反叛者往往不能完全摆脱传统本身的制约。当"五四"的知识分子试图通过科学的泛化以建构某种超越传统的价值—信仰体系时，这种转换方式本身却并没有完全离开传统。

回溯中国传统文化的演化过程，我们可以注意到一种引人瞩目的传统，即强调道高于技。早在先秦庄子便已借庖丁之口突出了这一点："臣之所好者道也，进乎技矣。"[①] 在正统儒家中，这种倾向表现得更为明显。按儒家之见，技不过是与"本"相对的"末"，只能归入形而下之列，惟有天道及人道才是作为"本"的形而上者，他们所追求

---

① 《庄子·养生主》。

的，是一种"弥纶天地之道"① 的境界，与此相异的科学研究，则往往被斥之为"玩物丧志"。在这样一种文化背景之下，中国古代的科学很自然地产生了如下趋向，即力图超越实证的领域而向天地之道靠拢，与之相联系的是科学的结论往往被提升到超验的层面。"五四"时代知识分子对科学的看法，当然既不同于鄙视科学的正统儒家，也有别于停留于笼统直观水平的古代科学，但这并不意味着他们已完全超越了传统文化的深层结构：在科学被转换为普遍的价值—信仰体系的背后，我们不难看到一种追求普遍之道的传统意向。不妨说，启蒙的历史要求主要为科学的泛化提供了外在的推动力，而技进于道的传统则内在地影响着"五四"知识分子对科学本性的理解，正是在二者的结合中，科学完成了其形而上化的过程。

如果由此作更深入的透视，则可以进一步看到，传统文化不仅渗入了科学的泛化过程，而且从负面制约着这种泛化的结果。如前文所指出的，"五四"知识分子在将科学提升为一种支配人生观的普遍之道时，往往表现出将主体理智化的倾向，后者在道德领域中即具体化为过分强调自觉的原则。这种偏向既是科学内涵的片面展开，又带上了某种传统的印记。中国的传统文化以儒家为主流，而儒家自先秦以来，即表现出强调精神的本质在于理性（理智与思维）的倾向，从而形成了理性主义的路向，后者在正统理学那里得到了进一步的发展。他们将以伦理为中心的实践理性绝对化，把情感与意志视为附属的因素，并在要求自觉服从理性原则的同时，多少忽视了行为的自愿原则，从而在某些方面导向了理性专制主义。尽管"五四"时期的知识分子曾经对正统儒家的理性专制主义作了种种抨击，然而，理性至上作为一种根深蒂固的传统，并未完全在人们的意识深处消失，而当科学被理解为一种理智的操作时，它与理性主义的传统便有了某种相通之处，从而使之比较容易在科学的形式下复活。

作为中国传统思想主流的儒学，自汉以后即被独尊为经学。经学一开始便具有意识形态的性质：它既是绝对真理，又是最高权威，其

---

① 《易传》。

内容只能无条件地信仰，而不容许加以批判的审察。这种体系后来往往衍化为自我封闭的教条，其思维方式，内在地带有独断的性质；清代的朴学曾经对五经进行了比较系统的整理，然而，这种整理基本上仍限于对经文的考释，或对传注的辨析，对经义则不容有丝毫的怀疑："治经断不敢驳经。"① 这里体现的，依然是定于一尊的经学原则。"五四"时期，作为意识形态的经学当然已经失去了往日的权威，但渗入经学之中的独断论，却并未随着经学的终结而终结，作为一种文化的深层观念，它仍然潜在地影响着人们的思维方式。事实上，在"五四"知识分子力图定科学于一尊并使之权威化的意向中，确实可以看到某种经学独断论的影子。

正统儒学的理性主义（包括后来的理性专制主义）及经学独断论在理论上往往与忽视意志的自主性联系在一起。肯定理性对意志的规范，这本身并非一无可取，但一旦将这一点加以绝对化，则容易导致消解意志的自由选择。在先秦儒家那里，理性的自觉已开始置于意志的自由之上，这种倾向后来与经学权威主义相结合，逐渐趋向于抑制意志的自主选择。这一点，在正统理学（程朱理学）那里表现得尤为明显。他们将普遍规范形而上化为天理，强调主体应绝对听命于天理，而不能有所违逆，这种律令实质上把天理变成了外在的必然强制，从而带有某种宿命论色彩。正是以天命和天理的主宰为特征的宿命论，构成了中国古代又一个十分强有力的传统；这种宿命论在近代虽然一再受到冲击，而且它本身也由于唯意志论的崛起而有所削弱，但作为一种源远流长的观念，它并未由此而绝迹，天理的外在形式固然已被抛弃，但片面的决定论却依然潜存于文化的深层。不妨说，"五四"时期的知识分子对科学因果律的理解，在某种意义上便渗入了传统的命定论观念。

（原载《学术月刊》1998年第3期）

---

① 王鸣盛：《十七史商榷·序》，凤凰出版社，2008，第1页。

分析哲学与中国哲学[①]

分析哲学与中国哲学常常被视为两种迥然相异的哲学趋向。然而,就中国哲学的研究而言,分析哲学并不仅仅是一种异己的存在或无法相容的思想形态。无论是从回顾和考察中国哲学的历史看,抑或从当代中国哲学的建构着眼,具体地把握分析哲学与中国哲学的关系都有其不可忽视的意义。

一

分析哲学与广义的哲学分析既相互区别,又难以截然分离。哲学的分析在西方哲学中有悠久的传统,宽泛而言,西方哲学中的这种分析传统可以追溯至古希腊。苏格拉底、柏拉图的对话以及亚里士多德的哲学论辩,都不同程度地涉及哲学分析。亚里士多德著有《范畴篇》《前分析篇》和《后分析篇》等,这些论著都直接关乎逻辑分析问题;从更广的视域看,它们对形而上学、伦理学等问题的讨论都渗入了哲学的分析。在西方哲学的尔后演进中,自休谟、莱布尼茨、斯宾诺莎到康德,分析性的思与辨绵绵不绝,形成了十分悠长的传统。不过,

---

[①] 本文系作者在 2009 年 6 月举行于华东师范大学的"中国哲学与分析哲学"学术研讨会上的发言,由研究生根据录音记录并经作者审定。

在讨论分析哲学与中国哲学的关系时，其中涉及的"分析哲学"，主要指 20 世纪初在西方所形成的一代哲学思潮或哲学流派，以弗雷格、罗素、摩尔、维特根斯坦等为代表人物，在以后的演化过程中，分析哲学思潮还包括维也纳学派，以赖尔、奥斯汀等为代表的牛津日常语言哲学，以及蒯因、戴维森等哲学系统。在更宽泛的意义上，罗尔斯的工作也属于广义的分析哲学流派。

　　作为特定的哲学流派，分析哲学包含几个重要的方面。首先，就对象而言，与所谓"语言学转向"相呼应，分析哲学所指向的，主要是我们在谈论、思考世界和人自身时所运用的语言。一方面，分析哲学并未完全撇开存在，而是希望通过语言分析这一方式来把握存在，在此意义上，它并未离开哲学的论域；另一方面，与以往的哲学不同，分析哲学所试图把握的，主要是语言中的存在。就其以语言为对象而言，分析哲学的以上趋向可以借用蒯因所说的"语义上行"（semantic ascent）加以概括。所谓"语义上行"，也就是由考察对象转向考察关于对象的语言表述，亦即将哲学的对象主要集中于语言层面。从哲学讨论如何达到普遍性、确定性的观念来看，分析哲学以语言为对象的讨论方式，有其值得注意之处。与直接指向物理对象不同，这种思考侧重于将语言与语言之外的对象相区分。一般而言，如果简单地或直接地把物理对象作为考察的目标，可能导致两重趋向。一是把物理对象实体化，而实体化的背后往往暗含着某种超验的、思辨的进路，在传统哲学中，这一趋向表现于形形色色的自然哲学或其它各种形态的思辨形而上学之中。以物理对象为考察对象的第二个可能，是哲学研究与经验科学的某种趋同。历史地看，哲学在其早期的形态中曾包罗万象，呈现为所谓科学之母，各门学科都隐含于其中。当哲学以科学的方式指向物理现象时，逻辑上便包含某种将哲学科学化的可能，在早期的实证论那里，便多少表现出这一趋向。同时，分析哲学注重语言和心理的区分。从逻辑上看，以心理过程作为反省对象，往往容易引向个别化、特殊化的体验，仅仅停留于此，则难以超越经验之域，达到普遍、确定的内涵。概而论之，就消极的方面而言，以语言作为对象，既旨在克服超验和思辨的进路、避免将哲学等同于经验科学，也意味着超越哲学研究中的心理化进路。从积极的方面来看，以语言为研究的对象，则表现了通过向语言的还原，在语言的层面寻求哲学思考的普遍性和确定性的意向：相对于物理现象和心理现象的差异性、分殊性，语言表现为一种可以用相近方式加以处理、以相同尺度加以衡量的对象，对分析哲学而言，后者似乎从一个方面为达到普遍性和确定性提供了可能。

与指向语言相联系的是逻辑分析：以语言为对象，以逻辑分析为方法，这两者在分析哲学中紧密结合、难以分离。逻辑分析主要包括两个方面。一是概念的辨析、界定：在分析哲学之域，概念的提出都需经过严格的界定，其涵义要求明确而清晰。二是观点的论证：提出论点必须经过严密论证，不允许独断地"颁布"某个结论。借用中国哲学的表述，这种"论证"可概括为两方面：一是"言之成理"，即在讨论、论证过程中要合乎规范、合乎逻辑；二是"持之有故"，即提出论点必须有根据。从积极的方面说，分析哲学的以上进路对于概念的清晰化、思考论证过程的严密化等等，确实有其不可忽视的意义。从消极方面看，这一研究的方式既有助于拒斥独断论的趋向，也可使哲学思考避免流于个人的感想或感受。哲学之思本质上不同于偶然、随意的感想，它需要论证。未经论证的感想往往表现为个人化或私人性的意识。在个体感想和私人观念的层面，哲学一方面容易流于神秘的体验（哲学史上，带有神秘主义性质的观念往往将哲学思考融于私人体验，而未能将观点的展开和严密的逻辑论证结合起来）。另一方面也可能被等同于常识：常识每每不言自明、无须论证，它既不需要去思考"何以如此"，也无须追问"根据何在"。哲学固然并非完全隔绝于常识，但同时需要通过理论的追问、论证，扬弃常识。

上述层面的逻辑分析，同时展开为一个"讲道理"或"说理"的过程，事实上，正是"讲道理"，构成了逻辑分析的实质意义之所在。当分析哲学将逻辑分析作为处理语言的主要方式时，同时也意味着把"讲道理"这一意识和观念运用到哲学之中：无论概念辨析，抑或观点论证，都是一个"讲道理"的过程。前面提到的"言之成理""持之有故"，也以"讲道理"为其内涵。如前所述，哲学的观念不同于偶然的私人体验或常识性的感想，亦不同于独断的教条，哲学的观念需要经过论证，而论证过程即是"讲道理"的过程。哲学的观念同时需要面向他人或学术共同体，也就是说，它应走向公共领域，让共同体的成员进行批评、讨论、驳难。提出某个论点要别人接受，必须说出理由，而说出理由也就是"讲道理"。不难看到，逻辑分析的实质指向在于，使哲学的思与辨同时成为"讲道理"的过程。

相应于以上两个方面，分析哲学内在地包含着对意义的追寻和追问。概念的辨析、逻辑的论证过程，同时也展开为意义的辨析、意义的追问过程。在分析哲学那里，狭义上的意义主要涉及语言，关于语言的意义理论，各家各派说法众多，如"指称论""使用论"等。广义的意义关切则渗入于分析哲学对哲学问题和概念的辨析、理解之中。意义是一个颇为复杂的问题，它本身也可以成为讨论的对象，20 世纪 20 年代，奥格登与理查兹所著《意义的意义》（Meaning of Meaning）[1]一书，便专门讨论意义的问题。就一般层面而言，意义可区分为两方面。从理解、认知的维度看，意义既涉及形式，也关乎实质。在形式的层面，意义必须合乎逻辑，金岳霖曾指出，同一律是"意义可能底最基本的条件"[2]。同一律要求概念具有确定的涵义，在一定的论域中，某一概念即表示某种涵义，不能随意转换。广而言之，矛盾律、排中律都是意义所以可能的形式条件。在实质的方面，此论域中的意义主要关联事实的认知：以理解为指向，意义总是包含认知的内容。上述意义上的"意义"，具体表现为"可理解"：当我们说"某个观念有意义"时，同时便指它是"可理解"的，反之，不可理解的就没有意义。例如，"白昼比水更重"，这句话即无意义，因为它无法理解。从形式方面看，它之所以无法理解、没有意义，主要在于不合乎逻辑：按照

---

[1] Charles K. Ogden and Ivor A. Richards, *The Meaning of Meaning: A Study of the Influence of Language upon Thought and of the Science of Symbolism* (New York: Harcourt, Brace & Co., 1923).
[2] 金岳霖：《知识论》，商务印书馆，1983，第 414 页。

墨家"异类不比"的原则,"白昼"与"水"是不同类的对象,前者涉及时间,后者指涉物质,将两个不同类的对象放在一起比较,便违背了"异类不比"的原则;从实质方面来看,以上陈述之所以没有意义,在于它没有提供任何可认知的事实内容。

除了理解—认知之维,意义又与人的目的相联系,具有价值的内涵。在后一意义上,所谓"有意义"主要是指:相对于实现某种目的而言,相关的人、物或观念有积极的作用。若对于实现某种目的没有什么价值,则它们便没有意义。以否定的方式来说,"螳臂当车"是无谓之举,它常被用以嘲笑人不自量力、试图阻止历史的某种演进趋势。就原始涵义言,"螳臂当车"何以无意义?原因就在于:对于"当车"这一目的,区区"螳臂"没有任何作用。这一语境中的"意义",便是就价值层面而言,在此论域,所谓有意义即表明有价值,无意义则意味着无价值。广而言之,通常所说的"荒谬",也指价值层面的无意义,这一层面的意义首先涉及人的存在,"荒谬"意味着人生没有任何积极的价值目的或目标,从而缺乏意义。

就总体而言,在以上两重维度的意义中,分析哲学所侧重的主要是前一层面(理解—认知层面)的意义。对目的—价值这一层面的意义,它们关注则相对较少。分析哲学固然也论及价值问题,但其所讨论的主要不是现实的价值关系。以广义的"好"(good)而言,分析哲学所关心的是"好"这个词或概念表示什么意义,而不是"什么是现实生活中好的事物",同样,关于"善"(morally good),他们所感兴趣的也是"善"这一概念究竟包含什么意义,或者说,当我们以"善"来指称某种行为时,其中的"善"表达什么涵义,对于"什么是善的现实形态""如何行善"这一类问题,分析哲学往往加以悬置。可以看到,分析哲学的以上趋向蕴含着意义追寻的单向度性。

要而言之,作为一代思潮,分析哲学在总体上包含以语言为对象、以逻辑分析为主要方式、以理解—认知层面的意义为主要关注之点三重维度;以上三个方面,同时也构成了分析哲学之为分析哲学的内在规定。与之相联系,分析哲学具体地呈现以下特点。

首先是注重"划界"。从内在逻辑来看,这与前面提到的关注概念的辨析、概念的清晰性以及论证的严密性相一致:清晰即意味着概念与概念之间界限清楚,涵义不能含混、纠缠。作为一种思维方式,"划界"可追溯至作为分析哲学理论源头之一的康德哲学,康德哲学的特点之一便是划界:"现象"与"物自体","感性""知性"与"理性","纯粹理性"与"实践理性",等等,彼此界限都很清楚。这种倾向似乎对分析哲学也有影响。在分析哲学那里,划界不仅体现于概念之间含义的区分,而且表现在语言和语言之外的世界之间的相分,后者在某种意义上类似康德所作的"现象"和"物自体"的划界。划界导致的后果之一,就是往往很难把握对象或世界的整体性:"界"把事物分割为不同的方面,而对象在被区分之前,本身却具有整体的品格。在划界的视野下,作为整体的世界常常难以达到。当然,分析哲学中也有所谓"整体论"(holism),但此所谓"整体论"并不关心整个世界或作为整体的现实存在如何把握的问题,其关切之点主要指向在语言论辩之域如何理解、把握语言的相关方面,例如怎样将一个词的意义放在前后相关的语境之中,而不是孤立地就单个语词来理解其意义。从一定的语境或语词、语句关联中来理解语义,这种观点常常被称为"语言的整体论"。从其主要方面来看,这一意义上的"整体论",并未跳出语言的论域。

与划界相应的是理想化的进路。分析哲学往往以理想化的方式来处理哲学问题,这一方式具体地体现于分析哲学家经常使用的所谓"思想实验"中。分析哲学非常热衷于使用各种思想实验,这一方式若每每表现为"设想"(suppose)各种情景,这种设想也就是假定某种理想情境或联想条件。比较著名的有普特南(Hilary Putnam)所谓"缸中之脑",即设想脑和人的身躯分离开来,被置于能维持其存在的缸中,并同时获得各种信息,此时大脑无法知道自己是在颅中还是缸中,从而,对虚妄和真实也难以判断。在伦理学、政治哲学的论域中,同样可以看到"思想实验"的方式或者理想化的处理方式,著名的例子如罗尔斯《正义论》中所提出的"无知之幕"。"无知之幕"即是设想在讨论正义问题之前，所有参与讨论的人对自己在未来社会中的各种可能情景，如年龄、性别、社会地位、贫富等都一无所知。罗尔斯试图在这种假定的情景之下，讨论人们在正义问题上可能达到怎样的共识，这一设定便带有很明显的"思想实验"特征。在这方面，罗尔斯的讨论与分析哲学在其他领域所作的语言分析并无实质的不同。理想化或"思想实验"的处理方式，其重要特点是把情景从现实环境中抽取出来，如"缸中之脑"将人脑从现实的躯体中加以抽离，"无知之幕"则将人从具体、现实的社会关系中分离出来，如此等等。由此出发来讨论、考察问题，具有明显的抽象化特点。哲学研究无疑需要抽象，但若仅仅停留于抽象，则往往无法达到真实、具体的存在。

划界和理想化的方式相结合，在逻辑上导向形式化的处理方式，后者构成分析哲学的第三个特点。"形式化"表现为语言与实际世界（存在）的分离，亦即过滤掉实际世界，仅仅在语言这一层面谈论存在，或者仅仅分析语言这一思想表达形式。诚然，在分析哲学后期，也有不少关于存在问题的讨论，并提出各种形态的本体论或形而上学的观念。然而，需要注意的是，当分析哲学讨论存在并试图建立一种形而上学时，它所关注的重心往往不是存在本身，而是人们在谈论或表达存在时所运用的语言以及这种语言所具有的含义。在斯特劳森的 *Individuals* 一书中，这一点便表现得很明显。斯特劳森在该书中区分了"修正的形而上学"和"描述的形而上学"，在他看来，真正合理的进路是对形而上学作描述的研究。所谓"描述的形而上学"，顾名思义，其特点不是研究存在本身，而是讨论我们在研究存在时所使用的概念之意义。这一辨析活动便体现了形式化的趋向。在蒯因所谓"本体论承诺"中，存在基本上也是就语义层面而言，对于物理的或现实层面的"存在是什么""何物存在"等问题，分析哲学的立场是存而不论。

从另一重意义看，"形式化"意味着语言与心理过程的分离。如前面所提到的，分析哲学将哲学讨论的对象限定在语言层面上，这同时包含了区分语言与心理过程之意。分析哲学非常注重这种区分，很多分析哲学家都一再试图回避对心理活动过程的研究、把握。分析哲学之中固然也有"心的哲学"（philosophy of mind）这一类分支，但其关注重心，仍不外乎对涉及心理或意识现象的语用作逻辑的分析。在分析哲学家看来，实际的心理或意识过程缺乏明晰的形式和确定的内容，无法以逻辑的方式加以把握，由此，他们一再要求在讨论中消解心理问题。达米特更直截了当地提出"从心灵驱逐思想"①，其内在的意向即分离心理与思想。如前所述，哲学的研究确实不能仅仅停留于个体的体验，但将哲学的考察（包括语言的分析）与实际的心理、意识过程完全加以分离，则走向了另一极端。总之，一方面是语言与实际世界之间的分离，用早期维特根斯坦的话来说就是"我的语言的界限意味着我的世界的界限"②；另一方面（内在的方面）则是语言的分析过程和人的实际心理过程的区分。这两重区分从不同方面表现出形式化的追求，由此导致的结果之一是形式层面的探讨与实际世界（存在）的把握之间的某种分离。

与以上几个方面相伴随的，是技术化、知识化的趋向。如前所述，分析哲学以逻辑分析为主要方法，这种方法后来被不断地精致化、系统化，逐渐形成了某种技术性的品格。从早期形态来看，这种技术性的特点表现为借用人工语言或现代数理逻辑的方式来讨论哲学问题，数理逻辑是一个非常专门的领域，它虽有不同的系统，但在高度技术化这一点上彼此相通。与之相应，当关注之点集中于这一层面时，哲学本身也开始被赋予技术性的特点。分析哲学的重点后来转向日常语言的分析，这一层面的分析固然不再以数理逻辑为必要的工具，但技术化的趋向依然可以看到。日常语言分析做得好的一些哲学家，往往具有较好的语言学训练，这种训练不仅涉及语言科学，而且同时包括人文知识的积累，如日常语言学派中的重要代表人物奥斯汀就具有非常好的语言和古典学素养，他之所以在语言分析方面得心应手、技巧娴熟，与这种知识背景不无关系。可以说，在人工语言与日常语言的

---

① 参见达米特：《分析哲学的起源》，王路译，上海译文出版社，2005，第22-27页。
② 维特根斯坦：《逻辑哲学论》，郭英译，商务印书馆，1985，第79页。

分析层面，哲学都不同程度地与技术化的趋向相关联。

技术化的背后往往是知识化的趋向：技术化的走向与知识化的追求很难分离。当哲学研究逐渐导向技术化的时候，哲学关注的重心也逐渐转向知识形态，与之相应，哲学本身也每每被知识化。哲学的知识化与哲学作为智慧的追求这一本来形态之间显然有相当的距离。随着知识化趋向的发展，哲学往往容易游离于作为智慧之思的本然形态。

二

相对于分析哲学的以上形态，中国哲学无疑有自身的特点。从形式的层面看，中国哲学首先呈现为既成性与生成性的统一。一方面，中国哲学在历史的演进中已经取得既成形态，我们现在所研究的中国哲学（从先秦到现代），便是已形成了确定内容的对象。在此意义上，中国哲学具有已完成的品格，呈现为一种既成的历史形态。另一方面，在成为历史中的对象之前，中国哲学首先展开为一定时代的哲学家对其所处时代哲学问题的思考，后者所涉及的，本质上是哲学的理论。这种理论的思考，表现为一个在历史中不断延续的过程，取得历史形态的哲学史对象，本身便是在这一过程中逐渐形成的。在此意义上，中国哲学又表现出生成性的特点：随着哲学思考在不同时代的延续，哲学的理论也不断生成；每一时代的哲学家既以以往的哲学思考结果为出发点，又为以后的哲学思考提供新的起点。这种哲学的思考一方面是一定时代中形成的哲学理论，另一方面又在历史的演变中成为后起的哲学家研究的对象，从而取得既成形态。在历史的演化中，哲学家总是在新的起点上对他们所遇到的哲学问题进行新的理论思考，从而使中国哲学在新的历史阶段中得到新的延续。与这一过程相应，中国哲学在总体上表现为既成性与生成性的交融。在既成性与生成性统一的背后，更具实质意义的是历史和理论之统一：在此层面，中国哲学既表现为哲学的历史，也展开为哲学的理论。

宽泛地说，作为一种智慧的沉思，中国哲学主要展开于对"性与天道"的不断追问,从理论层面看,这种追问和沉思具体表现为对形上智慧的追求,后者同样包含意义的探寻。就意义的追寻而言,中国哲学更多地关注于意义的价值之维,当然,这并不是说,中国哲学完全忽略认知—理解层面上的意义,但相对而言,其注意的重心更多地体现于前者。

中国哲学内含的以上两重基本品格(既成性与生成性的统一,哲学的历史与哲学的理论之统一),构成了考察中国哲学与分析哲学之间关系的前提。相应于中国哲学的上述特点,中国哲学与分析哲学之间的关系具体展开为两个维度,即历史的维度与理论的维度。前者主要涉及分析哲学和作为历史形态(既成形态)的中国哲学的关系;后者则指向分析哲学和作为哲学理论(处于延续过程、具有生成性)的中国哲学的关系。

从历史的形态看,中国哲学在总体上更关注实质的体系,对于形式的体系则不像西方哲学那么注重。当然,这并不意味着中国哲学完全没有体系,但它相对而言更侧重点于实质的体系。与此相联系,作为既成形态的中国哲学,往往不十分注意对其概念、范畴的严密界定和辨析,这当然不是说中国哲学中的概念、范畴没有确定的内涵,而是指中国哲学家在运用它们时,并不总是将形式层面的概念界定和辨析作为关注的重心。同时,中国哲学在展开自身论证的过程中,常常更多地注重实质的系统性。诚然,任何一个具有创造性的中国哲学家都有自己的宗旨或核心的观念,其整个哲学系统都是围绕这些宗旨或核心概念而展开,但在展开这一系统时,他们往往并不注重从形式方面来加以推论或推绎。当然,中国哲学本身也有注重分析的方面,如荀子提出"辨合""符验"的观念,"辨"即有辨析、分辨的意义,朱熹主张"铢分毫析",也要求对问题进行细致的分析。在此意义上,不能说中国哲学中没有分析之维,不过,从总体上看,中国哲学并不以对概念的界定与辨析、对理论体系作形式上的建构为主要的关注之点。

中国哲学的以上特点,决定了今天在回顾、考察历史上的中国哲学时,需要借助于分析哲学的研究方式,以此推进我们对作为历史形态的中国哲学的研究。具体而言,应特别关注以下几个方面。首先是对中国哲学史中不同概念的辨析。如前所述，中国哲学中的概念并非没有确定的内涵，但这些概念的丰富涵义往往没有在形式层面得到梳理、辨析。对今天的中国哲学研究来说，如何在概念的层面上对以往的中国哲学内涵进行细致的分梳、界定，是无法回避的工作，而在这方面，分析哲学注重逻辑分析的进路，无疑需要我们高度重视。对研究者而言，如果适当接受分析哲学的训练，无疑有助于推进对中国哲学的理解；就研究过程而言，如果适当地引入逻辑分析的方法，也将深化对中国哲学的考察。

与概念辨析相联系的是理论内涵的揭示。作为注重实质体系的理论系统，中国哲学包含着丰富的理论内涵，每个重要哲学家的观念中都具有自己的独特思想和理论洞见。如何把传统哲学中已有的深刻内涵揭示出来，这是哲学史研究需要认真思考的问题。在这方面，我们同样需要注重严密的逻辑分析。以先秦哲学的研究而言，先秦儒家曾提出"仁""礼"的概念，这些概念可从不同的角度、层面加以考察。从伦理学的角度看，这里涉及实质与形式的关系。"仁"更多地包含实质层面的意义，其基本之点是对人的存在价值的肯定，即承认人之为人的内在价值。相对而言，"礼"则较多地从形式化的方面（包括如何行动，如何评价，等等），体现了具有规范意义的要求：从日常生活中如何行事，到道德实践过程如何展开等，"礼"相对于"仁"而言，确乎更多地包含了形式层面的规定。这两个方面，一个侧重于形式层面的规范和要求，一个侧重于实质层面的内在价值，二者在儒家哲学中彼此交融。不难看到，在伦理学上，"仁""礼"统一的意义之一，就在于将形式层面的"礼"和实质层面的"仁"结合起来。但这一思想在儒家的系统中主要以隐含的方式存在，其具体内容未得到明确、直接的表述。今天我们研究儒家的思想，便需要用逻辑分析的方法，将"仁"和"礼"的关系中所隐含的以上内涵，加以揭示和阐明。这种揭示和阐明的过程，同时也是敞开传统哲学中所包含的普遍、恒久意义的过程，其中总是渗入了逻辑的分析。

在哲学史的研究中，逻辑分析内在地关联着逻辑的重构。如前所述，中国哲学主要表现为实质的体系，这一体系并非以形式演绎的方式展开，而是以内在隐含的方式体现出来。然而，今天研究中国传统哲学，显然不能仅仅停留在传统哲学那种隐含的形态之上。《论语》一书，从形式上看似乎是由一些不相关联的对话所构成，然而，其中又内在地包含着实质联系，我们在研究孔子思想时，便需要发现、揭示这种关联，考察作为核心观念的"仁"与"知""礼""义"之间的内在关系等，亦即以逻辑重构的方式，将隐含其中的概念之间、命题之间以及前后的论证关系再现出来。事实上，中国哲学史的研究工作无法略去这一逻辑重构工作，否则我们就可能只是复述前人的观点，或仅仅将古代汉语翻译成现代汉语。在进行逻辑重构时，分析哲学注重论证、辨析的方式同样具有重要的借鉴意义。

要而言之，今天研究中国古典哲学，需要运用分析哲学的方式，通过概念的辨析、理论内涵的揭示、逻辑关系的重构，来具体把握以往哲学的理论系统和内涵。以上述方式回溯、考察中国哲学，同时也意味着赋予中国哲学以现代的形态，后者不仅使之能够进入现代意义上的学术研究过程，而且也为其成为更广视域（世界哲学视域）中学术讨论的对象提供了前提。

以上所涉及的，主要是分析哲学对于研究作为历史形态（既成形态）的中国哲学所具有的意义。如前文所论，中国哲学同时展开为一个生成过程，包含生成性。从生成的角度看，今天中国哲学的研究可看作是以往中国哲学的延续，而并非与之完全脱节。中国哲学的当代延续所指向的，同时是中国哲学的当代建构，广义的中国哲学研究以哲学的建构为其题中应有之义。中国哲学在当代的延续与中国哲学的当代建构，实质上是同一过程的两个方面。

从中国哲学的建构或中国哲学在当代的延续这一角度看，中国哲学与分析哲学的关系进一步展现出另一重维度。首先是逻辑分析与形上智慧的互动。前文一再提到，分析哲学的重要特点之一在于注重逻辑分析，而哲学按其本义则无法离开对智慧的追求——智慧的沉思是"哲学"的本原向度，今天中国哲学的建构同样无法离开这一路向。如何将逻辑分析与形上智慧结合起来？这是需要考虑的重要问题。一方面，智慧的沉思应经过逻辑的洗礼；另一方面，逻辑分析不能仅仅停留在形式的层面，而需要有智慧的内涵。简而言之，我们既要追求经过逻辑分析的智慧，又要接纳包含智慧的逻辑分析。表面看来，逻辑分析与智慧沉思似乎彼此相斥：分析注重"分"，趋向于划界，关注局部的、分别的研究；智慧则要求"合"，注重对整体的把握，而在当代中国哲学的建构中，以上张力应当加以化解。让智慧之思经受逻辑的分析、赋予逻辑分析以智慧的内涵，其实质的意义便是扬弃以上的张力。作为当代中国哲学建构的代表性成果之一，冯契先生的"智慧说"在一定意义上便体现了逻辑分析与智慧沉思的统一。冯契先生在"智慧"这一题目下，展开了其广义的认识论。"广义认识论"一方面处处包含逻辑的分析，每一概念的提出都经过严密的界说，每一论点都诉诸逻辑的论证；另一方面，又并非停留于形式层面的逻辑辨析，而是以认识世界与认识自己、从知识到智慧的飞跃等为其指向。换言之，它所体现的是以"讲道理"的方式展开智慧的沉思。

分析哲学与中国哲学的关系背后，同时涉及两种不同的哲学传统。如前所述，分析哲学与西方注重分析的哲学传统相联系，这一传统历史悠久，可以上溯到古希腊时代；中国哲学以"性与天道"的追问为指向，同样展开为一个悠长的智慧传统。在建构当代中国哲学的过程中，我们面对的便是以上不同传统。通过逻辑分析等方式梳理以往哲学传统中的概念，揭示那些对今天的哲学研究仍然不可或缺并可以借鉴的内容，这是哲学建构的重要方面。总之，当代中国哲学的建构不能局限于单一的进路，它需要关注不同的哲学传统，运用多元的哲学智慧，具有世界哲学的视野，而分析哲学既从一个方面体现了西方哲学的传统，又为梳理、把握传统的哲学资源提供了重要的方法。

进而言之，在中国哲学的当代建构中，我们既要走出语言的界限，回到存在本身，又要引入分析的方式，避免陷入单纯的体悟、体验或独断的思辨之中。这一过程不仅涉及蒯因所说的"语义上行"，而且也关乎反向的"语义下行"（semantic descent）。"语义上行"是从对象到语言，从对存在本身的把握转向关于存在的语言，其特点在于以语言分析作为把握存在的途径；"语义下行"则要求从语言走向对象，回到存在本身。如前文所述，单向的语义上行往往呈现技术化、知识化的趋向，回到存在本身则同时意味着回归智慧。这样，以"语义上行"与"语义下行"的互动为内容，分析哲学与中国哲学的关系亦表现为知识与智慧之间的某种交融。

"语义上行"与"语义下行"的互动，在不同的层面指向意义之域。如前所述，意义具体表现为两个方面，一是认知—理解层面的意义，二是目的—价值层面的意义。相对而言，分析哲学更多地侧重于前者，而中国哲学则较多地关注于后者。在建构当代中国哲学的过程中，应当扬弃意义追问的单向度性，对意义的以上两方面都充分地加以重视。具体而言，二者的统一、融合，体现于"是什么？""意味着什么？""应当成为什么？"的追问之中。"是什么"涉及认知—理解层面的意义，"意味着什么"侧重于存在所隐含的价值意义，"应当成为什么"则进一步引导我们从有关"世界实际上是什么"的思考转向"世界应该是什么"的关切。

从哲学层面看，我们不仅应当理解世界实际如何，而且应该思考世界应当如何，后者意味着从解释世界进一步走向变革世界。在中国哲学的视域中，以上三个方面的追问具体地展开于"成己"与"成物"的过程中。"成己"主要关涉认识人自身和改变人自身，"成物"则指向认识世界与改变世界，二者构成了广义的知行过程。事实上，作为哲学问题，意义本身只有在进入广义的知行领域之后才会发生，知行领域之外，既没有认知—理解层面的意义，也不存在目的—价值层面的意义。意义因人而起，并总是发生和展现于人的知行过程。这里所说的"知行"，在中国哲学中即以"成己"与"成物"的统一为实质的内容。意义的发生与追问最终落实于"成己"与"成物"的过程中，在当代中国哲学的建构中，同样不应悬置"成己"与"成物"的问题。就分析哲学与中国哲学的关系而言，在"成己""成物"的过程中理解"意义"，也就是在更广的视野之下回归存在、追寻智慧。

（原载《中国哲学史》2009 年第 4 期）

主体间关系论纲

1. 现代社会似乎面临着一种历史的悖论：主体失落于外与主体封闭于内同时并存。商品经济与技术专制的扩展，渐渐将人本身也推入商品化与物化的过程，与之相应的是外在之物对内在之我的支配。无所不在的体制控制（从日常生活中的服务系统到政治、经济、法律机构等等）以及与之相联系的程式化操作过程，使个体的创造性愈益变得多余：他的作用不外是履行体制的功能或完成某种程序，而大众文化的膨胀，又使个体从审美趣味到行为方式都趋向于划一化并逐渐失去批判的能力。另一方面，经济、政治以及其他社会生活领域的生死竞争，权力、金钱关系对交往领域的渗入，又扩大了主体间的心理距离，并使个体走向封闭的自我。这种悖论在当代哲学中同样得到了折射：如果说，存在主义表现了对主体性失落的反叛，那么，另一些哲学家（如维特根斯坦、马丁·布伯、列维那斯、哈贝马斯等）则从不同方面拒斥了封闭的自我。

2. 主体间关系的基本关系项是主体，主体间性（intersubjectivity）逻辑地关联着主体性（subjectivity）。作为现实的而不是现象学意义上的存在，主体以生命为其存在的本体论前提。海德格尔曾认为，"只有在个别化中此在才把自己带向其最本己的能在"①，而这一意义上的个

---

① 海德格尔：《存在与时间》，陈嘉映、王庆节译，生活·读书·新知三联书店，2006，第383页。

别化，又被置于对死的预期或向死而在的过程。① 这种看法似乎未能对主体与生命存在的联系予以充分的关注。按其本义，死意味着存在的终结或不存在（non-being），尽管对死的超前体验可以使此在意识到存在的一次性与不可重复性，但正如在绝对的黑暗中颜色的区别变得没有意义一样，死作为一种状态本身并不蕴含着个体的差异。海德格尔自己也承认，死可以用平等的尺度去衡量。② 与死的无差别性相对，生蕴含着多样的发展可能，正是在此生的自我肯定与不断延续中，主体性的形成和展开获得了现实的根据。因此，本真的存在不是向死逼近或对死的体验，而是对生的认同和正视。"未知生，焉知死？"③ "生生之谓易。""天地之大德曰生。"④ 在这方面，中国哲学似乎更深刻地切入了存在的意蕴。

主体的在世（生存）是一个过程。当人刚刚被抛掷到（thrown into）这个世界时，他还只是一种可能的存在。就在世过程而言，可能的最初形式是禀赋。每一个体都有独特的禀赋（从基因学的角度看，这里没有任何神秘之处），它既构成了个体间的原始差别，又作为最直接的所与（不是认识论意义上的 the given，而是本体论意义上的 endowment）而构成了个体在世的出发点。个体的完成（从可能的存在到现实的存在）总是伴随着其潜能（禀赋）的展开，而个体对外部作用的选择和接受，也总是以直接的所与为前提。肯定这一点，意味着承认个体自我实现过程的多样性。当然，可能本身并不是凝固不变的，这不仅在于可能总是指向未来，而不是仅仅定格于现时（present），而且在于它同时不断处于新的生成过程之中，后者又以生活世界之中和生活世界之外的历史实践为背景。因此，禀赋（潜能）作为可能的最初形式并不具有宿命的性质。

从可能的存在到现实的存在并不是一种空洞的时间历程，它以主

---

① 海德格尔：《存在与时间》，第350页。
② Martin Heidegger, *The Concept of Time* (Oxford: Blackwell, 1992), p.21E.
③ 《论语·先进》。
④ 《易传·系辞上》《易传·系辞下》。

体自身的生成为其具体的指向。当人仅仅以禀赋为直接的所与时，他在相当程度上还只是一种生物学乃至物理学意义上的个体：其存在形式首先表现为占有特殊的时间和空间位置，经历特定的新陈代谢过程，等等。只有在个体与社会的互动过程中，可能的存在才不断获得现实的品格，并逐渐扬弃对象性，由自在的个体提升为自为的主体。如果说，存在内含的可能性使之不同于既定的、凝固的对象，那么，主体性的指向则使可能的展开获得了具体的社会学内容。

主体的生成和存在作为一个过程，关联着主体的自我认同（self-identity）。自我认同首先以身（body）为基点。身不仅构成了主体生存的本体论前提，而且是主体直接的外部符号和表达形式；在交往过程中，主体总是以身为其存在的最初表征。尽管此身始终经历着某种变迁，但这种变迁又内含着时间中的绵延同一。基于身的如上同一可以视为实体的同一（ontic identity）。自我认同深刻的形式存在于有（既成）与无（应成）之间。可能蕴含着应然，应然在尚未实现时乃是一种非存在（无），但它又以既成或已然（有）为根据。就主体而言，"我"既表现为是其所不是，亦即一定阶段可能（所不是）的实现，又表现为不是其所是，亦即超越既成（所是）而包含着新的可能。这样，主体在时间中的绵延同一，意味着既成（有）与可能（无），已然（是其所不是）与应然（不是其所是）的统一。

存在的过程性展示了主体的历时性。主体既是过程又是结构。作为结构，主体以人格为其内在形式。这里的人格是就广义而言，包括认知之维、评价之维、审美之维等。在认知之维，人格的内核表现为我思，后者以认知意义上的综合统摄能力（统觉）为具体内容。我思既体现了经验的统一（离开我思，时间之流中的经验，便只是相继或并列的杂多），又再现了对象的整体性（对象的不同方面在我思中得到整合）。评价之维更多地与实践理性相联系，它基于主体的需要，又渗入了善的意向。在评价中，现实之境与可能的世界（理想之境）彼此沟通，对象意识与反省意识相互融合，其内在的主题则是化自在之物为为我之物，这种人化既涉及对象世界，又指向自我本身（化天性为德性)。相对于评价之侧重于自然的人化，审美之维似乎更多地关联着人的自然化。审美之境当然离不开自然的人化，但这种境界不仅内含着合目的性，而且凸现了合规律性（合自然）这一面，它在化解人化世界的紧张的同时，又展示了主体的自由品格。当然，以上是一种分析的说法，就其现实形态而言，认知之维、评价之维、审美之维并非截然分割，三者既从我思、我欲、我悦（不同于单纯的感性愉悦）等侧面展示了同一自我的内在世界，又从知实然、求当然、合自然的统一中表现了自我的主体性品格。

3. 主体当然并不是一种孤立的"我"，他总是与他人共在并有其外在展现的一面。如果说，个体的过程性展示了存在与时间的关系，那么，与他人的共在则体现了存在与空间（社会空间）的关系。存在主义突出了存在与时间的关联，但却未能对存在与空间的关系作出合理的定位。诚然，存在主义也注意到了与他人共在（being-with）这一事实，但在它看来，共在不过是一种沉沦的状态，而不同于本真的存在；唯有在烦、畏、先行而到的死等体验中，此在才能达到本真的状态。根据这种理解，本真的我便呈现为一种内在的、封闭的我，它在本质上仍是现象学意义上的存在。存在主义的如上看法似乎忽视了，与他人的共在作为一种本体论的前提，并不能通过退回内在的我而得到消解。列维那斯（Levinas）曾对在（there is）作了考察。这是一种无形但又时时为人所感受到的存在，即便在独处时，我也无法摆脱这种在（there is），就如同在寂静的深夜，周围的一切似乎都消失在黑暗之中，但我仍然可以隐隐地感受到一种沉默的在（there is），并因之而不安。对 there is 的如上分析当然还带有现象学的痕迹，但它同时又表明，即使从现象学的角度看，主体也难以返归纯粹的内在自我。总之，存在既有其时间维度（展开为一个历史过程），又有其空间维度（与他人共在），二者相互关联而构成了一种本体论事实。

存在的空间维度以主体间性（intersubjectivity）为其社会学内容。从主体走向主体间，首先面对的便是生活世界。如前所说，在世的最直接、最本源的形式是生存，而生命的生产与再生产便实现于生活世界。在饮食起居、休闲消遣等日常活动中，我总是以各种形式与他人打交道，并与他人建立相应的联系。从较为密切的亲子交往，到相对松散的路人偶尔相遇，主体间关系存在于生活世界的各个方面。主体间的彼此理解、沟通以及行为的协调，是生活世界正常运行和展开的必要条件，而生活世界的正常运转，则使主体的在世有如在"家"。日常生活确乎平凡琐碎，俗之又俗，其重复性往往遮盖了主体的创造性，身处此域，个体似乎很容易淹没于大众。但这仅仅是问题的一个方面：不能由此将主体间的共在视为主体的沉沦。作为存在的家，生活世界在安顿自我的同时，也为主体性的展示提供了可能：只有当主体不再面对一个陌生而异己的世界时，他才能真正达到自我实现。进而言之，日用常行本身即有其超越性的一面，在生活世界中的主体间交往中，总是内在地渗入了求真、向善、趋美的过程，日常交往的这一方面在抑制权力、商品关系对主体间关系侵蚀的同时，也使主体超越了沉沦。日用即道，儒家的这一观念无疑已有见于此。

我既存在于生活世界，又与社会体制息息相关。相对于生活世界主要实现个体生命的生产与再生产，体制世界似乎更多地表现为维系和延续广义的社会经济、政治、法律等关系。在生活世界中，主体间关系具有无中介的特点，而体制则首先呈现为一种非人格的结构，体制中的主体间关系亦相应地或多或少为物化形式所中介。在超个人的体制系统下，不仅主体的独创性和内在德性似乎变得不重要，而且我与他人的关系也仿佛失去了主体间性本来意义。但这只是问题的一个方面。G. H. 米德曾把有组织的共同体概括为普遍化的他人（generalized others），在相近的意义上，我们也可以把体制世界视为普遍化的他人。体制本身是无生命的存在，它的运作离不开人。当我与不同形式的社会组织、机构、部门等发生联系时，我与之打交道的并非仅仅是无人格的物，而且同时是赋予体制以生命的人。作为体制的运作者，这种人具有二重性：他既是体制的人格化，又是具体的个人，或者说，既具有普遍化的他人的形式，又表现为特定的主体，而我与体制的关系，亦相应地涉及主体间的交往。总之，体制世界既表现为非人格的结构，又包含人与人的交互作用；主体间的关系不仅存在于生活世界，而且展开于体制世界，生活世界的理性化固然需要主体间的相互理解、沟通，体制世界的理性化也不能仅仅依赖无人格的规范、契约、程序等等；它同样离不开主体间的合理交往。

主体间的交往以语言为中介。语言不仅仅是一种工具，作为文化的载体，它同时凝结着知识结构、道德观念、思维方式、价值取向等等，掌握一种语言，意味着接受一种文化传统；当我运用语言时，语言也在塑造我。在此意义上，可以把语言视为存在的社会本体。语言的社会性决定了它在本质上是公共的：不存在只有个人才能理解的私人语言（维特根斯坦）；而与之相应的事实则是，以语言为社会本体的主体，其存在过程本质上不是独白，而是与其他主体的不断对话。现代哲学从意识（我思等）到语言的进展，已蕴含着从主体的独白到主体间的对话这一注重点的转换。作为主体间交往的形式，对话的有效性既以说者与听者的彼此尊重为前提，又以意义的相互理解为条件。而意义世界的建立与传递，则内在地指向主体间关系的理性化。

主体的在世不仅在于说以及怎样说，而且在于做以及怎样做，事实上，怎样说与怎样做并非截然分割。做作为活动过程，其基本形式是劳动。这里的劳动并不仅仅指经验性的操作，而是本体论意义上的存在方式。劳动既以实践的方式变革了对象，又使我的本质力量对象化，二者从我与对象的关系上凸显了我的主体性。但对象性的关系仅仅是劳动的一个方面，我与对象的关系乃是以我与他人的关系为中介而建构起来的。劳动中的主体间关系并非单纯地以成功为指归，即它所涉及的并不仅仅是劳动的结果，而且是劳动过程中的人。化自在之物为为我之物的过程与主体间关系的理性化并非彼此对立：将劳动过程中的主体间关系化约为目的—手段关系（哈贝马斯）似乎过于简单化。总之，劳动在从我与对象的关系上确认主体性的同时，又以自觉的实践形式（区别于日用常行中的自发活动）展开了主体间关系。

从以上诸方面看，主体间表现为一种内在关系（internal relation）。关系的内在性或内在关系展示的是：作为关系项的主体只能存在于关系之中，而不能存在于关系之外，这也就是所谓"非彼无我"（庄子）。存在主义尽管并不否定主体间性，但却似乎未能注意此种关系的内在性：他们往往以现象学的方式把主体间关系悬置起来，并以此为达到本真之我的前提，而其结果则是"我"的封闭化。

4. 主体间关系的内在性决定了不能将其悬置。但由此出发，一些哲学家似乎走向了另一极端：在从主体走向主体间的同时，他们亦使主体本身消失于主体间。首先可以一提的是布拉德雷。作为内在关系论者，布拉德雷的注重点之在整体，在他看来，道德的目标在于自我实现（self-realization），而自我实现的内涵，便是与整体或关系世界（the world of relation）融合为一。这种看法带有明显的整体主义印记。与之相近的是董仲舒。按董仲舒之见，我即义（义之为言我也），而义则是制约主体间关系的普遍规范，这样，我便被同一于普遍的规范。由此导致的逻辑结果则是外在的社会规范、律令等入主自我：我失去了内在的世界而成为普遍大我的化身。

维特根斯坦（主要是后期维特根斯坦）的语言哲学从不同的角度突出了主体间性。与前期的图像说相对，后期维特根斯坦将语言的意义与语言的运用联系起来，并把语言的运用理解为一个在共同体中展开的游戏过程，而这种游戏过程又以生活样式为背景。作为共同体中的游戏过程，语言首先被赋予公共性的品格：语言游戏说在维特根斯坦那里逻辑地引向了拒斥私人语言（private language）。然而，由强调语言的公共性，维特根斯坦又对主体内在精神活动的存在表示怀疑。在他看来，内在的过程（inner process）总是需要外部的标准：人的形体（body）是人的心灵（soul）的最好图像；理解（understanding）并不是一个精神过程（mental process），遵循规则（如语法规则）也主要是一个实践过程（共同体中的游戏），而与内在的意识活动无关。正如一些论者指出的，这种看法已颇近于行为主义。基于如上的行为主义观点，维特根斯坦将"我"（I）的用法（语法功能）区分为两种，即作为对象的用法（the use as object）与作为主体的用法（the use as subject），并认为后一种意义上的"我"并没有相应的指称对象。这可以看作是对主体的消解：事实上，维特根斯坦确实试图以 It is thinking 来取代 I am thinking。这样，维特根斯坦在从主体走向主体间之后，又似乎使主体间成为无主体的共同体。

哈贝马斯以交往理论在当代哲学中独树一帜。交往理论的注重之点首先便是主体间关系：它在某种意义上以更自觉、更系统的形式表现了从主体到主体间的视域转换。哈贝马斯将行为区分为两类，即目的—理性行为与交往行为，前者主要涉及主体与对象的关系，后者则指向主体间关系。目的—理性行为固然促进了现代文明的形成，但要建立健全的社会生活，便不能不同时关注主体间的交往关系。然而，尽管哈贝马斯肯定主体间的交往行为应当由互为对象转向互为主体，但当他对交往行为的有效性条件作出规定时，却似乎未能使主体性真正得到落实。按哈贝马斯之见，交往行为的有效性涉及如下条件，即真理性、合法性、可理解性和真诚性。这里值得注意的是真诚性。所谓真诚性，亦即参加交往的主体应当真实地表达自己的意向，敞开自己的内在世界。这种真诚性的要求无疑从更深的层面突出了主体间关系的内在性，但向他人的敞开，同时又意味着主体自身的对象化：我的内在世界被外化为他人的对象。与之相联系，哈贝马斯的商谈伦理学尽管肯定了每一主体参加讨论和发表意见的权力，但同时又以达到一致（consensus）为目标，而在这种一致中，共同体中主体间的协调似乎亦消融了个体的意见。个体的内在世界向共同体的敞开与共同体的一致对个体之百虑的消融相结合，无疑使主体有被架空之虞。

5. 布拉德雷、维特根斯坦、哈贝马斯等的共同特点在于突出主体间关系的内在性。然而，主体间关系既是一种内在关系（internal relation），又是一种外在关系（external relation）。主体固然不能离开主体间关系而存在，而只能存在于关系之中，但主体总是包含着不能为关系所同化或消融的方面。关系相对于主体而言，具有为我而存在的一面。主体之间总是存在某种界限："我"不是"你"，"你"也不"我"。这种界限不仅表现在时空上，而且具体化为心理距离、利益差异等等。我承担的某些社会角色固然可以为他人所替代，但我的个体存在却具有不可替代性。存在与角色的差异从一个方面表现了主体不能完全为关系所同化。

关系中的主体有其内在世界。主体间的相互理解、沟通固然需要主体内在世界的彼此敞开，但敞开之中总是蕴含着不敞开。"我"之中不敞开的方面不仅非关系所能同化，而且构成了理解和沟通所以可能的条件：当"我"完全敞开并相应地取得对象形态时，理解的主体也就不复存在。主体间的沟通至少包含着为他人所理解与理解他人两个方面，如果仅仅注重为他人所理解这一维度，则我便成为一种为他的存在（being-for-others），其特性更多地表现为对他人的适应和肯定，而选择、批判、否定等主体性品格则将落空。从另一方面看，交往和理解既指向主体间的行为协调，也指向自我内在世界的安顿，仅仅以前者为指归，便很难避免"我"的工具化。

主体间的理解离不开语言。作为主体间交往的中介，语言无疑具有公共性（public）的一面：不存在私人语言。但没有私人语言并不意味着语言与个体无关。语言在未进入主体的思维过程之时，其意义只具有一种可能的形态，语言的意义实现于主体的思维过程。把语言与主体的内在世界分离开来，便无法区分语言意义的可能形态与现实形态。除了意义（meaning）之外，语言还具有意味（significance）。同一词、句，对不同的主体往往具有不同的意味。语言总是蕴含着多方面的信息，主体常常是根据内在的意向、期望、知识经验等对这些信息加以选择，语言则相应地呈现出多样的意味。就此而言，语言既是公共的，又具有个体性的特点。如果说，语言的公共性凸现了主体间关系的内在性，那么，其个体性则在展示主体内在世界的同时，又表现了主体外在于关系的一面。

以语言为中介的交往在劳动过程中取得了实践的形式。作为主体存在的方式，劳动以自由为其追求的目标：自由劳动是劳动的理想形态。劳动的自由度不仅取决于对必然之理的把握，而且关联着劳动对主体自身的意义：只有当劳动不是对主体的外在强加或主体被迫承受的负担，而是主体自我实现的形式时，主体才能在劳动过程中真正获得自由感（当然，自我实现本身又表现为一个历史过程，从而自由劳动也总是具有相对的意义）。劳动对主体的意义并不仅仅由主体间关系决定，它在更内在的层面上同时涉及主体自身的需要、利益、意欲等等。自由劳动与主体内在需要、利益、意欲等的联系从另一个方面表现了主体存在对主体间关系的某种超越。

相对于劳动过程中的相互交往，道德实践中的主体间关系无疑具有不同特点。道德关系固然有其对称性：他人的存在对我来说是一种无声的命令（要求我对他履行道德义务），我的存在对他人来说也是一种命令。但另一方面，道德关系又是非对称的：我对他人尽道德责任，并不要求或企望他人以同样方式回报我，否则行为便趋于功利化而失去其道德意义。如果说道德关系的对称性表现了主体间关系的内在性，那么，道德关系的非对称性则展示了主体间关系的外在性。同时，道德行为总是伴随着道德选择和道德决定，这种选择和决定并非仅仅受制于共同体中的对话和讨论，它最终乃需以"独白"的方式作出，后者表现了道德的自律品格。哈贝马斯强调主体间的讨论而批评康德伦理学的独白性，但如果主体间的对话与讨论完全压倒主体的独白，则很难避免道德的他律化。

6. 主体间关系既是内在的又是外在的。关系的内在性意味着应当超越封闭的我，从主体走向主体间；关系的外在性则要求肯定主体自身的存在意义，避免以关系消融自我。仅仅执着关系的外在性，往往逻辑地导向自我中心；片面地突出关系的内在性，则很难避免主体的异化。主体间交往固然离不开语言游戏（对话及讨论）等形式，但同时又表现为存在价值的相互确认；这里既有基于明其意义（meaning）的彼此理解，又有基于得其意味（significance）的相互沟通，而这一过程又始终关联着对个体存在的尊重。如果说，主体间的相互理解渗入了理性的原则，那么，存在价值与存在意义的相互尊重和确认则体现了仁道的原则。可以看到，主体间关系的合理定位，本质上展开为一个理性原则与仁道原则相统一的历史过程。

（原载《学术月刊》1995 年第 11 期）

政治哲学：问题与内蕴

作为一种社会系统，政治涉及多重方面。政治生活的展开过程，既涉及目的层面的正当性，也关乎程序层面的合法性与手段层面的有效性。以社会生活过程为具体的形态，政治与道德无法截然相分。概要而言，何为政治生活，政治形态何以必要，如何达到政治生活的理想形态，这些问题既是政治领域所无法回避的，也从不同方面规定了政治哲学的内涵。

一、何为政治

历史地看，政治在人类社会的演进中已经历了漫长的过程。在古希腊，政治（politics）被视为与公民相关的存在形态。中国古代诚然没有近代意义上"政治"这一概念，但近于 politics 的观念及存在形态早已出现。在先秦，与 politics 相涉的观念和现象往往以"政"表示，而政治领域的活动，也常常取得"为政"的形式。

古希腊所理解的政治，主要与城邦中公民的活动相关，包括参加公民大会，讨论城邦事宜，等等。相形之下，先秦时期的"政"，则更多地与"治民""正民"相联系："政以治民，刑以正邪。"① "夫名以

---

① 《左传》隐公十一年。

制义，义以出礼，礼以体政，政以正民，是以政成而民听。"① "治民"关乎对"民"的治理，"正民"则意味着通过对"民"的引导、塑造，使之在言行等方面都合乎一定的社会规范，从而成为相关政治共同体的合格成员。以公民参与的形式展开的政治活动，不仅体现了公民与城邦的关系，而且在更深层的意义上关乎人的存在方式，治民与正民则以更直接的形式展现了政治与人的关联。政治的这种早期观念和形态从一个方面表明：作为人类社会中的一种现象，政治与人类自身的存在无法分离。引申而言，不仅政治本身与人的存在难以相分，而且政治与非政治的区分与转换，也以人的存在及其活动为前提。以外部环境来说，作为本然的对象，由山脉等构成的环境本身主要表现为自然的状态，而非政治领域的存在，但一项涉及环境的实践计划（如开采矿山），则可能赋予环境问题以某种政治意义。

以人类自身的存在为指向，政治无疑与不同的社会领域相涉。就政治与经济的关系而言，政治既受到经济发展状况的制约，也对经济利益具有调节的作用，作为政治理念的分配正义，便关乎社会资源的协调，而经济利益的调节则构成了后者的题中之义。然而，作为社会生活的重要形态，政治本身又表现为包含多重方面的系统。首先是观念之维。在观念的层面，政治涉及价值原则、政治理念、政治理想等等。在政治领域中，价值原则既具有建构性，也呈现范导性。一定时期的政治生活，往往是依据该时期主导的或被普遍接受的价值原则、政治理念建构起来的。以古希腊而言，赋予城邦以最高的利益和荣誉、尊重法律、和谐的共同生活等等，构成了其基本的理念②，城邦本身的政治生活，则基于如上政治理念。在先秦的一定时期，依礼而行构成了政治领域的核心观念："礼，所以守其国，行其政令，无失其民者也。"③ 这一原则和观念同时成为相关历史时期政治生活形成和确立的依据。同样，近代政治的演进，总是渗入了近代的价值观念，这种价值

---

① 《左传》桓公二年。
② 参见萨拜因：《政治学说史》，盛葵阳、崔妙因译，商务印书馆，1986，第31–48页。
③ 《左传》昭公五年。

观念包括近代启蒙思想家所倡导的天赋人权以及自由、平等、民主等等，在近代政治生活的多方面展开中，可以一再看到以上价值原则的范导作用。19 世纪后期逐渐兴起的工人运动和社会主义运动，则以人的解放为理想，这种价值理想同时指引着与之相关的政治实践。在引导未来政治形态的同时，价值原则、政治理念和政治理想也构成了对现实政治形态批判的根据。相对于体现价值原则的一定政治理想，现实往往呈现某种不足，对这种现实的批判性考察，是走向新的政治形态的前提，而现实的批判，则既基于现实本身，又以一定的政治理想为出发点。

具体而言，作为观念形态的政治理想本身可以呈现不同的形态，其中，历史过程中的政治理想与形上层面的政治理想是尤为值得注意的两种形态。欧克肖特曾区分了信念论的政治与怀疑论的政治。关于信念论政治，欧克肖特作了如下概述："在信念论政治中，治理活动被认为是服务于人类的完美，完美本身被认为是人类处境的一种世俗状态，而完美的实现则被认为取决于人类自身的努力。"相对于此，怀疑论政治则趋向于政治与完美之间的分离。[①] 这一理解中的信念政治，更多地涉及政治与理想的关系，在引申的意义上，所谓"完美"可视为形上层面的政治理想。这种政治理想既可能趋向于抽象化，也可以具有某种普遍的范导意义。与之相异的是历史过程中的政治理想，后者虽然不一定以完美为目标，但往往更切近于现实的政治生活，并由此可以为政治实践提供更具体的引导。以传统社会而言，如果说，"大同""止于至善""为万世开太平"所体现的政治理想蕴含某种形而上内涵，那么，"小康""一统"或"一天下"则更近于历史过程中的政治理想，二者从不同的层面呈现了对政治生活的导向意义。怀疑论的政治理论在否定完美的同时，似乎未能充分注意政治理想（尤其是形上层面的政治理想）在政治生活中的作用。

与观念层面的价值原则、政治理念、价值理想相联系的，是多样

[①] 欧克肖特：《信念论政治与怀疑论政治》，张铭、姚仁权译，上海译文出版社，2009，第 46、68 页。

的政治体制。在体制的层面，政治的核心形态体现于国家。在政治出现于人类社会之后，其具体运行往往通过国家这一体制而实现，古希腊的城邦、东周的列国，直到晚近的现代国家，都可以视为国家的不同形态。从城邦的治理，到"政以治民""政以正民"，其"治"其"正"都无法与广义的国家相分离。国家的具体形态可以不同，亚里士多德曾区分了国家的如下体制：贵族政体、君主政体、共和政体。三者又有各自的变体：君主制的变体为僭主制或暴君制，贵族制的变体为寡头制，共和制的变体则是平民制。① 这当然首先是一种理论上的分类，但其中也涉及历史中的某些形态。国家作为总的政治体制，同时包括行政、司法等多样的部门和机构，它们从不同的方面行使国家的职能。

　　作为人类社会演进过程中的现象，政治生活的展开、政治体制的运作始终无法与人相分。宽泛而言，当人成为国家的成员时，他同时也以某种形式参与了与国家相关的政治生活："国家成员这一概念已经有了这样的含义：他们是国家的成员，是国家的一部分，国家把他们看作自己的一部分。既然他们是国家的一部分，那么不言而喻，他们的社会存在就已经是他们实际参与国家。"② 当然，在政治生活的现实展开过程中，参与者的具体地位又并不相同。孟子已区分"治人"与"治于人"两种不同的政治活动方式："或劳心，或劳力；劳心者治人，劳力者治于人；治于人者食人，治人者食于人；天下之通义也。"③ "治人"以拥有政治权力为前提，其"治"属行使政治权力的活动；"治于人"则意味着成为政治权力的作用对象，二者之别相应于统治与被统治、治理与被治理之分。在一定的政治格局中，"治人"者往往构成了政治活动的主导方面，但当既存政治格局受到挑战的情况时，"治于人"者的政治作用则会发生某种变化。

---

① Aristotle, *Politics*, 1289a25 – 30, in *The Basic Work of Aristotle* (New York: Random House, 1941), p. 1206.
② 马克思：《黑格尔法哲学批判》，载《马克思恩格斯全集》第三卷，中共中央马克思恩格斯列宁斯大林著作编译局编译，人民出版社，2002，第146页。
③ 《孟子·滕文公上》。

政治领域中主体的不同作用，体现于多样的政治实践过程。城邦中的参与公民大会、讨论城邦相关事宜、调节和处理公民之间的关系，都属广义的政治实践。君主制中君臣的各尽其职，所谓君君、臣臣，也构成了一定历史时期中政治实践的内容。以君主而言，"道千乘之国，敬事而信，节用而爱人，使民以时"①。这里涉及千乘之君及其治国实践的具体内容，其中既包括对国事认真负责而重诚信这一类总体的治国态度，也兼涉对物（节用）与人（爱人）的不同处理方式，以及关注民力的征用与季节、时间的关系。政治实践的形式可以多样，即使无为而治，也可以视为政治实践的特定形态：无为而治并非完全疏离于实践过程，而是表现为以顺从民意、不加干预为特点的治国实践。近代以来，政治实践在内容与形式上都发生了重要的变化。在实质的层面，政治实践的主体逐渐由君转向民，从政治领导人的选择，到重大的政治决策，人民的政治参与程度超越了以往的历史时期；在形式的层面，与法制相关的程序性在政治实践过程中的作用愈来愈突出。作为政治领域的重要方面，政治实践无疑构成了不可忽视的环节。价值原则和政治理念的落实，以具体的政治实践为条件。政治理想的实现，也离不开相关的政治实践，政治体制的运行，同样基于政治实践：唯有在政治实践的展开过程中，政治体制才可能获得现实的生命力。进而言之，政治的主体，也与政治实践息息相关，人本身因"行"（实践）而在，人之成为什么，与他"做"什么（从事什么样的实践活动）相涉，正是在参与具体的政治实践的过程中，人才成为亚里士多德所谓"政治的动物"或政治的主体。

可以看到，作为一定历史时期人类社会生活的重要构成，政治表现为一种涉及多重维度的社会系统，其中包括观念层面的价值原则或政治理念、体制层面的政治制度和机构、政治生活的主体，以及多样的政治实践活动。"夫名以制义，义以出礼，礼以体政，政以正民，是

---

① 《论语·学而》。

以政成而民听。"① 这一论述从一个方面体现政治的以上内容：义渗入了普遍的价值原则，礼包含体制之维，这种体制形式在"政"之中进一步具体化，"夫名以制义"意味着价值原则的明确化，"义以出礼，礼以体政"则是根据价值原则以形成相应的政治体制，由此建构相应的政治体制，"政以正民"既涉及政治生活的主体，也关乎政治活动及其作用。政治观念、政治体制、政治主体以及政治实践的交织，构成了政治的现实形态。

二、政治何以必要

在人类社会的演进中，何以需要政治系统？这首先可以从存在秩序如何可能这一角度加以考察。人的存在与秩序难以分离。就现实的形态而言，人不同于动物的特点在于具有社会性（所谓"能群"），社会性的核心，则在于秩序性：合群或社会的建构，具体便表现为一定社会秩序的形成。在日常生活的层面，家庭成员之间的关系构成了一种基本的关联，而基于父慈子孝的原则所形成的家庭伦常，则构成了伦理的秩序，这种秩序为日常生活的展开，提供了伦理的担保。人的存在并不限于家庭之域，在更广意义上的社会交往和关联中，伦理之外的政治便突显了其意义。历史地看，伦理与政治在人的社会生活中本身难以截然分离，亚里士多德已指出，古希腊的城邦所追求的便是善②，在指向"善"这一点上，政治与伦理呈现了内在的相通性。中国先秦的"礼"，同样体现了二者的相关性："道德仁义，非礼不成，教训正俗，非礼不备。分争辨讼，非礼不决。君臣上下、父子兄弟，非礼不定。宦学事师，非礼不亲。班朝治军，莅官行法，非礼威严不行。祷祠祭祀，供给鬼神，非礼不诚不庄。是以君子恭敬撙节退让以明礼。"③道德仁义、父子兄弟，更多地关乎伦理，君臣上下、莅官行

---

① 《左传》桓公二年。
② Aristotle, *Politics*, 1252a, in *The Basic Work of Aristotle*, p. 1127.
③ 《礼记·曲礼上》。

法，则涉及政治领域，在此，政治意义上的关系和活动与伦理层面的关系和活动，都受到礼的制约，它在体现礼的普遍涵盖性的同时，也突出了政治与伦理的相关性。作为伦理原则，"礼"指向的是父子兄弟的人伦秩序，作为政治领域的原则，"礼"则引向君臣上下的政治秩序。所谓"非礼不成""非礼不定"，既肯定了"礼"在形成伦理、政治秩序中的作用，也强调了伦理、政治秩序本身在人类存在过程中的意义。

政治与秩序之间的关联，在中国文化中的"治"这一概念中得到更为具体的展现。"治"首先被用以表示"治国"的实践活动，所谓"君师者，治之本"①、"无法不可以为治"②、"凡治国之道，必先富民"③ 等等，其中的"治"，便指治理国家的政治实践。这种治理活动本身涉及多重方面，包括治理的主体（所谓"君师"）、治理的依据（法）、治理的步骤（先富民）等等。除了治理的实践活动外，"治"在政治领域同时表现为一种状态："治国去之，乱国就之。"④ "所谓治国者，主道明也；所谓乱国者，臣术胜也。"⑤ "达治乱之要者，遏将来之患。"⑥ 这里的"治"主要表现为政治上的有序状态，与之相对的"乱"，则以政治上的无序性为其特点，国家和社会的其他发展状况，均以上述状态（治或乱）为其前提。不难看到，后一意义上的"治"，以政治秩序为其具体内容。作为政治实践的"治"与作为政治形态的"治"，并非毫不相关：通过"治"（治国的政治实践），以达到"治"（形成一定的政治秩序，并使社会在此基础得到发展），构成了政治领域中相互联系两个方面。二者的这种相关性，也从一个方面展现了政治与秩序的难以分离性。政治与秩序的这种相关性，同时规定了以政治系统为对象的政治哲学的宗旨，施特劳斯的如下看法便涉及这一点：

---

① 《荀子·礼论》。
② 《文子·上礼》。
③ 《管子·治国》。
④ 《庄子·人间世》。
⑤ 《管子·明法》。
⑥ 《抱朴子·用刑》。

"政治哲学是一种尝试，旨在真正了解政治事物的本性以及正当的或好的政治秩序。"[1] 在此，把握政治秩序，亦被视为政治哲学的内在旨趣。

秩序不仅构成了政治领域的现实目标，而且影响着社会成员的精神趋向，后者又进一步为政治实体的稳定提供了某种担保。黑格尔在谈到国家时，曾指出："需要秩序的基本感情是唯一维护国家的东西，而这种感情乃是每个人都有的。"[2] 这里所说的国家，可以视为政治领域的主要实体，而对秩序的需要，则被视为维护国家这种政治实体的关键性因素。以情感为维护国家的唯一因素，多少有夸大观念作用的倾向，但此所谓"需要秩序的基本感情"，同时可以看作是一种价值层面的精神导向，这种导向所体现的，是政治领域的目的性追求。就后一方面而言，"需要秩序的基本感情"与国家的关联，无疑在价值目标和价值导向上彰显了政治领域中秩序的意义。

政治领域中的秩序，在逻辑上可以取得不同的形态。从中国历史的演进看，"礼"曾在社会生活中居于重要的地位。就政治领域而言，礼既体现了一定的政治秩序，又构成了这种秩序的担保。在合乎礼的形式下，政治秩序更多地呈现出等级结构的形态："上下有义，贵贱有分，长幼有等，贫富有度。凡此八者，礼之经也。"[3] "夫礼者，所以别尊卑，异贵贱。"[4] "上下之分，尊卑之义，理之当也，礼之本也。"[5] 如此等等。这里所说上下、尊卑、贵贱不仅仅表现为一般意义上的社会分层，而且以政治层面的等级之别为其内容。礼的基本要求即是"分"（别异），这种"分"意味着将社会成员划为不同等级，与之相应的是不同的名位、名分，其间既呈现社会关联性，也具有政治上的从属性。通过以上等级结构，每一社会成员各自获得相应的社会定位，彼此之间形成确定的界限，当人人各安其位、相互不越界限时，政治秩序便随之形成。礼所体现的这种秩序，往往被类比于"天序"与

---

[1] 施特劳斯：《什么是政治哲学》，李世祥译，华夏出版社，2011，第3页。
[2] 黑格尔：《法哲学原理》，范扬、张企泰译，商务印书馆，1982，第268页。
[3] 《管子·五辅》。
[4] 《淮南子·齐俗训》。
[5] 程颐：《周易程氏传》，载《二程集》，中华书局，1981，第749页。

"天秩":"生有先后,所以为天序;小大、高下相并而相形焉,是谓天秩。天之生物也有序,物之既形也有秩。知序然后经正,知秩然后礼行。"① 天序与天秩,属自然之序;"经"与"礼",则关乎社会之序。这里既蕴含着肯定天道(自然之序)与人道(社会之序)具有相通性的观念,也突出了礼的秩序之义。在一定的历史时期中,这种等级结构同时为人的生存提供了前提。马克思在谈到传统社会的特点时,曾指出:"差别、分离是单个人存在的基础,这就是等级一般所具有的意义。"② 这里所说的差别、分离,便可以视为等级区分的具体体现,而传统社会中人的生存,则与之相关。

较之传统社会对秩序的理解,近代视域中的政治秩序被赋予了不同的内涵。与价值观念的转换相联系,贵贱、尊卑的社会关联逐渐淡出,选民之间的平等权利,开始取代上下的等级结构。尽管实质层面的不平等依然存在,但至少在形式的层面,政治秩序的等级形态不再成为主导的方面。在近代以前,希腊的城邦尽管似乎也肯定公民之间的平等权利,但这种平等关系乃是以社会被划分为公民与非公民不同部分为其前提,这一视域中的奴隶便被排斥在公民之外,并难以获得相应的权利。以天赋人权、契约原则、选举制度等为观念前提和制度背景,近代社会趋向于以形式上的权利平等为政治秩序的主导原则。当黑格尔肯定"需要秩序的基本感情是唯一维护国家的东西"时,这里的国家便指近代的政治实体,而与之相关的秩序,也以近代政治社会为依托。

政治秩序不仅存在不同的形态,而且对其形成过程,也有相异的理解。荀子在谈到礼的起源时,曾指出:"礼起于何也?曰:人生而有欲,欲而不得,则不能无求,求而无度量分界,则不能无争,争则乱,乱则穷。先王恶其乱也,故制礼义以分之,以养人之欲,给人以求。使欲必不穷乎物,物必不屈于欲,两者相持而长,是礼之所以起也。"③

---

① 张载:《正蒙·动物》,载《张载集》,中华书局,1978,第19页。
② 马克思:《黑格尔法哲学批判》,载《马克思恩格斯全集》第三卷,第102页。
③ 《荀子·礼论》。

如前所述，礼在中国传统社会中被视为秩序的表征，礼的起源则相应地关联着秩序的形成。这里值得注意的不仅仅是从人的欲求与度量界限的关系上解释礼的起源，而且更在于对"制礼义以分之"的强调。将礼视为某一历史人物（先王）的"制"作，无疑既不适当地突出了个人在历史上的作用，也把问题过于简单化，然而，如果把"制"理解为人的自觉活动，则其中显然又蕴含如下思想，即礼以及与之相关的政治秩序的形成，是一个与人的自觉活动相关的过程。

除了以上的自觉之维外，政治秩序还涉及另一些方面，道家对后者予以了较多关注。与儒家注重礼义有所不同，道家对礼义主要持批评态度。当然，这并不意味着他们完全否定政治秩序，毋宁说，他们更多地突出了政治领域中与礼义之序相异的另一方面。老子在比较不同的政治形态时，曾指出："太上，下知有之。其次，亲而誉之。其次，畏之。其次，侮之。信不足焉，有不信焉。犹兮其贵言。功成事遂，百姓皆谓我自然。"①"下知有之"意味着统治者仅仅存在而已，并不对民众作过多干预，所谓"功成事遂，百姓皆谓我自然"，便表现为有序、协调的政治形态，后者同时被视为自然而形成。在老子看来，这是最理想的政治形态（"太上"）。对道家而言，具有理性内涵的礼义之治及广义的礼法之治，往往将导向社会之序的反面。正是在此意义上，庄子强调："礼法度数，刑名比详，治之末也。"②"礼"体现了儒家的治国原则和要求，"法"与"刑名"相联系，似乎更多地反映了法家的政治理念，在庄子看来，二者尽管表现形式不同，但无论是"礼治"，抑或"法治"，都意味着以理性的自觉方式从事社会政治活动，其结果则是将社会生活纳入理性的规范之中。与之相对，道家将"无为"视为"治"（治理）的方式，所谓"帝王无为而天下功"③，并以绝圣弃智为达到"治"（秩序）的前提："绝圣弃知而天下大治。"④

---

① 《老子·十七章》。
②③ 《庄子·天道》。
④ 《庄子·在宥》。

在当代哲学中，波兰尼（M. Polanyi）曾提出了自发秩序的概念（spontaneous order），就社会领域而言，他所说的自发，首先与个体的自我决定及社会成员体间的相互协调相联系，后者与围绕某种中心而展开的社会限定或约束不同。简言之，对波兰尼来说，社会秩序基于社会成员的相互作用。哈耶克（F. A. Hayek）对自发秩序的概念作了进一步的发挥。以文化进化理论为基础，哈耶克区分了自发秩序与建构性秩序或计划秩序，自发秩序是指社会系统内部自身运行过程所产生的秩序，它是行动的产物，而不是有意设计的结果，从认识论上说，上述观点是建立在理性的有限性这一确认之上。道家对政治之序的看法，在某些方面与波兰尼及哈耶克的自发秩序思想有相通之处。

对理性限度的关注，当然并不仅仅具有负面的意义。一般而言，过分强化理性的作用，往往导致无视自然之道、以主观意向主宰世界。当理性被视为万能的力量时，自我的构造、主观的谋划常常会渗入到人的不同历史活动之中，而存在自身的法则则每每被遗忘或悬置，由此往往可能导向无序（"乱"）。肯定秩序的自发之维，显然有助于提醒人们避免以上偏向。不过，仅仅强调秩序的自发性，无疑也有自身的限度。从最宽泛的层面看，社会的演进，包括政治体制的衍化，总是受到一定价值原则、价值理想的制约，这种原则和理想同时对人的社会行为（包括政治实践）具有引导的意义。社会领域的价值原则、价值理想本身当然可以成为讨论、批评的对象，而不能被奉为独断的教条，但这种讨论、批评作为理性的活动，对人的政治实践同样具有规范作用。事实上，先秦的礼法之辩，便对那一历史时期的政治活动产生了深刻的影响，这种影响，也从一个方面体现了政治秩序形成过程中的自觉之维。近代以来，政治秩序的形成和发展，同样受到民主、平等、正义等价值原则和价值理想的制约，正是这种观念的引导，使近代政治之序以不同于传统的形式发展，后者显然也无法完全归之于自发的演进。如前所述，政治本身表现为一种社会系统，其中既包括作为社会实在的国家以及实践活动及其主体，也内含以价值原则、政治理念为形式的观念之维，这种观念既制约着政治体制的建构，也影响着政治实践的展开和政治秩序的形成。政治观念与政治实体、政治实践、政治主体的关联和互动，使由此形成的政治秩序难以仅仅呈现自发的形态。

广而言之，在政治实践的展开过程中，理性的自觉引导与不同社会因素的自然调节并非截然对立。自然的调节（如以市场配置资源）固然有其作用，理性也确乎有其限度，基于主观意向的理性计划更是容易偏离现实，但理性的自觉思考和引导在政治实践中依然不可或缺。对过度强调理性计划的批评，不能导向绝对的无为，更不能走向无思无虑、绝圣弃智。在具体的政治实践的过程中，往往同时面临不同形式的民意。民意本身每每有二重性：它既可以体现一定时期社会发展的要求，也可能带有某种与历史演化方向相冲突的自发倾向，与之相联系的是顺乎民意与自觉引导的关系：对前一意义上的民意，无疑不应背离，但对后一意义上的民意，则显然不能简单迎合。然而，在片面强化自发的情况下，常常将导致放任政治领域中自发的民意，由此，自发的秩序也可能引向自发的无序。从现实的层面看，这里似乎需要区分仅仅基于某种抽象理念所作的政治筹划与广义的理性引导，前者可能在历史演进中带来灾难，后者则至少在历史的导向上，赋予政治实践以自觉的品格。

通过政治实践（治国），以形成一定的政治秩序（国治），由此从一个方面为人类社会的存在和延续提供担保，这同时也展现了政治本身的存在理由。不过，秩序的建构并不是政治的全部内容。在儒家关于"治国、平天下"的观念中，已可以看到对政治的更广意义的理解。宽泛而言，这里所说的"治国"，既涉及政治实践，也关乎政治形态，具体地说，表现为前面提到的由"治"（治国的政治实践）而"治"（政治秩序的形成）。"平天下"则不仅仅以政治领域的扩展为指向，而且涉及政治形态的转换：所谓"平"，已不限于政治秩序的建立，而是关乎更广的政治理念。在谈到"治天下"与"天下平"的关系时，《吕氏春秋》指出："昔先圣王之治天下也，必先公。公则天下平矣。

平得于公。"① "公"既体现了广义的政治理想,也构成了政治实践的指导原则,这一原则的贯彻和落实,则被理解为从"治天下"到"天下平"的前提。在儒家那里,"公"同时与大同的政治理想相联系。关于大同,《礼记》有如下论述:"大道之行也,天下为公。选贤与能,讲信修睦。故人不独亲其亲,不独子其子,使老有所终,壮有所用,幼有所长,矜、寡、孤、独、废、疾者,皆有所养。男有分,女有归,货恶其弃于地也,不必藏于己;力恶其不出于身也,不必为己。是故谋闭而不兴,盗窃乱贼而不作,故外户而不闭。是谓大同。"② 悬置其关于大同社会的具体描述,这里更值得注意的是对"公"的强调。从政治哲学的层面看,"平天下"并非单纯地指形式上的天下安定,而是包含实质意义上的价值内容,后者具体地体现于对"天下为公"的肯定。事实上,"平天下""为万世开太平"与"天下为公"的大同理想,构成了彼此相通的价值目标。所谓"公",则关乎以同等的方式对待天下之人:《礼记》关于"不独亲其亲,不独子其子"等描述,便渗入了如上观念。这一意义上的"公"与"私"相对:"公是个广大无私意。"③ "广大无私",意味着以超越个体的普遍视域为处理社会关系(包括政治关系)的原则。

引申而言,作为价值目标和价值原则的公或公正,在政治领域中可以被赋予不同形态。韩非曾对此作了考察。在思想倾向上,韩非属法家,但在政治理念方面,他同样不仅仅限于形式层面的政治秩序,而是在更普遍的意义上追求公正的理想。韩非首先将公正视为自上而下的治国原则:"上公正,则下易直矣。"④ 从治国过程看,如果在上者(君主)做到公正,那么在下者(臣民)就会"易直",从而容易约束。与之相辅相成的是自下而上视域中的公正:"群臣公正而无私,

---

① 《吕氏春秋·贵公》。
② 《礼记·礼运》。
③ 朱熹:《朱子语类》卷二十六,载《朱子全书》第14册,上海古籍出版社、安徽教育出版社,2002,第933页。
④ 《荀子·正论》。

不隐贤，不进不肖。然则人主奚劳于选贤？"① 群臣（在下的臣民）在推举人的时候如果能够做到公正无私，那么，执政的君主就可以无为而治。这里所谈到的公正，涉及的首先是社会政治领域的实践原则和运行方式，其中所体现的观念已超乎单纯的秩序关切，而蕴含更高层面的政治理想。

从"治国"到"平天下"，政治在社会生活中的意义得到了不同的展现。较之"治"对秩序的侧重，"平天下"可以理解为具有更广价值指向的政治实践和与之相关的价值形态。具体地看，这种价值指向在不同的历史时期每每呈现不同的历史内容。天下为公意义上的"公"和前面提及的"公正"，分别体现了宽泛意义上的政治理想和特定的治国理念，二者从不同方面赋予"平天下"以一定历史时期的价值内容。近代以来，启蒙思想家所倡导的自由、平等、民主、正义逐渐构成了政治理想新的内涵，而马克思则基于更现实的社会变迁，将人的解放作为历史衍化的目标。从广义的视域看，这些观念以及与之相关的政治实践，可以同时视为"平天下"的不同历史内容，其具体趋向在于不仅仅通过政治秩序的建构以保证人类的生存和延续，而且进一步赋予这种秩序以新的价值内容，使之更合乎人性发展的要求。在这一意义上，"治国"与"平天下"本身又有内在的联系："平天下"作为政治领域的价值目标，对"治国"过程具有引导的意义，就此而言，"治国"过程无疑渗入了"平天下"的价值理想；另一方面，"治国"既是"平天下"的前提，又包含了"平天下"的相关内容，就此而言，"平天下"又体现于"治国"过程。从政治所以存在的历史理由看，如果说，通过"治国"而建立政治秩序是人类存在的现实条件，那么，"平天下"所包含的价值内容，则从不同方面体现了人类走向理想存在形态的前提。二者既有不同侧重，又相互关联，由此具体地展现了政治对于人类生活的历史必要性。

---

① 《韩非子·难三》。

三、政治的正当性

从政治哲学的视域考察政治领域，正当性是一个无法回避的问题。政治领域中的正当性常常被对应于 legitimacy，后者虽与法律相关，但并非仅仅限定于法律，按其本义，它同时关联更广的价值之域，其内涵也相应地涉及更普遍意义上的正当（rightness）。①

以上视域中的正当性问题，本身可以从不同的方面加以考察。在形式的层面，政治的正当性首先关乎一定的价值原则。施特劳斯已注意到政治哲学与价值的不可分离性，并强调了"'价值无涉（value-free）'的政治科学的不可能性"②。如前所述，政治作为一种社会系统，包含政治观念、政治体制、政治主体以及政治实践，政治观念又以价值原则为其核心的内容。这一层面的正当性，主要以是否合乎评判者所认同的价值原则为其准则：如果一定的政治体制、政治实践合乎相关的价值原则，则往往被赋予正当的性质。以先秦而言，王霸之辩是当时重要的政治论争，而在其背后，则蕴含着不同的价值原则。对于认同"王道"的思想家而言，与"王道"相悖（不合乎"王道"所体现的价值原则）的政治现实，便缺乏正当性。同样，近代以来，自由、平等、民主、正义等逐渐成为普遍接受的价值原则，这些原则同时构成了评价不同政治体制、政治活动的准则，政治领域的事与物唯有与之一致，才可能被接受为正当的政治形态。法西斯主义之所以被视为非正当的政治体制，就在于它完全悖离了近代以来自由、民主、正义等价值原则。

以上视域中的正当，与伦理意义上的正当具有相关性。在伦理的

---

① 就其内在涵义而言，legitimacy 既关乎某种法律、政治制度是否合法，也涉及正确性。这里的"法"，同时与自然法等相通，从而已不同于狭义上的合法（legality）。rightness 则以更宽泛意义上的正确、正当为其涵义。legitimacy 与 rightness 的结合（legitimacy-rightness），或可更为具体地展现政治正当性的意义。
② 施特劳斯：《什么是政治哲学》，第14页。"价值无涉"在狭义上关乎研究方式，在广义上则涉及对政治领域的理解。

领域，行为的正当或对（right）从形式的层面看也以相关行为合乎一定共同体所认同的价值原则或伦理规范为前提。以传统社会而言，仁以及礼义廉耻等既具有价值原则的意义，也被视为一般的行为规范，人的行为如果与这些规范一致，便将获得正当（对）的性质并得到肯定，反之则可能受到谴责。广而言之，肯定意义上的公平、正义和否定意义上的"不说谎""不偷盗"等等，也常常被理解为行为的规范，它们既是行为选择的依据，也构成了判断行动性质（正当与否）的准则。根据是否合乎一定共同体所接受的价值原则和规范以确认某种存在形态正当与否，从形式的层面构成了价值判断的特点，政治上的正当与伦理上的正当作为价值领域的相关现象，其确认过程也呈现相通性。

作为评判政治正当性的准则，价值原则本身应如何理解？在这一问题上，存在着不同的看法。具有经验主义倾向的思想家往往将价值原则与苦乐联系起来。以中国传统思想中的墨家学派而言，其认同的基本价值观念为"兴利除害"的功利原则："仁之事者，必务求兴天下之利，除天下之害，将以为法乎天下，利人乎即为，不利人乎即止。"①这种原则本身又基于趋乐避苦的感性欲求。以此为政治领域的评价准则，则凡是有助于兴利除害的政治主张和政治举措，便将被赋予正当的性质，反之则难以被纳入正当之域。

在近代思想家那里，实践过程中的功利原则取得了更明确的形式。边沁便对功利原则作了明晰的概述："它根据看来势必增大或减少利益有关者之幸福的倾向，或者在相同的意义上，促进或妨碍此种幸福的倾向，来赞成或反对任何一项行动。"作为社会实践（包括政治实践）的准则，功利原则本身以何者为根据？在解决这一问题方面，边沁的看法同样未超出经验主义："自然把人类置于快乐和痛苦这两位宰制者的主宰之下。只有它们才告知我们应当做什么，并决定我们将要做什么。无论是非标准，抑或因果联系，都由其掌控。它们支配我们所有

---

① 《墨子·非乐上》。

的行动、言说、思考：我们所能做的力图挣脱被主宰地位的每一种努力，都只是确证和肯定这一点。""功利原则承认这一被主宰地位，把它当作旨在依靠理性和法律之手支撑幸福构架的基础。"① 快乐和痛苦固然不完全限于感性之域，但如前所述，从原初的形态或本原上看，苦乐首先与感性经验相联系，与之相联系，将功利原则建于其上，也意味着在理解价值原则方面赋予感性经验以优先性。

与基于经验论的功利主义相异，罗尔斯首先将人视为理性的存在，并以正义为理性存在的主要关切之点。由此，罗尔斯提出了正义的两个基本原则：其一，"每一个人都拥有对于最广泛的整个同等基本自由体系的平等权利，这种自由体系和其他所有人享有的类似体系具有相容性"；其二，"社会和经济的不平等，应被这样安排，以使它们（1）既能使处于最不利地位的人最大限度地获利，又合符正义的储存原则；（2）在机会公正平等的条件下，使职务和岗位向所有人开放。"② 这种正义观念，往往被更简要地概括为正义的自由原则与差异原则，自由原则指出了正义与平等权利的联系，差异原则所强调的则是社会和经济的不平等只有在以下条件下才是合理的，即在该社会系统中处于最不利地位的人能获得可能限度中的最大利益，同时它又能够保证机会的均等。罗尔斯所提出的以上原则，既涉及伦理上的正当，也关乎政治领域的正当。当然，对正当性的具体理解，罗尔斯与功利主义又存在重要分歧。功利主义以最大多数人的最大利益为追求目标，在逻辑上蕴含着对少数人权利的忽视，这种价值取向与罗尔斯对平等的注重，显然有所不同。同时，相对于功利主义以人的感性意欲为出发点，罗尔斯以"无知之幕"的预设为正义原则的前提，似乎更多地表现出先验的倾向。

历史地看，对价值原则的先验理解，在另一些哲学家那里取得了

---

① Jeremy Bentham, *An Introduction to the Principles of Morals and Legislation* (New York: Hafner Press, 1948), p. 1.
② 参见 John Rawls, *A Theory of Justice* (Cambridge: The Belknap Press of Harvard University Press, 1971), p. 302。

更为直接的形式，从孟子那里，便不难注意到这一点。孟子以理、义为普遍的价值原则，这种原则之源，则被追溯到心之所同然："口之于味也，有同耆焉；耳之于声也，有同听焉；目之于色也，有同美焉。至于心，独无所同然乎？心之所同然者何也？谓理也，义也，圣人先得我心之所同然耳。故理义之悦我心，犹刍豢之悦我口。"① 所谓"心之所同然"，也就是一种普遍的理性趋向，对孟子而言，这种理性趋向一如恻隐之心，并非来自经验活动，而是为每一个体所先天具有。可以看到，相对于墨家之诉诸感性经验，孟子更多地从先天的理性观念出发理解价值原则，以上的分野，同时蕴含经验与先验之辩。

广而言之，在价值观的转换过程中，价值原则本身往往被赋予先天的规定，在近代以来各种形式的天赋人权或天赋权利论中，便不难看到这一点。与之相联系的是所谓自然法：自然法的核心即天赋理性或天赋的理性观念。自由、平等、民主等每每或者被视为天赋的权利，或者被理解为基于自然法的普遍价值原则。在康德那里，人是目的这种根本的价值原则，进一步被提升为绝对命令，这种原则与感性、经验、历史完全无涉，纯然表现为先天的形式。对先天性的如上强调，其意义不仅仅在于突出伦理规范的绝对性，而且也旨在为政治领域（包括权利与法之域）中价值原则的权威性提供根据。

然而，进一步的考察表明，作为政治正当性的判断准则，价值原则既非仅仅源于感性欲求或经验活动，也非完全表现为先天的形式。在其现实性上，这些原则无法离开社会本身的历史发展。在人类社会尚存在等级区分的历史条件下，真正意义上的自由、平等难以成为普遍接受的价值原则，而差异、区分则如马克思所说，展示了它们对人的生存的实际意义。以人类政治生活为指向，政治领域的观念、原则本身即植根于政治生活。礼、义等传统社会的价值原则，体现的是当时社会生活的历史需要；自由、平等、民主等近代的政治理念，则折射了近代的社会变迁。在观念、原则转换的背后，是历史的选择：较

---

① 《孟子·告子上》。

之感性欲求、先天预设,后者既突显了观念演进的现实根据,也展现了制约观念的现实力量。

以是否合乎一定的价值原则来确认某种政治形态是否具有正当性,主要体现了正当性的形式之维。政治领域的正当性,当然不仅仅限于形式的层面:它同时具有实质的内容。在实质的层面,政治的正当性与目的性相联系。施特劳斯曾对政治哲学作了如下概述:"政治哲学以一种与政治生活相关的方式处理政治事宜;因此,政治哲学的主题必须与目的、与政治行动的最终目的相同。"① 从根本上说,作为政治哲学对象的政治生活与更广意义上的人类生活息息相关,其形成也基于人类生活的历史需要。亚里士多德在谈到城邦时,曾指出:"每一城邦都是某种共同体,每一共同体的建立都着眼于某种善。"② 城邦在古希腊是一种基本的政治实体,"善"所体现的,则是实质意义上的价值,以善为城邦的指向,意味着将实质意义上的价值理解为政治的目的。构成政治生活目的之"善",本身以好的生活为其内容:"最好的政体是这样一种政体,在其中,每一个人,不管他是谁,都能最适当地行动和快乐地生活。"③ 引申而言,政治哲学也以好的生活为研究的对象:"如果人们把获得有关好的生活、好的社会的知识作为他们明确的目标,政治哲学就出现了。"④最适当地行动涉及对人的引导,亦即中国思想家所说的"政以正民",好的生活(快乐的生活)则关乎人自身的生存。以存在的完善为内容,好的生活所体现的,乃是实质层面的价值。

政治的以上价值指向,同时在实质层面为确认政治的正当性提供了根据:从实质之维看,政治的正当性就在于对人的存在价值的肯定。具体而言,一定的政治系统,包括其政治观念、政治实体、政治实践,如果对实现人的存在价值具有积极意义,便具有正当性,反之则无法归入正当之域。以上视域中的正当性,可以进一步从实然或现实性和

---

① ④ 施特劳斯:《什么是政治哲学》,第 2 页。
② Aristotle, *Politics*, 1252a, in *The Basic Work of Aristotle*, p. 1127.
③ Aristotle, *Politics*, 1324a20, in *The Basic Work of Aristotle*, p. 1279.

当然或理想性两个层面加以考察。实然在此展现为人的现实存在，在这一层面，正当性关乎人类自身的生存以及人类社会的存在、发展所以可能的现实前提：在一定的历史时期，如果某一政治体制能够为人类生存和社会发展提供正面的条件，便至少呈现某种历史的正当性。以前面提到的礼制而言，在当时的历史条件下，如荀子所言，人与人之间如果没有礼所规定的"度量分界"，"则不能无争，争则乱，乱则穷"，乱与穷，无疑将威胁到一定时期人的自身的生存，与之相对，礼的确立，则可"养人之欲，给人以求"，从而为人的生存提供基本的条件。就礼制的确立在一定历史时期使社会避免了走向乱与穷，并由此构成了这一时期人生存的社会前提而言，其存在显然具有历史的正当性。同样，近代以来，如何保障个人的财产，成为个体生存和社会稳定的重要方面，近代的政治体制，也首先被赋予以上功能："人们联合成为国家和置身于政府之下的重大的和主要的目的，是保护他们的财产。"① 当国家和政府能够确实承担以上社会功能时，它同时也就获得了正当的存在形态。

与实然（现实的存在形态）相关的是当然（理想的存在形态）。较之实然，当然更多地涉及人的发展趋向，并以达到理想的存在形态为内容。从走向理想的形态这一角度看，问题便关乎如何真正达到人性化的存在、如何不断实现自由之境等等。马克思在谈到中世纪以等级为特点的政治体制时，曾指出："等级不仅建立在社会内部的分离这一主导规律上，而且还使人同自己的普遍本质分离，把人变成直接与其规定性相一致的动物。中世纪是人类史上的动物时期，是人类动物学。"② 中世纪的等级区分，往往使人的存在受到既成社会因素（如出身、门第等）的限定，正如动物的存在受到自身所属物种的限定一样。在此意义上，中世纪的人，与动物具有某种类似性，而未真正达到人性化的存在形态。这样，尽管从实然（一定的历史现状）的角度看，

---

① 洛克：《政府论》下篇，叶启芳、瞿菊农译，商务印书馆，1996，第77页。
② 马克思：《黑格尔法哲学批判》，载《马克思恩格斯全集》第三卷，第102页。

等级制的存在有其历史的理由，但就当然（走向真正合乎人性的理想形态）的层面而言，这种尚未使人完全摆脱动物性的体制，显然难以视为正当的存在形态。广而言之，一种政治体制如果对人类走向合乎人性的存在、合乎自由的理想具有积极意义，便同时呈现正当的性质，反之，则缺乏正当性。

综合起来，人类的存在既涉及如何生存的问题，也关乎如何更好地生存的问题，如果说，"实然"（现实性）意义上的正当体现了人类生存、延续的实际需要，那么，"当然"（理想性）意义上的正当则折射了人类走向更好的存在境域的历史要求。二者作为实质层面的正当，分别与人类生存的历史条件和更好地生存的历史条件相联系。

不难看到，实质层面的正当，以善为其内容。前文曾提及，形式层面的政治正当和伦理学上的正当具有相关性，与之相联系，实质层面的政治正当，与伦理学意义上的善也彼此相涉：二者都关乎人的存在价值。事实上，善行（伦理）与善政（政治），本身便无法截然相分。宽泛而言，善本身可以从两个角度去理解，一是形式的方面，一是实质的方面。形式层面的"善"，主要以普遍价值原则、价值观念等形态呈现，后者既构成了据以判断善或不善的准则，也为形成生活的目标和理想提供了根据。这一意义上的"善"与形式层面的正当具有某种交错性和重叠性。与之不同，实质层面的"善"，主要与实现合乎人性的生活、达到人性化的生存方式，以及在不同历史时期合乎人的合理需要相联系。

在形式的层面上，政治领域中曾一再呈现以普遍价值原则意义上的"善"为名义对个人的自主性加以限定这一类现象，如向个体强加某种权威化的原则，以一定的意识形态作为个体选择的普遍依据，以此限制个体选择的自主性，如此等等。由此出发，甚至往往进一步走向剥夺、扼杀个人的权利，从传统社会"以理杀人"的现象中，便不难注意到普遍价值原则对个体权利的剥夺。然而，如前所述，"善"还有实质性的方面。孟子曾指出"可欲之为善"，其中的"可欲"，可以理解为人在不同历史时期的合理需求，所谓"可欲之为善"，意味着凡满足以上需求者即具有"善"的性质。在引申的意义上，这一视域中的"善"以好的生活或合乎人性的生活为其内容，它所体现的是人的现实存在价值，并相应地具有实质的意义；这种实质意义上的"善"与一般原则所确认的形式层面的"善"，显然不能简单等同。从更深沉的方面看，"善"与人走向自由的历史过程相联系，事实上，人的合理需要的满足，即意味着扬弃自然之域或社会之域的必然强制，实现一定历史层面的自由。广而言之，合乎人性的存在，也就是自由的存在。上述视域中的自由，同时在更深刻的层面体现了"善"，正是在此意义上，黑格尔认为，"善就是被实现了的自由"[1]。在伦理领域，行为在实质意义上的"善"区别于仅仅合乎规范意义上的"对"；在政治领域，实质意义上的善则与实质意义上的政治正当具有一致性。

当然，政治正当性与实质之善（达到好的生活或走向合乎人性的存在形态）之间的关联，应作广义的理解。在当代政治哲学中，有所谓"自由的政治中立"（liberal political neutrality）的主张，其主要之点，即强调国家或政治实体不应以价值或善为追求或趋向的目标[2]，尽管这一看法没有直接论及政治的正当性问题，但从逻辑说，它同时内在地蕴含着对政治正当与善（走向好的生活或合乎人性的存在形态）之间关联的质疑：主张国家或政治实体无涉价值（善）的追求，意味着将其正当性与价值（善）加以分离。然而，从广义的视域考察，以上主张本身事实上同样涉及政治与善（实质层面之价值）的关联：对"自由的政治中立"之说而言，"中立"的政治形态较之"非中立"的形态具有更高的价值，也更有助于达到真正意义上的善（实现合乎人性的生活）。不难看到，这里需要区分政治中立的不同形态：在相异的价值观念之间保持某种中立性，而非独断地强加特定的价值观念；仅仅关注政治形式和政治程序，以"中立"的形态超越一切价值追求或善的追求。如果说，前者体现了某种政治宽容的要求，那么，后者则

---

[1] 黑格尔：《法哲学原理》，第132页。
[2] Gerald Gaus, "The Moral Foundations of Liberal Neutrality," in *Contemporary Debates in Political Philosophy*, ed. Thomas Christiano and John Christman (Malden: Wiley-Blackwell, 2009), pp. 79–95.

意味着分离政治与实质之善,并由此消解政治正当性与实质之善的关联。如以上分析所表明的,从其现实性上说,政治正当性与实质之善(达到好的生活或走向合乎人性的存在形态)的关联,显然非后一意义的抽象"中立"所能简单消解。进而言之,抽象的政治中立近于广义上的价值无涉(value-free),但政治与人的存在之间本源性的价值关联,决定了政治领域无法真正实现价值无涉。这一点,如前文提及的,施特劳斯已注意到了。

历史地看,实质层面政治的正当性,同时关乎民心的向背。孟子曾以舜继尧位为例,对此作了阐释:"昔者尧荐舜于天而天受之,暴之于民而民受之。……使之主事而事治,百姓安之,是民受之也。"禹继舜位也体现了同样的过程:"昔者舜荐禹于天,十有七年,舜崩。三年之丧毕,禹避舜之子于阳城。天下之民从之,若尧崩之后,不从尧之子而从舜也。"① 民受之、民从之,即合乎民心或民意。这里尽管夹杂着"荐于天"之类的神秘表述,但从君与民的关系看,其中所涉及的更实质的问题,是如何确认君主统治的正当性:民众的认可和接受,在此被视为判断、衡量君主统治正当性的尺度。依照如上理解,民心和民意并非仅仅以选举制度下的票数来确认,而是基于民心之所向。

合乎民心或民心之所向,并非单纯地体现于观念层面,而是有其更为具体的内容:"得天下有道:得其民,斯得天下矣;得其民有道:得其心,斯得民矣;得其心有道:所欲与之聚之,所恶勿施尔也。"②"所欲与之聚之,所恶勿施尔也",亦即顺乎民之意愿,满足他们的需要。在此,作为得天下、得其民的前提,"得民心"最后便落实于实现民众的具体意愿、满足其实际的需要。以上观念与孟子"可欲之为善"的看法前后呼应,与他所说的"制民之恒产",也具有一致性。在同一意义上,孟子提出了"以善养人"的观念:"以善服人者,未有能服人者也。以善养人,然后能服天下,天下不心服而王者,未之有也。"③

---

① 《孟子·万章上》。
② 《孟子·离娄上》。
③ 《孟子·离娄下》。

"以善服人"，主要表现为从抽象的原则出发作外在的说教、强制；"以善养人"，则侧重于顺从人的内在意愿。与前面提及的"所欲与之聚之，所恶勿施尔也"一致，这里的"养"意味着基于物质需要的满足，对民作进一步的引导。与之相近的是"以德养民"："以德养民，犹草木之得时；以仁化人，犹天生草木以雨润泽之。"①

以合乎民心为政治正当的准则，又以"所欲与之聚之，所恶勿施尔"以及"以善养人"为得民心的前提，体现的是实质意义的政治正当性。这一视域中的"以善养人"或"以德养人"不同于"以德治国"，在以德治国中，"善""德"主要表现为治理的方式、手段，"以善养人"或"以德养人"则以人为目的："养"所指向的乃是人的需要的满足，后者同时体现了人的存在价值的实现。马克思曾指出："国家是抽象的东西。只有人民才是具体的东西。"② 就此而言，通过"以善养人"以获得政治的正当性，这一关联在体现政治正当性的实质之维的同时，也展示了这种正当的具体性向度。

可以看到，政治正当既有形式层面的意义，也有实质层面的规定。在形式的层面，政治正当主要体现于合乎一定的政治理念或价值原则，并相应地表现为"对"或"正确"（rightness）；在实质的层面，政治正当则在于实现人的存在价值，后者具体表现为不断超越自然的形态，走向人性化的存在、达到自由之境，这一意义上的正当，以广义的"善"（goodness）为其内涵。综合起来，政治正当性具体便表现为形式层面的"对"与实质层面的"善"之统一。考察政治的正当性，既应肯定形式层面的意义，也需要关注其实质层面的内涵。从实质的层面看，政治的正当性同时体现了政治本身的目的：在终极的意义上，政治本身即以实质层面的善为指向，其目的在于不断将人引向人性化的存在形态、在不同历史条件下实现人的自由，这些方面同时具体地体现了人的存在价值。进而言之，价值原则及其意义，本身也无法与

---

① 《鬼谷子·佚文》。
② 马克思：《黑格尔法哲学批判》，载《马克思恩格斯全集》第三卷，第38页。

人的诸种存在价值相分离,而政治系统唯有与上述价值形态相一致,才具有真正的正当性。

四、政治的合法性

在政治领域,与正当性相关的是合法性(legality)问题。合法性与正当性往往并不被严格地加以区分:政治的正当性,常常被视为合法性问题,反之亦然。然而,就其内在涵义而言,二者无法简单地等同。政治正当性,主要关乎政治的价值目的或价值方向,相对于此,政治的合法性,则更多地涉及政治系统的程序之维。与之相联系,尽管如后文所论,正当性与合法性并非完全彼此悬隔,但不能把政治的正当性还原为合法性。事实上,形式层面的合乎程序,并不意味着在实质—目的层面也具有正当性,纳粹的很多暴行,便表明了这一点:这些行为在形式上诚然合乎纳粹政权的决策程序,但其反人类的性质却使之在价值目的或价值方向上悖离了实质意义上的正当性。[①]

在狭义上,合法性意味着在法律意义上合乎一定的法律规范,但政治之域的合法性,并不限于以上的法律意义。在中国传统社会中,政治的合法性每每表现为正统性,而正统的含义之一,则与一统相涉。欧阳修在解释正统时,便指出:"正者,所以正天下之不正也;统者,所以合天下之不一也。"[②] 在此,合法意义上的正统,与一统天下意义上的"合天下于一"形成了内在的关联。质言之,使天下归于统一,同时从一个方面赋予相关王朝的政治权力以合法性。

从实质的方面看,政治领域的合法性,首先关乎政权的确立方式或政治权力的获得、传承、更迭方式。国家的建立、政权的确立、国家政治权力的传承或更迭,都面临合法性的问题,而这种合法性的确

---

① 哈贝马斯已注意到合法性与正当性之间的张力,不过,对正当性的价值内涵,哈贝马斯似乎未能作出明晰、具体的说明。(参见哈贝马斯:《在事实与规范之间》,童世骏译,生活·读书·新知三联书店,2003)
② 欧阳修:《欧阳文忠公文集》卷十六《正统论上》。

认在历史上则呈现不同的形式。在君主制之下，政治权力的合法性问题首先体现于王位或皇位的继承过程：王位或皇位继承的合法性，同时意味着政治权力传承和更迭的合法性，而这种合法性本身主要基于王族或皇族内部的亲缘关系。只要新的君主是一定历史条件下唯一有资格或最有资格的王（皇）位继承者，则其所获得的政治权力在当时便被视为具有合法性。在王朝延续的过程中，有时可能出现王（皇）族内部的权力之争甚至宫廷政变，这种斗争和政变的结果，常常是本来没有资格成为君主的王（皇）族成员获得最高权力，在这种情况下，政治权力的合法性呈现较为复杂的形态：就新的登基者并非唯一有资格或最有资格的君位继承者而言，通过政变或其他权力斗争方式所获得之权力的合法性显然存在问题，但就其仍为王（皇）族的成员而言，则又并没有完全远离王（皇）族亲缘关系这一当时的政治合法性基础。在中国历史上，唐代早期与明代早期，便出现过此类情形。

在君主制的时代，如果面临改朝换代，则原来的王（皇）族血统或亲缘关系便会失去政治上的神圣性，政治权力的合法性根据也将发生相应地变化。从中国历史的演变看，每当原来的王朝崩溃之时，总是会出现天下大乱的政治格局，应运而生的各种政治、军事势力往往彼此角逐。经过或长或短的战乱，某种政治势力及政治人物最后将平定四方，使天下重归统一，并建立新的政权。这种新政权的合法性，无法通过旧王朝的王（皇）族血统或亲缘关系来确认，其根据主要来自前面所说的正统与一统的关系："合天下于一"，本身即赋予统一天下的新政权以合法性。尽管新王朝往往以承天之运、天命所在之类的超越观念来论证其政治权力的合法性，但在实质的层面，其合法性首先源自一统：这种基于一统的合法性，在某种意义上构成了新王朝原初形态的合法性。

近代以来，政治合法性的根据产生了多方面的变化。在政治体制转换为民主制之后，不同范围内的选举成为政治权力获得的合法形式。在基于选举的政治权力传承、更替过程中，获得多数选票成为政治权力合法性的主要根据。然而，选举制度本身经历了一个变迁过程，最初拥有选票权的往往仅限于部分社会成员，如美国的黑人，在 19 世纪 70 年代之前就连名义上的选举权也没有，而在世界范围内，妇女的选举权的到来更迟：据相关研究，最早承认妇女选举权的国家是新西兰，而承认的时间则是 1893 年。进而言之，在走向民主制的过程中，政治权力本身一开始并非基于选举，无论是法国大革命，还是北美的独立战争，其具有民主形式的政治权力的形成，最初都是借助于革命的手段。在这一过程中，战争或革命的正义性，在实质上的意义构成了政治权力合法性的根据。

类似的情形也存在于以社会主义为指向的革命过程之中。从 20 世纪初俄国的十月革命，到 20 世纪中叶的中国革命，新型国家及新政权的建立，首先也是通过革命而实现的：尽管在国家的形态、政权的性质方面，20 世纪俄国的十月革命及中国革命与 18 世纪法国革命、美国独立战争不同，但在新政权首先通过革命或战争的方式而建立这一点上，二者无疑有相近之处。与政权最初形成的以上途径相联系，这种政治权力的合法性，也与革命本身无法分离。具体而言，在这里，新政权的合法性最初同样源自革命的正义性。不难看到，发生于 18 世纪的革命与出现于 20 世纪的革命尽管在主体、目标等方面存在深刻差异，但在政治权力的合法性一开始基于革命的正义性上，又有相通之处。

作为政治合法性的原初根据，革命的正义性本身需要得到确证。在政权建立之前，革命的正义性首先相对于它所要推翻的旧体制或旧政权而言：从人类历史的演进看，作为革命所指向的对象，旧的制度对人类走向合乎人性的存在、走向自由之境不仅没有积极的推进意义，相反呈现消极的阻碍作用，从而，已失去了其存在的历史合理性。在新的政权建立之后，革命的正义性则需要通过促进社会的多方面发展、更好地满足人民的多重需要来体现：唯有革命之后，社会的发展更为合理、人民的生活变得更好，革命本身的正义性才能得到确证。可以看到，在这里，政治的正当性与政治的合法性并非完全彼此隔绝：实质意义上的正当（有助于走向合乎人性的存在、走向自由之境）构成了革命正义性的实际内容，而革命的正义性则为新的政治权力之合法性提供了根据。

然而，在基于革命的正义性获得政治合法性的最初根据之后，新的政治权力的合法性，需要进一步在形式的层面得到确证。近代民主制的建立和发展，在一定意义上折射了以上的历史需要。尽管如上所述，近代民主制本身的衍化，也经过了一个历史过程，作为民主社会基本权利的选举权，最初也有种种的限制，然而，作为一种政治体制，它又从程序的层面，为政治的合法性提供了某种根据。仅仅基于程序，诚然无法担保政治的正当性，但它又确乎构成了政治权力合法性的形式条件。历史地看，政治权力的合法性依据，无法永远停留于获得权力的革命的正义性之上，在革命的阶段过去之后，权力延续、承继的合法性，便需要有程序层面的保证。不仅18世纪的革命之后面临这一问题，20世纪的社会主义革命之后，同样也面临类似问题。社会主义的法制建设之所以重要，也可以从这一角度去理解：除了国家治理本身的内在缘由之外，法制建设在相当程度上植根于上述历史需要，其意义之一，则在于为政治权力提供新的合法性形式。

可以看到，政治领域的合法性问题既关乎政治权力的延续、传承，也关乎政治权力的中断和重建。从传统社会的君主世袭，到近代的民主选举，政治权力的更迭更多地与权力本身的延续、传承相关，在传统社会中的改朝换代以及近代的革命中，政治权力的形成则首先关涉政权的重建。政治权力更替的不同形式，也使相关权力的合法性根据呈现不同形态。一般而言，在政治权力以延续、传承为形态这一前提下，其合法性主要关乎形式层面的程序，从传统君主的世袭，到近代以来国家或政府领导人的更替，其合法性的根据都基于不同意义上的程序。在政治权力由中断而重建的背景下，其最初的合法性则涉及实质的方面。以改朝换代为形式，政治权力的合法性首先源自"一统"；以近代的革命为前提，政治权力的合法性则与革命本身的正义性相关。当然，随着这种新的政治权力的延续，合法性的程序、形式之维也将逐渐走向历史的前台。

政治合法性的话题尽管在现代取得比较明确的形式,但对它的关注则可追溯到历史的较早时期。在中国传统思想中,从君权天授论,到五德始终说,等等,都可以视为对政治权力合法性的论证和辩护,这种论证在总体上表现出超验性、思辨性的特点。近代以来,契约论在政治哲学中逐渐流行,在考察政治权利和政治义务根据的同时,契约论也试图为政治权力的合法性提供某种论证。契约论首先与个体间或个体与不同政治实体间的同意相关,契约论的提出,相应地蕴含着个体存在意义的突出。相对于以往时代,近代伊始,个体无疑得到了更多的关注。契约论同时以某些所谓不证自明的观念(包括天赋权利)为前提,这种思路与当时对科学领域认知过程的理解具有一致性:科学上的认识也往往被视为基于某种不证自明的观念。具体而言,契约论以所谓自然状态的预设为前提,尽管对自然状态的具体理解存在差异,但肯定这种自然状态的存在则构成了近代契约论的共同特点。契约论的早期代表卢梭便认为:"人类曾达到过这样一种境地,当时自然状态中不利于人类生存的种种障碍,在阻力上已超过了每个个人在那种状态中为了自存所能运用的力量。于是,那种原始状态便不能继续维持。"① 以此为背景,每一个体都让渡自己的一部分权利,通过订约,形成一定的共同体,这一共同体具体表现为"城邦""共和国"或其他"政治体"。② 在这种共同体中,个人虽然失去了"天然的自由",但却获得了"约定的自由",并拥有了与后者相关的所有权。按照这一理解,一定政治实体的政治权力,乃是基于共同体成员权利的自愿让渡,因而有其合法性。

契约论的前提,是自然状态的预设。从现实的层面看,这种预设更多地基于政治的想象,而非历史的事实。对自然状态的不同理解(或将其视为人的理想之境,或把它看作是人与人的冲突形态),也从一个侧面反映了这种预设的想象性质。作为自然状态的终结形式,个

---

① 卢梭:《社会契约论》,何兆武译,商务印书馆,1980,第22页。
② 同上书,第25—26页。

体之间或个体与共同体之间的订约,同样仅仅是观念层面的逻辑构想,而不是历史演进的现实形态。同时,契约论的核心之一,是个体的同意,无论是自我权利的让渡,还是对由此形成的政治权力的接受,都以个体的同意为前提。然而,这种同意本身缺乏程序意义上的确定性,而更多地带有某种随意性。总起来,契约论既未对历史的实际演进过程作出说明,也未对这一过程中形成的政治权力的合法性作出有说服力的论证。黑格尔在评论卢梭的契约论时,曾指出:"契约乃是以单个人的任性、意见和随心表达的同意为其基础的。"[①] 这一看法无疑已注意到契约论的上述特点。卢梭之后的各种契约理论,在总的思维进路上,并没有超出以上趋向。当然,就其内在精神而言,契约论突出了政治生活中的个体同意以及相互协商、彼此守约等等,这一类观念并非毫无意义。

在现代政治领域,政治合法性问题常常被置于民主制的视域,而民主制又往往主要被理解为基于选举的政治体制:政治权力的获得如果合乎选举程序,则常常同时被赋予合法性质。从形式的层面看,近代以来的民主制确乎关乎选举,在民主体制下,从民意代表到政治领导人,其确定往往以选举为条件。然而,选举本身存在内在的问题。首先,选举以选民的投票为基本形式,作为特定的个体,每一选民都有不同的社会背景、利益关系以及价值观念,其投票也往往基于自身的利益和价值观念,而很难从整个社会、一定共同体的角度着眼,由此势必导致其选择的某种限定性。同时,由于信息、知识等方面的局限,个体常常缺乏对整个国家范围内社会经济、政治具体状况的充分了解,对相关政党及其候选人的真实情况,也每每并不完全掌握,由此作出的选择,不免带有某种盲目性。此外,在现代的选举过程中,选择是在既定范围内(如不同党派各自推举的候选人)进行,从而,选择一开始就有其限制性:选民只能在已有范围内作出有限选择,这种选择不一定真正合乎选择者自身的意愿。进而言之,以选举为形式,

---

[①] 黑格尔:《法哲学原理》,第 255 页。

无法回避多数人与少数人的关系,在多数人胜出的情况下,少数人的意愿如何得到尊重便成为一个需要面对的问题。如果合法仅仅以选民"同意"为前提,那么,权力的获得者对于未选举他们的"少数"选民而言,其合法性便或多或少得打折扣:因为这些处于少数的选民并不同意执政者获得政治权力。尤可一提的是,选民中的"少数"可能占了整个选民的相当比重:在很多情况下,所谓"少数"与"多数"在数量上的差别,往往非常有限。以上情况表明,基于选举的民主制固然在程序的层面构成了政治合法性的依据,但这种合法性依据本身有其内在限度。

克服这种限度的可能进路,也许在于选举民主与协商民主或慎思和讨论的民主(deliberative democracy)的结合。协商民主与选举民主都既涉及政治权力如何获得,也关乎政治权力如何运用,从政治权力的运用方式看,协商民主不仅与人(民意代表或政治领导人)的选择相联系,而且也以政治领域多方面事宜的决策为内容。就具体内容而言,协商民主以确认公共理性为其前提,后者既要求在政治协商中避免情绪化并超越感性的冲动,也意味着以公共、全局的眼光看问题,而非仅仅着眼于个体或局部的利益。罗尔斯曾有所谓无知之幕的预设,这一理想化的预设固然过于抽象,但其中又蕴含超越个体立场的意向,这种意向已有见于公共理性的相关内涵。协商民主同时以政治平等为原则,与之相应的是避免金钱、权力、权威对政治讨论的外在干预。在目标上,协商民主以追求差异中的共识为指向,一方面,允许有不同的意见,另一方面,又非仅仅停留于一己之见,而是努力通过求同存异,达到最大限度的重叠共识。一味执着于个体的意见,将导致黑格尔所说的主观性:在政治领域,"主观性的最外部表现是闹意见和争辩。这种主观性在希求肯定自己的偶然性、从而也就毁灭自己的同时,使巩固存在的国家生活陷于瓦解"[①]。以个体性的意气之争为特点的主观性,不仅使个体自身难以容身于世,而且将威胁国家的稳定。与注

---

① 黑格尔:《法哲学原理》,第338页。

重共识相关的是宽容与说服的统一，宽容意味着避免讨论过程中的独断化趋向，说服则趋向于以理性的方式使讨论的参与者理解和接受相关意见和主张。相对于选举以个体为本位，并相应地受到个体存在背景、视域的限定而言，协商过程由不同的主体共同参与，这些主体包含多样的背景、视域，通过相互对话、交流、沟通，社会成员基于背景及利益差异而形成的不同看法，可以得到更直接的表达并达到更具体的理解，个体的不同视域，也有可能走向交融并得到某种扩展。意见的如上交流和视域的如上扩展，无疑为个体限定的超越提供了前提。协商的过程既基于对议题所涉及的具体知识、信息的一定的把握（唯有具备基本的知识、信息背景，协商才能有意义地展开），又将通过彼此交流深化和拓展对相关知识和信息的了解。对相关事实和信息的这种掌握，不同于单纯的理想化预设或抽象的逻辑性推论，由此，可避免因缺乏此类知识和信息所带来的盲目性。就协商的具体程序而言，不存在类似选举中只能在既定的候选者中加以选择的情形：协商过程具有开放性，解决问题的方案并没有预先规定的界限，而是包含多样的可能。从外在形式看，与选举面向大众（具有选举权的所有公民）不同，协商似乎是由少数人在有限范围内进行，这里同样涉及多数与少数的关系。然而，在协商过程中，参与者同时代表了不同的社会成员，即使是选举中处于少数的社会成员，其意见、主张在协商中也有机会得到表达。换言之，这里并非简单地表现为多数人对少数人的优势或少数人对多数人的服从，毋宁说，它使少数人的声音获得了被平等倾听的可能。与之相联系的是认同与承认交融，认同意味着个体融入一定的共同体，承认则表现为对共同体中不同个体（相关成员）的权利、利益的关注和肯定。

当然，协商民主也会有自身的问题，如可能因缺乏必要的监督而导向不透明、不公开，在某些情况下甚至可能出现暗箱操作、政治交易。在此，选举民主与协商民主的结合，可以展开为两个方面，既民主的协商化（不仅仅限于选举），协商的民主化（避免协商不透明、被操控）。二者的如上结合，赋予政治的合法性以更为具体的形态。

从合理性的层面看，选举民主与协商民主体现了合理性的不同侧面：如果说，选举民主更多地侧重于程序合理性，那么，协商民主则同时关注实质合理性。就政治的合法性而言，程序或形式之维无疑构成了其主要的方面，但实质的规定同样无法完全忽略。如果仅仅限于形式的方面，则合法性本身的意义也将成为问题。如上所述，历史地看，政治合法性并非完全与政治生活的实质进程相悬隔，事实上，政治实体（包括国家这一类体制）的建立，一开始就包含实质之维。广而言之，前面已提到，政治的合法性本身与政治的正当性也难以截然相分，离开了政治的正当性，政治的合法性将缺乏实质的内容而流于抽象化。选举民主与协商民主沟通的意义，也可以从这一层面加以理解。

五、 政治的有效性

在目的这一层面，政治以达到好的生活或更好的生活为指向，所谓好的生活或更好的生活既涉及人在不同历史时期合理需要的满足，也关乎终极意义上合乎人性的存在形态或人的自由之境。政治所以必要以及政治本身的正当性，也基于以上方面。如何更有成效地实现如上目的？这一追问进一步引向政治的有效性问题。从另一方面看，就"治"这一角度而言，政治不仅面临"为何治"，而且无法回避"如何治"。"为何治"以政治系统的存在目的为关切之点，"如何治"则关乎政治实践的具体展开过程，后者同样渗入了有效性的问题。

以好的生活或更好的生活为指向，政治实体（包括国家）的功能除了维护社会秩序之外，还包括提供各种形式的公共服务，从历史早期就已存在的兴修水利、救灾赈灾，到现代社会中的义务教育、医疗服务、社会救济、环境保护，以及国内及国际公共安全的保障，等等。政治实体（包括国家）的功能体现于多重方面，而与之相关的政治实践，则涉及有效性问题，即：政治系统的功能是否得到有效的实现？从基本之点看，以国家等为形式的政治实体所具有的社会功能，通常是个体无法独立承担的，无论是重大的工程（如防洪抗旱的水利建设），还是全民范围内教育的普及、社会的保障，等等，都需要举国家之力才能完成，在此意义上，这种功能的履行，本身就体现了政治实体的独特效能。

宽泛而言，有效性首先涉及目的与手段的关系，在这一层面，有效即在于以适当的方式达到相关的目的。[①] 有效同时关乎手段或实践方式与存在法则的关系，在这一层面，有效以合乎存在法则为前提。政治领域中的有效性，同样兼涉以上二重关系。在目的之维，政治体制及政治实践的有效性，主要表现为以更有成效的方式使社会成员达到好的生活或更好的生活，后者包括满足人在不同历史时期的合理需要、不断达到合乎人性的存在形态或人的自由之境。从存在法则这一方面看，政治体制及政治实践的有效性则意味着基于不同历史时期的社会现实，顺乎历史的发展趋向，尊重内在于社会共同体中的存在法则。历史上，曾出现过各种形式的盛世，从政治哲学的视域看，这种盛世同时以达到富有成效之"治"为其特点，而这种成效，便既表现为较好地体现了"治"之目的，也表现为合乎一定历史的社会发展法则。

上述论域中的有效性，可以视为实践意义上的有效性。在理论的层面，需要对实践意义上的有效性（practical effectiveness）与逻辑意义上的有效性（logical validity）作一区分。逻辑意义上的有效性一方面表现为概念、命题的可讨论性和可批评性，另一方面又体现于前提与结论、论据与论点等关系，并以论证过程之合乎逻辑的规范和法则为其依据。实践意义上的有效性则以实践过程所取得的实际效果来确证，并主要通过是否有效、成功地达到实践目的加以判断。在目的与手段关系中呈现的政治有效性，首先与实践意义上的有效性相联系，而不同于逻辑意义上的有效性。当然，广义的政治哲学也涉及逻辑的有效

---

① 罗尔斯曾从个体的层面，谈到政治领域中目的与手段的关系，这一视域中的手段，关乎个体达到基本权利的条件，这些条件他称之为基本善（primary goods）。除了自由和平等机会外，基本善还包括收入、财富等（参见罗尔斯：《政治哲学史讲义》，杨通进等译，中国社会科学出版社，2011，第12页）。政治有效性意义上的目的与手段不限于个体之域，而更多地与政治体制的运作相联系。

性问题，如政治、法律的规范，便需要在逻辑上得到认可，而这种认可的前提之一，即是获得逻辑上的有效性。然而，政治本质上具有实践性，从实践哲学的角度看，其有效性无疑无法停留于逻辑或观念的层面，而需要进一步引向实践之域。①

欧克肖特曾认为："法律不关心不同利益的价值，不关心满足实质需要，不关心促进繁荣，消除浪费，不关心普遍认为的好处或机会的平等或不同分配，不关心仲裁对利益或满足的竞争性要求，或不关心促进公认为是公善的事物的条件。因此，法律的正义不能等同于成功提供这些或任何别的实质好处，不能以提供它们的有效性或迅速，或分配它们的'公平'来衡量。"② 尽管政治与法律具有相关性，所谓法治便体现了这一点，但从总体上看，政治系统与上述欧克肖特所理解的法律，显然不能简单等同。以上视域中的法律，更多地体现了形式化的特点，政治系统则包含实质的内容，从而，与法律可以既不问"实质的需要"，也不理会"有效性"不同，政治既不能无视"实质的需要"，也无法回避"有效性"问题。可以看到，在政治领域，与"形式"相对的"实质"涉及不同的意义：在正当性层面，"实质"关乎价值目的；在有效性之维，"实质"则与实践结果相涉。

与实质的指向相联系，政治中的有效性同时涉及实践理性和实践智慧。政治具有实践的趋向：不仅政治活动具有实践性，而且不同形式的政治实体也唯有通过实践而运作，才能获得现实的生命力。同样，政治的有效性，本身也是在政治实践的展开过程中得到确证。从后一方面看，实践智慧便是一个无法忽视的问题。欧克肖特在论及政治中的理性主义时，曾区分了技术的知识与实践的知识，前者表现为关于一般规则的知识，后者则体现于实践过程中，并往往具体化为实践的能力。技术性知识固然也为实践过程所需，但仅仅具有这种知识往往

---

① 这一意义上的政治有效性，有别于哈贝马斯在《事实与规范之间》中所说的法律规范的有效性（validity），对于后者，哈贝马斯所关切的首先在于规范本身的认可问题，这种认可所涉及的，主要是规范形成的程序（是否合乎法律程序）问题。就其以形式层面的程序性为指向而言，此种有效性似乎更接近于逻辑意义上的有效性。（参见哈贝马斯：《在事实与规范之间》，第33—50页）
② 欧克肖特：《政治中的理性主义》，张汝伦译，上海译文出版社，2004，第174页。

无法完成实践过程。① 引申而言，政治实践的展开过程难以离开实践智慧，后者既包含欧克肖特所说的技术知识，也包括他所说的实践知识。具体地说，"实践智慧以观念的形式内在于人并作用于实践过程，其中既凝结了相应于价值取向的德性，又包含着关于世界与人自身的知识经验，二者融合于人的现实能力。价值取向涉及当然之则，知识经验则不仅源于事（实然），而且关乎理（必然）；当然之则和必然之理的渗入，使实践智慧同时呈现规范之维"②。在政治领域，实践智慧常常具体化为某种政治艺术，《老子》所谓"治大国，若烹小鲜"③，也可以视为这种政治艺术的形象化表述。无独有偶，欧克肖特在谈到政治领域的实践知识时，也曾以厨艺作类比。④ 政治实践中的实践智慧，使政治实践本身达到艺术般的境界，这种艺术之境既蕴含着实践主体的价值意向，又体现了与存在法则的一致，由此引导政治实践以最为有效的方式实现政治的价值目的。

  作为政治领域的一个方面，政治的目的性不仅规定着政治实践的方向，而且决定着政治有效性的性质。抽象地看，有效性本身可以被赋予不同的性质，当有效性体现于实现正面的价值目的时，其性质具有积极的意义，反之，则其意义便具有消极性，这种不同的性质，主要取决于相关的政治目的。在纳粹攫取政治权力之后，其政治机器曾高效运作，然而，它的政治目的——将人类置于法西斯主义的统治之下，一开始便决定了其政治运作的高效性具有反人道的负面价值意义。如前所述，政治的目的宽泛而言指向好的生活，这种好的生活既与人在不同历史时期之合理需要的满足相联系，也涉及人性化的存在形态或人的自由之境。所谓合理需要，首先关乎人的存在所以可能的条件，人性化的形态，则意味着真正超越动物性、体现人的本质和尊严。政治的有效性唯有对实现以上目的具有推进作用，才呈现正面或积极的

---

① 参见欧克肖特：《政治中的理性主义》，第 7 – 12 页。
② 杨国荣：《人类行动与实践智慧》，生活·读书·新知三联书店，2013，第 271 页。
③ 《老子》第六十章。
④ 参见欧克肖特：《政治中的理性主义》，第 8 – 9 页。

意义。

政治有效性的性质固然取决于政治的目的，但从另一方面看，有效性本身又对目的层面的正当性具有不可忽视的作用。在政治实践这一层面，有效性首先体现于治国或更广意义上的治理（governing）过程，在治理的目标与政治目的一致的前提下，治理的成效将从一个方面确证政治的正当性。按其实质，治国或治理的过程也就是一定政治实体或政治体制运行的过程，如果治理过程能够实现社会的有序化，最大限度地满足社会成员多方面的合理需要，维护社会的公平正义，促进社会经济、文化的发展，保障社会的自由平等，让社会成员安居乐业、有尊严地生活，那么，这种治理的成效本身就为相关政治实体的正当性提供了确证。相反，如果某种政治实体或政治体制自认为具有正当性，但其治理过程导致的却是社会的无序化以及公正和正义的阙如、自由平等的缺失、普遍的民不聊生等等，那么，这种政治实体的正当性将受到质疑，甚而出现正当性危机或合法性危机：正当性危机意味着相关政治实体在目的—价值层面是否具有正义性成为问题，合法性危机则表明这种政治实体在程序层面是否有资格治理社会面临挑战。如果说，政治的有效性对政治的正当性作了正面的肯定，那么，与之相反的状况，则使政治的正当性和合法性都难以得到社会的认可。

政治有效性与政治正当性的如上互动，从一个方面展现了二者的内在相关性。在具体的政治系统中，有效性与正当性确乎难以分离。以民主制而言，作为一种政治体制，民主按其本义包含两个层面。首先是价值目的，在这一层面，民主以"为了民"为指向，其具体内容落实于实现人的存在价值，所谓民享（for the people）、民有（of the people），便涉及民主的这一方面。民主同时包含手段之维，在这一层面，民主以"本于民"为指向，其具体内容关乎政治实践的程序、方式、途径，亦即依靠民，以展开国家或社会的治理，所谓民治（by the people），便体现了民主的这一内涵。不难看到，民主的目的之维（"为了民"）更多地关乎政治的正当性，民主制本身唯有真正体现了这一价值目的，才能被赋予政治的正当性。与之相对，民主的手段之维("本于民"),则既与政治的合法性相关(关乎政治运行的形式和程序),也与政治的有效性相涉:正是在以一定的方式、程序实现人的存在价值过程中,民主制才呈现出有效性问题。"为了民"这一目的性规定固然构成民主政治正当性的前提,但如果仅仅停留于此而未能通过"本于民"的政治实践而切实有效地实现民主的目的,则民主的正当性也将流于抽象的意向而难以得到真正的落实。在此意义上,民主的有效性无疑同时制约着民主的正当性。

综合而论,政治系统的运作过程,涉及正当性、合法性、有效性等问题。正当性体现了政治的目的之维,规定着政治实体和政治实践的性质,离开了目的—正当之维,政治的合法性、有效性便失去了价值意义,政治上的形式主义和功利主义仅仅强调政治的合法性和有效性,无疑忽视了政治发展的价值方向。另一方面,政治正当性与政治上的合法性、有效性并非彼此隔绝,正当性既需要通过合法性在形式的层面得到确认,也需要通过有效性在实质的层面得到确证,就以上方面而言,合法性与有效性同时为正当性的实现提供了不同意义上的担保。

历史地看,中国传统的政治哲学诚然在理解政治领域的不同关系上存在各自的侧重:如果说,儒家较为注重正当性与合法性的统一,那么,法家则更关注合法性与有效性的统一;然而,其中又内含着在更广意义上肯定以上诸方面之相关性的观念,后者在礼法互动①与礼乐互融②的命题中得到比较具体的展现。这里的"礼"可以广义地理解为体制及其运作,所谓"礼,所以守其国,行其政令,无失其民者也"③,"法"则涉及程序层面的规则,"乐"同样与"政"相关:"礼乐刑政,其极一也,所以同民心而出治道也",具体而言,"乐者,乐也"④,从而,它既表现为通过音乐的感染而教化人(政治共同体中的

---

① "非礼,是无法也。"(《荀子·修身》)
② "礼乐之统,管乎人心矣。"(《荀子·乐论》)"乐至则无怨,礼至则不争。揖让而治天下者,礼乐之谓也。"(《礼记·乐记》)
③ 《左传》昭公五年。
④ 《礼记·乐记》。"乐者,乐也"中,前一"乐"读为"yue",后一"乐"读为"le"。

成员),也表现为由好的生活或合理需要的满足而引发的情感体验(愉悦之乐)。如果说,礼法的互动更多地侧重于程序方面的合法(合乎礼法),那么,礼乐互融则同时确认了以顺乎民心的形式体现出来的实质正当性。一方面,合法与有效本身不是目的,二者依归于价值意义上的正当性,后者最终表现为保证人类的生存和自由的发展;另一方面,合法、有效又从形式(程序)与实质的方面,担保了正当目的的实现。质言之,上述关系可以视为在程序合法的前提下,以有效的方式实现实质的正当。进一步看,政治正当性首先关乎"为何治",相对于此,合法性与有效性更多地涉及"如何治",在"如何治"这一层面,政治的合法性与政治的有效性本身并非互不相关:国家的治理和社会的治理都既面临是否合乎一定的规范、程序(关乎合法)的问题,也面对是否合乎社会领域的存在法则的问题(关乎有效)。不难注意到,正当性、合法性、有效性的相互关联和互动,赋予政治系统以现实的品格。

六、道德与政治

如前所述,从目的之维看,政治以好的生活为指向,后者在广义上同时体现了善的追求。政治的这一价值趋向,使之与伦理或道德具有相通性。事实上,作为人的存在的相关方面,政治与伦理难以截然相分。与存在形态上政治生活与伦理生活的以上联系相应,政治哲学与伦理学也具有内在关联。康德曾认为,道德法则包括法律的法则(juridical laws)与伦理的法则(ethical laws)。"合乎法律法则,体现的是行为的合法性(legality);合乎道德法则,体现的则是行为的道德性(morality)。"[1] 这里的法律法则以及与之相关的行为,并非仅仅限于狭义的法律之域,而是同时关乎政治领域,从广义的道德法则这一角度理解伦理和法以及合乎伦理的行为和合乎法的行为,无疑从一个方面

---

[1] Immanuel Kant, *The Metaphysics of Morality* (Cambridge: Cambridge University Press, 1996), p. 14.

注意到道德与政治的关联。黑格尔将法、道德与伦理都置于法哲学的论域之中，而法哲学则包含政治哲学的内容，这样，尽管他对伦理和道德的看法与康德有所不同，但在肯定道德、伦理与政治哲学具有关联这一点上，则与康德具有相通之处。基于相异立场而展现的以上视域，无疑从不同方面注意到了政治与道德、政治哲学与伦理学之间的现实关系。

从本源上看，政治和伦理都发端于人的社会性生活，社会性生活本身则基于人与人的关系，并涉及对这种关系的协调、处理。中国传统文化中的五伦，便既与伦理意义上的父子、兄弟、夫妇相联系，又关乎政治意义的君臣关系，对社会关系的这种理解，也从一个方面折射了政治与伦理的相关性。由此，儒家特别突出了人伦关系的处理对治国的意义："知所以治人，则知所以治天下国家矣。"① 从形而上的层面看，人的存在本身包含多重维度，在政治与伦理出现之后的历史发展过程中，人既融入政治生活，也参加伦理实践，作为人的存在的相关方面，政治与伦理无法截然相分。前文提及，中国传统政治哲学将政治的功能既理解为"治民"，也规定为"正民"，如果说，"治民"更多地体现了政治实践本身，那么，"正民"则同时包含着对民的伦理教化，在此意义上，"政以治民"与"政以正民"的统一，也展现了政治与伦理的相关性。同样，亚里士多德认为在"最好的政体"中，每一个人都能"适当地行动"和"快乐地生活"，其中"适当地行动"也涉及伦理的引导，而"适当地行动"和"快乐地生活"的交融，也意味着政治与伦理无法相分。

在中国传统的礼制中，政治与道德的关联得到了具体的体现。礼无疑具有道德的意义，所谓"礼，所以观忠、信、仁、义也"②，便表明了这一点。但同时，礼又被赋予政治的功能："礼，所以守其国，行

---

① 《中庸》。
② 《国语·周语上》。

其政令，无失其民者也。"① "国无礼则不正。"② 所谓"所以守其国，行其政令"，表明礼构成了治国实践所以可能的条件；"国无礼则不正"，则意味着礼是形成社会秩序的前提。在"义以出礼，礼以体政"③ 中，礼进一步沟通了伦理（义）与政治（政），并由此更清楚地展现了政治与伦理的以上关联。按照中国传统哲学的理解，礼之所以具有以上品格，在于它既引导人的内在德性，又制约着外在之法："非修礼义，廉耻不立。民无廉耻，不可以治。不知礼义，法不能正。非崇善废丑，不向礼义。无法不可以为治，不知礼义不可以行法。"④ 礼以一定的规范系统和相应的体制为其具体内容，礼的以上双重作用，同时在规范与体制的层面为政治与伦理的沟通提供了前提。

类似的情形也存在于西方的思想传统。在西方思想的演进中，从柏拉图到罗尔斯，正义原则都一再被强调和突出。就其实质的内涵而言，正义本身既涉及伦理生活，也关乎政治之域。在伦理生活中，正义表现为行为选择的基本规范之一；在政治领域，正义则成为处理、调节政治共同体中不同成员之关系的基本原则。尽管对正义的社会意义可以有不同侧重：当亚里士多德强调正义的行为就在于像具有正义品格的人那样行动时，其侧重之点较多地在于正义的伦理之维⑤；在罗尔斯所注重的分配正义中，正义的政治意蕴则得到了更多的突显。然而，从正义本身的内涵看，它则兼涉伦理之域和政治之域。正义的以上品格，也从一个侧面展现了伦理与政治之间的相关性。

礼和正义作为普遍的规范，更多地从静态的形式方面展现了政治与伦理的关联。进一步看，以不同层面秩序的形成为指向，政治与伦理都具有实践性的品格。伦理关系的确立，离不开道德实践，正是通过父慈子孝的实践活动，家庭之中亲子之间的伦理关系才获得现实的形态。同样，在政治领域，政治秩序的建立，也基于具体的政治实践。

---

① 《左传》昭公五年。
② 《荀子·王霸》。
③ 《左传》桓公二年。
④ 《文子·上礼》。
⑤ Aristotle, *Nicomachean Ethics*, 1105b, in *The Basic Works of Aristotle*, p. 956.

以传统社会而言，君臣之间的等级关系，便是通过"君仁臣忠"① 的政治实践而得到确立。宽泛地看，伦理学与政治哲学之所以都被归属于广义的实践哲学，也与以上事实相关。诚然，作为实践哲学的不同方面，二者又存在某种差异。关于这一点，西季威克曾指出："伦理学旨在确定个人应当做什么；而政治学则旨在确定一个国家或政治社会的政府应当做什么，以及它应当如何构成。"② 不过，正如私人领域与公共领域无法截然相分一样，政治实践与伦理实践也非完全彼此隔绝。

政治实践与道德实践都关乎实践的主体。从主体的层面看，人性是一个无法忽视的方面。历史上的人性理论，首先涉及人格的培养及其途径，如果说性善说更多地肯定了人格培养的内在根据，那么，性恶说则更多地关注于人格培养的外在条件。同样，治国的过程，也常常基于对人性的理解。商鞅在谈到如何治国时，曾指出："饥而求食，劳而求佚，苦则索乐，辱则求荣，此民之情也。民之求利，失礼之法；求名，失性之常。奚以论其然也？今夫盗贼，上犯君上之所禁，而下失臣民之礼，故名辱而身危，犹不止者，利也。其上世之士，衣不暖肤，食不满肠，苦其志意，劳其四肢，伤其五脏，而益裕广耳，非性之常也，而为之者，名也。故曰：名利之所凑，则民道之。"③ 按商鞅的看法，追求利和名，是人之常性，治国过程，应顺乎人性之常，利用人的好名求利之性，使之为君主所用。对人性与治国过程的这种理解无疑有其理论的限度，但这一看法同时注意到，政治实践作为人与人之间互动的具体过程，与实践参与者的内在精神规定、内在意向无法相分。

进而言之，政治实践的展开，与实践主体的内在品格具有内在关联，后者同时体现了伦理对政治的制约作用。儒家对此给予了特别的关注，《中庸》曾借孔子之口，提出了如下看法："文、武之政，布在方策。其人存，则其政举；其人亡，则其政息。人道敏政，地道敏树。

---

① 《礼记·礼运》。
② 西季威克：《伦理学方法》，廖申白译，中国社会科学出版社，1993，第39页。
③ 《商君书·算地》。

夫政也者，蒲卢也。故为政在人，取人以身，修身以道，修道以仁。仁者，人也，亲亲为大；义者，宜也，尊贤为大。亲亲之杀，尊贤之等，礼所生也。在下位不获乎上，民不可得而治矣！故君子不可以不修身。"这里的主题是为政之道，其侧重之点，则是政治实践中人的作用，所谓"其人存，则其政举"。此处之"人"首先是指统治者或政治领袖，而后者的个人品格又被放到突出的位置。在儒家看来，政治的运作与个人的修养无法分离。治国应先治人，治人则须先修身，亦即使统治者自身达到人格的完善。修身以治国，这是儒家反复强调的政治原则，从孔子的修己以安人到《大学》的修身、齐家、治国、平天下，都体现了这一点。突出统治者在政治生活中的作用，体现的无疑是一种人治的观念，后者的理论限度和历史限度都毋庸讳言，不过，其中又蕴含着对政治实践主体内在人格的注重，后一看法则并非毫无所见。进一步看，政治生活不仅涉及执政者，而且关乎一般的社会成员，对后者来说，刑、政等强制性的政治手段固然能够让人的行为合乎规范、避免为恶，但却难以使人形成向善之心："道之以政，齐之以刑，民免而无耻，道之以德，齐之以礼，有耻且格。"① "法能杀不孝者，不能使人孝；能刑盗者，不能使人廉。"② 唯有通过道德的引导，才能培养人的伦理意识（包括耻感、孝和廉的意识等等）。质言之，在对人的正面引导方面，道德的作用不可或缺。

类似的看法亦可见于西方的传统政治哲学。亚里士多德已指出，在政体中担任最高职务，需具备三个条件：首先应忠于现存政体，其次需具备最出色的行政能力，再次则须具有适合于不同政体形式的德性和正义的品格。③ 这里涉及政治实践主体或政治领导人物的应具备的基本素质，包括具有共同的政治立场、内在的德性与能力。进而言之，政治领域不仅有处于领导地位的政治主体，而且存在着更广大的被领

---

① 《论语·为政》。
② 《文子·上礼》。
③ Aristotle, *Politics*, 1309a35, in *The Basic Work of Aristotle*, p.1249.

导者,在亚里士多德看来,作为政治实践的不同主体,统治者与被统治者都需要德性,尽管这种德性的具体内涵有所不同。① 与此相联系,道德领域中善良之人的德性与政治领域中政治家或君主的德性具有一致性。② 德性的这种相关性,同时体现了伦理与政治的难以相分性。黑格尔从另一角度肯定了道德教育的必要性:"为了使大公无私、奉公守法及温和敦厚成为一种习惯,就需要进行直接的伦理教育和思想教育,以便从精神上抵销因研究本部门行政业务的所谓科学、掌握必要的业务技能和进行实际工作等等而造成的机械性部分。"③ 这里已涉及如何克服科层制可能引发的问题。在近代以来的科层制中,政治实践的展开常常需要具备某些技术性的技能,而实践本身则容易由此呈现技术化、程序化、机械性的趋向。为了在政治领域中避免以上偏向,便需要进行伦理的教育。黑格尔对伦理教育的理解,无疑已注意到道德教育不仅对于提升奉公守法等道德品格具有不可忽视的意义,而且构成了克服技术主义倾向的前提。从更广的层面看,伦理教育的以上二重作用同时从不同的向度体现了道德对政治领域的制约作用。

在近代以来的各种政治设计中,形式化、技术化、程序化的规定往往成为主要指向,而人的德性、品格等方面在政治体制中常常难以获得适当的定位。直到当代的罗尔斯、哈贝马斯等,仍将人格修养等问题置于公共领域之外,很少从社会政治生活的合理组织等角度讨论这一类问题。就本体论的层面而言,上述思维趋向显然未能注意到人的存在的多方面性。按其现实形态,人既是政治法制关系中的存在,也有其道德的面向,作为人的存在的相关方面,这些规定并非彼此悬隔,而是相互交错、融合,并展开于人的同一存在过程。本体论上的这种存在方式,决定了人的政治生活和道德生活不能截然分离。从制度本身的运作来看,它固然涉及非人格的形式化结构,但同时在其运

---

① Aristotle, *Politics*, 1260a5 – 15, in *The Basic Work of Aristotle*, p. 1145.
② Aristotle, *Politics*, 1288a40, in *The Basic Work of Aristotle*, p. 1205.
③ 黑格尔:《法哲学原理》,第 314 页。

作过程中也包含着人的参与，作为参与的主体，人自身的品格、德性等总是处处影响着参与的过程。进而言之，技术化、程序化、机械性更多地关涉政治的形式之维，专注于此，不仅人格、德性在政治中的作用将被消解，而且实质层面的政治目的、政治的价值导向会被忽视或虚化。按其现实的形态，体制组织的合理运作既有其形式化的、程序性的前提，也需要道德的担保和制衡；离开了道德等因素的制约，社会生活的理性化只能在技术或工具层面得到实现，从而难以避免片面性。从以上背景看，儒家以及亚里士多德、黑格尔肯定道德对政治的作用，无疑具有不可忽视的意义。

政治与道德的关联不仅仅在于政治实践的主体受到其人格和德性的影响，而且体现在道德对政治正当性的制约。政治的正当性和道德的正当性本身无法相分，无论在形式的层面，抑或实质之维，政治的正当性与道德的正当性都具有相关性。从形式的层面看，政治的正当性以合乎一定时期被普遍接受和认可的价值原则为前提，而这种价值原则与道德领域的价值原则，往往具有一致性。在实质的层面，政治的正当性则体现于对人的内在存在价值的肯定，包括不断在不同的历史时期达到好的生活、满足人的合理需要、推动社会走向自由之境等等。这种实质意义上的正当，与道德上的善也具有相通性。在政治生活为形式层面的价值原则所引导并由此追求实质之善的过程中，道德的影响也渗入其内。不难注意到，道德不仅从政治主体的内在品格上制约着政治实践，而且从政治生活发展的方向上，展现了内在的导向作用。

可以看到，政治生活展开为一个包含多重方面的社会系统。以价值原则和价值理想等为形式的政治观念，在政治系统中具有引导的意义，不同形式的政治体制，为政治生活的运行提供了制度的依托，政治实践则既使价值原则和政治理念得到落实，也通过政治主体的作用，赋予政治体制以现实的生命。在目的层面，政治系统的运行以正当性为其指向，在程序之维，政治系统受到合法性的制约，在手段运用上，政治系统则涉及有效性。如果说，政治观念、政治体制、政治主体的相互作用，是政治生活的展开所以可能的前提，那么，正当性、合法性、有效性的互动以及道德对政治的制约，则从不同的方面将人类引向更好的生活。

（原载《学术月刊》2015 年第 1 期）

道德系统中的德性

在伦理学史上,德性很早已为哲学家们所关注。古希腊的亚里士多德曾以德性(arete)为核心,建构了一个被称之为德性伦理的体系。先秦的哲学家尽管没有提出现代意义上的"德性"概念,但其中的不少人物同样以独特的方式对德性作了考察。近代以后,随着义务论、目的论等伦理学说的各领风骚,德性伦理在西方曾逐步走向边缘,并渐有被遗忘之势。不过,至当代,情况似乎又开始有所改观。在反思、批判近代的伦理传统之时,当代的不少伦理学家表现出了某种向德性伦理回归的趋向,麦金泰尔的《德性之后》,便可视为这方面的代表之作。然而,从理论的层面看,德性的内涵、德性在道德系统中的意义、德性与人的存在的关系等等,并不是已经完全解决了的问题;伦理学的沉思,依然需要不断地指向这些对象。

一、 何为德性

在亚里士多德那里,德性(arete)的涵义较广,往往泛指使事物成为完美事物的特性或规定:"每一种德性(virtue)或美德(excellence)都既使具有美德的事物处于良好状态,又使其功能得到更好的施展。例如,眼睛的美德既使眼睛本身良好,也使其功能得到较好发挥;正是眼睛所具有的美德,使我们能视物清晰。同样,马的美德既使马本身成为良马，也使它在奔驰、驮人、攻击敌人等方面的作用得到良好的发挥。"① 按照上述理解，德性显然并不限于道德的领域。当然，就狭义而言，德性与道德品格又有较为切近的联系，所谓正义、友爱、节制等等，便被理解为道德意义上的品格。②

作为一个哲学范畴，德性在中国哲学史上首先以"德"这一概念形式来表示。与亚里士多德的 arete 相近，"德"在宽泛的意义上与"得"相通："德者，得也"。③ 在道家那里，"德"意味着由道而获得的具体规定，它构成了事物发展的现实根据，庄子所谓"物得以生谓之德"④，便表明了此点。儒家一系的张载亦认为："德者，得也，凡有性质而可有者也。""得天下之理之谓德。"⑤ 直到王夫之，对"德"也常常作较为广义的理解："凡行而有得者，皆可谓之德矣。"⑥ 这里的德虽然与人相联系，但却不限于道德之域。"德"的另一重涵义则主要涉及道德领域，从《尚书》的"敬德"观念，到《左传》"忠，德之正也"⑦ 的界说，直至孔子"为政以德"⑧ 的主张，"德"都表现为一种道德的规定。

不难看到，无论是在古希腊，抑或是中国的先秦，德性或"德"都既有本体论的内涵，又具有伦理学的意义。德性的这种原始涵义，从一个方面折射了德性与广义存在之间的联系。然而，近代以来，德性的内涵似乎有所变化，英语中的 virtue，便首先被赋予道德品格或道德气质的意义，而与 virtue 对应的德性，也相应地获得了类似的涵义；

---

① Aristotle, *Nicomachean Ethics*, 1106a, in *The Basic Works of Aristotle* (New York: Randon House, 1941), p957.
② 关于古希腊哲学家所用的 arete 与中世纪拉丁文中 virtus 以及现代英语中 virtue 之间的同异，Georg H. von Wright 及 Linda T. Zagzebski 等曾作了具体的分析，可参见 Georg H. von Wright, *The Varieties of Goodness* (New York: Humanities Press, 1963), p. 137, 以及 Linda T. Zagzebski, *Virtues of the Mind: An Inquiry into the Nature of Virtue and the Ethical Foundations of Knowledge* (Cambridge: Cambridge University Press, 1996), pp. 84–89.
③ 《管子·心术上》。
④ 《庄子·天地》。
⑤ 张载：《正蒙·至当》，载《张载集》，中华书局，1978，第 32–33 页。
⑥ 王夫之：《读四书大全说》卷一，载《船山全书》第六册，岳麓书社，1996，第 439 页。
⑦ 《左传》文公元年。
⑧ 《论语·为政》。

人们在谈到德性时，常常习惯于列举各种德目，诸如仁爱、正义、诚实、节制、宽容等等。随着德性内涵的逐渐伦理化和德目的多元化，德性与人自身存在的关系开始呈现出不同于其原始形态的特点。作为品格，德性往往展开为多样的、特殊的规定，所谓仁爱、正义、诚实等等，展示的都是人的不同道德特征。以特定、多元的品格为形式，德性所体现的，往往是人的某一方面的规定。与德目的多样化相应，人的存在也呈现为彼此互异的各个向度。德性向德目的如上分化，使人的存在如何整合成为不能不正视的问题。

人作为道德主体，固然有多方面的规定，但如前一篇所论，这些规定并非彼此分离；在现实的形态下，它们往往以不同的方式，呈现为统一的结构。从人的存在这一维度看，德性同样并不仅仅表现为互不相关的品格或德目，它所表征的，同时是整个的人。德性的具体表现形式可以是多样的，但作为存在的具体形态，德性又展现为同一道德主体的相关规定。德性的这种统一性往往以人格为其存在形态。相对于内涵各异的德目，人格更多地从整体上表现了人的存在特征。就个体而言，人格的高尚或卑劣通常是衡量其道德境界的综合尺度。此所谓人格，不同于某一方面的品格，而是人的整个存在的精神体现；以人格为形式，德性统摄、制约着人的日常存在。而从本源上看，德性的整体性又以人在生活世界中存在的整体性为其本体论根据。麦金泰尔已注意到这一点："内在于人生的德性具有统一性，理解这一点的前提在于：肯定德性的统一性体现了生活的统一特征，并把生活本身视为并评价为一个整体。"[1] 这一看法在肯定德性的整体特征的同时，又强调了德性的整体性与人生的整体性之间的联系。综合起来看，德性的整体性与人生的整体性相辅相成、彼此互动，二者统一于生活世界中的历史实践。

与人的整个存在为一，决定了德性总是具有稳定的特点。和先天的禀赋有所不同，德性本质上并非与生俱来，而是获得性的品格，但

---

[1] Alasdair MacIntyre, *After Virtue: A Study in Moral Theory* (London: Duckworth, 1981), p.191.

德性一旦形成，便逐渐凝化为较为稳定的精神定势。这种定势在某种意义上成为人的第二天性，并相应地具有恒常的性质。人的具体境遇可以变化，但德性却往往并不随境遇的变迁而变迁；境遇的可变性与德性的相对不变性，从一个方面表现了德性的稳定趋向。变或不变同时涉及时间之维，作为具体的个体，人的存在总是展开为一个历时性的过程，但不管时间如何流逝，主体总是同一个"我"，此所谓"我"，既是现实的生命存在，也兼及内在的人格；正如生命主体并不因为新陈代谢而终结或转换一样，内在的人格也并不因时间的流转而消解自身。人格的这种绵延同一，从德性与过程的关系上，展示了德性的相对恒常性。

康德曾认为，人的真正的完美性，"并非仿佛是人拥有德性，毋宁说，它所表明的是德性拥有人"①。所谓德性拥有人，其前提是把德性视为自我同一的形态，而非相互分离的规定。康德这一看法，似乎亦有见于德性的统一性。然而，在德性拥有人的形式下，德性本身或多或少呈现为一种超验的力量：它不再作为内在的人格表征人的整个存在，而是作为某种异己的规定与人相对。康德对德性的这种理解，表现了对普遍性原则的注重；在伦理学上，康德一再强调道德律令的普遍有效性，德性对人的超越，可以看作是道德律令超然于个体的逻辑引申。德性的这种超验化，在逻辑上蕴含着将德性与人的存在分离开来的可能。

德性一旦与人的存在相分离，其伦理意义便往往难以定位。关于德性，我们可以在理论上提出如下问题：为什么德性是善的？或者说，为什么德性是一种正面的价值？如果仅仅限于德性本身，则这一问题便无法真正得到说明。当康德强调是"德性拥有人"而非"人拥有德性"时，其前提是德性的性质并不依赖人，但超然于人的德性何以是善的？康德似乎未能对此作出回答。关于德性及其根据的追问，应当指向人的存在。"德性何以善"在逻辑上关联着"德性何以必要"，后

---

① Immanuel Kant, *The Doctrine of Virtue* (Philadelphia: University of Pennsylvania, 1964), p. 67.

者更直接地涉及人自身的存在和发展。作为历史过程中的存在,人总是不断地追求自身多方面的完善,德性既表征着人性发展的状况,又在广义上制约着人的发展;既规定着精神的发展方向,又影响着行为的选择。质言之,作为涵摄整个主体存在的内在人格,德性构成了人的多方面发展所以可能的条件之一;正是德性与存在的这种联系,赋予德性以正面的价值或善的品格。托马斯·阿奎那曾认为,德性之所以为善,并不仅仅是因为它本身具有"善"的性质,而是因为它使拥有德性的人获得善的品格。[1] 这一看法也已注意到德性与人的存在之间的联系。总之,从本体论和价值论上看,人的存在具有某种本源性和优先性。

人的完善或发展,以自我与他人的关系为其背景之一。就人我关系而言,伦理学上往往面临人我之间的不对称问题(self-other asymmetry)。此所谓不对称,是指抑制自我而将他人放在一个更优先的地位上,或牺牲自我以实现他人的利益。一般所确认的道德的为他性,其核心实质上也就是人我之间的不对称。在自我与他人之间的这种不对称关系中,自我似乎多少成为被限制甚至被否定的对象,这种结果与人的完善和发展显然存在某种紧张。结果论(consequentialism)试图以追求最大限度的利益,来消解这种紧张。在结果论看来,如果肯定自我的利益能获得更大的善的结果,那么,追求自身的利益就是正当的。[2] 然而,这种思路也有自身的问题。从逻辑上说,既然更大的利益可以作为选择的依据,那么,自我的行为只要能带来所谓更大的利益,则即使损害某些他人也未尝不可。关于人我之间不对称性的这种解决模式,显然未能达到对人的多方面发展的完整理解。

扬弃人我之间不对称的另一种可能的思路,在于确认德性的意义。作为人的整个存在的一种表征,德性不仅超越了主体某一方面的规定,

---

[1] 参见 Zagzebski, *Virtues of the Mind: An Inquiry into the Nature of Virtue and the Ethical Foundations of Knowledge*, pp. 90 – 91。
[2] 参见 *Virtue Ethics: A Critical Reader*, ed. Daniel Statman (Edinburgh: Edinburgh University Press, 1997), pp. 130 – 131。

而且指向人我之间；人格的完美，既展开于存在的各个方面，也通过自我与他人之间的关系得到展示。在自我的存在这一向度上，德性的特点在于体现了主体各个方面规定的统一，与之相应，在自我与他人的关系上，德性的特点在于确认成就自我与成就他人的统一。如前所述，《中庸》将"诚"理解为成己而成物，已注意到，真正具有完美的德性，意味着既实现自我的价值，又肯定他人的价值。在这里，德性的统一由自我在品格等方面的整合，进而表现为成己与成人的互摄。自我的内在整合与人我的交相成，同时又从两个方面将德性与存在的统一具体展开了。①

作为存在的一种统一形态，德性有其自身的结构。就德性与道德实践的关系而言，德性首先表现为一种为善的意向，这种为善的意向不同于偶然的意念，而是一种稳定的精神定势（disposition）。具有真实德性的人，不管处于何种境遇，都将追求自己所认定的道德目标；在面临各种选择之际，总是择善而弃恶。即使自我独处，各种外在的约束暂时不存在，也无苟且之意。② 以德性为本源，行善（道德实践）成为人的现实定势，趋向于善取代了"勉强"行善。不难看到，此处的道德选择已不再仅仅出于外在的命令或自我的有意努力，而是源自德性的内在制约。同时，从内在德性出发，行为本质上具有"为己"的性质，而不同于"为人"③：当行为出于德性时，与之相随的是自我的真诚要求，而不是行为者对自身外在"道德形象"的关注；换言之，此时自我的行为完全表现为德性的真实流露而并非为了给他人或公众展示某种道德的外观。在这里，人的存在获得了趋善的定向。

为善的定势，主要体现了德性的导向性。道德实践不仅要求以善为定向，而且涉及何者为善以及如何行善等问题。如果仅仅具有行善

---

① 麦金泰尔曾对德性下了如下定义："德性是人的一种获得性的品质，拥有并运用这种品质将使我们获得对实践具有内在意义的利益，而缺乏这种品质则将妨碍我们获得这种利益。"（MacIntyre, *After Virtue: A Study in Moral Theory*, p. 178）这一看法已注意到德性对具有德性的自我来说并非仅仅具有否定的意义。
② 《大学》在诚意的前提下讲慎独，亦注意到了德性对于个体独处的意义。
③ "为己"与"为人"之别，参见本书第三篇及第四篇。

的意向，显然难以达到现实的善。一般而言，道德实践的自觉向度首先来自对道德规范的把握；作为一定时期道德理想与道德关系的反映，规范为行为的选择和评价提供了普遍的准则。但另一方面，行为总是发生于具体的情景，而一般的规范往往无法穷尽一切具体的境遇，离开了对具体情景的分析，便很难达到行为的善：一个虽有行善意向且了解一般规范的人，若昧于境遇的真相（对所处情景未能达到正确的认识），显然难以作出合乎善的选择。同时，为善不仅涉及"做什么"，而且关联着"如何做"，了解普遍的规范与具体的境遇固然可以告诉我们应该做什么，但若缺乏必要的背景知识，对如何做（达到善的条件、过程、程序等等）浑然无知，则行善依然只能停留在良好的愿望中。因此，具体的、现实的德性，总是蕴含着知善的能力；抽去了知善能力的所谓"德性"，将流于空洞的"应该"，而很难视为真实的德性。

此处似乎有必要对某种道德现象作一分析，这种现象可以简要地概括为"好人做错事"。在现实生活中常常会出现这样的现象：善良之人或"好人"，有时因为认识的失误，也会作出错误的选择，当代一些伦理学家曾以此为根据，对德性伦理提出了质疑。[1] 这里首先应当对日常语言中的"好人"与严格意义上有德性的人作一区分。日常语言中的"好人"，更多地是就善的意向而言，具有行善意向的人，往往就被视为"好人"。相形之下，伦理学意义上的德性，便不仅仅限于善的意向，如上所述，作为一种精神结构，它同时包含道德认识的内容，只有当善的意向与善的认识融合为一时，德性才呈现为美德（excellence），而善的认识则涉及对伦理原则、具体情景等的正确把握。虽有善的意向，但同时以错误的道德认识为内容的"德性"，只是片面的德性；与之相联系的行为者也许可以称为"好人"，但却很难视为真正意义上有德性的人。

除了具有行善的意向、知善的能力之外，德性还包含着情感之维。在日常存在中，一个具有德性的人，对不同的行为动机、行为后果等

---

[1] 参见 Robert B. Louden, "On Some Vices of Virtue Ethics," in *Virtue Ethics: A Critical Reader*, pp. 184–185。

往往会形成相异的情感反映或体验。当一种不合乎道德规范的动机萌生时，主体在反省之后将因之而自责和自谴；若自己的行为导致了某种不良的后果，主体常常会有一种内疚或悔恨感；在完成了善的行为之后，自我往往会感到自慊；对他人的善行或恶行则自然地加以认同或排拒，如此等等。自责、自谴、内疚、自慊、认同等情感，在德性中同样成为稳定的定势。某些情感本身似乎具有中性或价值无涉的特点（爱、恨等抽象地看并无善恶之分），但情感的具体体验却有正当与否的区分。对他人的不幸有同情之感，这是健全的情感反应；相反，对他人的不幸遭遇感到幸灾乐祸，这种情感体验则是不健全的。德性所内含的情感，总是表现出健全的趋向：情感的稳定性与情感的正当性在德性之中合而为一。

可以看到，作为人存在的精神形式，德性在意向、情感等方面展现为确然的定势，同时又蕴含了理性辨析、认知的能力及道德认识的内容，从而形成为一种相互关联的结构。这里固然亦涉及知、情、意等方面，但在德性结构中，这些规定并不仅仅具有心理学的意义。作为德性的构成，情意、理性等都包含着确定的道德内容，所谓行善的意向、知善的能力以及对善的情感认同等等，都表现为一种以善的追求为内容的精神趋向。这种内含着向善定势的结构，在某种意义上可以看作是道德实践的精神本体，它从主体存在的精神之维上，为道德实践提供了内在的根据。当然，与人的存在本身在个体之维与社会之维上的历史性相联系，作为道德实践根据的德性并不是一种先天的、永恒的规定。在其现实性上，它同样处于生成过程之中，具有历史的品格。

二、德性与规范

道德行为在本于德性的同时，又受到普遍规范的制约。如前所述，德性以主体为承担者，并相应地首先涉及人的存在。相形之下，规范并非定格于主体：作为普遍的行为准则，它更多地具有外在并超越特定主体的特点。然而，尽管德性与规范各自呈现出和主体存在的不同关系，但二者并非彼此悬隔。

前文已论及，德性往往以人格为其整体的存在形态。历史地看，在不同的文化传统中，都存在着理想的人格典范。从中国古代的圣人（尧、舜、禹等等），到古希腊史诗中的英雄（俄底修斯、赫克托耳等等），都曾被视为理想的人格范型。这些理想的人格尽管常常与神话传说等纠缠在一起，但同时又汇聚了多方面的道德品格，从而在某种意义上成为德性的化身。作为德性的具体化，理想的人格首先折射了一定时期的历史需要。尧以禅让（让位于既贤且德的舜而非传位于尧之子）展示了重天下甚于重一家的群体关怀意识，而群体关怀则是维系社会稳定和有序化所必需的；禹在传说的治水过程中所表现出来的坚韧不拔的精神，则反映了与天奋斗、征服自然的过程中人所必需具备的品格。同样，古希腊史诗中的英雄所表现出来的勇猛无畏，也体现了在氏族部落之间战争频繁的历史时期，骁勇善战、视死如归的英雄气概已成为生存的重要精神因素。略去其中渗入的神话传说成分，我们不难看到历史中的理想人格与历史需要本身之间的联系；不妨说，理想人格内含的德性，同时也体现了一种历史的选择：正是合乎历史需要的主体品格，在历史演进过程不断得到确认和肯定，并逐渐凝结、汇凑于历史中的理想人格。

德性在理想人格中的具体化，从一个方面为规范的形成提供了前提。规范既反映了一定历史时期的社会需要，又体现了普遍的道德理想；这种理想以现实的社会存在为根据，同时又在圣人、英雄等理想人格中取得了具体的形态。相对于比较自觉的观念系统，与人的具体存在融合为一的理想人格似乎具有某种本体论的优先性：在抽象的行为规范出现以前，理想的人格往往已作为历史中的现实而存在；规范系统本身在一定意义亦以历史中的理想人格为其重要的本源。事实上，理想的人格同时也可以看作是一种完美的存在范型，这种范型对一般的社会成员具有定向与范导的意义，观念化的规范系统在相当程度上亦可理解为对这种范型的概括、提升。埃尔德曼认为，"品格的善在逻辑上更为基本","在道德生活中,规则是后起的"①。这一看法似乎已有见于此。

当然,对德性在现实人格中体现出来的本源性,不能作片面的理解。从人的存在在历史中的优先性来考察,作为德性统一形态的人格确乎具有本源或基础的性质,但这并不意味着德性完全超然于规范。历史地看,社会发展的每一时期往往存在着与该时期的社会状况相适应的行为规范,这些规范最初也许不一定取得系统的、自觉的形态,而更多地表现为某种风俗、习惯、礼仪、禁忌等,但它在一定时期却作为影响人们行为的实际制约因素而起着规范或准规范的作用。文明早期的理想人格固然作为历史中的现实存在而为规范提供了依据,但他们本身亦受到了当时价值原则及体现这种价值原则的社会风尚的影响。古希腊英雄的无畏精神,多少折射了当时尚武的社会价值取向;传说中的禹在治水时的自我献身品格,则反映了人类征服自然的能力相对有限的时期,集体力量及集体价值的优先性。事实上,历史中的理想人格取得如此这般的形态,也包含了某种塑造或再创造的作用:人们往往是根据自己所理解的价值原则及与之一致的规范,确认或突出理想人格的德性。在理想人格之后总是可以看到一定历史时期的价值取向及相应的规范原则。不管是就其本然形态而言,还是从它被塑造或再创造这一面看,历史中的理想人格都难以和一定的规范系统截然相分。

综而论之,德性通过凝化为人格而构成了规范的现实根据之一,规范则从社会价值趋向等方面制约着理想人格的形成与塑造,二者呈现为某种互为前提的关系。如果仅仅从静态的观点看,往往容易引出单向决定的结论,惟有着眼于历史过程,才能把握二者的真实关系:正是在历史实践的过程中,德性与规范展开为一种互动关系并不断达到具体的统一。

以上所涉及的,主要是德性与规范关系的历史之维。从逻辑的层

---

① Harold Alderman, "By Virtue of Virtue," in *Virtue Ethics: A Critical Reader*, pp. 156–157.

面看，规范作为普遍的行为准则，总是超越于具体的个体，而道德行为则以个体为承担者，如何使普遍的规范化为个体的具体行为，这一问题涉及了德性与规范更内在的关系。

道德实践中的为善避恶，以善恶的分辨为逻辑前提，而善恶的分辨则表现为一个道德认识（知）的过程。道德认识意义上的"知"，虽然不同于事实的认知，但就其以善恶的分辨、人伦关系的把握、规范的理解等为内容而言，似乎亦近于对"是什么"的探讨：以善恶之知而言，知善知恶所解决的，仍不外乎什么是善，什么是恶的问题。从逻辑上看，关于是什么的认识，与应当做什么的行为要求之间，并不存在蕴含的关系。如所周知，休谟早已注意到了这一点，在他看来，仅仅从"是"之中，难以推出"应当"。休谟由此将事实认知与价值评价截然分离，无疑有其问题，因为在善的认定中，也已包含了认知的内容。不过，即使以价值确认而言，它固然通过肯定什么是善而为行为的规范提供了根据，但懂得什么是善并不意味着作出行善的承诺：在知其善与行其善之间，存在着某种逻辑的距离。

规范内含着应当，以善的认定为根据，规范无疑涉及善恶的分辨：在肯定何者当为何者不当为的同时，它也确认了何者为善，何者为恶。然而，规范作为普遍的当然之则，总是具有超越并外在于个体的一面，它固然神圣而崇高，但在外在的形态下，却未必能为个体所自觉接受，并化为个体的具体行为。同时，规范作为普遍的律令，对个体来说往往具有他律的特点，仅仅以规范来约束个体，也使行为难以完全避免他律性。

如何由知其善走向行其善？如果换一种提问的方式，也就是：如何担保普遍的规范在道德实践中的有效性？这里无疑应当对德性予以特别的关注。个体的社会化往往伴随着化天性为德性的过程，德性从一个方面使人由自然意义上的存在，成为社会的存在，并进而提升为道德的主体。规范作为普遍的律令，具有无人格的特点，相对于此，德性更多地体现于个体的内在品格。作为内在的道德品格，德性在某种意义上可以看作是规范的内化。通过环境的影响、教育的引导，以及理性的体认、情感的认同和自愿的接受，外在的规范逐渐融合于自我的内在道德意识，后者又在道德实践中凝而为稳定的德性。与规范主要表现为社会对个体的外在要求有所不同，德性在行为中往往具体化为个体自身道德意识的内在呼唤。较之规范，德性与个体的存在有着更为切近的联系：它作为知情意的统一而凝化于自我的人格，并在本质上呈现为个体存在的内在形态。当行为出于德性时，个体并不表现为对外在社会要求的被动遵从，而是展示为自身的一种存在方式。在德性的形式下，知当然与行当然开始相互接近：作为同一主体的不同存在形态，知当然与行当然获得了内在的统一性。

从规范与行为者的关系看，规范在形式上表现为"你应当"（You ought to）之类的社会约束。相对于此，德性则首先以"我应当"（I ought to）为约束的形式。对行为者来说，"你应当"似乎呈现为某种外在的命令，"我应当"则源于行为者的自我要求，后者乃是基于向善的意愿、善恶的辨析与认定、好善恶恶的情感认同等精神定势，它可以看作是内在德性结构综合作用的结果。在"你应当"的形式下，行为者是被要求、被作用的对象，在"我应当"的形式下，行为者则呈现为主体。仅仅停留在"你应当"之类的命令关系中，行为显然很难完全摆脱他律的性质，惟有化"你应当"为"我应当"，才能扬弃行为的他律性，并进而走向自律的道德。[1]

通过化外在规范为内在德性，普遍规范在道德实践中的有效性，显然也获得了某种担保。康德曾指出，德性是一种抑制非道德因素的坚韧力量，其意义之一在于控制各种感性的倾向（inclination）。[2] 所谓抑制非道德的因素，意味着排除各种干扰，使道德律能够更自觉地得到贯彻。康德的这一思想体现了其注重义务及理性原则的倾向。尽管如前所述，康德对德性的理解存在着某种超验化的趋向，但以上看法同时亦从一个侧面注意到了德性在担保规范有效运作方面的作用。康

---

[1] 需要指出的是，超越"你应当"，并不意味着消解规范的作用，毋宁说，它所侧重的是规范作用方式的转换。事实上，在"我应当"的自我要求形式中，同样蕴含着规范的制约。详见后文。

[2] 参见 Kant, *The Doctrine of Virtue*, p. 38, pp. 49–50。

德在伦理学史上以坚持义务论立场而著称,他对德性作用的肯定,既表现了哲学家思想的复杂性,也从一个方面表明德性对道德实践的不可或缺性:即使义务论者,也无法完全忽视德性的作用。

从逻辑上看,行为者对道德规范的遵循,有一个基本的前提,即他具有追求善或认同善的趋向。换言之,他愿意并选择做一个有道德的人。这种向善的取向,可以看作是行为者的内在承诺;惟有作出了这种承诺,道德规范才对他具有约束力。对一个无向善意愿、与社会为敌的个体来说,由于缺乏向善的自我承诺,道德规范对他便没有任何意义,他绝不会因行为不合乎规范而感到内疚或自我谴责。当 P. 福特肯定道德也具有假言命令的意义时,她似乎已注意到这一关系。① 在引申的意义上,我们也可以说,就规范的遵循要以向善的承诺为前提而言,道德系统呈现某种假言的性质,其逻辑形式可以概括为:如果你选择或承诺做一个有道德的人,那么,你就应当遵循道德的规范。按其实质,向善的取向体现的是德性所内含的精神定势,从而,德性的形成亦相应地构成了规范得以确认和贯彻的逻辑前提。

当然,肯定德性为规范提供现实的担保,并不意味着否定规范本身的一般制约作用。德性作为统一的精神结构,总是包含着普遍性的规定,这种规定显然难以离开对规范的自觉认同。事实上,德性的形成过程,往往与按规范塑造自我的过程相联系。一定时期占主导地位的规范体系,既制约着人们的行为,也影响着人格的取向。李觏曾指出:"导民以学,节民以礼,而性成矣。"② 礼既有制度之意,又泛指一般的规范;性则指与天性相对的德性。"导民以学,节民以礼",意味着引导人们自觉地接受、认同普遍的规范,并以此约束自己;"性成"则是由此而使天性提升到德性。张载也提出了类似的看法,强调"凡未成性,须礼以持之"。③ "故知礼成性而道义出。"④ 这里所肯定

---

① 参见 Philippa Foot, "Morality as a System of Hypothetical Imperatives," in *Virtues and Vices and Other Essays in Moral Philosophy* (Berkeley: University of California Press, 1978)。
② 李觏:《李觏集》,中华书局,1981,第 66 页。
③ 张载:《经学理窟·礼乐》,载《张载集》,第 264 页。
④ 张载:《正蒙·至当》,载《张载集》,第 37 页。

的，亦为"知礼"（把握规范系）与"成性"（从天性到德性的转换）之间的统一性。对规范的这种认同，同时亦有助于避免德性向自我中心的衍化。亚里士多德曾把公正与合乎法（lawful）联系起来，而公正又被理解为"一种完全的德性"，从而，公正与合乎法（lawful）的沟通，也意味着德性与法的联系。[①]"法"是一种强制性的规范，尽管它不同于道德律，但在规范性上，与道德领域的当然之则又有相通之处；而以"法"来解释德性，则从一个方面确认了德性与规范之间的联系。亚里士多德在伦理学史上被视为德性论的主要代表之一，他对德性与规范的沟通，固然在一定程度上反映了他在理论上的多向度性，但同时亦表明德性与规范并非简单地相互排斥。

广而言之，社会的凝聚和秩序的维系需要一般的规范，行为要达到最低限度的正当性，也离不开普遍的当然之则。一般的规范既对行为具有普遍的范导意义，又为行为的评价提供了基本的准则，它在道德实践中往往更接近可操作的层面，因而有其不可忽视的意义。同时，德性的形成总是需要经历一个长期的过程，相对于明其规范，成其德性似乎是一种更高的要求。就行为而言，较之对规范的依循，出乎德性也无疑是一种更不易达到的境界。由此而视之，遵循规范似乎应当成为基本的、初始的要求。不过，无论从个体抑或社会的角度看，停留于依循外在规范这样一个"底线"的层面显然是不够的，这不仅在于仅此难以达到完善的道德关系，而且如前所述，当规范仅仅以外在的形式存在时，其现实的作用本身往往缺乏内在的担保。总之，行为的普遍指向与评价的普遍准则离不开一般的规范，而规范的现实有效性又与德性联系在一起。

德性与规范的统一，在规范与德目的一致中也得到了具体的展现。从历史上看，传统的规范与传统的德目往往存在着某种对应性，以儒家而言，其核心的道德理念具体表现为仁、义、礼、智、信等等，作为行为的要求、评价的准则，这些道德理念无疑具有规范的意义。所

[①] 参见 Aristotle, *Nicomachean Ethics*, in *The Basic Works of Aristotle*, Book V。

谓"为仁""行义",即意味着在实践过程遵循仁、义的原则。但在儒家的道德系统中,仁、义等同时又被理解为内在的德性和品格,所谓"仁者",便是指具有"仁"这种德性或品格的主体。在"仁"的规范下,通过"为仁"的道德实践逐渐形成内在的德性,又以"仁"的德性为根据而展开为善去恶的道德工夫。在实践的过程中,作为规范的"仁"与作为德目的"仁"融合为一。同样,在西方伦理传统中居于核心地位的正义,也既表现为普遍的规范,又是主体的美德。

从性质上看,德性总是包含着善的倾向,无论是具体的德目,抑或整体的人格,德性都表现出向善的定势。以仁而言,具有"仁"的品格,意味着将他人视为目的,以仁爱的精神对待他人。这种向善的定势无疑显示了正面的价值意义。然而,内含善的趋向,还只是表明具有走向善的可能,它并不意味着达到现实的善。在某些情况下,德性的具体规定往往亦有导向负面结果的可能。如"仁"本来具有善的向度,但如果以"仁"的精神对待危害社会、与人民为敌者,则很难真正视为善举。要使善的趋向化为善的现实,避免德性的异化,便既应肯定德性的整体性,注重行善趋向与知善过程(包括善恶分辨、情景分析等等)的统一,也应肯定社会规范的指导、调节意义,以普遍的原则引导德性的作用方向。这里同样展示了德性与规范之间的相关性。

三、德性与德行

德性既涉及规范,又制约着行为。从形式的层面看,规范显然与行为有更切近的联系:它既规定了应当做(to do)什么,又提供了评价行为的准则;相对于规范,德性似乎首先指向成就人格(to be)。然而,这并不意味着德性与行为无关。正如德性与规范之间存在彼此互融的关系一样,应当"做什么"与应当"成就什么"之间也非互不相涉。

德性作为实有诸己的品格,可以看作是一种内在的本真之我。但成于内并不意味着囿于内。"我"既以内在人格的形式存在，又有其外在展现的一面。同样，德性亦既表现为内在的精神结构，又同时体现于现实的行为过程。与化外在规范为内在德性相关联的，是化德性为德行。就其现实过程而言，成就德性与成其德行并非彼此隔绝，我们固然可以在逻辑上对二者分别加以考察，但在现实性上，二者又统一于同一自我的在世过程。从其起源看，德性的形成本身离不开德行。王夫之在对"德"加以界说时，曾指出："德者，行焉而有得于心之谓也。"①"有得于心"，侧重于德性作为精神形态的品格这一特点，而此所谓"得"，又以"行"为条件，这里已注意到德行对于德性的某种本源性。作为内在的人格，德性总是面临着如何确证自身的问题。与德性的形成（有得于心）基于"行"相应，德性的自证难以仅仅停留在精神的受用之上：它需要在德行中确证自身。

德性的外部确证过程，同时也就是德性的外化过程。如果德性是真实的，那么它就总是既凝于内，又显于外。德性的外化或对象化并不是一种远离日用常行的过程，化德性为德行也不一定表现为惊天动地之举，相反，它更多地内在于生活世界中的日用常行。道德关系总是展开于社会生活的各个方面，而每一主体又往往处于某种既定的社会环境之中，这种环境常常并不是主体能任意选择的。这样，道德实践必然涉及如下二重关系，即环境的不可选择性与行为的可选择性，而德性的力量即在于：在既定的环境中，不断通过渗入日用常行而在生活世界打上主体的印记，并使之获得新的意义，从而达到日用即道之境。

从存在的形态看，德性作为精神定势首先处于观念的领域。精神定势固然也是人存在的一个重要向度，而且，这种定势在一定意义上本身就是一种善；但作为观念性的存在，其价值往往还具有潜在的一面。如前所述，形成向善的定势，意味着具有行善的可能。德性意义的完全实现，离不开广义的行为过程：化德性为德行，同时意味着德

---

① 王夫之：《读四书大全说》卷一，载《船山全书》第六册，第439页。

性不断在实践过程中获得现实性的品格。作为德性价值实现的方式，德行表现出多重形式：从生活世界中的交往，到劳动过程的生产实践，都渗入了德性的内在作用，德性本身也相应地体现并展开于人的存在的各个方面。

化德性为德行，主要侧重于扬弃德性的潜在形式并使之获得现实的确证。德性与德行的关系并不限于这一方面。德行属于广义的道德实践，它在确证德性的同时，本身又总是以德性为其内在的根据。对象世界林林总总，难以穷尽，人所处的境遇也往往变化不居，如果逐物而迁，滞泥于具体境遇或境遇中的偶言偶行，则往往不仅不胜纷劳，而且亦难以保持行为的一贯性。惟有立其本体，以德性为导向，才能使主体虽处不同境遇而始终不失其善。作为真诚的人格，德性表现了自我的内在统一，在此意义上，德性为"一"；德行则是同一德性在不同社会关系与存在境遇中的多方面展现，故亦可视为"多"。这样，以德性统摄德行，亦可说是以一驭多。不妨说，正是自我的内在德性，担保了主体行为在趋善这一向度上的统一性。

关于德性的作用，一些哲学家曾提出质疑。质疑之一，便是德性无法对行为提供具体的指导。罗伯特·劳旦的观点在这方面具有一定的代表性，在他看来，我们固然应当以有德性的人为榜样，但我们往往很难知道一个有德性的人处在我们的地位会如何去做，因为德性无法化为日常行为规范。同样，德性对具体的道德困境也显得无能为力，例如，德性并不能告诉我们，一个有某些缺陷的几个月胎儿是否应流产。① 这些质疑，在理论上涉及了德性与行为更内在的问题。

如前所述，德性作为一种精神结构，既表现为向善的定势，又包含着知善的能力。所谓知善，不仅仅是指把握普遍的道德规范，而且涉及具体的情景分析、规范与境遇的结合、对道德难题的解决等等。换言之，德性不能简单地被理解为一种良好的意向，在其现实的形态上，它同时也以行为机制、评价机制为其内容。道德规范主要从普遍

---

① 参见 Robert B. Louden, "On Some Vices of Virtue Ethics," in *Virtue Ethics: A Critical Reader*, pp. 180-191。

的层面上规定了应当做什么,但它并没有告诉人们如何将这种规范引用到具体的情景;情景的分析、定位,根据具体情景运用规范,等等,都难以离开道德主体。在道德实践中,主体的活动以德性为其内在本体,从情景的分析、规范的引用,到理性的权衡、意志的决断,都包含着德性的作用。在这里,德性表现为统一的意识结构,行善的意向、对善言善行的情感认同、评价意义上的理性与认知意义上的理性等等,综合为现实的精神本体,后者通过道德权衡、道德选择、道德评价等而制约着道德实践的过程。当主体面临具体的道德问题时,行善的定势往往规定了权衡、选择的导向(善的意向),实践理性和认知理性则将规范的引用和情景的分析结合起来,使应当行善的意向进而化为如何行善的具体结论。

可以看到,如果我们把德性理解为主体精神的整体结构,而不仅仅是某一方面的规定,那么,德性与行为关系的抽象性便可以得到扬弃。德性的整体性既表现为实践精神的综合统一,也体现在德性与人的整个存在的融合。从道德实践的角度看,基于以上双重统一,德性同时又具有本体的意义。作为精神本体,德性不仅为行为提供了一般的导向,而且通过渗入主体活动的各个方面而具体地制约着行为。

德性的以上作用,当然并未排斥规范,事实上,在解决道德问题的过程中,总是包含着规范的引用,但对具体情景的分析,又往往同时涉及原则的变通问题。中国哲学很早已开始关注这一问题,在经权之辩中,便不难看到这一点。"经"所侧重的,是原则的绝对性,"权"则含有灵活变通之意。中国哲学家在要求"反(返)经"的同时,又反对"无权"①,这里已涉及规范的引用与具体情景的分析之间的关系。更值得注意的是,在中国哲学那里,经与权的互动,总是与主体及其意识系统联系在一起。王夫之的以下论述在这方面颇具代表性:"惟豫有以知其相通之理而存之,故行于此不碍于彼;当其变必存

---

① 《孟子·尽心上》《孟子·尽心下》。

其通，当其通必存其变，推行之大用，合于一心之所存，此之谓神。"① 王夫之的这一论述既涉及天道，也关联着人道。从后一方面（人道）看，所谓"相通之理"便包括普遍的规范，知相通之理而存之，意味着化普遍规范为内在的观念结构；通与变的统一，包含着"经"（普遍规范的制约）与"权"（基于情景分析的权变）的互动，而在王夫之看来，这种统一与互动，又以内在的观念结构为本（合于一心之所存）。尽管王夫之以上看法并不仅限于道德实践，但其中无疑兼及这一领域；由后者（道德实践领域）视之，将"通""变"的互动与"一心之所存"联系起来，显然已注意到主体内在的精神结构在普遍规范的引用、情景分析、道德权衡以及道德选择等过程中的作用。

德性与具体情景中道德问题的关系，从一个方面表现了德性的行为向度。以道德问题的解决为中介，德性具体地展开并渗入行为过程。以中国传统哲学中的儒家而言，知行之辩是其重要的哲学论题，这一论题在相当程度上亦涉及了德性与德行的关系：与仁知统一的理论构架相联系，所谓知，首先往往指向德性之知，而知与行的互动，则既意味着在习行过程中培养德性，也蕴含着化德性为德行的要求。正是在后一意义上，王阳明强调"以成其德行为务"，在阐释格物致知时，王阳明对此作了具体论述："若鄙人所谓致知格物者，致吾心之良知于事事物物也。吾心之良知，即所谓天理也。致吾心良知之天理于事事物物，则事事物物皆得其理矣。"② 这里的事事物物，主要就道德之域而言，如人际的伦理关系等，格、致则涉及道德实践。与事事物物相对的良知，既以天理（普遍的规范）为内容，又融合于吾心（个体的道德意识），因而可以视为实有诸己的内在德性。所谓致吾心之良知于事事物物，也就是将道德意识运用于道德实践（化德性为德行），而事事物物皆得其理，则是内在的德性展示并体现于伦常世界。从心与理的关系看，这一过程表现为通过心的外化而建立理性化的道德秩序；

---

① 王夫之：《张子正蒙注·天道篇》，载《船山全书》第十二册，第72页。
② 王守仁：《传习录中》，载《王阳明全集》，上海古籍出版社，1992，第45页。

就德性与德行的关系而言，它则可以看作是德性通过德行而对象化于现实的伦理关系。中国传统伦理的看法，注意到了内在德性的实践品格，同时亦肯定了人格对德行的统摄作用。对德性与德行统一性的这种确认，无疑使德性伦理进一步获得了现实的内涵。

德性对行为的制约不仅仅体现于善的定向，而且表现在赋予行为以独特的道德意义。就道德行为而言，如果行为仅仅合乎规范，则只能称之为"不错"，这一层面的行为，往往还带有自发的性质；如果行为是基于对规范的理解和遵循，则可以称之为"对"，这一层面的行为已具有自觉的性质，但在相当程度上，它还属于所谓"底线伦理"的范围，因为按道德规范的要求去做，是作为社会成员的个体应尽的基本义务。除了"不错"和"对"之外，道德行为还可以区分出另一种类型，即"值得赞扬"的行为；这种行为的特点在于，它已不仅仅表现为合乎规范或遵循规范，而是出于主体的内在的德性。[①] "对"或"不错"的行为，在消极的意义上意味着可以避免受谴责或责备，在积极的意义上是指"容许"做的，相形之下，"值得赞扬"的行为则超出了免于责备（或谴责）以及简单的"可容许"，而是体现了主体的人格境界，显示了德性的内在力量。"对"或"不错"首先相对于规范系统而言，表明行为与"应当"之间的一致；"值得赞扬"则以存在价值的确认为前提，体现了主体存在的崇高性。

道德行为作为一个过程，既有其特定的动机，又伴随着某种结果；无论是动机，抑或结果，都构成了道德评价的对象。道德评价不仅展开于主体之外的社会，而且常常取得主体自我反省的形式。当主体意识到动机具有善的性质或行为产生了正面结果时，他往往会形成自我肯定、自我实现的道德判断和道德体验，这种判断和体验既使他感到自慊、自信，又将在新的道德实践过程中转换为道德的激励力量。反

[①] 西季威克在谈到德性与义务的关系时，曾认为，德性的行为应当被理解为既包括义务行为，又包括超出了义务的行为，后者虽然往往得到我们的赞扬，但我们"并不把它们作为义务加给所有有能力做出这些行为的人"。（参见西季威克：《伦理学方法》，廖申白译，中国社会科学出版社，1993，第239－240页）义务行为以规范为依据，超出义务的行为则具有更高的境界，后者近于此处所说的"值得赞扬"的行为。

之，当某种不良的动机萌生时，一个有德性的主体往往将产生自责的意识；面对负面的行为后果，内疚、悔恨、自谴则会在主体之中随之而生，如此等等。这种自责、自谴的意识，通常被称之为良心的谴责，它在某种意义上可以看作是一种特殊的道德制裁。以自我评价的形式实现的道德制裁，构成了道德实践过程重要的一环，它从内在的机制上，抑制了不良的动机（或偏离道德规范的动机）向现实行为的过渡和转换，并为避免因主体失误而再度产生负面行为结果提供了某种担保。① 从逻辑上看，道德层面的自我评价以及与之相联系的道德激励和道德制裁，以评价的主体具有内在的德性为基本的前提。事实上，对行为动机及结果的评价，始终交织着行善的意向、善恶的辨析以及好善恶恶的情感认同。正是向善的定势，一方面使合乎规范的行为动机和结果产生道德的向心力，并相应地形成认同感和自慊感；另一方面又使非道德的行为动机和结果一开始便面临着内在的心理排拒，并引发了自责、自谴、内疚等意识和体验。可以说，德性作为综合的道德意识结构，既构成了自我评价和道德激励及道德制裁的真实主体，又为这种评价、激励、制裁提供了内在的机制。

以德性为内在根据，道德行为不仅仅呈现自觉的向度。W. D. 罗斯曾对动机与行为的关系作了分析，在他看来，行为固然受到动机的制约，但动机本身却无法由人的意志来控制；也就是说，我们无法有意地要求在行为之前产生某种动机。② W. D. 罗斯的这一论点已注意到，具体动机的形成，往往有自然之维。以孟子举过的例子来说，看到儿童即将掉到井里，一个有道德意识的人便会过去相救，这种相救的动机并不是有意强求，即不是先产生"我应当有救人的动机"，然后形成相应的动机，而是面对儿童身处险境，救人的动机自然而产生。在这里，行为的动机并非形成于有意的选择，而是表现为某种向善定势的

---

① 罗素在谈到伦理制裁时，似乎主要着重于社会对个体的约束，对自我评价维度上的道德制裁及其道德意义，则有所忽视。（参见罗素：《伦理学和政治学中的人类社会》，肖巍译，中国社会科学出版社，1992，第 148－153 页）
② 参见 W. D. Ross, *Foundations of Ethics* (Oxford: Oxford University Press, 1939), Chapter Ⅵ。

产物。一般而言，具体的行为动机很难通过有意召唤来获得，但动机与精神结构及其定势之间却存在着内在的联系：具有某种精神结构及定势的主体在一定的情景之中往往将形成某种行为动机，而这种制约行为动机的心理定势总是随着德性的形成而得到确立。可以看到，德性所内含的心理定势，在具体的情景中引发了相应的动机，德性对动机的这种制约，赋予行为以自然向善的形式。

如前一篇所论，完善的道德行为不仅具有自觉（合乎理性的规范）和自愿（出于内在意愿）的品格，而且表现出自然的向度。只有当行为不仅自觉自愿，而且同时又出乎自然，才能使行为摆脱人为的强制而真正取得自律的形式。相对于单纯的自觉或自愿，自觉、自愿与自然的统一无疑是一种更高的行为境界，而这种行为境界又以德性为其本体论前提。《中庸》已注意到了这一点："诚者不勉而中，不思而得，从容中道，圣人也。"[1] 诚者是指具有真诚德性的主体。不思不勉，并非完全取消理性的作用，而是指普遍的规范内化于主体的深层意识，成为人的第二天性，人的行为则由此而获得了近乎自然的性质：自然地合乎规范（中道）超越了理性的强制与人为的勉强；而这种自然之境，又以形成"诚"的德性为前提。在这里，行为境界与人格境界（德性）呈现统一的格局。

四、成就德性

与成就德行相联系的是成就德性。事实上，德性在道德实践中的本源意义，也使如何形成完美的德性成为不能不予以关注的问题。

从理论上看，在如何形成德性的问题上，似乎存在着一个悖论。一方面，追求德性意味着对善的向往，它在逻辑上以主体已经具有某种德性为前提：缺乏善的德性，显然难以将善确立为追求目标。另一方面，既然主体已经具有德性（走向理想的人格之境以已具有德性为

---

[1] 《中庸·第二十章》。

前提),那么,成就德性的努力似乎就变得多余了。这种悖论使人联想起柏拉图在《美诺》篇中借美诺之口对知识来源问题上提出的困境:一方面,认识的发生要以对所认识的对象有所知为前提,因为如果对该对象一无所知,则根本无法确定其为认识的对象;另一方面,如果所研究的对象是已经知道的东西,则认识也就变得没有必要了。① 柏拉图由此论证了认识或学习的过程只能是回忆的过程。

然而,无论是认识的悖论,抑或德性的悖论,以唤醒或回归灵魂中已有之物为解决模式,显然只能给人以思辨的满足,而难以对问题作出真正的说明。就成就德性而言,较之回忆说,中国传统的性善说与性恶说,似乎包含更具有启示意义的思路。

孔子曾提出一个著名的命题,即"性相近,习相远"②。从德性的培养这一角度看,所谓性相近,也就是指每一个人都有相近的本质(性),因而都具有达到理想人格的可能。孟子进而将孔子所说的性相近引申为性本善。按孟子之见,人性之所以普遍相近,是因为凡人都有先天的善端,正是这种善端,为走向理想的人格之境提供了出发点:"恻隐之心,仁之端也;羞恶之心,义之端也;辞让之心,礼之端也;是非之心,智之端也。人之有是四端也,犹其有四体也。有是四端而自谓不能者,自贼者也。"③ 仁义礼智是理想人格的基本规定,而这种规定一开始便以萌芽的形式(端)存在于每一个主体之中,并构成了主体自我实现的内在根据;所谓成人,无非是这种先天潜能的展开,如果主体不能完成这一过程,便是对先天潜能的自我否定(自贼)。潜能之于人,犹如源泉之于水流,它为人格的发展提供了不竭的源头。可以看出,从孔子的性相近,到孟子的性本善,与人性相联系的内在根据在成人过程中的作用得到了进一步的突出。

与性善的预设相对,中国哲学史上的另一些哲学家对人性及成人

---

① 参见 Plato, *Meno*, 80e – 82d, in *The Collected Dialogues of Plato* (Princeton: Princeton University Press, 1961), pp. 363 – 367。
② 《论语·阳货》。
③ 《孟子·公孙丑上》。

过程作了不同的考察。荀子的看法在这方面具有典型意义。按照荀子的看法，自我的本然形态并不具有善的品格，相反，它一开始便被赋予了恶的本性："人之性恶，其善者伪也。"① 正是这种恶的禀赋，使本然的我与理想的我（理想人格）一开始即处于一种紧张、对立的关系之中。换言之，本然的我并没有为走向理想的我提供内在的根据。可以看出，在德性培养的出发点上，荀子表现了一种有别于孟子的思路。

如何化解本然的我与理想的我之间的对立与紧张？这一问题实质上也就是：如何将本然的我提升到理想的人格之境？按荀子的看法，出路在于化性起伪（改造本然之性）："故圣人化性起伪，伪起而生礼义。""凡所贵尧、禹、君子者，能化性，能起伪。"② 伪即人为，指广义的后天作用，具体包括外在的影响与内在的努力。所谓化性起伪，也就是通过社会的影响与个体自身的作用，以改造本恶之性，使之合乎礼义，而礼义则规定着理想人格的内在德性并构成了后者的主要内容。这里蕴含着如下观念，即德性并非先天的禀赋，而是形成于后天的化性过程。就其以"恶"为人的先天本性而言，荀子似乎并未完全摆脱伦理学上的先验论，但就其以化性起伪为礼义形成的前提而言，荀子又表现出扬弃先验论的趋向。

以性善说与性恶说为理论背景反观德性的悖论，则不难看到，解决以上悖论的途径在于将德性的培养理解为一个过程。从过程的角度看，德性的培养并不仅仅表现为外在强加，而是有其内在的根据；但这种根据最初主要以向善的潜能等形式存在；惟有通过教育、学习及道德实践的过程，内在的潜能才能不断获得现实的内容，并成为真实的德性。二者的相互作用，在中国哲学中往往被概括为性与习或天道与人道的统一："性者天道，习者人道。"③ "人之皆可为善者，性也；其有必不可使为善者，习也。习之于人大矣。……故曰：'习与性

---

①② 《荀子·性恶》。
③ 王夫之：《俟解》，载《船山全书》第十二册，第494页。

成.'"① 习包括习俗（社会环境）与习行（个体的知与行），总起来，本然之性为德性的形成提供了可能，社会环境的影响（习俗）及个体自身在知行过程中展开的努力（习行），则制约着这种可能是否转化现实的德性。

德性培养的上述过程在某种意义上具有继天成性的特点。王夫之在阐发《易传》"继之者善也，成之者性也"之说时，对此作了较为具体的论述："甚哉，继之为功于天人乎！天以此显其成能，人以此绍其生理者也。性则因乎成矣，成则因乎继矣。不成未有性，不继不能成。天人相绍之际，存乎天者莫妙于继。然则人以达天之几，存乎人者，亦孰有要于继乎！"② 这里的"继"，涉及从天性到德性的转化，按王夫之的看法，惟有经过"成性"的过程，天性才能真正成为人之性（"性则因乎成"，"不成未有性"），而成性则以"继"为前提和条件（"成则因乎继"，"不继不能成"）。作为天性向人性（德性）转化所以可能的条件，"继"并非从无开始，而是以天性为其出发点（在词源学的意义上，"继"本身蕴含从既成存在出发之意），但另一方面，"继"又不同于被动地承传、延续、沿袭，而是以转换、再创造等为其题中之义，后者具体展开于社会的影响及个体自身的努力过程中。这里既涉及天人之际，又可以看到个体与社会之间的互动。

作为德性培养的出发点，以天性、潜能等为形式的内在的根据蕴含着历史的性质：主体的潜能在后天作用过程中化为现实的德性之后，本身又成为德性进一步提升的新的根据，并为德性的培养提供了更高层面的出发点；而新的实践又赋予内在根据以新的内涵。就主体都具有向善的内在潜能和根据而言，德性培养确乎以既有的"德性"为前提；就内在的潜能和根据向现实德性的转化而言，德性的培养又离不开社会作用、历史实践。作为前提和出发点的"德性"与作为结果和终点的德性不断在"天人相绍"、继天成性的过程中达到统一。

---

① 王夫之：《读通鉴论》卷十，载《船山全书》第十册，第 374—375 页。
② 王夫之：《周易外传》卷五，载《船山全书》第一册，第 1007 页。

从社会学的角度看，德性培养的过程同时也是个体社会化的过程。对个体来说，化内在的潜能为现实的德性，往往与接受普遍的社会规范相联系。如前所述，按其内容，德性之中总是包含着普遍的规定，这种规定与社会的规范（首先是道德原则）具有一致性。在教育、学习等个体与社会的互动中，外在的规范逐渐为个体所接受和认同，并融合于主体意识之中，成为德性结构中的普遍内容。惟有认同了普遍的规范，个体才真正成为社会共同体中的成员；而个体对普遍规范的接受，又构成了社会交往有序化与合理化的内在担保。就此而言，德性的培养并非仅仅是一种单纯的个体行为，而是一开始就具有普遍的社会意义。

健全的情感是德性的重要方面，德性的培养同时涉及道德情感的形成过程。情感本身有不同的表现形式，从道德实践的领域看，情感往往呈现出正面价值意义与负面价值意义等不同的特点。一般说来，同情、宽容、仁慈等情感具有正面的价值意义，嫉妒、残忍、冷漠等情感则主要呈现负面的价值意义，而恐惧、愤怒、羞耻等情感也许带有价值中立的特点。在具体的道德情景中，情感的反应往往有正当与否之分。如前文所提及的，在面对他人的痛苦之际，如果产生同情、关切之心，则这种情感便是正当的，相反，如果看到他人遭受不幸而幸灾乐祸，则这种情感便是不正当的。与意向或意欲相近，情感的作用也受到德性定势的制约。对一个有德性的人来说，其情感反应往往有确然的定向：他在看到别人的不幸遭遇时，总有一种同情之心而不会暗自庆幸。

与善的意向一样，情感也可以通过教育等方式而加以培养。在宽泛的意义上，重要的首先是通过培养和发展个体正面的潜能，通过价值观、人生观等方面的正面引导，通过赞扬、肯定表现正面价值的情感和谴责、否定具有负面价值的情感，等等，培养健全的情感定势。就个体正面的潜能而言，儒家所突出的亲子之情，便是其中之一。亲子之间的情感，带有某种本源的特点；亲之于子的关切，子之于亲的爱敬，是基于亲子之间本然、原初的关系而形成的，它构成了健全情感形成和发展的重要出发点。孔子所谓"入则孝，出则弟（悌），谨而信，泛爱众""慎终追远，民德归厚矣"①，其内在的涵义即在于通过顺导、展开具有本源意义的亲子之间的情感，以形成孝悌、爱人等道德情感，并进而造就良好的社会道德风尚。儒家关注亲子关系的道德意义之一，也体现于此。个体内在的潜能与社会的教化在道德实践过程中的交互作用，不断地推动着道德情感机制的建构，并逐渐使个体在不同的道德情景中形成正当的情感反应和情感认同。

作为德性培养的方式，教育并不仅仅表现为义理的灌输或理性的说教，它往往取得叙事的形式。从文明的早期看，史诗便为道德教化提供了重要的素材，史诗所歌颂的英雄或其他历史人物，同时也具有道德楷模的意义。此外，在各种形式的神话、传说、寓言中，也可以看到不同类型的人物塑造，这种人物在某种意义上也可以看作是一定时期道德理想的人格化。以著名的《伊索寓言》而言，其中便包含了不少人物形象，他们通过各自的具体言行，展示了多方面的德性。即使在理论文献中，亦包含着大量叙事的内容。以儒家而言，作为儒家理想人格的圣人，往往是通过具体的历史活动或日常行为而显示其完美的德性。在《孟子》一书中，我们便可以看到大量记叙"舜"的言行的篇章，如舜之父（瞽瞍）与继母曾一再试图置舜于死地：让舜去修谷仓，等舜上了屋顶，又抽去梯子并纵火烧仓房；命舜去疏通水井，却又用土去填井，欲将其埋在井中；等等。然而，虽受到这些不近情理的对待，舜仍毫不计较，事亲至孝。在与兄弟象的关系上，舜虽遭其陷害，但仍一再忍让，并且"象忧亦忧，象喜亦喜"。② 这种记述当然不一定是史实的介绍，但它却具有叙事的性质，正是通过上述各种具体的言行，《孟子》多方面地展示了"舜"的人格力量。同样，在道家的系统中，理想的人格与生活世界中的具体形象亦存在着切近的联系，《庄子》一书中那种无所待而与天地并生、与万物为一的至人、真人，以及形体虽然残缺，但又各足自性的诸类人物，都从不同的方

---

① 《论语·学而》。
② 参见《孟子·万章上》。

面表现了庄子的道德理想，而所有这一切都以叙事为其表达形式。在西方的文献中，也可以看到类似的表达方式，从早期史诗对英雄人物的刻画，到柏拉图对苏格拉底言行的描述，都包含着叙事的模式。直至近现代，在尼采、萨特等的作品中，依然深深地带有叙事的印记。不难注意到，在展示内在品格、德性、人格形象等方面，叙事的方式具有不可忽视的作用。

在日常的生活世界中，以传说、史实、人物传记等为形式的具体叙事同样构成了道德教化的重要方式。从宗教领域到世俗社会，都可以看到这一现象。以宗教背景而言，释迦牟尼的慈悲、基督的受难等宗教叙事，一直为信徒所引述并影响着其行为。在世俗世界中，历史上的圣人、英雄、贤者等等，其言行同样成为引导、说服人们从善、向善的形象资源，诸如大禹治水期间数过家门而不入、孔融让梨、文天祥宁死不降等等，这些叙事尽管有传说与史实之别，但都包含了某种劝善的功能。直到现代，对英雄、模范人物事迹的宣传以及榜样的确立，依然是道德教育的常见形式。较之抽象的说教，叙事的方式似乎更为接近现实的生活，也更容易为一般的社会成员所理解和接受。

社会的教化与个体的学习是同一过程的两个方面。如前所述，相对于一般的规范，生活实践具有更本源的性质，这一点既体现在规范的形成过程，也表现在对规范的把握上：就个体而言，对"应当"如何的了解，首先来自生活实践。叙事中的典范与生活中的榜样常常相得益彰，为个体提供了现实的示范；与其他方面的实践过程相近，个体的道德行为往往开始于模仿。亚里士多德曾以公正和节制的德行为例对此作了阐释："当行为与正义或节制的人所做之事相似时，它们就被称之为正义或节制的行为，但这并不是说，行为者因其做了这些事情而成为公正的和节制的，而是因为他像公正和节制的人那样做这些事情。"① "公正和节制的人"，也就是有德性的人，按公正和节制的人去做，意味着模仿有德性的人之行为。模仿可以是外在的依仿，也可

---

① Aristotle, *Nicomachean Ethics*, 1105b, in *The Basic Works of Aristotle*, p. 956.

以是内在的依照,模仿有德性的人,往往会经历一个从外在依仿到实质地仿效的过程。但不管是哪一种形式的模仿,都源于生活实践。

中国传统哲学很早也已注意到榜样的示范作用及个体效法人格典范的道德意义。《老子》以自然为第一原理,由此强调"稀言",所谓"希言自然"①,便表明了这一立场。"希言"本来相对于言说而言,其引申之意则包括在治国过程中反对政令烦苛、道德实践中拒斥过度的抽象说教等等。对《老子》作者来说,过分执着于言说,往往导致负面的结果:"多言数穷。"② 在道德领域,与言说相对的是榜样。道德实践所需要的,首先也是榜样:"善人者,不善人之师。"③ 尽管《老子》对道德意义上的善有自身的独特理解,所谓"善人"的人格意义与儒家等学派也有所不同,但我们仍不难看到人格典范或榜样(善人)在《老子》哲学中的重要地位。按《老子》的看法,人格典范在日常的生活中具有示范作用:"故圣人云:我无为而民自化,我好静而民自正,我无事而民自富,我无欲而民自朴。"④ 此所谓"圣人",既是贤明的君主,也泛指理想的人格。在这里,人格的典范并不是以言说(抽象的说教)来要求人们如何做,而是通过自身的立身行事,对人们加以范导和影响。

类似的观点亦见于儒家,当然,儒家在确认理想人格的示范作用的同时,更注重人们对人格典范的效法,所谓"见贤思齐"⑤ 便表明了这一点:思齐意味着以圣贤为榜样要求自己,并在实践中努力达到贤者之境。孟子更具体地谈到了这一点:"舜,人也;我亦人也。舜为法于天下,可传于后世,我由未免为乡人也,是则可忧也。忧之如何?如舜而已矣。"⑥ 舜是理想人格的化身(为法于天下),同时又是人之中的一员;作为理想的人格,舜的特点在于实现了人之为人的全部潜

---

① 《老子·第二十三章》。
② 《老子·第五章》。
③ 《老子·第二十七章》。
④ 《老子·第五十七章》。
⑤ 《论语·里仁》。
⑥ 《孟子·离娄下》。

能。与舜同类（舜与为"我"皆为人），表明圣人之境是可以达到的；舜实现了人的潜能，则决定了"我"应当以舜为榜样。在此，孟子通过肯定理想人格具有崇高性与现实性的双重品格，论证了效法人格典范的必要性与可行性。

然而，理想人格的示范作用以及模仿与效法在道德领域中的意义，与理性的教化并非彼此对立。示范与模仿具有某种直观的、形象的特点，这种道德教育与学习的方式无疑体现了与生活实践的切近联系，但同时又主要涉及经验领域。作为展开于经验领域的过程，示范、模仿显然亦有自身的限度，如果仅仅停留于此，则道德实践似乎很难摆脱自发的性质。与经验领域的示范与模仿相辅相成的，是理性层面的教化，后者包括对伦理关系的把握、对普遍规范的理解、对自由及其实现方式的认识、对道德理想的反思、对道德秩序合理性的判断等等。从这方面看，《老子》拒斥言说的方式，显然有其片面性。值得注意的是，类似的看法亦存在于现代一些伦理学家的思考中，如 R. 奥迪便认为："德性无法通过学习各种道德领域的价值观念而获得，它通常是通过模仿与社会化而形成的，如果没有榜样，它也许便无法教予人。"①在此，道德观念的学习基本上被置于德性培养的过程之外，这种看法或多或少将理论层面的教化与经验层面的模仿视为彼此对峙的两极，而对理性的反思、学习在德性培养过程中的作用则不免有所忽视。

当然，肯定德性培养的理性化之维，并不意味着仅仅以理性的自觉为德性的内容。福特曾提到过一个道德悖论：一方面，努力地去行善，表明行为者具有德性；另一方面，如果行善尚需依靠"努力"，则说明行为者在德性方面还不够完美。② 努力去做，这种行为无疑是自觉的，但同时，其中亦含有自我强制或迫使自己去做某事之意，而完美的行为显然不应当带有自我强制的性质。这里所涉及的，是德性培养过程中的天人关系（天性的人化和德性的自然化的关系）。个体刚刚来

---

① Robert Audi, *Moral Knowledge and Ethical Character* (New York; Oxford: Oxford University Press, 1997), p. 189.
② 参见 Philippa Foot, *Virtues and Vices and Other Essays in Moral Philosophy*, p. 10。

到世间之时，固然包含了各种发展的潜能，但在相当的意义上还只是自然的（或生物学层面的）存在，与个体的社会化相应，德性的培养既以已有潜能为出发点，又首先展开为一个化天性为德性（或自然的人化）的过程。然而，人化的德性本身又不能与自然相互对峙或相互隔绝；德性一旦与自然对峙或隔绝，便往往容易以"超我"的形式强制自我，从而成为异己的规定。因此，在实现自然的人化的同时，德性的培养还应当指向人的自然化，亦即使德性成为人的第二天性。亚里士多德曾肯定，德性"非反乎本性而生成"，并认为人是"通过习惯而得以完善"①，德性自然化的过程，在某种意义上与化德性为习惯的过程相联系，而实现这一转换的现实前提之一，则是生活世界中道德实践的不断反复。从本体论的层面看，德性惟有取得"自然"（第二天性）的形态，才能与人的存在融合为一（成为人自身存在的内在规定），并使主体在道德实践中达到从心所欲不逾矩的境界。

概而言之，德性的培养既以个体的潜能为内在根据，又展开为一个包含多重内容的历史过程；从内在的维度看，与德性具有结构性特征相应，德性的培养涉及行善的意向、知善的能力、向善的情感等精神定势的形成与发展，它以善为指向，而对情景之真的分析与人格之美的向往，又使善的关怀与真和美的追求彼此交融；从外在的维度看，德性的培养始终以生活实践为本源，并具体表现为叙事层面的引导与理论层面的教化、经验领域的示范和模仿与理性之维的辨析和反思等方面的统一。德性由自发到自觉，又进而走向自然之境（不勉而为、从容中道）的过程，同时交织着天（天性）与人（德性）的彼此互动。

（原载《中国社会科学》2000年第3期）

---

① Aristotle, *Nicomachean Ethics*, 1103a, in *The Basic Works of Aristotle*, p. 952.

认识、存在与智慧

认识与存在常常被分别视为认识论和本体论讨论的对象，这种理解在逻辑上每每又以认识论与本体论的相分为前提。就其内涵而言，认识与存在无疑包含某种差异，在一定意义上，对它们分别地加以考察，也有助于深入地把握二者的不同规定。然而，如果将区别引申为分离，则容易导致对二者的抽象理解。从现实的形态看，认识过程总是以存在的敞开为其题中之义；认识的展开，也难以离开本体论或形而上的视域。广而言之，认识领域的存在不仅指向对象世界，而且涉及人自身，认识与存在的相关性则相应地展示为"知"与"在"的互融。认识的如上图景所蕴含的更深沉意义，是认识论与本体论的统一。

一、认识的本体论前提

按其内容，认识可以区分为关于"知道什么"之知（knowing that）以及关于"知道如何"之知（knowing how）。前者涉及知识与对象的关系，在这一视域中，知识主要表现为对所知（the known）的把握，这种把握通常取得断定或判断的形式。在感知的层面，单纯的感觉（如"红"这一类视觉）尚不构成知识，唯有形成某种判断（如"桃花是红的"），才表明形成了知识。理论的层面的知识，同样呈现以上特点，单纯的概念（如"马"），并不是严格意义上的知识，唯有取得判断的形态（如"马是动物"），才能呈现出真正的知识意义。康德认为普遍必然的知识以先天综合判断为其形式，无疑也注意到了知识与判断的以上关联。在认识论的论域中，以判断为形态的知识，同时表现为命题性知识，这种命题性知识的特点之一，在于包含"真"或"假"的性质。

作为认识所指向的对象，所知本身具有何种规定或特征？这种追问在逻辑上构成了认识论的前提之一。所知首先不同于本然的存在。本然的存在尚未与人"照面"，亦未进入人之知行过程，所知则与能知相对，从而已成为关系中的存在。前一篇已提及，柏拉图在《美诺》篇中曾借美诺之口对知识来源提出了如下问题：一方面，认识的发生要以对所认识的对象有所知为前提，如果对该对象一无所知，便根本无法确定其为认识的对象；另一方面，如果所研究的对象是已经知道的东西，则认识也就变得没有必要了。① 柏拉图由此论证认识或学习只能是一个回忆的过程，这当然难以视为合理的推论，但他肯定所知（认识的对象）无法与人的认识完全隔绝，则并非一无所见。

康德同样注意到了所知的非本然性。如所周知，康德区分了物自体与现象，现象不同于物自体的特征之一，便是它已处于认识关系中，而在康德看来，物自体尽管构成了感性的来源，但它本身无法成为直观及知性的对象，在此意义上总是存在于认识关系之外，惟有进入认识关系中的现象，才构成所知。所知与本然存在的这种分别，在实用主义那里也得到了某种确认。杜威便强调，认识的对象是人的探索活动的产物，而非现成地存在于认识的开端。② 在此，知行过程构成了认识对象所以可能的前提。③

作为能知（the knower）所指向的对象，所知无疑包含着某种超乎本然存在的"负载"。本然形态常常与人化形态相对而言，所知不同于

---

① 参见 Plato, *Meno*, 80e - 82d, in *The Collected Dialogues of Plato* (Princeton: Princeton University Press, 1961) pp. 363 - 367。
② 参见 John Dewey, *Logic: The Theory of Inquiry* (New York: Henry Holt and Co., 1938), p. 119。
③ 如后文将要指出的，康德及实用主义的如上看法包含着消解所知自在规定的趋向，但这里关注的是其区分本然与所知的认识论视域。

本然之"在"的特点，首先在于它通过与能知的联系而获得了宽泛意义上的人化规定；所谓"负载"，首先便表现为这种人化的规定。在本然的形态下，存在除了"在"或"有"（being）之外，并没有更多的意义，这一维度的存在，显然具有抽象的性质；以所知为存在方式，存在的全部丰富性和多方面的内蕴才可能向人敞开。从认识的出发点看，将所知与本然的存在区分开来，无疑有助于避免把认识对象还原为抽象形态的存在。

然而，所知内含人化负载，并不意味着它仅仅表现为人的构造。人化的负载使所知呈现较本然存在更为丰富的规定，但其本然之维并未因此而完全被消解。本然或自在大致包含两重涵义：其一，尚未进入人之知行过程或与这一过程相隔绝；其二，独立于人的意识和观念之外。前者侧重于存在与人的意义关系，后者则涉及存在本身的实在性。如前所述，在与能知发生了广义的联系并已进入人之知行过程这一维度上，所知无疑已超越了本然的形态，但是，在所知的物理等规定并不因进入知行过程而改变自身，这些规定的存在与否也并不依存于能知的作用等方面，所知显然仍具有本然性或自在性。

可以看到，所知作为认识的对象，具有二重性质：就其与能知相对而进入知行过程而言，它是为我之物；就其具有不依赖于能知的存在规定而言，又是自在之物。[①] 康德肯定了物自体的自在性，但同时又在物自体与为我之物之间划下了一道鸿沟，并相应地将其排除在所知之外；他以现象为所知，但又仅仅将其理解为为我之物，而在相当程度上悬置了其自在性（在康德那里，现象与表现为感觉的质料及先天的形式相联系，在相当程度上是经过构造或规定、整理的对象[②]）。换言之，在康德那里，物自体是自在的，但非所知；现象是所知，但又

[①] 海森伯曾指出，在微观领域中，对象往往处于测不准关系之中。然而，即使在量子力学的这种关系中，微观的存在仍有其自在的一面：其成对的物理量（如位置与动量、时间与能量等）之不能同时精确测定，本身便基于其不同于宏观物体的自在规定，而并非仅仅依存于观察者。

[②] 康德曾明确地表述了这一点："我把现象中与感觉相应的东西称为现象的质料，而把能够使现象的杂多在某些关系中得到整理的东西称为现象的形式。" [Immanuel Kant, *Critique of Pure Reason*, trans. Norman K. Smith (New York: St. Martin's Press, 1965), pp. 65 – 66]

是非自在的，存在的为我性与自在性呈现彼此对峙的格局。同样，杜威强调认识的对象是认识的产物，固然注意到了所知与为我之物的相关性，但同时却不免弱化了其自在性这一面。为我之维与自在之维的这种分离，显然难以达到真实的所知。

相形之下，王夫之对"所"的理解似乎更值得注意。在谈到"能"与"所"的关系时，王夫之指出："境之俟用者曰'所'，用之加乎境而有功者曰'能'。'能''所'之分，夫固有之，释氏为分授之名，亦非诬也。乃以俟用者为'所'，则必实有其体，以用乎俟用而可以有功者为'能'，则必实有其用。体俟用，则因'所'以发'能'；用乎体，则'能'必副其'所'。体用一依其实，不背其故，而名实各相称矣。"[①] "俟用"意味着"所"与能知已具有某种认识论意义上的联系，以"俟用"界定"所"相应地也使"所"区别于本然之境；另一方面，"所"作为"境之俟用者"又依然包含境所具有的"实有其体"的性质，正是这一点，使之能够成为"能"所指向的对象。如果说，"俟用"体现了"所"的为我之维，那么，"实有其体"则规定了"所"的自在性，王夫之对"所"的以上理解，已有见于所知的二重品格。

自在与为我的统一，使所知既超越了本然的形态，又展示了其实在性；本然的超越意味着向能知的敞开，实在性则使这种敞开具有真实的内涵。对能知而言，所知的这种敞开，是否具有可理解性？这一问题的本体论或形而上意义在于：所知是否具有自身的秩序？刘易斯（C. I. Lewis）已注意到了认识与秩序的关系，在他看来，"概念的运用及从过去到未来的推论，都要求存在某种秩序（order）及恒定性（uniformity）"[②]。广而言之，所知的可知性，以所知内含的秩序性为其本体论前提。

所知的秩序性在一与多的关系上得到了较为直接的体现。从宏观

---

① 王夫之：《尚书引义》卷五，载《船山全书》第二册，岳麓书社，1996，第 376 页。
② Clarence I. Lewis, *Mind and the World-Order: Outline of a Theory of Knowledge* (London: Charles Scribner's Sons, 1929), p. 347.

层面的世界，到一个一个的个体，多样的规定普遍地内含于不同形式的对象。作为对象的内在构成，多样的规定不同于杂多，它在具体的事物中总是表现为有序的系统或结构，这种有序的结构同时赋予多样的规定以统一的形式。在中国哲学中，这种统一的形态常常以"和"来表示。前文已论及，早在春秋时期，史伯已指出："夫和实生物，同则不继。"① 此处之"同"，指无差别的绝对同一，"和"则意谓多样性的统一或包含差别的统一。按照史伯的理解，在绝对同一的形态下，事物往往难以发生和延续；惟有通过不同规定的交互作用，事物的存在才成为可能。在这里，就事物的发生和发展而言，"和"较之"同"无疑具有更为积极的意义。这一看法在尔后的中国哲学中一再得到了确认。不难看到，"和实生物"的观念涉及的，首先是事物的实际存在形态及存在方式。对中国哲学来说，在绝对同一的形态下，事物往往难以获得实在的品格；真实的存在，总是内含着多重的规定。质言之，存在的现实形态在于多样性的统一。这种统一不仅表现为不同要素之间的并存，而且通过它们的相互作用而展开为一种内在的秩序。从认识与存在的关系看，如果说，存在的多样规定构成了以分析的方式（从不同侧面、层面）把握对象的根据，那么，多样性的统一，则为再现对象的整体提供了可能。作为有序的结构，多样性及其内在的统一在本体论的层面规定了所知的可理解性。

以多样规定的统一为存在形态，所知总是同时包含自身同一（identity）的品格。这里所说的自身同一，不同于和同之辨中的"同"，而是指：作为具体对象，所知自身的特定规定具有相对确定性。就类而言，有机物不同于无机物，动物不同于植物；从个体看，特定时空中的某一对象，总是有别于另一时空关系中的对象，彼此不能无条件地相互等同。事物的如上特定规定，是存在分化的产物，其中内含着相对稳定的性质。这种稳定性不仅在于每一事物都有不同于他物的确定性质，而且表现为其在时间中的绵延同一：特定事物虽历经时间中

---

① 《国语·郑语》。

的变化，但仍为自身而非他物。以人而言，特殊的个体往往经历童年、少年、青年、壮年、老年等不同的阶段，尽管该个体在不同的人生阶段会形成某种生理、心理方面的变化，但他或她并未因此而成为他人或他物。① 时间中展开的绵延同一与诺齐克（R. Nozick）所讨论的不变性（invariance）有相通之处。诺齐克在谈到客观世界的结构时，曾提出了事物的不变性特征；所谓不变性，便是指事物在各种可允许的转换中，仍然保持不变。② 不过，诺齐克主要在客观性的意义上定位事物的不变性，而从广义上看，时间中的绵延同一同时无疑也展示了事物的动态秩序：正是事物虽经变化而仍为自身，使之不同于稍纵即逝、方生方死的不可捉摸之物，而呈现为可以用理性方式把握的有序结构。

事物不仅以个体的方式存在，而且展开为相互之间的关系，后者同样内含着时间中的绵延同一。与个体自身的规定总是呈现相对确定的性质一样，事物之间的关系也具有连续性。事实上，事物的存在规定与事物之间的关系往往很难分离，存在规定的稳定性与关系的连续性也相应地具有一致性。以水而言，它以何种形态（液态、固态或气态）存在，往往与一定的温度相关，在 0~99 ℃，它一般呈现液态的形式；在同样的条件下，水与温度的这种关系，并非仅仅存在于某一时间段，它在过去、现在与未来具有延续性。关系的这种连续性既从一个方面规定了事物的有序结构，也展示了事物之间的秩序。从认识论上看，事物之间的关系在时间中的绵延同一或连续性，同时也使过去（已为人的经验所把握）和未来（尚未为人的经验所达到）之间的沟通成为可能。

时间中的绵延同一，已蕴含了某种变化：借用诺齐克的表述，同一所体现的是变（转换）中的不变。事物在其存在过程中，总是经历各种变迁，就变迁或变化本身而言，其秩序往往以恒定性（uniformity）

---

① 《墨辩·经说上》有"处室子、子母，长少也"之说，意即同一女子可以有未嫁、为人母之分，但这只是表明同一个体的不同人生阶段，而并不意味着处室子、子母等不同时间段中的同一女子是两个彼此独立的个体，这一看法已注意到这一点。

② Robert Nozick, *Invariances: The Structure of the Objective World* (Cambridge: The Belknap Press of Harvard University Press, 2001), p. 76, pp. 82-87.

为其形式；这种恒定性每每具体表现为事物变化的齐一性和有规则性。日常习见的现象已从常识的层面显示了这一点：四季的交替，通常展开为春、夏、秋、冬的依次更迭，而不会在季节意义上出现春天之后紧随冬天的现象；在没有阻障的情况下，水的流向总是自高而低；如此等等。上述意义上的恒定性可以简要地表述为：在条件 C 具备的前提下，当 X 出现后，Y 也总是随之以某种方式出现。作为存在秩序的体现，事物变化的这种恒定性，既构成了规律的本体论基础，也为理性的认知提供了前提。①

从事物之间的关系看，恒定性往往涉及因果律。休谟曾从经验论出发，对因果关系的存在提出质疑，在他看来，经验所能把握的只是现象的前后相继，至于这些现象之间是否存在因果联系，则超出了经验的范围，从而无法确认。这里实质的问题在于：导致或引起某种现象的事物与被引发的现象之间，是否存在必然的联系？从逻辑上看，如果 A 是 B 的必要条件（无 A 则无 B），B 是 A 的充分条件（有 B 则有 A），则 A 与 B 之间便存在某种必然的联系；导致或引起某种现象的事物与被引发的现象之间如果存在如上意义的联系，则二者之间的关系便具有因与果的性质。就现实的层面而言，某种因是否出现，固然取决于各种因素，而不一定具有必然性，但有某种因便有相应的果，则具有必然性。休谟似乎对后一意义上的事物关联，未能予以必要的关注。因与果之间的以上必然联系，使事物变化的恒定性（uniformity）进一步取得了规律或法则的形式，它在更深刻的意义上体现了存在的秩序，并构成了理性推论的本体论根据。

---

① 当然，肯定恒定性，并不意味着否定变迁和差异，这里的重要之点是，变迁和差异并非隔绝于恒定性。皮尔士曾认为："自然最伟大的特征在于差异（diversity），对每一种恒定性（uniformity），都可以指出成千种非恒定现象（non-uniformities）。"［Charles S. Peirce, *Philosophical Writings of Peirce*, ed. Justus Buchler（New York: Dover Publications, 1955）, p. 221］这固然不无所见，但在确认这一点的同时，也同样应肯定：变迁和差异之所以可以理解，主要便在于其中蕴含着某种恒定性。事实上，皮尔士本人也注意到了恒定性的作用，紧接上文，他又指出："然而，差异通常对我们只有很小的用处（small use to us），只是对诗人才有吸引力，而恒定性则是生活的本质要素。"（Ibid.）当然，皮尔士在这里仅仅着眼于恒定性与生活的价值关系（对人生活的用处），而未能进而从认知过程考察其意义，则似乎又体现了实用主义的立场。

概而言之，所知既是为我之物，又具有自在性；为我之维展示了所知与能知之间的联系，自在之维则确证了其实在性。作为自在与为我的统一，所知包含着内在的秩序，这种秩序使通过理性的方式把握事物及其关系成为可能。实在性与秩序性的确认，无疑具有形而上学的性质，而这种确认同时又构成了认识过程的逻辑出发点。

二、"知"（knowing）与"在"（being）

与所知相对的是能知。所知涉及的是对象，能知则以人的存在为题中之义；认识作为人的活动，离不开人自身的存在。庄子在谈到人与知的关系时，曾指出："有真人而后有真知"。① 关于真人与真知的具体的内涵，庄子当然有其独特的理解，其中不乏可议之处。但这里真正值得注意的，并不在于庄子对真人或真知的具体界定，而是其肯定人的存在对认识的本源意义。海德格尔也曾提出类似看法："只有当此在（Da-sein）存在，才有真理。""在此在存在之前，没有真理；在此在不复存在之后，也没有真理。"② 此在首先被理解为人的存在，真理则涉及存在的敞开，此在与真理的以上关系，也表明了人的存在是认识所以可能的前提。③ 就现实的认识过程而言，如果说，所知作为"境之俟用者"为能知提供了作用的对象，那么，能知（人的存在）则从作用过程本身制约着认识活动的展开。④

金岳霖先生曾对元学的态度与知识论的态度作了区分："研究知识

---

① 《庄子·大宗师》。
② Martin Heidegger, *Being and Time* (Albany: State University of New York Press, 1996), p. 208.
③ 海德格尔同时又通过强调真理的去蔽意义而肯定了有真知而后有真人，参见本篇第4节。
④ 在现代哲学中，实证主义对主体的认识论意义往往未能予以充分的注意，哈贝马斯曾对此作了具体的分析。在哈贝马斯看来，"实证主义标志着认识论的结束，代替认识论的是知识学"。（参见哈贝马斯：《认识与兴趣》，郭官义、李黎译，学林出版社，1999，第66页）这一转换的后果，是认识主体的淡出："知识学替代认识论，表现为认识着的主体（人）不再是坐标系。""知识学却放弃认识着的主体（人）的问题，把注意力直接集中在科学上，即集中在作为命题和处理问题的方法体系，也可以说作为理论赖以建立和检验的全部规则的诸种科学上。"（同上书，第67页）相对于认识论，知识学关注的往往更多的是对知识的形式层面的分析：方法、规则等便首先表现为形式化的系统。与认识论向知识学的转换相联系，实证主义确乎常常将"能知"化约为形式层面的规则、程序，并由此忽视了现实的主体（人）。

论我可以站在知识论底对象范围之外,我可以暂时忘记我是人,凡问题之直接牵扯到人者我可以用冷静的态度去研究它,片面地忘记我是人适所以冷静我底态度。研究元学则不然,我虽可以忘记我是人,而我不能忘记'天地与我并生,万物与我为一',我不仅在研究底对象上求理智的了解,而且在研究底结果上求情感的满足。"质言之,"知识论底裁判者是理智,而元学底裁判者是整个的人"[1]。金岳霖所说的元学,也就是形而上学,他认为知识论仅仅需要冷静的理智,惟有形而上学才涉及整个的人,不仅过于截然地分离了形而上学与认识论,而且多少将认识的主体抽象化了。就认识过程而言,其主体显然不能简单地归结为理智的化身:这里需要的同样是"整个的人"。所谓整个的人,也就是作为具体存在的人。他既有感性的规定,也有理性的面向;既渴望情感的满足,又包含着内在的意愿;如此等等。这些不同的规定在认识过程中往往相互交错、彼此作用,共同制约着知识的形成。

从认知的角度看,能知的整体性或具体性涉及感知、直觉、理性等能力之间的互渗与互动。以知觉而言,它通常被归入感性之域,但其中往往也内含着理性的作用。知觉的特点是再现所知的整体,尽管在具体的感知过程中,呈现于主体之前的,常常只是对象的某一或某几个方面,但主体仍能将对象(所知)作为整体来把握。这里便渗入了某种推论:在已有之知识经验背景下,主体无须穷尽对象的一切方面,便能由对象所呈现的若干方面,推知其整体。同时,知觉对整体的把握,往往并不是逐一或分别地感知对象的各个规定,而是一下子再现其整体,如对人的外貌,常常不需要耳、目、口、鼻、四肢、身体等逐一地加以观察,便能直接的形成知觉形象,这种直接的、顿然的再现方式,显然内含着直觉的作用。此外,知觉常常离不开"看""注视",后者同样并非仅仅是单纯的感知行为。日常语言中有所谓"察言观色",这里的"观"便既是感性的"看",也包含着理性层面的理解。

---

[1] 金岳霖:《论道》,商务印书馆,1987,第17页。

前文已提及，知识形态可以区分为关于"是什么"之知（knowledge of that or know that）、关于"如何做"之知（knowledge of how or know how），以及关于"是否有价值或是否应当"之知（knowledge of whether or know whether）。"是什么"更直接的与认知相联系，"是否有价值或是否应当"则已涉及价值的评价。作为同一主体的相关方面，关于"是什么"之知与关于"是否有价值或是否应当"之知统一于广义的认识过程中，与此相应，如前一篇所指出的，认知和评价也并非彼此分离。认知所指向的，主要是对象本身的性质、规定；评价则涉及对象与人的意义关系。认识固然以敞开对象自身的性质为题中之义，但它同时始终无法略去人本身。从认知要求的提出、认知对象的确认，到知识对人所具有的意义的断定，价值评价渗入于认识的各个环节。同样，评价过程本身也受到认知的制约：除了涉及人的需要、价值规范等之外，评价总是要以认知所提供的真实知识为依据。认知与评价的如上统一，从另一方面体现了认识主体的具体性：作为"整个的人"，认识主体在现实的认识过程中展开为多重向度。

波普尔曾提出三个世界的理论，其中第一世界（the first world）由外部的物理对象构成，第二世界（the second world）主要是主观经验及思想过程，第三世界（the third world）则包含陈述、观念、问题及理论本身等。① 从认识论上看，第二世界可以视为认识的活动及过程（knowing），第三世界则可归入广义之知识（knowledge）之列。这种区分对把握不同存在形态的各自特点无疑是有意义的，但如果过于执着知识（knowledge）与认识过程（knowing）之分，则似乎容易导致在知识（knowledge）与认识过程（knowing）之间截然划界。分析哲学背景之下的知识论，常常主要限定于知识的分析，而将认识过程视为与心理之域相涉的活动；后者同时每每被置于知识论之外。与之相关的是注重知识的逻辑辩护，而悬置新知形成的认识过程。这种哲学进路，

---

① Karl R. Popper, *Objective Knowledge: An Evolutionary Approach* (Oxford: Clarendon Press, 1972), Chapter Ⅲ, Ⅳ. 参见波普尔：《客观知识：一个进化论的研究》，舒炜光等译，上海译文出版社，1987，第三、四章。

便多少显现了如上偏向。作为历史地、社会地积累的成果，知识当然有其相对独立的一面，但严格而言，在进入现实的认识过程之前，知识只具有可能的形态；知识意义的真正实现，离不开现实的认识过程。知识与认识过程的融合，以化知识为能知为其前提。所谓化知识为能知，既是指知识融入主体的意识结构，成为主体认识的背景，又意味着知识内化于认识的能力系统，并由此提升人的认识能力：正如语言的掌握扩展了人把握世界的能力一样，知识的积累和深化也增强了人进一步认识对象的能力。以意识结构的形式表现出来的认识背景和认识的能力系统，同时构成了人存在的具体方面：意识背景展示了人的综合的精神形态，认识能力则表征着人作用于对象所可能达到的深度和广度。通过化而为广义的能知，知识既获得了现实的品格，也参与了认识的实际过程：在知识与人之"在"的融合中，知识（第三世界）与认识过程（第二世界）呈现出内在的统一性。

进而言之，作为认识过程重要方面的能知，本身以人的认识能力为其题中之义。在广义的视域中，知识既表现为命题的形式，也与人的观念活动和实践活动相关联。命题性知识以知道什么（knowing that）为内涵，与人的观念活动和实践活动相关的知识，则以知道如何（knowing how）为内容。所谓"知道如何"，既涉及"如何知"，也关乎"如何行"，二者在知行过程中往往相互关联，其特点之一在于非呈现为显性的命题，而是以隐默的形式内在于知行的过程，并体现为人的具体能力。

以化知识为能知为前提，知识与认识过程的交融，同时也蕴含着"知"（knowing）与"在"（being）的统一。在日常经验的层面上，身体因某种原因而导致的"疼痛"，与个体对这种疼痛的感知，往往具有同时性，也就是说，并不是先发生疼痛的现象，然后个体才感知到疼痛，在神经系统正常而又未服用解痛药物的情况下，个体常常是在发生疼痛时，也同时感知到疼痛。疼痛是一种可以用器官的损伤、变化来加以解释的存在状态，对疼痛的感知则属于广义之"知"；"疼痛"的状态与感知到疼痛这二者的同一，也从一个方面表明了"知"与

"在"的统一。"在"往往通过行为过程而得到体现,从而,"知"与"在"的关系每每具体涉及"知"与做或知与"行"。波兰尼曾以艺术(如钢琴演奏)、体育(如游泳)、医生的诊断等技艺性(skill)活动为例,讨论了"知"(knowing)与"做"(doing)的关系,在他看来,在这些活动中,"二者事实上很少相互分离,我们常常看到的毋宁是二者的融合(a blend of the two)"①。技艺性活动诚然包含着认知,但这种认知往往同时渗入于主体的行为过程,并与整个存在融为一体。以钢琴的演奏而言,成功的演奏当然需要了解乐谱、弹奏要领以及钢琴的结构、性能等等,但在具体的演奏过程中,这些知识应与主体的整个行为融合为一,如果音乐与钢琴方面之知识和弹奏的行为过程相互分离,则演奏便会显得坚涩生硬,无法达到行云流水般的浑然一体性,从而,也难以取得理想的演奏效果。

孟子曾从"体"与知之辨上,对知与能知(人的存在)之间的关系作了考察:"君子所性,仁义礼智根于心。其生色也,睟然见于面,盎于背,施于四体,四体不言而喻。"② 仁义礼智是指自觉的道德意识,在孟子看来,这种自觉意识植根于人的本善之性,同时又形之于外,体现于人的外在肢体(四体)。道德意识包含着实践理性层面之知识,四体(身)则是人的个体存在的表征,这里的内在涵义在于:自觉的道德意识,总是凝聚、内化于人的存在。同时,身(四体)又与人的行为过程相联系,所谓"施于四体",意味着道德意识落实于通过四体的活动而展开的实践过程,而在这一过程中,道德意识本身又逐渐沉淀于以身为外在表征的个体存在,并进而使个体在行为中达到某种自然中道的境界(所谓"四体不言而喻")。不难看到,四体的不言而喻,是以实践理性(包括道德知识)与人的整个存在的合一为前提的。广而言之,这种关系同时涉及其他领域,在谈到"规矩"与"巧"的

---

① *Knowing and Being*: *Essays by Michael Polanyi*, ed. Marjorie Grene (Chicago: The University of Chicago Press, 1969), pp. 125 – 126.
② 《孟子·尽心上》。

关系时，孟子指出："梓匠轮舆能与人规矩，不能使人巧。"① 规矩是指导行为的准则，包含着"如何做"之知识（knowledge of how），"巧"则已与个体的能力相融合，并呈现为个体在实践中的存在形态。从知识意义上的"规矩"到存在形态上的"巧"，其间包含着知识向个体存在内化的过程。

"知"（knowing）与"在"（being）的统一，在默会之知（tacit knowing）中得到了更具体的体现。② 波兰尼曾对默会之知作了较多考察。他首先对专注性意识（focal awareness）与非专注或隐附意识（subsidiary awareness）作了区分，前者是明晰的意识，后者则是非明晰的意识。默会之知总是渗入了隐附意识（subsidiary awareness），它接受某种尚不明晰的对象，并将我们自己与世界联系起来；与默会之知相对的明晰之知则"依存于默会地理解和运用。从而，一切知识或者是默会的，或者植根于默会之知"③。作为知识更本源的方面，默会之知的特点之一在于尚无法以明晰的语言加以表述："我们所能知道的，多于我们所能表述的。""默会之知首先表现为一种方式，这种方式使我们可以获得比可表述之知更多之知识。"④ 质言之，默会之知潜含于明晰的、可表达之知识形态之后，构成了认识更深沉的基础。

波兰尼强调默会之知的本原性以及默会之知对明晰之知的作用，无疑在某些方面存在忽视明晰之知对默会之知的影响以及认识的社会性向度等问题，但他对默会之知与人的存在关系的考察，却显然不无所见。认识过程固然主要专注于某一对象或对象的某一方面，但认识过程所达到的成果，却并不限于所专注的那一方面，它往往包含着超

---

① 《孟子·尽心下》。
② 汉语中的"会"含有理解、明觉等义，在"领会""会意""体会"等用法中即可看到这一点，默会之"会"，也易于作类似理解（按字面解释，"默会"似乎有无言的领会或默默体会之义），但事实上，tacit knowing or tacit knowledge，特别是与之相联系的 subsidiary awareness 恰恰含有隐而未显、尚未"觉"等义，因此，以"默会之知"翻译 tacit knowing or tacit knowledge 似乎不是很确切，更适当的译名也许为"隐默之知"，但"默会之知"这一译名在学界已较普遍地使用，在作上说明之后，这里也姑且用之。
③ 参见 *Knowing and Being: Essays by Michael Polanyi*, p. 144。
④ Michael Polanyi, *The Tacit Dimension* (Garden City: Doubleday & Company, Inc., 1966), p. 4, pp. 17–18.

出所专注的内容，这一方面之知识固然未必为主体所明晰地把握，但却同样构成了广义之知识。同时，明晰之知识在相关的专注性认识终结以后，常常逐渐沉淀于已有的知识结构，并在某种程度上由明晰形态转换为隐含或隐默的形态。溢出专注过程之知识与转换为隐含形态之知识固然不一定为主体所自觉意识，但却依然以独特的形式存在着，这种存在形态的特点即在于它已内化、融合于主体的意识结构，并作为主体意识、精神的有机组成而与主体同在。以背景性的认识资源为形式，隐默之知或默会之知同时构成了能知的重要方面。

不难看到，与所知一样，能知也有其本体论的维度。就其形态而言，能知不同于抽象的逻辑形式，而是首先表现为具体、真实的存在，所谓"有真人而后有真知"，已彰显了认识过程中人的存在的优先性。作为真实的存在，能知具有整体性的品格，而非仅仅是理智的化身，这种整体性既展开为感性、理性、直觉、想象等认识能力之间的相关性，也体现为认知与评价以及理智和情意等之间的互动。从过程的角度看，能知的本体论规定进一步取得了"知"（knowing）与"在"（being）统一的形式，后者既以波普尔意义上的第二世界与第三世界的沟通为内容，又表现为知识通过化为能知而与人同在。

三、知识客观有效性的形上根据

对所知和能知的以上讨论，具有分析性的形式。就现实的过程而言，所知与能知并非互不相关：知识的形成，总是涉及能知与所知的沟通和互动。从本体论或形而上的角度考察认识过程，同样难以回避所知和能知的关系。

以能知与所知之间的互动为现实的内容，知识的形成展开为一个具体的过程。然而，对知识的理解，往往存在抽象化的趋向。当代认识论中的所谓"盖梯尔（E. Gettier）问题"，便较为典型地体现了这一点。在当代西方哲学中，知识常常被理解为经过辩护或确证的真信念（justified true belief），这种知识观念的源头，每每又被追溯到柏拉图。

20世纪60年代，盖梯尔在《分析》（*Analysis*）杂志发表了《得到辩护的真信念是知识吗?》（"Is Jusified True Belief Knowledge?"）一文，对以上知识观念提出质疑。在该文中，盖梯尔主要通过假设某些反例来展开其论证。他所设想的主要情形为：假定史密斯和琼斯都申请某个工作，又假定史密斯认为自己有充分根据形成如下命题："琼斯将获得那个工作，并且琼斯口袋里有10个硬币"（命题1）。以上命题又蕴含如下命题："将获得工作的那个人口袋里有10个硬币"（命题2）。盖梯尔又进而假定，史密斯了解命题1蕴含命题2，并且在相信命题1有充分根据的基础上接受了命题2。这样，他对命题2的信念，既是真的，又得到了辩护，而按照前面的知识定义（知识即经过辩护的真信念），这种得到辩护的真信念即应同时被视为知识。由此，盖梯尔又进一步假定，最后是史密斯而不是琼斯获得了那份工作，而史密斯碰巧也有10个硬币在口袋。根据这一最后的结果，则命题1（琼斯将获得那个工作，并且琼斯口袋里有10个硬币）并不真，而从命题1中推论出的命题2（将获得工作的那个人口袋里有10个硬币）则是真的，因为最终获得工作的那个人——史密斯本人——口袋里确有10个硬币。然而，尽管史密斯关于命题2的信念得到了辩护，但他实际上并不真正具有关于命题2的知识，因为在形成命题2之时，他既不知道最后获得工作的是他本人，也并不清楚自己口袋里有多少硬币。由此，盖梯尔对"经过辩护的真信念即为知识"这一知识观念提出质疑。①

这里暂且不讨论被认为是源自柏拉图的知识界说是否合理，也先不议盖梯尔一连串假定的随意性（包括将"获得某种工作"与"口袋有多少硬币"这些外在事项随意地牵连在一起），而首先关注盖梯尔在知识论域中的以上推理过程。按其性质，被视为知识表现形式的信念，同时涉及广义的意向：作为认识主体的意识，信念包含意向性。从意向的维度看，信念总是内含具体的指向性："将获得工作的那个人口袋里有10个硬币"这一知识信念，具体地指向特定背景中的事实或关

---

① 参见 Edmund Gettier, "Is Jusified True Belief Knowledge?" *Analysis*, vol. 23, no. 6 (1963): 121–123.

系，在以上例子中，它以"琼斯将获得那个工作，并且琼斯口袋里有10个硬币"为具体的指向。同样，知识信念中的相关概念、名称或广义的符号，也总是指向具体的对象，在"将获得工作的那个人口袋里有10个硬币"这一信念中，"将获得工作的那个人"非泛指任何人，而就是指琼斯：所谓"将获得工作的那个人口袋里有10个硬币"，其实质的内涵就是"琼斯将获得那个工作，并且琼斯口袋里有10个硬币"。既然琼斯实际上并没有获得那份工作，那么，命题1（"琼斯将获得那个工作，并且琼斯口袋里有10个硬币"）就并非真正基于充分根据之上。换言之，尽管史密斯"认为"自己有充分根据形成琼斯将获得工作的"真"信念，但这种信念一开始就缺乏可靠的基础，不能在现实的意义赋予"真"的品格。与之相应，从没有真实根据的命题1推出的命题2，也无法真正被视为得到辩护的信念。

不难看到，盖梯尔对知识的讨论方式，呈现明显的抽象性趋向：这不仅仅在于它基本上以随意性的假设（包括根据主观推论的需要附加各种外在、偶然的条件）为立论前提，而且更在于：其推论既忽视了意向（信念）的具体性，也无视一定语境之下概念、语言符号的具体所指，更忽略了真命题需要建立在真实可靠的根据之上，而非基于主观的认定（如前面例子中史密斯"以为"自己有充分根据推断琼斯将获得工作）。从能知与所知的关系看，这种讨论方式基本上限定于能知之域，而未能关注能知与所知的现实关联。进而言之，在盖梯尔的以上例子中，"琼斯将获得那个工作，并且琼斯口袋里有10个硬币"与"将获得工作的那个人口袋里有10个硬币"被视为可以相互替换的命题，这种可替代性又基于"琼斯"与"将获得工作的那个人"的可替代性。然而，从逻辑上说，"琼斯"与"将获得工作的那个人"之可彼此替代，其前提即是两者所指为一：即两者指涉的是同一所知。一旦将能知与具体的所知隔绝开来，则往往将导向抽象的意义转换。盖梯尔将"将获得工作的那个人"之具体所指（琼斯）转换为琼斯之外的他人（史密斯），便表现为一种抽象的意义转换。从现实的形态看，无论就意向言，抑或从概念看，其具体的意义都不限于单纯的能知,而是同时关涉所知。忽略了能知与所知的真实关系,仅仅限定于抽象的能知之域,便将使信念(意向)和概念失去具体的所指,从而既无法把握所知,也难以达到对知识的确切理解。

如前文所提及的,将知识理解为经过辩护或确证的真信念(justified true belief)通常被归源于柏拉图,盖梯尔在上述论文中,也蕴含着对这一点的肯定。① 这种看法无疑有其依据,因为柏拉图在《泰阿泰德》篇中,曾借泰阿泰德之口,提及了当时关于知识的一种观点,即:"伴随解释(逻各斯)的真实信念(true belief),就是知识,未伴随解释的信念则不属于知识的范围。"② 然而,在同一篇对话中,柏拉图又通过苏格拉底之口指出,"不论是知觉,还是真实的信念或真实的信仰加上解释,都不能被当作知识"③。不难看到,对泰阿泰德提及的以上知识观念,柏拉图并没有完全予以认同。柏拉图的正面看法体现于以下界说:"对'什么是知识'这一问题,我们的定义是:正确的信念加上对差异之知(correct belief together with a knowledge of a difference)。"④ 尽管柏拉图也肯定后者(对差异之知)与解释相涉,但这一关于知识的定义与"经过辩护的真信念(justified true belief)"的观念显然并不完全重合。就此而言,通常被视为柏拉图关于知识的界说,显然不能全然归之于柏拉图。

从更本源的层面看,将知识视为"经过辩护的真信念",本身很难视为对知识的恰当理解:一方面,如前所述,以信念为知识的形态,在逻辑上容易导向主观的心理之域并在实质上略去了能知与所知的关系,尽管"信念"之前被加上了"经过辩护""真"的前缀,但在以上的知识论视域中,这一类规定往往更多地限于逻辑层面的关系和形式,而未能在"信念"与"所知"之间建立起现实的联系。

上述形态的知识观念,既是盖梯尔责难的对象,又对其理解知识

---

① 参见 E. Gettier "Is Jusified True Belief Knowledge?" 一文中的脚注 1。
② Plato, *Theaetetus*, 201d, in *The Collected Dialogues of Plato* (Princeton: Princeton University Press, 1961), p. 908.
③④ Plato, *Theaetetus*, 210b, in *The Collected Dialogues of Plato*, p. 918.

构成了内在限定:盖梯尔之未能超出能知、指向所知,与他的知识视域始终未超出西方哲学史中所谓传统的知识观念不无关系。事实上,盖梯尔之设想诸种例子质疑"经过辩护的真信念"这一知识观念,并非旨在完全否定对知识的这种理解,而是试图通过提出相关问题,使他所概述和批评的这种知识观念在回应上述问题的过程中走向完善。历史地看,在盖梯尔提出问题之后,当代西方哲学中的认识论确实也作了种种努力,以完善以上的知识观念。当然,传统知识论与盖梯尔问题中内含的疏离能知与所知的偏向,又决定了这种努力往往并不成功。

所知与能知之间的直接中介,常常被视为"所与"(the given),作为沟通所知和能知的环节,"所与"同时也被理解为最原始的认识材料。① 从所知的角度看,"所与"主要表示对能知的单纯给予或作用,就能知而言,"所与"则意味着对所知的被动接受。② 然而,就现实的形态而言,直接的认识材料并非仅仅表现为所知对能知的单向给予,它同时也是能知从所知中的一种获得(the taken)。杜威曾强调了后一方面,在他看来,知识的材料(the data of knowledge)是"获得(taken)而不是给予的(given)"③,"获得"隐含着对能知作用的确认。当然,杜威以"得"排斥"与",似乎又忽视了认识材料的被给

---

① 所与(the given)作为认识论的术语,在刘易斯(Clarence I. Lewis)那里得到了较多的考察,它在当代哲学中的流行,也似乎与刘易斯的工作相联系。在刘易斯看来,经验包括二重要素,其一为"直接的材料"(immediate data),另一为形式、结构或解释;前者即是所与。尽管刘易斯也肯定所与往往与解释相联系,但在逻辑上,他仍强调所与的直接性。(Lewis, *Mind and the World Order: Outline of a Theory of Knowledge*, pp. 36 - 66) 齐硕姆在评述所与理论时,曾对其作了如下概括:(1)知识有如结构或大厦;(2)作为其基础的感觉材料即是所与。[Roderick M. Chisholm, "The Myth of the Given," in *Philosophy* (Engle-wood Cliffs: Prentice-Hall, 1964), p. 261] 这里也指出了一般对所与的理解都侧重于其直接的被给予性。

② 这里也许可以略提洛克的简单观念论。洛克对简单观念(simple idea of sensation)的解释,主要运用了因果关系的模式;尽管他所说的"因"不限于外部对象,但当他将外部对象视为简单观念之"因"时,简单观念便主要被理解为外部对象作用于感官的直接产物。[参见 John Locke, *An Essay Concerning Human Understanding*, Book Ⅱ (London: Kegan Paul, Trench, Trübner & Co., 1917), Chapter 8] 以直接的被给予性规定"所与",似乎近于这种单向的因果解释模式。

③ Dewey, *Logic: The Theory of Inquiry*, p. 124.

予性，这种倾向与实用主义消解所知的自在性存在着逻辑的联系。① 相形之下，作为中国古典哲学代表之一的张载，则更注重"合"："人谓己有知，由耳目有受也；人之有受，由内外之合也。"② 耳目之知是最直接之知识，而在张载看来，这种直接知识即源于"所"（外）与"能"（内）的统一（合）。完整地看，认识的直接材料既是"所与"，又是"所得"，以视觉而言，所知给予的是物理学意义上一定的光波，但在能知中它却形成为一定的"色"（目遇之而成色），同样，在听觉上，所知给予的是一定的声波，但在能知那里，它却形成为语音、乐声等有意义的声音或噪声等无意义的声音（耳得之而为声）。③ 这里无疑存在着所知和能知的交互作用：没有所知给予的光波或声波，"色"与"声"均无从形成，但无能知的"遇"和"得"，则光波或声波仅仅是物理现象，而难以成为"色""声"等认识材料。如果我们将呈现（appearance）理解为认识的直接材料，那么在这种呈现中，所与和所得具有内在的统一性。④

所与和所得的统一，使认识一开始便建立在关系之上。从本源上看，所知与能知的沟通，实现于实践过程，作为二者联系的直接形态，所与和所得的统一，也以实践为背景。前文曾论及，"知"（knowing）与"在"（being）难以相分，而人之"在"的过程，总是更深刻地展开为人之"行"（实践）。艺术活动中理解和掌握的统一、劳动过程中操作程序（规矩）与技能（巧）的统一，以及明晰之知与默会之知的互动，等等，都形成并体现于实践过程。在此意义上也可以说，"知"与"在"的关系奠基于知与行的关系之上。

---

① 比较而言，刘易斯尽管在强调"思想与行动之间具有连续性"（Lewis, *Mind and the World Order: Outline of a Theory of Knowledge*, p. 4）、"知识是实用的"，其价值主要是为行动服务（Ibid., p. 145）等方面与其他实用主义者一致，但他对所与及认识论中其他若干问题的考察，往往不限于以认可知予评价及注重知识的效用等为特点的实用主义论域。
② 张载：《正蒙·大心》，载《张载集》，中华书局，1978，第25页。
③ "目遇之而成色""耳得之而为声"出自苏轼《前赤壁赋》，金岳霖在说明所与是客观呈现时，曾引用此语。参见金岳霖：《知识论》，商务印书馆，1983，第130页。
④ 金岳霖在肯定所与是客观呈现的同时，又指出所与之中包含着人的"类观"（具有人类正常感官的人之视界），其中似乎也包含着对所与和所得统一性的确认。参见金岳霖：《知识论》，第147页。

作为人的存在的确证，实践既指向对象，并相应地以主体与对象的关系为题中之义，也涉及主体与主体之间的关系。实践领域关系的双重性，同样制约着认识过程。所知与能知的沟通，固然以主体和对象的相互作用为内容，但认识的形成同时又离不开共同体中不同主体之间的联系和交往：新的认识，应以共同体中已有的成果为出发点，观察和实验的结果，应当能够为不同的主体所重复；概念、命题、理论，应当能为不同的主体所理解和批评；如此等等。

从所与（the given）和所得（the taken）的统一，到主体间的互动，认识的形成涉及不同层面的关系；从本体论或形而上的层面看，这一关系特征又可以追溯到"知"与"在"的相关性。知识的关系之维（包括知识与人的存在的相关性）本身并无难以理解之处，但其中却隐含着可能使人困惑的问题：关系似乎具有相对性，当关系项包括人（能知或主体）时，它还涉及主观性，这样，在知识与不同意义上的存在相关的情况，如何担保其客观有效性？对这一问题，可以从不同的方面加以回应，而形而上学层面的考察，则是其中不应忽略的进路之一。

以本体论或形而上学为视域，便可注意到，知识的关系性质首先涉及心、物、理。心包括意识及其活动，物即对象（包括其内在的法则），理通常被赋予多方面的内涵，在此其涵义近于波普尔意义上的第三世界，即概念、理论等。就终极的意义而言，心、物、理是存在本身分化的产物。本然的存在无心、物、理之别，而是呈现为原始的统一形态。随着统一的存在走向天人之分，能知与所知之别也逐渐形成，与之相联系的是心、物、理等分野的彰显。作为存在本身分化的产物，心、物、理也可以视为同一存在的不同形态：如果说物是对象性的存在，那么心、理则是广义的观念性存在（这里可暂时悬置心、理所内含的意识过程和概念形式等分别）。三者之间的统一既表现为整体性（心、物、理表现为同一存在的相关规定），也展开为连续性（作为存在分化的产物，心、理是同一存在的观念形态）。心、物、理的如上统一，一方面规定了知识的关系性质：概念形态的存在与心、物的相关性，一开始便将知识置于关系之中。另一方面又从本体论上担保了知识的客观有效性：作为同一存在的不同形态，以概念等形式存在的真理性知识仅仅改变了存在的方式，而并没有从根本上改变存在本身。

知识所涉及的关系当然不限于本体论上的心物之辨，它常常呈现更具体的特点；但不管取得何种形式，关系本身同样也是一种客观的存在。感知与主体的关系，往往被认为可能导致某种不正确的存在图景，但事实上这种关系也并非以人的观念为转移。以"错觉"而言，直的木棒置于水中，会在视觉中呈现弯曲的形态，这种感知常常被认为是主体感官的介入而引发的"错觉"。然而，问题似乎并非如此简单。这里涉及二重关系，即空气中的木棒与人的感官的关系，以及水中木棒与人的感官的关系；在前一种关系中，木棒呈现直的形态，在后一种关系中，由于光的折射方式有所变化，木棒呈现弯曲的形态。这二重关系本身都是一种客观的关系，与之相联系的感知也具有客观的性质：在其他条件不变的前提下，当感官（眼睛）与水中之棒相遇时，后者（木棒）必然显示为弯曲之状，此时如果呈现"直"的视觉，那倒可能是真正的错觉。可以看到，在这里，感知与主体的相关性，并没有使之失去客观有效性。当然，如果主体在看到水中之棒后，略去"水中"这一条件，不加限定地判定"这是一根弯曲的木棒"，显然也容易导致认识上的错误，但此时，错误的根源并不是感知、对象与主体的关系，而恰恰是忽视了这种具体条件下的关系。

就其内涵而言，知识所涉及的关系，可以从内在性与外在性等不同方面加以考察。从历史上看，一些哲学家较多地关注所知与能知关系的内在性，首先可以一提的是康德。在康德看来，作为所知的现象，也就是为感性和知性所作用的对象，它只能存在于这种关系中；感性和知性固然无法超越现象之域，但现象若离开了感性和知性，同样也无从呈现（现象在时空形式、因果关联等方面，分别依存于感性和知性）。康德对现象与感性、知性关系的如上理解，显然主要基于二者关系的内在性。柏格森强调存在的真实形态只能在直觉中才能呈现，则突出了知识与能知关系的内在性。同样，实用主义把所知规定为认识过程的产物，并着重从价值关系的背景上理解知识的涵义（融认知于评价），其注重之点，也在于所知与能知、知识与主体关系的内在性。[①] 与以上看法相对，洛克将能知视为白板，并以所知的作用为知识的来源，则似乎更为关注能知与所知关系的外在性。[②]

从其真实的形态看，关系的内在性和外在性，并非彼此排斥；知识所涉及的关系本质上既包含内在性，也具有外在性。就能知与所知的关系而言，所知作为认识对象，已不同于本然的存在，而在相当程度上表现为为我之物，所知的这种"为我"之维，展示了它与能知的难以分离性，后者同时也规定了二者关系的内在性。但另一方面，如前所述，所知的"为我"之维并没有消解其自在性和独立性，正是所知对能知所呈现的这种自在性和外在性，使二者的关系同时具有外在的性质。白板说注意到了所知和能知关系的外在性，但它同时又在逻辑上将二者理解为互不相涉的存在，这种看法无法说明能知和所知如何沟通，并相应地难以解决能知如何达到对象的问题。康德、实用主义等有见于所知与能知关系的内在性，但却多少掩蔽了二者关系的外在性这一面，与此相关，他们同时又将认识理解为人单向地给自然立法（康德）或主体自身不断摆脱问题情景、由疑问走向确定（实用主义）的过程，对认识关系的这种理解，显然很难使知识的客观有效性得到落实。

知识与主体是认识过程涉及的另一重基本关系。前文已论及，"知"（knowing）与人之"在"（being）无法相分。严格而言，知识只是相对于人才有意义，离开了人，知识既无从形成，也难以存在，这

[①] 杜威已明显地表现出这一倾向，作为新实用主义者，罗蒂进一步重申了上述立场："我们实用主义者认为如下观念是没有意义的：我们应该为了真理而追求真理。我们无法把真理当作探索目标。探索的目标在于人与人之间就做什么达成共识，在于就想要达到的目的以及为此而使用的手段达成共识。"（参见罗蒂：《后形而上学希望》，上海译文出版社，张国清译，2003，第 105 页）这一看法一方面以关于如何做的认识（know how）取代了关于是什么的认识（knowing that），另一方面又以评价（判断认识是否对达到某种目的有意义）消解了认知（对客体本身的把握）。以关于如何实现目的或目标的共识为指向，认识显然主要依存于主体或能知。

[②] 当然，在白板说之外，洛克又提出了二种性质的学说，他对第二性质的分析，已不同于单纯的外在关系论，这种现象反映了哲学家思想的多方面性。这里主要是就白板说的逻辑内涵而言。

一现象已从一般常识的层面上决定了知识无法与人的存在分离。从"知"与"在"的这种相关性看，二者的关系无疑具有内在性。然而，知识既有形式的方面，又有具体的内容，无论就其形式的规定，抑或实质的内容而言，知识都包含着非特定主体所能限定的方面。知识在最一般层面的规定，涉及逻辑的形式，而逻辑形式无疑具有超越特定个体的公共性、普遍性①；同样，就知识内容而言，如果它是真实的，那么其实质无非是以观念的形式存在的所知，作为存在的观念形态，它同样具有不以主体为转移的性质。从这方面看，知识与人的存在的关系无疑又具有外在的性质。

可以看到，认识所涉及的能知与所知、知识与人的存在等关系，在总体上表现为内在性与外在性的统一。认识关系的这种双重性，既为能知与所知的沟通提供了可能，又使知识的客观有效性在认识的本源处得到了落实。如果说，心、物、理的统一为知识的客观有效性提供了本体论的根据，那么，认识关系中内在性与外在性的统一，则通过认识论与本体论的交融和互摄，为这种客观有效性提供了更具体的担保。

自康德完成所谓哥白尼式的革命后，认识论中的主体性一再被强化，与之相联系的则是客观性原则的走弱。在现代哲学中，这一趋向似乎在不同层面有了进一步的发展。现象学尽管提出了回到事物本身的口号，但它对事物的理解往往与意向过程相联系，与之相关的是悬置存在以及对纯粹自我及纯粹意识的注重；在存在主义那里，个体、自我进而被提升为第一原理；哈贝马斯对主体间性考察和关注，似乎对主体性有所超越，但同时又多少将对象性的关系视为消极意义上的工具—目的关系。此外还有前文提及的各种形式的内在关系论。从某种意义上看，近代以来，主体性、主体间性已浸浸然压倒了客观性原

---

① 康德在界定作为所知的现象时，着重强调了所知对能知（包括感性直观形式与知性范畴）的依存性，不过，当他强调知性范畴具有先天性而非形成于人的经验活动时，他固然表现出先验论的倾向，但同时也注意到了知识形式超越于特定个体以及与之相联系的普遍性特点，这里也可以看到康德哲学的复杂性。

则。主体性及主体间性的确认在认识论、本体论等领域无疑都不可或缺，它对扬弃素朴实在论、机械论等也具有不可忽视的意义，然而，同样重要的是，不能因此而放弃或否定客观性原则。① 主体性、主体间性与客观性，并非互不相容，就认识与存在的关系而言，真实形态在于三者的统一。

四、知识、智慧与人之"在"

认识与存在的统一，不仅表现为"在"（being）作为本体论前提制约着"知"（knowing），而且在于"知"对存在本身的影响。如前所述，以化知识为能知为形式，"知"首先融入于人的存在过程，并在不同的层面改变着人的存在。孟子曾从道德认识与人的关系上，强调"无是非之心，非人也"②。是非之心以对理义的把握为内容③，可以看作是道德认识与道德认识能力的统一，孟子将其理解为人之为人的基本规定之一，无疑从一个方面注意到了认识对人的存在的意义。认识对人之"在"的影响当然不限于善。广而言之，从日常的世界，到多样的实践领域，存在的不同方式，往往折射着不同的认识境界。在此意义上，认识与人的存在的关系，似乎不仅仅在于"有真人而后有真知"，而且也在于"有真知而后有真人"。

在自然的维度上，人的存在首先受制于其物种的结构；物种的限制同时也构成了存在的界限。然而，作为社会的产物，知识在相当程度上改变了人的这种存在形态：它在使人从一个方面获得社会性规定的同时，也为人走出或突破自然的存在限度提供了可能。如果说，知识本身赋予人以不同于单纯肉体（身）的观念性存在，那么，知识的物化形态——工具——则延长了人的感官。与观念的其他形态（包括

---

① 当代一些哲学家已经注意到这一点，这里特别值得一提的是诺齐克。在其最后一部著作《不变性：客观世界的结构》（*Invariances: The Structure of Objective World*）中，诺齐克通过对不变性的论述，以独特的方式将客观性问题重新提了出来。
② 《孟子·公孙丑上》。
③ 孟子："心之所同然者何也？谓理也，义也。"参见《孟子·告子上》。

善的理念、美的意境等等）相辅相成，知识使人不断地超越自身，由自在达到自为，并逐渐走向更完善的境界。怀特海曾指出："通过真理关系（truth relation），现象在实在深处召唤出新的情感资源。"① 对真理关系的把握属广义之知识之域，这里的情感资源则与美和善的追求相联系，以上看法已注意到，以真为内容之知识，同时提升着人的整个观念形态的存在。不难看到，在上述意义上，知识既扩展了人的存在，也深化了人的存在。

知识的本体论意义，在海德格尔那里也得到较为深入的考察。如前所述，海德格尔曾着重探讨了真理与人的存在之间的关系，在他看来，真理问题属于基础本体论之域②，其本质即是去蔽（uncover, disclose），陈述之为真，主要在于它"让存在以其未遮蔽的形态为人所见（lets a beings be seen as its discoveredness）"，"它去存在之蔽，使之以是其所是的形式呈现出来（shows itself as the very same thing）"③，海德格尔所说的基础本体论，主要以人自身的存在（此在）为对象，所谓"蔽"也相应地主要相对于存在与人的关系。以去蔽为真理的本质，首先似乎不同于康德意义上的人给自然立法：这里着重的不是人以先天的形式给存在规定什么，而是让存在以自身的形式为人所见（to be seen）。同时，去蔽也有别于存在的单纯自在：它所追求的，是存在之向人敞开。在这里，认识形式及内容与对象的关系已处于真理问题边缘，而人与存在的关系则成为关注的中心：当存在未向人敞开时，人往往处于被遮蔽的形态（存在的遮蔽，本质上表明的是人自身有蔽），存在之去蔽，则意味着人从有蔽走向无蔽。也正是在如上意义上，海德格尔强调，"真理的本质展现自身为自由"（the essence of truth reveal itself as freedom）。④ 这里的自由既是指让存在以无遮蔽的形式存在⑤，也意味着此在自身通过敞开存在而达到无蔽的形态。与此相应，对海

---

① 参见 Alfred N. Whitehead, *Adventures of Ideas* (New York: Macmillan Co., 1933), P. 343。
② Martin Heidegger, *Being and Time*, p. 197.
③ Ibid., p. 201.
④⑤ Martin Heidegger, "On the Essence of Truth," in *Basic Writings: Martin Heidegger*, Routledge, 1993), p. 128.

德格尔来说，通常被视为认识形式的真理，其意义主要也在于人的存在形态的转换。

海德格尔以追寻人的本真存在形态为指向，而真理则是宽泛意义上的"真知"。如果说，强调无此在则无真理①，主要侧重于有真人而后有真知，那么，肯定真理的去蔽意义，则似乎包含着有真知然后有真人之意（去蔽既是对象的敞开，也是人走向无蔽的本真形态）。对真理与存在关系的如上考察，无疑从不同的方面注意到了知与人的存在之间的深层互动。当然，海德格尔仅仅在基础本体论的论域中讨论真理问题，则不仅多少淡化了真理的认识论的意义，而且往往容易进而忽略认识本身多方面的丰富内涵。事实上，从更广的视域看，知识对存在的制约，并不限于"知"与人之"在"的关系。以人的实践为中介，知识也改变着作为对象世界的存在。当近代哲学家肯定"知识就是力量"（培根）时，他们所侧重的，首先也是知识在变革对象世界中的作用。对象世界的存在境域改变到何种程度，往往与实践过程中知识所达到的深度和广度相联系。与对象世界的变革相一致，能知与所知的关系也每每发生相应的变化：所知已非原始的洪荒之域，作为人化世界的存在，它们越来越呈现为具有知识负载的对象。以实践为物化的力量，知识既变革对象世界，也改变着所知。

实践过程中展开的能所互动，总是交错着主体间的关系。在主体间的交往中，主体所面对的，已不是对象性的存在，而是他人（另一主体）。与对象性的关系有所不同，主体间的交往首先指向不同主体之间的相互理解和沟通，其间相应地涉及认识的维度。哈贝马斯曾分析了建立合理交往关系的条件，其中的真理性、可理解性，与认识过程显然很难相分。主体间的对话，每每需要一定的背景知识以及对论题涉及对象的了解，相关知识的缺乏或相关知识的非真理性，往往会成为理解和沟通的障碍。在这里，知识无疑制约着以主体间交往为形式的存在过程。

---

① 参见本篇第 2 节。

从不同主体间的关系回到知识形态本身，常常涉及知识、无知与智慧的关系。一般而言，在涉及"是什么"（knowledge of that）等问题上，知识可以视为对特定所知（某一对象或对象的某一方面、某一层面等）的断定，这种断定同时建立在一定根据之上（justified）；无知则往往被理解为知识的缺乏。与知识主要指向存在的某一方面或层面有所不同，智慧以性与天道为内容，展现为对存在的整体领悟和把握，并相应地具有形而上的内蕴。同时，知识首先与能知相联系，能知主要展示为与所知相对的存在规定，而人的存在并不限于能知这一维度；相形之下，智慧凝结了人的全部生活，表现为基于整个实践过程而达到的具体的精神形态。较之对存在的分别把握，智慧可以看作是存在的具体性在观念领域或精神领域的体现；作为人的存在形态，智慧又具有境界的意义。

知与无知、知识与智慧无疑体现了人自身存在的不同形态，但在现实的过程中，它们并非彼此截然悬隔，波兰尼对默会之知及隐附意识（subsidiary awareness）的分析，已从一个方面涉及这一点。在波兰尼看来，"任何与实在相关之知识，都包含着未来可能呈现、现在尚不确定的范围"①。如果知识的基础是默会的，"那么，我们的知识可能包含着远远超出它们所能表达的内容"②。这里的值得注意之点，是将知识及与知识相关的意识理解为一个统一的系统，其中既包含着已经自觉意识到并取得明晰形态的内容，也包含着现在尚未自觉意识、具有隐而未显特点的内容，随着认识过程的展开，这种隐附之知可以转换为明晰之知。这样，对主体而言，知与无知之间的界限便不再是截然分明的：现在所处的"无知"状态，并不意味着绝对的无知，它可能只是表明此时"知"对主体来说还具有隐含的性质，而尚未达到明晰的形态。在这里，知识的连续性和统一性，从观念的形态上，赋予人的存在以连续性和统一性。

---

① *Knowing and Being: Essays by Michael Polanyi*, pp. 140 – 141.
② Ibid., p. 133.

同样，知识与智慧之间也并非彼此对峙。智慧作为境界，体现了人的内在统一及自我整合；作为对存在的整体把握，智慧又从形而上的层面，构成了进一步认识世界的背景。如前所述，认识的主体是整个的人，智慧则以境界的形式确证了这种整体性和具体性；作为主体的现实存在形态，智慧的整体性、具体性，总是以不同的方式影响和制约着认识过程。康德对理念与知性范畴作了区分，理念超越经验而属理性之域，它与经验知识相对而更接近于这里所说的智慧。尽管康德强调理念不能作为建构性的概念而运用于经验领域，但他仍肯定了理念作为范导原则与理智活动的联系，并认为理念的作用在于将理智的使用引导到全面性、完整性和综合统一性上去，"没有这种统一性，我们的知识就是支离破碎的"。[①] 这一看法已注意到，智慧层面的理念可以为知识经验的统一、整合提供某种担保。

知识与智慧的关系当然不限于智慧对知识的范导。作为具体的精神形态，智慧同时也包含着知识经验。知识的单纯积累和增加，固然不一定意味着智慧的形成，但智慧如果缺乏知识内容，也将流于空泛、玄虚、混沌，从而难以成为真正意义上的智慧。在化知识为能知的过程中，知识不仅成为认识主体的有机构成，而且通过融合于人的存在，为智慧提供了内在的资源。如果将认识理解为一个与人的整个存在相联系的广义过程，那么，知识在以智慧为背景的同时，又不断地丰富着智慧的内容，二者在本质上并不是彼此分离或前后相继的，而是展开为互融、互渗、互动的关系。[②] 通过赋予智慧以新的活力，知识也进一步深沉地影响着人的存在过程。

与知识和智慧的统一相一致，认识论的视域和本体论的视界本质上也具有彼此沟通的性质。知识从不同的方面敞开了对象世界，尽管在知识形态中，存在是以"分"而非"合"的方式呈现出来，但正如

---

① 参见康德：《任何一种能够作为科学出现的未来形而上学导论》，庞景仁译，商务印书馆，1982，第110、135、137页。
② 佛教所说的"转识成智"，在逻辑上蕴含着"识"与"智"相继而起、以"智"取代"识"之意，这种看法似乎未能注意到知识与智慧之间互融、互动的关系。

知识的拓展和深化往往推进着智慧的发展一样，对世界的分别敞开同时也为从总体上把握存在提供了前提。① 在广义的认识过程中，以所知为对象的知识与形而上的智慧彼此互动，经验世界的理解和性与天道的领悟相辅相成，人既不断敞开真实的存在（具体存在），也逐渐地提升自身的存在境域。知识与存在的如上交融，同时也展示了认识论与本体论的内在统一。

（原载《天津社会科学》2002 年第 6 期，后增补为《道论》第三章，北京大学出版社，2011 年）

---

① 有些论者（如 Ledger Wood）将本体论的对象（ontological object）与认识论的对象（epistemic object）分离开来，认为指称（reference）仅仅指向认识论的对象，而不涉及本体论的对象。[参见 Ledger Wood, *The Analysis of Knowledge* (Princeton: Princeton University Press, 1942), p. 22] 这似乎容易导致对存在的抽象分割。

意义的意义

以认识世界与认识人自身、变革世界与成就人自身为具体的历史内容，成己与成物的过程同时表现为意义和意义世界的生成过程。本然世界不存在意义的问题，意义与人无法分离。人既追问世界的意义，也探寻自身的存在意义，意义的发生也相应地本于人之"在"。本书的导言已提及，以人的存在以及人与世界的关系为视域，意义的内涵或意义的"意义"涉及"是什么""意味着什么""应当成为什么"诸问题。"是什么"具体指向何物存在与如何存在（事物以何种形态存在），其中既关联着事物的呈现，也涉及人的意向性活动。"意味着什么"以存在的价值意义为其内涵[①]，就对象而言，它所追问的是事物是否合乎人的需要和理想以及在何种程度上合乎人的需要和理想，这种需要或理想既涉及物质生活层面的生存过程，也关乎社会领域及精神生活之域的知与行。就人自身而言，"意味着什么"所指向的则是人自身的存在意义：人究竟为何而在？人的存在意义或人生意义的确认总是以人的价值目的和价值理想为根据，当人的生存过程与一定的价值目的或价值理想一致时，生活便显得富有意义；反之，如果缺乏价值目标或远离价值目标，则人生容易给人以无意义之感。

---

① 在日常的语义层面，"意味着什么"（what does it mean）既涉及事实之维的"是什么"，也指具有何种价值意义。本书所说的"意味着什么"则主要相对于"是什么"而言，其内涵也相应地与"具有何种价值意义"相联系。

以事实层面的规定为指向，"是什么"首先与认知过程相联系，"意味着什么"则以价值关系及属性为内容，从而关涉评价过程。认知与评价所展示和确认的意义，具有观念的形态。相对于此，"应当成为什么"则更多地呈现出实践的意义。后者（实践的意义）既体现于对象应如何"在"，也表现在人自身应如何"在"。就对象而言，"应当成为什么"意味着通过人的实践活动化"天之天"为"人之天"，从而使观念层面的价值意义获得现实的形态；就人自身而言，"应当成为什么"则意味着在现实的知、行过程中走向理想的存在形态，不断实现人生的意义。

从事实的认知到价值的评价，从认识世界与变革世界到认识人自身与变革人自身，从语言的描述到语言的表达，意义关乎不同的领域。澄明意义的"意义"，难以仅仅囿于意义内涵的逻辑辨析，它在更本原的层面涉及意义的生成过程。以成己与成物（认识世界与变革世界、认识自我与变革自我）的历史展开为现实之源，意义生成并呈现于人与世界的互动过程。通过成就世界与成就自我的创造性活动，人在追寻意义的同时，也不断赋予意义世界以具体的历史内涵。

一、何为意义

作为人不同于物的存在方式，成己与成物的过程既敞开了世界，又在世界之上打上人的各种印记，由此形成了不同形式的意义之域。宽泛而言，意义之域也就是进入人的知、行领域的存在形态，它可以表现为具体的实在，也可以取得观念的形式。与意义之域相对的是非意义之域。这里需要对非意义（non-meaning）与无意义（meaningless）作一区分。无意义本身是意义之域的现象，它或者表现为无法理解意义上的"无意义"，或者呈现为无价值意义上的"无意义"，这种"无意义"乃是相对于意义之域中的"有意义"形态而言，是意义之域中的"无意义"。与之不同，"非意义"本质上不属于意义之域，它可以广义地理解为尚未进入人的知、行领域的存在。作为还未与人照面的对象，这一类的存在还处于意义领域之外，关于它们，既不发生意义的问题，也不发生无意义的问题。

在当代哲学中，海德格尔对意义与"此在"的关系作了较多的考察。按他的理解，"意义是此在的一种生存性（existential）品格，而不是附着于存在（beings）的属性（这种属性隐藏于存在之后，或作为两端之域浮荡于某处）"①。这里的此在首先指个体的存在，生存性则与个体的生存活动相关。与之相对的存在属性，主要表现为对象性的规定，它外在于人的存在过程而蕴含于对象之中。对海德格尔而言，意义并不是单纯的对象性规定，它本质上发生于个体的存在过程。个体的存在过程同时又被理解为一个筹划或规划（project）的过程，筹划或规划以人的自我设定、自我实现为指向，它意味着通过人的生存活动化可能的存在为现实的存在。正是以此为视域，海德格尔进一步将意义与人的筹划活动联系起来，并强调筹划就在于敞开可能性。②

海德格尔的以上看法，无疑已注意到意义的发生无法离开人自身之"在"。不过，如上所述，海德格尔所理解的人，主要是作为此在的个体，与之相关的人之"在"，则首先是个体的生存。事实上，前文提及的此在的"生存性"，便以个体的生存为内容。对意义与个体生存的这种关联，海德格尔并不讳言，在他看来，意义现象即"植根于此在的生存结构"。③ 从成己与成物的维度看，个体的生存所涉及的，主要是成己之域。同时，成己的过程包含与认识人自身和成就人自身相关的多重内容，个体的生存仅仅是其中的一个方面，将关注之点指向个体生存，意味着把意义主要限定于单向度的成己过程。更需提及的是，在海德格尔那里，与现象学的哲学背景及突出此在的生存性相应，意义的问题往往与个体生存过程中畏、烦等内在体验相联系，从而在实质上更多地涉及观念之域。如后文将进一步讨论的，从现实的层面看，人的存在境域不仅以成己（认识人自身与成就人自身）为指向，而且

---

① 参见 Martin Heidegger, *Being and Time* (Albany: State University of New York Press, 1996), p. 142。
② Ibid., p. 298.
③ Ibid., p. 143.

展开为一个广义的成物（认识世界与变革世界）过程，后者既体现了人的实践品格，也在更深和更广的层面构成了意义的现实之源和历史根据。海德格尔由此在的生存理解意义的"意义"诚然有见于意义的生成与此在的相关性，但同时又将成物（认识世界与变革世界）的过程置于视野之外，并着重强调了与畏、烦等内在体验相涉的观念之维，从而未能真切地把握意义的生成与人的存在之间的现实关系。

意义之域中的意义，其自身的"意义"究竟是什么？对成己与成物过程的具体分析，无疑可以提供解决以上问题的内在线索。如上所述，成己与成物以认识世界和认识人自身、改变世界和改变人自身为具体的历史内容，这一过程首先涉及对世界与人自身的理解：不仅认识世界与认识自己以理解世界与人自身为题中之义，而且对世界与人自身的变革，也无法离开对人与世界的理解。无论是成就人自身（成己），抑或成就世界（成物），都以把握真实的存在为前提。对真实存在的这种切入，具体表现为知其实然，后者同时包含着对现实存在的理解。从知其实然的层面看，存在的意义就在于被理解或具有可理解性。对于缺乏古生物学知识的人来说，远古生物的化石就没有与古生物相联系的意义：尽管它们在与人相遇时，已进入了人的知、行之域，从而获得了某种不同于本然存在的"意义"，但在不能从古生物的角度理解这些化石的人那里，其"意义"仅仅表现为某种形态的石块，这一层面的"意义"，显然并不是化石所真正内含的意义。化石作为一种特定的存在，其内在的意义乃是通过人的理解而得到呈现，这种理解活动本身又归属于认识世界的过程。可以看到，在知其实然或理解的层面上，意义主要涉及"是什么"的追问，而以"何物存在""如何存在"等问题为指向，意义本身也获得了认知的内容。

就逻辑或形式的视域而言，理解层面的意义，同时表现为可思议性；后者的基本前提，在于合乎逻辑的法则。这里所说的逻辑法则，首先是同一律。金岳霖曾指出，同一律是"意义可能底最基本的条件"。① 同一律要求概念具有确定的涵义，在一定的论域中，某一概念即表示某种涵义，不能随意转换。如"父"即指父，而不能同时指子；"教师"便表示教师，而不能同时意谓学生。违反了同一律，概念便会混乱，意义也无从确立，在此背景下既无法对相关对象和问题展开思议，也难以对其加以理解。与之相联系的是遵循矛盾律或排除逻辑矛盾："思议底限制，就是矛盾。是矛盾的就是不可思议的。"② 同一律肯定的是 A = A，矛盾律强调的则是 A 不能同时又是非 A。唯有排除了逻辑矛盾，观念才有意义，思议和理解也才成为可能。如果说，事实层面的认知主要从实质之维展示了意义的内涵，那么，作为理解与思议所以可能的必要条件，合乎逻辑更多地从形式的维度，规定了观念之域的意义。质言之，在形式的层面，有意义意味着合乎逻辑之则，从而可以理解；无意义则表明有悖逻辑的规则，从而难以理解。

在日常的表述中，可以进一步看到理解—认知层面的意义与逻辑形式的以上关联。"植物生长需要阳光和水"，这是有意义的陈述，因为它不仅包含认知内容，而且表述方式为逻辑规则所允许，从而具有可理解性。然而，"白昼比水更重"，这一陈述则无意义，因为它既没有提供实质的认知内容，又对"白昼"和"水"这两种分属不同类的对象作了不合逻辑的联结，从而无法理解。当然，在特定的语境中，某些表述虽然缺乏狭义的逻辑联系，但在经过转换之后，仍可以展示出意义。以上述语句而言，如果用白昼隐喻包含正面价值的事物、水隐喻具有负面价值（如沉沦）的现象，则两者便在指涉价值这一层面，呈现类的相通性，并由此获得了可比性，从而，相关的表述也具有了某种意义。以下表述与之类似：人固有一死，或重于泰山，或轻于鸿毛。"死"本来与生命相关（表现为生命的终结），泰山与鸿毛则属有别于生死的另一类现象，但在价值隐喻的层面，上述对象却又表现出类的相通性，而用泰山和鸿毛分别隐喻死的不同价值内涵，也展现出

---

① 金岳霖：《知识论》，商务印书馆，1983，第 414 页。
② 同上书，第 416 页。

特定的意义。需要指出的是，在以上情形中，一方面，广义的逻辑法则依然制约着表述过程，价值的意蕴中也相应地渗入了可理解的认知内涵；另一方面，这里的隐喻，首先表现为通过语言运用方式的转换以表达某种价值观念，与之相联系的意义，也更多地涉及下文将进一步讨论的价值之域。在艺术作品（如诗）之中，往往可以看到类似的意义现象。

  成就自我（成己）与成就世界（成物）不仅仅表现为对实然的把握，而且展开为一个按人的目的和理想变革世界、变革自我的过程。人与其他事物的差异之一，在于他既是一种存在，又不仅仅"存在着"；既居住在这个世界，又不仅仅是世界的栖居者。人总是不满足于世界的既成形态，在面对实然的同时，人又不断将视域指向当然。当然的形态也就是理想的形态，它基于对实然的理解，又渗入了人的目的，后者包含着广义的价值关切。以目的为关注之点，存在的意义也相应地呈现价值的内涵：从成己与成物的目的性之维看，有意义就在于有价值。以杯水去灭车薪之火，常常被视为无意义之举，这种无意义，并不在于它无法理解，而主要是指：相对于灭车薪之火这一目的而言，杯水并无真正的价值或作用。同样，螳臂当车，也往往被用来说明无谓之举或无意义之举，这里的"无谓"或无意义，其内涵也就是：较之特定的目的（如阻挡车辆的前进），螳臂并没有任何实质的或积极的价值。引申而言，以上论域中的意义，同时涉及目的、作用、功能等等，与之相关的有意义，既表现为成己与成物本身包含的内在价值，也关乎不同的事物、观念、行为对这一过程所具有的作用或功能。不难看到，上述层面的意义主要相应于"意味着什么"的追问，而目的—价值则构成了其实质的内容。①

---

① 目的—价值之维的意义，往往呈现较为复杂的形态。从一个方面看似乎无意义的现象或行为，从另一方面考察又常常呈现其特定意义。以精卫填海而言，从目的之维看，以个体之力填海，其行动显然缺乏实际的作用：个体的往复衔石，难以实现填海的目的，就此而言，它如同杯水车薪，没有目的—价值层面的意义。然而，从这一举动所体现的精神力量来说，则又有其正面的价值意义，后者具体表现在：它从一个方面展示了人变革对象的坚韧意志和力量，这种意志和力量进一步通过激励人奋发努力而展示了其影响实践过程的价值意义，精卫填海这一神话故事的内在寓意，也主要体现于后一方面。

目的—价值层面的意义，同时可以从更广的层面加以理解。以道德领域而言，道德既是人存在的方式，同时也为人自身的存在提供了某种担保。在社会演进的历史过程中，通过共同的伦理理想、价值原则、行为规范、评价准则等等，道德从一个侧面提供了将社会成员凝聚起来的内在力量。这里，道德的作用不仅仅表现为使人在自然层面的生物规定及社会层面的经济、政治等规定之外，另外获得伦理的规定，它的更深刻的本体论意义在于：通过扬弃社会的无序性与分离性，从一个方面为存在价值的实现提供根据和担保。与之相联系，道德领域中"善"的意义从根本上说便在于对人的存在价值的肯定，后者既表现为主体对自身存在价值的确认，也表现为主体间对存在价值的相互尊重和肯定①，这种确认和肯定从不同的方面体现了人的目的性品格：惟有体现了人的这种目的性规定，行为才具有道德的意义或具有正面的道德意义。以上视域中的意义，从另一方面展现了意义的价值之维。

价值层面的无意义，往往表现为荒谬。加缪曾以有关西西弗的希腊神话，对这种无意义或荒谬作了形象的说明。西西弗触犯了众神，诸神为了惩罚西西弗，责令他把一块巨石推上山顶，巨石因自身的重量，又从山顶上滚落下去。西西弗再次推上去，巨石则再次落下，如此周而复始、循环往复。作为人的行为，西西弗的以上活动，可以视为一种无谓之举：它不断重复，但永远无法达到预定的目的，这种对实现特定的目的没有任何价值或效用的活动，便缺乏实质的意义。当加缪把西西弗称为"荒谬的英雄"时，他事实上也将西西弗的上述无意义之举，视为荒谬的存在形态。② 以荒谬的形式呈现的无意义，无疑从否定的方面，突显了价值层面的意义与目的性活动之间的关系。

成就人自身（成己）与成就世界（成物）的过程，总是涉及不同的对象以及人自身的多样活动，后者（外在对象与人的活动）又与成

---

① 参见杨国荣：《伦理与存在》第二章，上海人民出版社，2002。
② 参见加缪：《西西弗的神话》，杜小真译，生活·读书·新知三联书店，1987，第157页。

己及成物的过程形成了多重形态的关系,这种关系往往呈现肯定或否定的性质。当外在对象与人的活动构成了成己及成物的积极条件时,二者的关系即具有肯定的性质,反之,则关系便具有否定性。成己与成物过程的以上特点,也规定了意义的不同向度。通常所说的有意义与无意义,便分别体现了意义的肯定之维与否定之维。如上所述,从能否理解的角度看,有意义意味着可理解,无意义则表明不可理解,前者具有肯定的性质,后者则表现为对意义的否定。在认识的领域中,当某一命题被证伪时,其意义首先呈现否定的性质①,反之,被证实的命题,则更多地具有肯定的意义。同样,在价值之维,意义也有肯定与否定之分。以收获为目标,并且最后确有所获的耕作(劳动),是一种有意义的活动,无所事事地打发日子,则是对时间的无意义消耗,这里的意义具有价值的内涵,而其中的有意义与无意义则分别表现了意义的肯定性质与否定性质。与价值意义的肯定性与否定性相联系的,是正面的或积极的意义与负面的或消极的意义。在变革世界的实践中,外在的对象对于这一过程可以呈现积极或正面的价值意义,也可以呈现相反的意义。同一现象,对于不同条件之下的人类活动,常常呈现不同的价值意义,如持续的大雨对人的抗洪活动来说,无疑具有负面的意义,但对于抗旱斗争则呈现正面的意义。在这里,价值意义的不同性质,与人变革世界(成物)的活动,显然难以分离。

  意义的呈现具有相对性。这不仅在于意义总是相对于成就自我(成己)与成就世界(成物)的过程而言,而且在于意义的生成具有条件性。在理解—认知这一维度上,意义的生成和呈现,本身以一定的知识背景为前提。对于缺乏数学知识的人来说,数学的符号、公式便没有意义或没有作为数学知识系统的意义。在这里,需要对可理解性与实际的理解作一区分:在数学的知识系统形成之后,数学符号和数学的公式便具有可理解性,但对它们的实际理解,则以具备一定的数学知识为条件,只有当这些符号与公式被实际地理解时,它们才会

---

① 当然,就命题的否证为进一步的认识提供了出发点而言,这种否证又包含肯定的意义。

呈现为有意义的形态。

同样，目的—价值层面的意义，也具有相对性的一面。人的知、行过程展开于不同的历史时期和社会背景，处于不同历史时期与社会背景的知、行主体，其价值目的、价值取向也往往各不相同。同一现象，对于具有不同价值立场的主体，每每呈现不同的意义。以 20 世纪 20 年代发生于湖南的农民运动为例，对维护传统秩序的乡绅来说，它主要呈现负面的意义，所谓"糟得很"，就是对这种意义性质的判断；对旨在变革既成秩序的志士而言，这种运动则呈现正面的意义，所谓"好得很"，便是对这一性质的认定。

意义的相对性同时也表现为意义呈现的个体差异。马克思曾指出："任何一个对象对我的意义（它只是对那个与它相适应的感觉说来才有意义）都以我的感觉所及的程度为限。"① 某一存在形态，如一首歌，一种景物，等等，可能对某一特定个体具有特殊的怀旧意义；生活中的某一个人或某一种物对相关个体所具有的意义，也许超过其他的人与物；如此等等。这里的意义，同时带有个体的意味。② 广而言之，语言的运用也涉及个体性的"意味"，这种意味往往渗入了个体的情感、意向，它既涉及弗雷格所提到的语言附加③，也与语言在交往及实践过程中的具体运用相联系。言说者所表达的所谓"言外之意"，倾听者所听出的"弦外之音"，便常常表现为某种特定的意味。

不难看到，在以上情景中，意义的呈现过程，包含着新的意义的生成与既成意义形态之间的互动。一方面，意义的每一次呈现，都同时表现为新的意义的生成，另一方面，这种生成又以既成的意义形态为出发点或背景。从过程的视域看，意义的呈现和生成与意义的既成形态很难彼此分离。人总是在知与行、成己与成物的过程中面对外部对象，知与行、成己与成物的展开过程中所形成的知识系统、价值观

---

① 马克思：《1844 年经济学哲学手稿》，人民出版社，1985，第 82 – 83 页。
② 诺齐克曾将这类意义称之为"作为个人意味、重要性、价值、紧要性的意义"，参见 Robert Nozick, *Philosophical Explanations* (Oxford: Clarendon Press, 1981), p. 574。
③ 参见《弗雷格哲学论著选辑》，王路译，商务印书馆，1994，第 119 页。

念等等，构成了一定的意义形态或意义世界；当外部对象呈现于人之前时，人事实上已经处于这种意义形态或意义世界之中，后者既构成了意义呈现和生成的前提，又以不同的方式规定或影响着意义的内涵和性质。在理解—认知的层面，是否拥有一定领域中的知识系统，往往制约着相关的现象、事物是否呈现意义以及呈现何种意义；在目的—价值的层面，已有的价值观念和价值理想，则影响着人对外部现象所呈现意义的评价。

当然，既成意义形态的对人的制约以及意义呈现与个体存在的相关性，并不意味着意义完全缺乏普遍的、确定的内容。金岳霖在谈到呈现时，曾区分了与个体相涉的"观"和与类相涉的"观"。对象的呈现同时意味着对象为人所"观"，在此意义上，"呈现总是有观的"。在金岳霖看来，个体之"观"与特定的感知者相联系，具有主观性；类之"观"则是某一类的个体所共有之观，从而具有客观性。相应于"类"观的这种呈现，也就是认识论上的所与。[①] 金岳霖所说的呈现和所与，主要涉及感知层面的意义。广而言之，人对世界的把握和世界对人所呈现的意义，往往在更普遍的维度表现出二重性：作为意义主体的人，既是特定的个体，又是社会（类）中的成员。前者使之具有金岳霖所说的"个体观"，由此呈现的对象意义，每每展示出个体的差异；后者则赋予人以"类观"，与之相联系的意义呈现，相应地包含普遍的内涵。在人与世界的关联中，感知具有初始的、直接的性质，感知过程中"个体观"与"类观"的交融，同时也从本原的层面，规定了意义呈现中个体性与普遍性、相对性与确定性的统一。从另一方面看，意义的相对性，常常与具有不同知识背景、价值立场的主体对存在的不同理解、体验相联系。然而，存在与人的知、行过程的关系并不仅仅以相对性为品格，它同时也具有普遍的、确定的一面，后者同时制约着形成于这一过程的意义，并使意义无论在理解—认知的层面，抑或目的—价值的层面，都不同程度地呈现其普遍性、确定性。以理

---

① 参见金岳霖：《知识论》，第 472-476 页。

解而言，数学的公式、符号对于缺乏数学知识的特定个体而言固然没有意义，但这些符号与公式在具有数学知识的人之中，却呈现普遍的意义。同样，在价值关系上，一定时期某种历史现象对于具有不同价值立场的具体个体而言诚然呈现不同的价值意义，但我们仍可以通过考察这种现象与人类走向自由这一总的历史趋向之间的关系，评价其内在意义，这一视域中的意义已超越了特定个体的价值立场，具有普遍的性质。

作为意义的二重基本形态，与理解—认知相联系的意义和与目的—价值相联系的意义并不是以互不相关的形式存在。成己与成物以认识自己与认识世界为题中之义，后者表现为广义的认识过程，而在广义的认识过程中，认知与评价无法彼此相分。认知与评价的相关性，也从一个方面规定了理解—认知层面的意义与目的—价值层面的意义之间的关联。以审美领域音乐的欣赏而言，旋律、乐曲对某一个体是否呈现审美的意义，与个体是否具有欣赏音乐的能力相联系，"对于没有音乐感的耳朵说来，最美的音乐也毫无意义"[1]。所谓有"音乐感的耳朵"或具有欣赏音乐的能力，便包含对音乐的理解。[2] 然而，另一方面，审美的过程（包括音乐的欣赏）又与人的审美趣味相联系，后者更多地涉及价值意义。孔子曾闻韶乐而三月不知肉味，之所以如此，是因为韶乐合乎其审美的价值标准。与此同时，孔子又一再要求"放郑声"，后者源于郑声与其审美价值标准的冲突。不难注意到，韶乐与郑声这两种音乐对孔子所呈现的，是不同的审美意义，这种不同既涉及对二者的理解，也关乎内在的价值立场，而意义的理解之维与意义的价值之维在这里则彼此交融。

在神秘主义那里，以上关联也以独特的方式得到了体现。神秘主义以拒斥分析性的知识、强调不可分的统一等为特点[3]，它所追求的，

---

[1] 马克思：《1844 年经济学哲学手稿》，第 82 页。
[2] 这里需要对声音与特定的音乐作一区分。一定的音乐对于缺乏音乐背景的人而言，主要呈现为某种声音，这种声音当然也可以被赋予不同的意义或被理解为不同的意义，但这种"意义"不同于作为特定音乐的意义。
[3] 参见 Bertrand Russell, *Mysticism and Logic* (Garden City: Doubleday & Company, Inc., 1957), pp. 8-11。

首先是个体性的体验、领悟、感受，后者同时构成了其意义之域。从外在的方面看，神秘主义的这一类体验、领悟、感受似乎超乎理解，其意义也仿佛缺乏认知的内容。如何看待以上视域中的"意义"？这一问题可以从两重角度加以考察。首先，被神秘主义归入知识领域之外或不可理解的现象，本身可以成为解释的对象：宗教之域的神秘体验，可以作为广义的宗教经验加以研究和解释，形而上学的大全、一体等观念，则可以成为哲学分析的对象，如此等等。在以上解释过程中，神秘主义以及它所关注的各种现象不仅可以用合乎逻辑的形式加以表述，而且也同时作为一种独特的解释对象而获得了认知内容。另一方面，从神秘主义者自身的体验过程看，他们所具有的独特体验，常常与他们的精神追求、终极关切相联系，而当这种体验能够满足以上精神需要时，呈现神秘主义形式的体验本身便对他们展示出某种意义。如果说，在前一种背景（以神秘主义为考察对象）下，神秘主义蕴含了某种理解—认知层面的意义，那么，在后一种情况（以神秘主义者自身体验为指向）下，神秘主义则更多地呈现了目的—价值层面的意义。作为相互关联的两个方面，以上两者每每同时渗入于同一神秘主义系统之中。

中国哲学对"象"的理解，更具体地展示了意义的理解之维与意义的价值之维的相关性。"象"的思想首先体现于《易经》：在《易经》的卦象中，"象"的观念便得到了较为集中的表达。以爻的组合为形式，卦象表现为一种符号。作为符号，卦象既包含多方面的涵义，又有自身的特点，并在不同的层面体现双重品格：一方面，卦象有形有象，不同于一般的抽象概念而呈现为特定的感性形态，另一方面，它又以普遍的方式表征不同的存在，并通过综合的形态（易）"弥纶天地之道"①；一方面，卦象指向并象征具体的事与物，所谓"拟诸其形容，象其物宜，是故谓之象"，另一方面，它又内含义与理，并被规定

---

① 《易传·系辞上》。

为表示普遍之意的符号形式,所谓"圣人立象以尽意"①;一方面,卦象由爻所构成,而爻的数、位都按一定的秩序排列,从而,卦象也都具有相对的确定性,另一方面,通过改变卦象中的任何一个爻或爻位,卦象本身便可以转换(由某一卦象转换为另一卦象),从而,卦象也呈现流动性或可变动性;一方面,卦象作为一种由爻构成的特定符号,不同于一般的语言,另一方面,它又与语言紧密相关——不仅每一卦名通过语言而表示,而且对卦象中各爻的说明(爻辞),也总是借助语言而展开。要而言之,作为内含意义的符号系统,以卦象为形式的"象"在总体上表现为特殊与普遍、形象与观念、静与动、语言与非语言的统一。如果由此作更内在的考察,便可进一步注意到,在以上统一之后,内含着更深层的意蕴。《易经》本与占卜相关,占卜则涉及人的行为与对象世界的关系(包括对行为结果的预测)。对《易经》而言,卦象总是关联外部世界,并表征着不同的事与物:"变化者,进退之象也,刚柔者,昼夜之象也。"② 这里所说的"变化"意谓爻象的变化,"进退"则指自然与社会领域的变迁,"刚"与"柔"分别表示阳爻(刚)与阴爻(柔),昼夜则是自然的现象。然而,另一方面,与人的行为相联系,卦象又关乎吉凶:"圣人设卦观象系辞焉,而明吉凶。"③ 吉凶属价值领域的现象:"吉"与"凶"分别表示正面或肯定性的价值与负面或否定性的价值;以象明吉凶,意味着赋予卦象以价值的意义。如果说,对自然和社会现象的表征包含着认知—理解层面的内容,那么,明吉凶所展示的则是价值意蕴,这样,《易经》中的"象"作为符号系统便既包含认知—理解之维的意义,也渗入了目的—价值之维的意义。不难看到,"象"所内含的二重维度,从一个具体的方面表明,认知—理解之维的意义与目的—价值之维的意义在人的知、行过程中无法截然分离。

从更深层的视域看,作为成己与成物的实质内容,认识世界与认识自己、改变世界与改变自己的过程既包含对世界与人自身的理解,

---

① ② ③ 《易传·系辞上》。

也与价值意义的实现相联系。如前所述，理解或认知之维的意义，首先与"是什么"的问题相联系，"是什么"的具体内容涉及事物的规定和性质、事物之间的关系、符号的内涵等等。价值层面的意义所追问的，则是"意味着什么"，作为价值的问题，"意味着什么"的具体内容涉及广义上的利与害、善与恶、美与丑等等。宽泛而言，"是什么"的问题本于实然，"意味着什么"的问题则往往引向当然，而在成就自我（成己）与成就世界（成物）的过程中，实然与当然无法彼此分离。按其实质的内容，成己与成物既以基于实然而形成当然为指向（现实所提供的可能与人的价值目的相结合而形成理想），又展开为一个化当然（理想）为实然（现实）的过程，当然或理想既体现了人的需要和目的，又以现实的存在（实然）为根据。同时，自我的成就与世界的变革不仅涉及"应当"（应当做什么），而且关联着"如何"（如何做）。如果说，作为发展目标的"应当"更多地体现了价值的要求，那么，与实践的具体展开相联系的"如何"则离不开对现实存在形态的理解和认知。不难看到，以成就自我（成己）与成就世界（成物）为指向，"是什么"与"意味着什么"、"应当"与"如何"呈现了内在的相关性。"是什么"展示的是理解—认知层面的意义，"意味着什么"所蕴含的，则是目的—价值层面的意义。正是实践过程中以上方面的彼此相关，构成了意义的理解之维与价值之维相互关联的现实根据。

二、符号、价值与意义

以理解—认知之维与目的—价值之维为具体内容，意义有不同的表现形态。在理解这一层面，意义首先与广义的符号相联系，并以符号的涵义为其存在形态；在价值的层面，意义则内在于人化的存在之中，并以观念形态的意义世界和现实形态的意义世界为主要的表现形式。

宽泛而言，符号可以区分为语言与非语言二重形式，从理解的层面看，语言显然具有更基本的性质。也许正是有见于此，杜威认为：

"语言是抚育一切意义的母亲。"① 关于何为语言的意义这一问题,存在着不同的看法,这些不同的看法,在某种意义上体现了语言意义本身的多方面性。从词源上看,西语中涉及言说的词往往与照亮、显示等相联系。约翰·麦奎利曾对此作了追溯:"希腊语的'说'(*phemi*)与'显示'、'照亮'(*phaino*)有联系,所以与'光'(*phos*)也有联系。拉丁语的'说'(*dicere*)与希腊语的 *deknumi* 和德语的 *zeigen* 同源,都有'显示'的意思,而这三个词都可以追溯到古印欧语系的词根 *di*,它表示'光亮'或'照耀'。"② 显示、照亮,意味着从人的视域之外进入人的视域之中,在此意义上,语言的运用与认识世界的过程无疑具有一致性。

语言的出现与人的知、行过程无法分离。历史地看,正是人的知、行过程的演进和展开,为语言的形成和发展提供了动力和本原。对语言意义的考察,不能离开这一基本事实。以人的知、行过程为本,语言的作用具体表现为描述(description)、表达(expression)、规定(prescription)。③ 描述以事物的自身规定为指向,在这一层面,语言的意义体现于如其所是地把握实然,在诸如"这是一棵树"的简单描述中,已经蕴含了语言的如上意义。表达以人的内在观念、态度、意愿、情感等为内容,这一层面的语言意义渗入了对已然(包括既成的现象和行为)的态度和立场,在"这棵树真美"这一类的表达中,即已渗入语言的此种意义。规定则既基于实然与已然,又以实然与已然的改变为目标,与之相关的意义包含着应然的要求,在类似"这棵树应当保护"(不准砍伐)这样的规定中,语言的以上意义便得到了具体的展示。如果说,描述与"是什么"的追问具有逻辑的联系、表达更直接

---

① 杜威:《经验与自然》,傅统先译,江苏教育出版社,2005,第121页。
② 约翰·麦奎利:《神学的语言与逻辑》,钟庆译,四川人民出版社,1992,第54—55页。
③ 从更广的视域看,语言的作用还包括激发(stimulation),其特点在于启迪或引发某种思维或意识活动,这种激发可以体现于认识之域(触发直觉、想象、洞见等),也可以表现在道德实践、审美活动之中(唤起道德意识或引发审美经验)。奥格登与理查兹所谓词语可以"引起某种情感和态度"(参见后文),也涉及语言的这种激发作用。当然,从语言的运用方式来看,其特点则主要展开于上述三个方面(描述、表达、规定)。事实上,其中语言的每一种运用方式,都可能在现实的交往过程中形成某种激发作用。

地关乎"意味着什么",那么,规定则涉及"应当成为什么"。不难注意到,语言的如上意义与"意义"的本原形态具有内在的联系,二者都植根于世界之"在"与人的存在过程。

就语词而言,其意义首先涉及指称或所指,如"泰山"这一语词的意义,就在于它所指称的相关对象(泰山)。尽管不能将语言的意义仅仅归结为指称,也不能把语词与所指的关系理解为简单的对应关系,但以指称或所指规定语词的意义,无疑从一个方面折射了语言与现实之间的联系。这里我们需要区分语词对所指的直接指称与间接指称。当我们以"书"指称书架上某一本书时,我们所指称的这本书首先呈现为某种为直观所及的特定的形态,如精装(或平装)、一定的厚度等,而以上语境中"书"这一词直接指向的,也是该书的以上直观特征。但同时,上述对象(那本特定的"书")又包含书之为书的其他规定,如一定数量的文字、论述某种思想或学说等等,这些规定虽然非直观所及,但却构成了该书具有的内在规定;当我们用"书"指称该对象时,"书"这一语词同时也以间接的方式,指称了以上所有相关规定。如果说,与直接指称相联系的语词意义呈现直接的形态,那么,间接指称下的语词意义,则具有间接的性质。语词的直接指称与间接指称以及与之相应的直接意义与间接意义,从不同的方面表现了语词意义与对象的联系,并为语词和概念具体地把握现实对象提供了可能。①

当然,语词与对象的以上关系,并不意味着凡语词都必然指称或表示现实的存在,名与实在之间也可以具有某种距离,人们常常列举的"飞马""金山",便似乎没有直接对应的指称对象。但这并不表明语词缺乏现实的根据。就词的构成而言,"飞马"、"金山"是对"飞

---

① 从理论上看,确认语词的间接指称意义,同时有助于回应怀疑论的责难。怀疑论往往根据语词涵义的有限性与对象规定的丰富性之间的差异,对语词以及概念能否有效指称对象提出质疑。如庄子便认为:"可以言论者,物之粗也;可以意致者,物之精也。言之所不能论,意之所不能察致者,不期精粗焉。"(《庄子·秋水》)依此,则语词所及,仅为物之"粗"(外在的规定),"不期精粗"者,则非语词所能把握。这一看法的内在问题,在于仅仅肯定语词的直接指称,而未能充分注意语词的间接指称功能及其意义。

(翼)"与"马"、"金"与"山"的组合,分别地看,"飞(翼)"与"马"、"金"与"山"都是现实的存在,从而,尽管"飞马""金山"之名无实际的对应物,但其形成显然并非完全与现实存在无涉。广而言之,"飞马""金山"同时也表示了事物可能的存在方式:它们不同于"黑的白""方的圆"之类的表述,不涉及逻辑矛盾,从逻辑上说,凡不包含逻辑矛盾者,都属可能的存在。可能世界的涵义较现实更广(在逻辑上,现实存在只是可能世界的一种形态),与可能的存在形态相应,"飞马""金山"等名亦有其广义的本体论根据。

语言的意义不仅体现于语词和所指关系,而且关乎达到所指的方式,后者同时也就是被表达事物的给定方式。如所周知,弗雷格曾区分了指称与涵义,指称以语言符号的所指为内容,涵义则体现于这种所指(对象)的符号表达方式。同一个所指,往往可以由不同的语言符号来表达,从而,其指称相同,但涵义却可以不一样。如"晨星"与"暮星"的指称相同(都指金星),但作为表达同一对象的不同符号,其涵义则彼此相异。如果说,指称首先指向语言符号(语词)与对象的认识关系,那么,涵义则更多地涉及人把握或表达对象的方式。前者所侧重的问题是人用语言符号把握了什么,后者所关联的问题,则是人以何种符号形式或以何种表达方式来把握对象。

通过指称以把握对象,体现的主要是语言的描述性功能。如前所述,在描述对象的同时,语言的作用还体现于人自身(自我)的表达。这里所说的表达,涉及情感、意愿、态度、立场等等。奥格登与理查兹曾区分了语词的符号用法与语词的情感用法。语词的符号用法表现为陈述,语词的情感用法则主要在于"表达或引起某种情感和态度"。[1] 所谓"引起",可以视为自我的"表达"在倾听者之中所产生的结果,在此意义上,"表达"构成了语词的情感用法之更基本的方面。以表达为形式,语言的意义更多地与内在意向的外在展现相联系。

---

[1] Charles K. Ogden and Ivor A. Richards, *The Meaning of Meaning: A Study of the Influence of Language upon Thought and of the Science of Symbolism* (London: Routledge & Kegan Paul, 1952), p.149.

当人的情感、意愿、态度、立场仅仅以内在意向为存在形态时,往往无法为人所理解或为人所知,然而,在它们被语言表达出来后,便获得了可以理解的形式,而从语言的层面看,这些情感、意愿、态度、立场等等,便构成了语言形式所蕴含的意义。

当然,表达侧重于内在意向的展现,并不意味着它与描述所涉及的事实完全无关。对这一点,一些哲学家似乎未能予以充分的关注。以道德哲学中的情感主义而言,他们在指出道德语言具有表达意义的同时,往往忽视了这种语言蕴含的另一方面意义。如艾耶尔便认为,当我说某种行为是对的或错的时,"我仅仅是表达了某种道德情感",例如,当我说"你偷钱是错的"时,我不过是以一种特别的愤怒声调,表达了对"你偷了钱"那一行为的态度。[①] 在以上看法中,道德语言的表达意义与描述意义似乎完全彼此排斥。事实上,"你偷钱的行为是错的"这一语句尽管首先表达了言说者的态度与立场,但其中也包含某种描述内容。首先,作为评价对象的"你偷钱"这一行为是已经发生的事实,它相应地表明了上述语句的事实指向性。同时,将"偷钱"与"错"联系起来(以"错"这一谓词来规定"偷钱"的行为),也并非如艾耶尔所说的,是单纯的情感表达或特殊的语气,而是对一定历史时期制度事实的确认(偷钱具有不正当的性质,是一定财产关系和财产所有制中的一种社会化、制度化的事实),艾耶尔将以上语句仅仅视为情感的宣泄,既忽视了语言运用的具体社会历史背景,也对语言的描述意义与表达意义作了不适当的分离。

表达与指称或描述的以上联系同时也表明,它无法完全撤开现实的内容。事实上,当人们以表达的方式展示自己的情感、意愿、态度、立场时,这些表达形式总是具有现实的指向性,并内在地渗入了对相关存在的看法,这种看法首先涉及评价。情感、意愿、态度、立场以爱憎或悲欢、认同或拒斥、向往或抵制、赞成或反对等为具体的内容,而在这些意向与态度的背后,则是对相关对象的价值评价:喜爱、认

[①] 参见 Alfred J. Ayer, *Language, Truth and Logic* (New York: Dover Publications, 1952), pp. 107–108。

同、向往、赞成与憎恨、拒斥、抵制、反对分别以确认相关对象的正面价值性质或负面价值性质为前提。从语言的表达形式看，评价所指向的，是人的需要、目的与相关对象的关系，其意义具体展现为"意味着什么"。相应于表达与指称（或描述）的如上联系，评价意义上的"意味着什么"与认知意义上的"是什么"，并非彼此隔绝。中国哲学很早已注意到这一点，《吕氏春秋》便曾对名言的特点作了如下概述："言尽理，而得失利害定矣。"① 这里的"尽理"属认知之域，"得失利害"则是评价层面的内容。在《吕氏春秋》看来，名言在认知意义上"尽理"的同时，也涉及对"得失利害"等价值规定的评价。

评价与规范往往难以相分：语言的评价意义与规范意义存在着内在的相关性。当我们以评价的方式确认某种存在形态或行为是好的或具有正面的价值意义时，这种确认同时也意味着我们应当选择相关的行为或达到相关的存在形态。奥斯汀提出"以言行事"、黑尔肯定道德语言对行为的指导意义等等，已从不同的方面注意到语言的规范作用。相对于描述和表达，语言的以上规范性，体现的是前文所说的规定功能。以"应当成为什么"的追问为指向，语言在现实生活中的规定或规范意义，在更深的层面涉及对世界的变革。孔子曾提出了正名之说："名不正则言不顺，言不顺则事不成，事不成则礼乐不兴。"② 这里的"名"，是指与某种体制或规范系统相联系的名称，正名，则要求行为方式合乎"名"所表示的体制及规范系统。同一意义上的所谓"君君、臣臣、父父、子子"③，便是指君、臣、父、子都应遵循相关名称所体现的规范。值得注意的是，孔子将这一正名的过程与"成事"及"兴礼乐"联系起来。"事"泛指人的实践活动，"礼乐"则包括政治、文化的制度，通过正名而达到"成事""兴礼乐"，相应地意味着肯定"名"在政治文化体制建构中的作用。在相近的意义上，《易传》强

---

① 《吕氏春秋·开春》。
② 《论语·子路》。
③ 《论语·颜渊》。

调:"鼓天下之动者存乎辞。"① "辞"以名言为其形式,认为"辞"可以"鼓天下之动",同时也蕴含着对名言作用的肯定。王夫之对此作了进一步的解释和发挥:"辞,所以显器而鼓天下之动,使勉于治器也。"② "显器",侧重于对实然或外部世界的描述和说明,"治器",则意味着从"当然"出发来规定、变革外部世界。以辞"显器"与以辞"治器"的统一,在不同层面上涉及了名言与现实的关系。不难看到,语言的以上规定或规范意义,进一步将语言与人的实践活动联系起来。

莫里斯在研究指号(sign)意义时,曾区分了语义学(semantics)、语用学(pragmatics)和语形学(syntactics)。语义学研究的是指号与指号所涉及的对象之间的关系,语用学研究的是指号和解释者之间的关系,语形学研究的则是不同指号之间的关系。③ 莫里斯所说的指号包括语言,从语言的层面看,以上区分无疑注意到了语言意义的不同侧面,并为语言意义的研究展示了多重维度。不过,它同时似乎又表现了一种趋向,即把语义、语形与人分离开来,仅仅在语用的层面,肯定语言意义与人的关联。而且,即使在这一层面,也单纯地从解释的角度规定意义与人的关系。事实上,就其现实形态而言,无论在语用的层面,抑或语形或语义之维,语言意义的生成,都无法离开人的知、行过程。诚然,从语义看,语言符号的内涵涉及符号与对象的关系,同时,以不同的名分别地把握不同的对象,也有其本体论的根据:通过不同的名将对象区分开来,从而超越混沌的形态,是以对象之间本身存在内在的差异为前提的;惟有事物本身具有可分性,以名辨物才成为可能。然而,以何种符号来指称或表示对象,则是在变革世界(成物)与变革自我(成己)的历史过程中约定的。同时,也正是在这一过程的历史展开中,语言符号与所指对象的关系逐渐确定化、稳定化,并取得了巴尔特所谓"自然化"的性质。④ 在这里,语义的生

---

① 《易传·系辞上》。
② 王夫之:《周易外传》卷五,载《船山全书》第一册,岳麓书社,1996,第1029页。
③ 参见 Charles Morris, *Foundation of the Theory of Signs* (Chicago: University of Chicago Press, 1938)。
④ 罗兰·巴尔特:《符号学原理》,王东亮等译,生活·读书·新知三联书店,1999,第42页。

成显然不仅仅涉及符号与对象的关系，而是具体展开为符号、对象与人的知、行过程之间的互动。进而言之，符号与它所指称的对象之间的联系，本身也是在人的知、行过程中建立起来的。就语言符号之间的关系（语形之维）而言，其意义诚然首先涉及与指称相对的涵义，然而，从实质的层面看，语言符号在涵义上的差异，与人的存在同样难以分离。以前文提及的"暮星"与"晨星"来说，二者涵义的差异，惟有对作为"类"的人及其活动才有意义：同一对象（金星）之获得"晨星"和"暮星"的不同涵义，在相当程度上乃是基于人的生活实践，包括人类在相当长的历史时期中日出（晨）而作、日入（暮）而息的劳动和生活方式。最后，语言符号和解释者之间的关系（语用之维），更直接地表现了语言意义与人的不可分离性。当然，二者的这种相关，并不仅仅囿于解释，事实上，解释本身总是发生、展开于更广意义上的知、行过程，并以人与世界在不同条件下的交互作用为具体背景。当后期维特根斯坦肯定语词的意义在于运用时，他无疑也注意到了语言符号的意义与人的生活、实践过程之间的联系。

  以上所讨论的语言符号首先涉及语词。从认识论上看，单纯的语词往往无法表示知识，如仅仅说出"马"，并不表明获得了具体的知识，惟有形成"这是马"或"马是动物"等陈述，才意味着对事物有所知。维特根斯坦已明确肯定了这一点："只有命题才有意义；只有在命题的前后联系中，名称才有意义。"[①] 在语言形式上，命题或判断具体表现为语句或句子。语词往往以"分""定"为特点，语句则将不同的词联结起来；语词所指称的是不同的对象，而作为语句内涵的命题则指向对象之间或观念之间的联系。与语词的意义有其现实的根据一样，语句所蕴含的语词联结，也只有本于现实的关系，才能获得真实的意义，而从根本上说，这种现实的关系又是在变革世界（成物）与变革自我（成己）的过程中呈现、敞开和形成的。同时，语句的意

---

① 维特根斯坦：《逻辑哲学论》，郭英译，商务印书馆，1985，第32页。译文据英译本作了改动，参见 Ludwig Wittgenstein, *Tractatus Logico-Philosophicus*, trans. C. K. Ogden (Mineola: Dover Publications, 1999), p. 39。

义表现为命题，与同一所指可以用不同的语词表示一样，命题也可以由不同的语句来表达。弗雷格已注意到，相对于命题，语句往往有各种附加的成分，这种附加包括情感、态度等等，语句的这种附加使语句意义的呈现变得更为复杂。就其略去了各种外在的附加而言，命题似乎可以视为语句的逻辑抽象，与之相对，语句则表现为命题的现实存在形态：离开了语句，命题便无法表达。作为思想及意义实际的存在方式，语句的情感、态度等附加同时也表明，在现实形态上，语言意义的生成、理解，与人的存在及其活动难以分离。

　　语词和语句都属广义的语言符号。与语言符号相对的是非语言符号，后者又可以区分为人工符号与非人工符号。人工符号是人直接创造的符号，语言在广义上也可归入人工符号。从非语言的层面看，人工符号涉及更宽泛的领域，从交通信号到电码、化学符号，从体态或身姿符号（所谓"肢体语言"，如面部表情、手势等）、艺术符号（如绘画、雕塑、音乐、舞蹈等）到建筑符号，等等，人工符号涵盖人类认识和实践活动的各个方面。从其起源看，不同形式的人工符号最终产生于认识世界与认识自己、变革世界与成就自我的历史过程，其意义也生成于这一过程。以交通信号而言，作为保证道路畅通、维护城市交通秩序的手段，它是交通工具、城市道路发展到一定历史阶段的产物，对其符号意义（如红灯意味着停止行驶或行走，绿灯意味着可以行驶或行走）的理解，则以教育、生活实践为其前提。

　　人工符号之外，尚有非人工符号，这种非人工符号也可以视为自然符号。月晕而风，础润而雨，这里的"月晕"（月球周围出现光环）、"础润"（基石润湿），便是一种自然的符号，二者的意义分别与"起风""下雨"相联系。又如通常所说的"一叶知秋"，它所涉及的是"一叶"与"秋天"的关系，其中的"一叶"作为秋天的象征，也表现为一种自然的符号。此外，因火而起的"烟"、作为疾病征兆的体温等等，都属自然的符号。除了这些较为简单的符号形态外，还有更为复杂的自然符号，如化石。作为远古生物的表征，化石不同于文物，文物作为人的创造物可以视为人工符号，化石则是表示古生物的自然符号。在引申的意义上，自然符号还包括具有象征作用的自然物，如雪往往被视为象征纯洁的自然符号，花作为自然符号则常常表征美。

从形式的层面看，自然符号似乎仅仅展现为自然对象之间的关系，无论是月与风、础（基石）与雨，抑或树叶与秋天、化石与古生物，相关的两个方面首先都表现为自然的存在。这是不是表明自然符号的意义与人无涉，从而完全是"自然"的？回答显然是否定的。就自然对象本身而言，其间固然也存在种种的关系，但这种关系首先具有自在的性质。自然对象之呈现为有意义的符号，与人的知、行过程以及与之相关的理解和解释难以分离。就上文提及的月与风、础（基石）与雨，以及树叶与秋天、化石与古生物等关系而言，这里无疑内含着自然层面的因果之维：月晕是因光线折射于高空中的卷云或卷层云的冰晶而形成的，月晕的出现，表明天空出现卷云或卷层云，后者与风的形成又有某种联系；础润意味着空气的湿度较大，而空气湿度的增加与降雨则存在着因果关联。同样，树叶的泛黄或飘落，与秋天的气候条件之间也具有因果的关系，古生物化石则由古生物体与地质环境、气候等的交互作用而形成。然而，当带光环的月球（月晕）、潮湿的基石（础润）、泛黄或飘落的树叶、生物化石作为有意义的自然符号而呈现时，它们与它们所表征的现象之间，已不仅仅限于自然层面的因果关系，而是同时进入人与对象之间的认识或解释关系。作为单纯的自然对象，带光环之月、湿润之石本身只是存在着的自然之物或发生着的自然现象，并没有处于意义的领域；正是人的知、行过程，将自然的对象引入了意义的领域，并使之成为有意义的符号。不难看到，在上述自然符号与它们所表示的现象或事物之间，事实上已渗入了某种推论、解释关系：月晕之提示风、础润之预告雨、化石之表征古生物等等，这些意义关系的形成，都涉及认识层面的推论和解释。离开了人的知、行过程以及与之相联系的推论、解释，自然符号的意义便既难以生成，也无法理解。

自然符号意义的生成与人的知、行过程的相关性，在自然符号与语言的联系中得到了进一步的展示。如前所述，符号在广义上可以区分为语言符号与非语言符号,而在二者之中,语言符号又构成了更基本的方面。事实上,以非语言形式存在的符号,其意义往往要通过语言才能呈现和理解。巴尔特已注意到了这一点,在他看来,"感知某物所要表达的意义,不可避免地要借助语言的分解",因为"所有的符号系统都与语言纠缠不清"。① 在非语言的人工符号系统中,符号常常只有在翻译或转换为语言之后,才成为有意义的符号,并获得理解。同样,自然符号意义的呈现和理解,也无法离开语言。不仅在月晕而风、础润而雨、化石对古生物的表征等具有推论关系的符号呈现中,语言构成了意义呈现与理解的条件,而且在诸如以花象征美、以雪象征纯洁等符号活动中,也内含着"花""雪""美""纯洁"等语言的运用。语言对自然符号的渗入,从另一方面表现了人把握世界的活动对于意义生成的本原性。

前文已论及,与符号相关的意义,主要指向理解。从理解这一层看,意义的形成与呈现在逻辑上基于存在的可理解性。存在的可理解性涉及其根据或原因:事物的存在若无根据或原因,便无法理解。上述之点既包含本体论的内涵,也具有认识论的意义:从本体论上说,任何事物的存在都有其根据或原因;就认识论而言,对事物的理解以事物的根据或原因所提供的可理解性为前提。海德格尔曾将"无物无故(nothing is without reason)"规定为理性原理或理由律(the principle of reason),这里的"故"既是本体论意义上的原因或根据,又涉及推论和解释中的理由。按海德格尔之见,以上原理所说的是:"每一事物当且仅当被确定无疑地确立为可理解的认识对象时,它才能被认为是存在的。"② 认识对象的确立涉及认识过程,"被认为存在"则包含着本体论的确认,二者的相关,意味着从本体论与认识论的交融中,将对象的理解与人的认识过程联系起来。要而言之,在本体论的层面,不存在"无缘无故"的事物;就认识过而言,事物若"无缘无故",

---

① 巴尔特:《符号学原理》,引言第 2 - 3 页。
② 参见 Martin Heidegger, *The Principle of Reason* (Bloomington: Indiana University Press, 1996), p. 3, p. 120。

则无法理解。从意义的理解向度看,理性原理或理由律无疑为意义的生成提供了本体论和认识论的根据。戴维森(Davidson)在谈到行动的构成及行动的解释时,也涉及了以上问题。在他看来,"理由(reason)使行动理性化(rationalizes the action)"①。所谓行动的理性化,既指对行动的合理论证(justification),也意味着行动本身可以按理性的方式加以理解或解释。尽管戴维森在此并未以意义为直接的关注之点,但以上看法同时也从人的实践(行动)这一层面,肯定了意义的理解之维与理由的联系。

以上所论,主要是以符号的方式所呈现的意义,其内涵首先涉及理解和认知。相对于符号系统的意义所侧重的理解之维,与人的目的相联系的意义,更多地指向价值之域。如前所述,从成己与成物的目的性之维看,有意义与有价值具有一致性;与之相应,这一层面的意义形态和价值形态也无法分离。符号总是代表着其他事物,用胡塞尔的话来表述,即"符号都是某种东西的符号"。② 符号的这一特征,使其意义也往往指向自身(符号)之外。与之有所不同,价值层面的意义,则首先和人自身的存在相联系,并内在于人的存在过程之中。作为成己与成物过程的主体,人对价值意义的追求,同时也表现为一个自我肯定的过程。

宽泛而言,在价值领域,意义既可以表现为观念的形态,也可以通过人化实在的形态来呈现。在观念的层面,意义的内涵首先以真善美为其具体内容。真既与敞开真实的世界相联系,也体现于伦理实践的过程,前者通过提供真实的世界图景而展示了其价值的意义,后者则以形成真诚的德性为指向。善在广义上表现为价值理想的实现,其观念形态则既体现于道德理想,也展开为更广意义上变革世界的规范系统。美形成于人的本质力量的对象化过程,在合规律性与合目的性的统一中,审美的理想扬弃了自然的人化与人的自然化之间的张力,

---

① Donald Davidson, *Essays on Actions and Events* (Oxford: Clarendon Press, 1982), p. 3.
② 胡塞尔:《逻辑研究》第二卷第一部分,倪梁康译,上海译文出版社,1998,第26页。

为人的价值创造提供了观念的引导，而其内在的价值意义也呈现于这一过程。

在成己与成物的过程中，世界意义的追问与人自身存在意义的关切总是相互关联。当人思考为何而在时，他所关切的也就是其自身的存在意义。与存在意义的自我追问相联系的，是不同形式的精神世界或精神境界。以内在的反思、体悟、感受等为形式，境界或精神世界所内含的意义不仅涉及对象，而且指向人自身之"在"。事实上，如后文将进一步论述的，在境界或精神世界中，较之外在对象的理解和把握，对人自身存在意义的思和悟，已开始成为更为主导的方面。就后者（对人自身存在意义的思和悟）而言，境界或精神世界的核心，集中体现于理想的追求与使命的意识。理想的追求以"人可以期望什么"或"人应当期望什么"为指向，使命的意识则展开为"人应当承担什么"的追问。以使命意识与责任意识为核心，人的境界在观念的层面体现了人之为人的本质规定，它同时也使观念层面的价值意义得到了内在的展现。

价值意义既通过评价活动在观念的层面得到体现，又基于广义的实践过程而外化于现实的存在领域或实在的世界。作为意义的外化或现实化，这种形成于知、行过程的存在领域同时可以视为价值意义的现实形态或外在形态。后者既涵盖为我之物，也以生活世界与社会体制等为其现实内容，这些存在形态在总体上可以视为广义的人化实在。

以人化实在的方式呈现的意义形态首先相对于尚未进入知、行之域的存在而言。知、行领域之外的对象具有本然的性质，以人化实在为内容的意义形态则已打上了人的印记，表现为不同层面的为我之物。用中国哲学的概念来表述，本然之物也就是所谓"天之天"，作为外在于知行领域、尚未与人发生实际联系的存在形态，它既未在观念层面构成有意义的对象，也没有在实践的层面获得现实的意义。抽象地看，人与本然之物都属"存在"，从而并非绝然分离，但当本然之物处于知行领域之外，从而尚未与人照面时，它与人的关系更多地呈现相分而非相合的形态。通过化自在之物为为我之物，人开始在本然世界之上打上自己的印记，而本然存在则由此获得了价值的意义。

可以看到，意义既涉及语言与非语言的符号，并以可理解性为其内涵，又与人的目的和理想相联系，并包含价值的意蕴。从现实的形态看，无论在符号之维，抑或价值之域，意义都既有相对确定的呈现形式，又内在于一定的系统并通过系统之中相关方面的彼此联系而形成具体规定。以语言而言，不同的语词无疑有其相对确定的涵义，然而，语词在实际的运用中，又并非孤立地呈现其意义，它总是与其他语词、语句彼此相关，并在这种关联中获得其具体内涵。进而言之，语词、语句所表达的概念、命题，也与一定理论系统中其他的概念、命题相互关联，其意义也惟有在这种联系中才能具体呈现并被把握，认识论及语言学中的整体论（holism）已注意到这一点。同样，价值之域中的观念、原则等等，其意义的呈现，也无法离开一定的价值系统。历史地看，儒家在先秦已提出"仁"的观念，并以此为核心的价值原则。然而，要把握"仁"的内在意义，便不能仅仅限定于这一观念本身。事实上，在儒家那里，"仁"的观念同时涉及天与人、仁与礼、仁与孝悌等关系：就天人之辩而言，仁意味着肯定人具有不同于自然对象的内在价值；从仁与礼的关系看，仁既构成了礼的实质规定，又以礼为其外在形式；在仁与孝悌的关系上，仁展示了其伦理之源及根据（孝悌为仁之本）；如此等等。正是通过以上价值系统，"仁"呈现了其多方面的意义，也惟有基于以上系统，才能理解"仁"的丰富内涵。意义之内在并呈现于一定的系统，与世界本身及人的知、行活动的多方面性难以分离：不妨说，意义的系统性或关系品格，便植根于存在自身的系统性及知行、过程的具体性。

就更广的视域而言，如前所述，理解层面的意义与价值之维的意义在变革世界（成物）与变革自我（成己）的过程中并非彼此分离，与之相联系，以符号形式展现的意义形态与具有价值内涵的意义形态，也呈现内在的相关性。一方面，无论是语言符号，抑或非语言符号，都往往包含着价值的意蕴，以语言而言，语词对人所具有的意味，语句的情感等负载，都渗入了价值的内涵，非语言的符号如国旗、文物、历史的建筑等等，也都内含价值的意蕴。另一方面，价值形态所蕴含的意义也难以完全与符号相分离：以观念为形态的价值意义每每通过语言等形式表现出来，实在形态（人化实在）的价值意义，则常常取得表征人的本质力量的符号形式。同时，内含于价值形态的意义，其呈现也往往离不开理解，狄尔泰已指出了这一点："任何一种无法理解的东西，都不可能具有意义或价值。"[1] 就以上方面而言，意义的不同形态与意义本身一样，具有互融、交错的特点。事实上，同一意义形态（包括符号、观念系统、人化实在等），往往可以呈现不同的意义内涵：在认知关系中，其意义主要与可理解性相联系；在评价关系中，其意义则更多地包含价值内涵。作为成己与成物的相关方面，二者既有不同维度，又彼此交融。

三、二重趋向及其限度

以上考察表明，意义尽管有不同的维度和存在形态，但其生成和呈现都与成己、成物的过程难以分离。如何理解意义与人的这种联系？这一问题既涉及意义本身的"意义"，也关联着更广视域中人的存在意义，而在以上两个方面，都存在着不同的偏向。探究意义的意义，需要对此作进一步的考察。

意义的存在，与意义的呈现方式往往无法相分。然而，一些哲学家在讨论意义问题时，每每未能充分地关注意义的以上性质。对他们而言，意义似乎可以仅仅表现为对象的内在规定。在这方面，波兰尼的看法具有一定的代表性。在与泊劳斯切合著的《意义》（*Meaning*）一书中，波兰尼从不同的方面对意义作了考察。在他看来，不仅人，而且一切"有生命之物，不管是个体还是类，都指向意义"[2]。进而言之，意义不仅是所有的生物所追求的对象，而且内在于我们所知的一

---

[1] 狄尔泰：《历史中的意义》，艾彦、逸飞译，中国城市出版社，2002，第143页。
[2] Michael Polanyi and Harry Prosch, *Meaning* (Chicago: University of Chicago Press, 1975), p. 178.

切事物之中:"我们有理由说,我们所知的一切事物都充满意义,而完全不是荒谬的,尽管我们有时未能把握这些意义。"① 根据以上理解,意义似乎构成了事物自在的规定:不管事物是否进入人的知、行之域,也无论这些事物是否已为人所把握,它们都有不变的意义。这一看法对意义生成与成己和成物过程之间的内在关联,显然未能给予充分的注意。事实上,对象固然有其自在的规定,然而,这种规定之获得意义的形式或以意义的方式呈现出来,总是无法离开认识世界与变革世界(成物)、认识自己与成就自我(成己)的过程:如前所述,事物之成为意义之域的存在,以事物进入知、行过程为前提。从理论上看,波兰尼强调意义的自在性,与扬弃意义主观性的要求相联系,这一点,从其如下所述中便不难看到:"如果我们相信宇宙之中存在着旨在达到意义的普遍运动,那么,我们就不会将人所获得的任何种类的意义仅仅归结为主观的或私人的。"② 然而,尽管扬弃主观性不失为一种合理的意向,但试图通过意义的自在化和泛化来达到这一点,其进路显然又有自身的偏向。从实质的层面看,把意义理解为对象性的规定,意味着将意义从存在于知行过程的真实关系中抽象出来,从而使之失去现实的前提和基础。这种缺乏现实品格的"意义",显然很难说已经真正扬弃了主观性。尽管波兰尼在另一些场合也注意到了意义与人的存在之间的联系③,但他的以上看法无疑包含自身的问题。

与强调意义的自在性相对,另一些哲学系统将关注之点更多地指向意义与人的相关性。这里首先可以一提的是实用主义。在意义之域,实用主义的特点在于将意义问题与人的存在及其活动联系起来。在谈到事物的观念时,实用主义的早期代表人物皮尔士曾指出:"我们关于任何事物的观念就是我们关于它的可感知效果的观念。"④ 这里所说的

---

① Polanyi and Prosch, *Meaning*, p. 179.
② Ibid., p. 182.
③ 如在谈到语言时,波兰尼便肯定了人对语言符号的整合、关注在语言意义生成中的作用。[参见 Michael Polanyi, *Knowing and Being: Essays by Michael Polanyi*, ed. Marjorie Grene (Chicago: The University of Chicago Press, 1969)]
④ Charles S. Peirce, "How to Make Our Ideas Clear," in *Charles S. Peirce Selected Writing* (New York: Dover Publications, 1958), p. 124.

"可感知效果"，便涉及人的活动及其结果。皮尔士以"硬"这一有关事物属性的概念为例，对此作了解说："我们称一事物为'硬'，其意思是什么？显然，这是指它不会被其他东西划破。与其他的属性一样，这一属性的全部概念，就在于其可设想的效果。"[①] 事物能否被划破，是通过人的活动而了解的，划破或不划破，则都表现为人的活动的结果，而在皮尔士看来，"硬"这一概念的意义，便形成于这一过程。当然，在肯定意义源自人的存在及其活动的这一前提之下，实用主义的不同人物又有不同的理论侧重。相对于皮尔士之注重行动结果的可感知性，詹姆士和杜威似乎更突出意义与人的生活实践、生活需要的关联，以真理为例，其意义在詹姆士看来便在于能够提供"一种有价值的引导作用"[②]，这种作用首先便表现为对人的各种需要的满足。就其肯定意义与人的实践活动的联系而言，实用主义无疑扬弃了将意义视为自在或形态本然规定的观念。不过，在对意义作如上理解的过程中，实用主义似乎又过于囿于价值评价之维，对事实认知层面的意义则未能给予必要的关注。更进一步看，在"以人观之"的同时，实用主义对意义与现实世界之间的联系，往往也缺乏充分的把握。

从另一个方面对意义与人的相关性加以肯定的，是以加达默尔为代表的哲学解释学。解释学所考察的，首先是理解问题。从宽泛的层面看，理解既涉及人的存在，也关乎文本的解释。以文本的解释而言，解释学强调意义并不是一种自在的系统，而是形成于文本、作者与读者（解释者）之间的互动，这种互动具体展开为读者与作者之间的对话：正是在发问与回应的过程中，文本的意义不断呈现并得到理解。这一看法既注意到不同主体的互动对理解过程的意义，又在确认解释者主导作用的同时，肯定了理解过程的创造性，避免了将意义仅仅归结为自在的、不变的对象。由突出意义的生成性，解释学又指出了解释的历史之维，并进一步将历史中的实在与历史理解中的实在沟通起

---

① Charles S. Peirce, "How to Make Our Ideas Clear," in *Charles S. Peirce Selected Writing*, p. 124.
② 詹姆士：《实用主义》，陈羽伦、陈瑞禾译，商务印书馆，1979，第105页。

来，把理解视为效果历史事件。加达默尔对此作了如下阐述："真正的历史对象根本就不是对象，而是自己和他者的统一体，或一种关系，在这种关系中同时存在着历史的实在以及历史理解的实在。一种名副其实的诠释学必须在理解本身中显示历史的实在性。因此我就把所需要的这样一种东西称之为'效果历史'（Wirkungsgeschichte）。理解按其本性乃是一种效果历史事件。"① 这里既涉及理解与解释的历史性，又在强化"历史理解"的同时，将理解主体（解释者）的作用放在某种优先的地位："效果历史"同时也是主体理解的产物。与此相联系，从文本的解释看，尽管解释学肯定了理解的对话性质，但在文本的具体解释中，对话往往既以解释者向文本和作者提出问题为形式，又展现为解释者自身在文本中寻找答案。作者作为对话的另一方，主要以所提供的文本参与对话，其自身则处于不在场的状态，后者使之在某种意义上表现为缺席的对话者。对话过程中这种实质上的不对称，也从另一个方面突出了理解者的主导性。同时，就对话本身而言，加达默尔常常将其与游戏联系起来："人与人之间的对话所具有的许多因素都指出了理解和游戏的一般结构"②，而"游戏最突出的意义就是自我表现"③。相应于此，通过对话而理解文本，也具有自我理解的性质："理解一个文本就是使自己在某种对话中理解自己。"④ 此外，解释学曾提出了文本理解中"视域融合"，后者固然试图超越理解中的单向视界，达到读者与作者二重视域的交融，但这种融合同时又以理解者的"前见"为前提，并在逻辑上首先基于解释者对作者和文本的同情理解。从以上方面看，解释学固然有见于意义理解的互动性、创造性和历史性，但又表现出某种过分强化主体（解释者）作用的倾向。

对主体作用的这种强化，在胡塞尔的现象学中表现得更为明显。就思想的流变而言，加达默尔的解释学源头本身便可以追溯到胡塞尔

---

① 加达默尔：《真理与方法》上卷，洪汉鼎译，上海译文出版社，1992，第384－385页。
② 加达默尔：《哲学解释学》，夏镇平、宋建平译，上海译文出版社，1994，第55页。
③ 加达默尔：《真理与方法》上卷，第139页。
④ 加达默尔：《哲学解释学》，第56页。

的现象学。当然，胡塞尔的理论兴趣，首先与意向活动相联系。从注重意向性的基本立场出发，胡塞尔在《逻辑研究》中主要将意义与意识的赋予联系起来。以言说而言，其中包含告知的意向，但在胡塞尔看来，"只有当听者也理解说者的意向时，这种告知才成为可能。并且听者之所以能理解说者，是因为他把说者看作是一个人，这个人不只是在发出声音，而是在和他说话，因而这个人同时在进行着某种赋予意义的行为"①。广而言之，意之所向，按胡塞尔的理解也表现为一个意义赋予的过程，在这里，意义的形成与意向的活动呈现了某种一致性。到后期，胡塞尔的注意重心较多地放到了意识的构造活动。在现象学的论域中，意义涉及意识对象，而在胡塞尔看来，这种对象本身是被构成的："在广义上，一个对象——'不论它是否是现实的'——是在某种意识关联体中'被构成的'。"② 意识的这种构造以存在的悬置为逻辑前提：当对象的存在问题被悬置以后，其呈现便主要涉及意识本身的构造。与对象的被构造性相应的，是意义的被"规定"性："在任何意向对象中和在它的必然中心中，都不可能失去统一点，即纯可规定的 X。没有'某物'又没有'规定的内容'，也就没有'意义'。"③ 这里的 X，是指有待规定的"意义载体"，这一载体本来空无内容，它通过意识的规定而获得了内容，意义则由此而生成。对 X 的以上规定，具有某种综合的性质："纯粹自我目光射线在分化为多条射线时，达到成为综合统一体的 X。"④ 纯粹自我在胡塞尔那里也就是纯粹意识，与综合相联系的"规定"，则具有构造的性质。按照以上解释，意义主要便表现为意识或纯粹意识的构造物。尽管在胡塞尔那里，上述看法似乎同时包含意义与对象一致的观念，但如前所述，对象本身又被看作是意识关联体中的"被构成"物，因而意义与对象的一致，在总体上并没有超出意识构造之域。

---

① 胡塞尔：《逻辑研究》第二卷第一部分，第 35 页。
② 胡塞尔：《纯粹现象学通论》，李幼蒸译，商务印书馆，1992，第 327－328 页。
③ 同上书，第 318－319 页。
④ 同上书，第 319 页。

与胡塞尔相近，卡西尔也对意义形成过程的构造之维予以了相当的关注。在哲学上，卡西尔以注重符号为特点，他曾将人定义为"符号的动物"。① 作为新康德主义者，卡西尔同时又深受康德哲学的影响，而在康德哲学所内含的调节原理（regulative principle）与构造原理（constitutive principle）中，卡西尔更为侧重后者。由此出发，卡西尔反复地强调精神的创造作用。以"实在"而言，其意义在卡西尔看来便本于精神的这种创造。在《符号形式的哲学》中，卡西尔对此作了明确的阐述："只有通过精神的创造，我们才能看到我们所说的'实在'，也只有通过精神的创造，我们才能拥有实在：因为精神所能达到的最客观的真理，最终就在于它自身的活动形式。"② 这里所说的精神创造，以精神的建构或构造为其实质的内涵，对卡西尔而言，实在或世界的意义，即形成于精神自身的构造活动。类似的关系也存在于价值的领域。按卡西尔的看法，符号形式是意义表达和理解所以可能的条件，而符号形式本身又基于人的创造，作为价值领域之一的审美之域，便具体地表现了这一点："在可感知的世界中，审美形式的概念之所以可能，只是因为我们自己创造了符号的基本要素。"③ 要而言之，人通过创造符号形式而构造意义。

较之仅仅将意义视为对象的自在规定，胡塞尔与卡西尔对意义的以上理解，无疑既注意到了意义与人的关联，也有见于人的意识和精神活动在意义形成中的作用。就意义的生成过程而言，确实不难看到意义赋予和意义构造的活动：宽泛而言，意向性是事物呈现所以可能的前提，意之不在，对事物往往视而不见、听而不闻，事物本身则因之而无法向人呈现。从符号的层面看，对象之获得相关意义，以进入人的知行之域为前提，在这一过程中，不仅意义的形成与表达，而且意义的理解，都包含着人的创造性活动。同样，与目的指向相联系的

---

① 卡西尔：《人论》，甘阳译，上海译文出版社，2004，第37页。
② Ernst Cassirer, *The Philosophy of Symbolic Forms*, Volume Ⅰ: Language (New Haven & London: Yale University Press, 1955), p.111.
③ Ibid., p.88.

价值意义，其生成也离不开成就自我与成就世界的过程：价值意义的形成和展示，与人的评价活动及实践层面的价值创造无法相分。然而，另一方面，知、行过程中事物的呈现又赋予意向性活动以现实的内容，从而使之不同于空泛的意识之流而具有实质的指向。① 以人与存在的现实关系为本体论和认识论的前提，人将事物理解为什么与事物对人呈现为什么，往往具有彼此交错的特点。胡塞尔的意义赋予说和意义构造论以及卡西尔的精神创造说在肯定意义生成过程中人的作用的同时，似乎又忽视了意义的现实根据。这不仅在于他们将意义的生成主要限定于意识或精神的活动，而未能关注更广意义上的实践过程，而且表现在对存在的悬置（胡塞尔）和实在的抽象化（卡西尔），这种悬置与抽象化多少将意义理解为人的单向赋予或构造的产物，并使意义的生成远离了现实的世界而仅仅面对"被构成"或被"创造"的对象。②

以意义为对象的自在规定与仅仅将意义建立于人的评价、自我理解或意识构造之上，表现了对意义理解的二重偏向。从理论上看，前者忽视了意义的生成与人的认识和实践活动之间的关系，后者则将意义的生成主要限定于主体之域和意识的层面，对其现实根据未能予以充分关注。事实上，在知、行过程的历史展开中，事物的呈现与意义的赋予、事实的认知与价值的评价、对象的存在与人的创造活动总是彼此相关，从符号—理解层面的指称，到价值之域的评价，从认识世界和认识自我到变革世界与变革自我，意义的生成过程都基于人与对象的现实联系和历史互动。以单向度的视域规定意义，显然无法达到对意义的真实理解。

---

① 布伦坦诺在谈到意向性（intention）时曾指出，意向的特点在于"指涉内容（reference to content）、指向对象（direction to an object）"。广而言之，"每一种精神现象都将某种东西作为对象包含于自身。在表述中，有某种东西被表述；在判断中，有某种东西被肯定或否定；在爱中，有被爱者；在恨中，有被恨者；在欲望中，有欲望指向的对象；如此等等。"[Franz Brentano, *Psychology from an Empirical Standpoint*, trans. Antos C. Rancurello, D. B. Terrell and Linda L. McAlister (New York: Humanities Press, 1973), p. 88] 这里已注意到意向总是涉及相关的内容和对象，而非空洞无物的意识之流。
② 胡塞尔晚年提出的生活世界理论，对以上偏向似乎有所扬弃。

四、意义的承诺与意义生成的开放性

从逻辑上看,意义的自在论与意义的构造论尽管对意义的理解各有所偏,但在承诺和确认意义这一点上又有相通之处:它们对意义的解释,都以肯定意义的存在为前提。这里的意义既包括理解之维,也关涉价值之域。与之相对的另一种立场,是对意义的消解和否定。在解构主义、后现代主义以及各种形式的虚无主义那里,便不难看到后一趋向。

就现代思想的演进而言,在反本质主义、解构逻各斯中心、告别理性①等旗帜下,对理性的贬抑以及对意义追求的质疑似乎已浸浸然成为一种时代思潮。与之相随的是意义的消解和失落,在后结构主义或解构主义那里,这一趋向取得了较为典型的形式。解构主义以不确定性为关注的目标:拆解现存的结构,放弃逻辑的整合,拒绝任何确定的解释,简言之,不断地超越给定的视域(horizon),否定已达到的意义,但又永远不承诺新的意义世界。德里达以延异(différance)概念,集中表达了如上意向。延异的含义之一是差异,它意味着文本与作者的意图之间有一个意义空间,作者所写的内容已不限于其本来意图,因此,理解应超越、突破原来的结构,揭示本文中超出作者所赋予的意义。延异的另一含义是推迟(推延),即意义的呈现总是被推延(文本之意不限于作者写作时所赋予者,其意义乃是在尔后不断扩展),因此对文本的理解应不断超出、否定现在的解释。② 总之,解构强调的是理解过程的不确定性,而在强化这一点的同时,它亦在相当程度封闭了走向意义世界的道路。这种看法带有某种相对主义倾向,它从一个方面表现了所谓后现代主义的理论特征。

对意义的消解,在虚无主义那里得到了进一步的体现。按海德格

---

① 当代科学哲学家费耶阿本德的代表性著作之一,即以《告别理性》(*Farewell to Reason*)为题。
② 参见 Jacques Derrida, "Différance," in *Margins of Philosophy* (Brighton: The Harvester Press, 1982)。

尔的查考,"虚无主义"一词的哲学使用可能开始于 18 世纪末的雅可比,后来"虚无主义"这一概念经由屠格涅夫而得到流行。① 当然,在雅可比与屠格涅夫那里,虚无主义的哲学内涵尚未得到具体阐发。真正从哲学层面对虚无主义作深入考察的,是尼采。在《权力意志》等著作中,尼采一再将虚无主义作为论题,并从不同方面加以阐释。关于虚无主义的内在意蕴,尼采曾以自设问答的方式,作过简要的界说:"虚无主义意味着什么?——意味着最高价值自行贬值。没有目的。没有对目的的回答。"② 这里首先指出了虚无主义与价值的联系,价值问题又进一步涉及目的。如前所述,与目的相关的是价值层面的意义,无目的,表明缺乏价值层面的意义。以目的缺失、价值贬值为具体内涵,虚无主义首先表现为意义的失落:"哲学虚无主义者坚信,一切现象都是无意义的和徒劳无益的。"③

尼采从价值、目的之维分析虚无主义的内在意蕴,无疑把握了其根本的方面。由此出发,尼采进一步追溯了虚无主义的根源。如上所述,依尼采的理解,虚无主义以最高价值自行贬落为其特点,与之相关的问题是:最高价值何以会自行贬落?这里便涉及价值本身的根据。按尼采的考察,最高的价值往往与所谓"真实的世界"相联系,这种"真实的世界"也就是"形而上学的世界",在柏拉图所预设的超验共相(理念)那里,这种形而上学世界便取得了较为典型的形态。作为被设定的"真实"存在,形而上学的世界同时被视为价值的终极根据。然而,这种所谓"真实的世界"本质上具有虚构的性质,以此为价值的根据,意味着将价值系统建立在虚构的基础之上。不难看到,这里内在地蕴含着虚无主义之源:当价值根据的虚幻性被揭示之后,建立在其上的价值系统便失去了存在的依据。随之而起的,便是虚无主义的观念:"一旦人们明白了,臆造这个世界仅仅是为了心理上的需要,明白了人根本不应该这样做的时候,就形成了虚无主义的最后形式。

---

① 参见海德格尔:《尼采》,孙周兴译,商务印书馆,2002,第 669 页。
② 尼采:《权力意志——重估一切价值的尝试》,张念东、凌素心译,商务印书馆,1991,第 280 页。
③ 同上书,第 427 页。

这种形式本身含有对形而上学世界的非信仰，——它摒弃了对真实世界的信仰。""当价值的来龙去脉业已澄清之际，宇宙在我们眼里也就失去了价值，变成了'无意义的'了。"①

意义的承诺同时涉及目的：在价值的层面，如前所述，意义总是相对于目的而言。然而，与价值根据的形而上化相应，目的也往往被理解为超验存在的外在赋予。以西方文化的演进为背景，这种外在赋予首先与基督教的传统相联系。在基督教的视域和语境中，上帝不仅自身表现为终极的目的，而且赋予人以存在的目的：人的生存过程，都以上帝为指向，其存在的全部意义，都相应地由上帝的意志来规定。随着形而上学世界的崩落，从外部赋予目的这一形式也开始受到质疑，而虚无主义则是其逻辑的结果："虚无主义的'目的'问题，是从以往的习惯出发的。由于这些习惯的原因，目的似乎成了外界提出来的、赋予的、要求的了。"虚无主义在否定"真实的世界"的同时，也否定了以上"神圣的思维方式"。②

以上两个方面虽有不同侧重，但并非互不相关。从本质的方面看，二者的共同之点在于预设两个世界。如前所述，以形而上的世界为价值的根据，其前提是"真实世界"与非真实的世界之分；同样，将目的规定为外在的赋予，也以设定人自身存在之外的超验世界或超越世界为出发点。不难看到，两个世界的根本之点，在于现实的世界与"另一个世界"之分。按尼采的考察，在哲学、宗教等不同领域，"另一个世界"有不同的表现形式："哲学家虚构了一个理性的世界，在适于发挥理性和逻辑功能的地方——这就是真实的世界的来源。""宗教家杜撰了一个'神性'世界——这是'非自然化的、反自然的'世界的源出。"③ 这里所说的"理性的世界"对应于作为价值根据的"形而上学的世界"，"神性的世界"则对应于作为目的之源的超验或超越的世界。二者的存在形态虽然有所不同，但在将世界二重化、虚构"另

---

① 尼采：《权力意志——重估一切价值的尝试》，第425－426页，第427页。
② 同上书，第276、277页。
③ 同上书，第471页。

一个世界"这一点上，又有相通之处。在尼采看来，作为虚构之物，"另一个世界"既缺乏实在性，也不合乎人的意愿："'另一个世界'如上所述，它乃是个非存在、非生命、非生命意愿的象征。"① 以这种虚构的"另一个世界"作为价值、目的之依据，一开始便潜含了虚无主义的根源：一旦超验的存在走向终结，建立于其上的整个价值系统便随之颠覆。当尼采指出"上帝死了"② 时，他同时也揭示了：在"另一个世界"终结之后，传统价值系统的基石也不复存在。

尼采的以上考察似乎已经注意到，意义问题既涉及价值领域，也关乎本体论视域。如前文所论及的，虚无主义的内在特点，在于通过否定存在的价值与目的而消解意义，而对目的与价值的否定，又与这种目的与价值本身基于虚构的世界相联系：当目的和价值的根据不是内在于现实的存在而是被置于"另一个世界"时，其真实性便将受到质疑。在这里，价值的虚幻性与存在的虚构性无疑相互关联：本体论上虚构"另一个世界"逻辑地导向了价值论上否定存在的意义。

就尼采本人而言，其哲学立场似乎具有二重性。一方面，由指出传统价值体系以形而上的虚幻世界为根据，尼采进一步对这种价值系统本身加以批评和否定，并由此主张重估一切价值，从而表现出某种虚无主义的倾向，对此，尼采自己直言不讳：他一再承认自己是个虚无主义者。③ 另一方面，他又区分消极的虚无主义和积极的虚无主义，认为前者的特点在于精神权力的下降和没落，后者则象征着精神权力的提高，与之相联系，其虚无主义内含着如下意向，即：通过否定传统的价值系统和重估一切价值以重建新的价值体系。不难注意到，后者已渗入了某种克服虚无主义的要求。不过，从理论上看，尼采并未能真正克服虚无主义。如前所述，虚无主义的根源之一在于从外部赋予存在以意义，尼采固然对外在的目的提出了种种质疑和批评，然而，在拒斥外在目的的同时，他又将"超人"视为目的："'人类'不是目

---

① 尼采：《权力意志——重估一切价值的尝试》，第471页。
② 参见 Friedrich Nietzsche, *The Gay Science* (New York: Random House, 1974), p.181。
③ 尼采：《权力意志——重估一切价值的尝试》，第246、373页。

的,超人才是目的!"① 所谓"超人",也就是尼采所预设的超越人类的存在,按其实质,这种存在仍具有超验的性质。这样,以超人为目的,便意味着以一种超验的存在取代另一种超验的存在,从而依然将价值奠基于虚幻的基础之上。同时,在终极的层面,尼采又将生命的存在视为无意义的永恒轮回:"原来的生命乃是无目的、无意义的,但却是无可避免地轮回着,没有终结,直至虚无,即'永恒的轮回'。"② 这种永恒的轮回类似西西弗周而复始地推巨石上山,它表明:生命存在仅仅是一种缺乏意义的循环。从上述方面看,尼采在追溯虚无主义根源的同时,自身最终也陷于虚无主义。

从消解意义的层面看,虚无主义的倾向当然不仅仅体现于尼采的哲学立场,它具有更为多样的表现形式。在反叛理性的旗帜下,非理性的情意表达往往压倒了理性的意义理解;在对确定性的否定中,意义的追求一再被推向边缘,从科学研究中的"怎么都行",到人生取向中的存在先于本质,意义都失去了其确定的内容;在反形而上学的口号中,经验证实与逻辑形式(重言式等)之外的意义,都受到了无情的拒斥;在科学主义的视野下,人在被物化的同时,也失去了其内在的存在意义;在悬置存在、走向纯粹意识的现象学进路中,人的现实存在及其意义也在相当程度上被"悬置"了;在"畏"的体验和存在的焦虑中,人生过程更多地展示了有限和绝望之维;在"人之消失"的悲凉断言或"人死了吗"的冷峻追问中③,人则似乎进一步被推向虚无④;如此等等。此外尚有对文明演进、历史发展、文化延续的内在意义,以及民族、社会、政治共同体的存在价值等的怀疑。同时,随着社会历史的不断变革,既成的价值系统与变迁的社会之间的张力,也总是以不同的形式突显出来,与之相联系的则往往是价值的迷惘和

---

① 尼采:《权力意志——重估一切价值的尝试》,第 137 页。
② 同上书,第 622 页。
③ 参见福柯:《词与物》,莫伟民译,上海三联书店,2001,第 446 页;杜小真编选:《福柯集》,上海远东出版社,1998,第 78—83 页。
④ 《词与物》全书即以如下文字结尾:"人将被抹去,如同大海边沙地上的一张脸。"(《词与物》,第 506 页)

意义的失落。以上种种趋向尽管表现形式各不相同，但就其以意义的消解或怀疑取代意义的追求而言，似乎都在不同程度上内含着虚无主义的取向。

上述历史现象表明，虚无主义已从不同的方面，逐渐渗入社会的精神、观念之域，从而成为现时代需要加以正视的问题。历史地看，虚无主义的发生，有其现实的社会根源。近代以来，随着市场经济的发展，"普遍的社会物质变换"逐渐被提到了突出的地位，由此形成的是人对"物的依赖性"①，后者与劳动的异化、商品拜物教等彼此相关。这种"物的依赖性"在赋予"物"以目的性规定的同时，也使目的本身成为外在的赋予：它不仅以外在之物为价值的全部根据，而且使外在之物成为人的目的之源。与价值根据和内在目的外在化相联系的，则是意义的失落，后者则进一步伴随着各种形式的虚无主义。尼采批评将价值、目的建立在"另一个世界"之上，既涉及传统价值体系与形而上学的联系，也在某种意义上折射了虚无主义的以上历史根源。

如何克服虚无主义？以前文所对虚无主义根源的分析为背景，这里首先无疑应当从超验的存在、对物的外在依赖，回归现实的世界，并由此将价值的根据，建立在人与世界的真实关系之上，避免以各种形式的外在赋予来设定人的目的。惟有当价值与目的回归现实的基础之时，价值层面的意义才能获得自身的根据。当然，这将是一个与人自身全面发展相联系的漫长历史过程。从意义与理性的关系看，这里又涉及对理性的合理定位：在疏离理性或反理性的背景之下，意义的承诺往往难以真正实现；从尼采到解构主义，意义的消解都伴随着对理性的疏离或质疑。可以看到，虚无主义的克服既表现为价值和目的向现实基础的回归，又以意义的承诺、意义的维护和意义的追寻为指向。

---

① 参见马克思：《1857—1858经济学手稿》，载《马克思恩格斯全集》第30卷，中共中央马克思恩格斯列宁斯大林著作编译局编译，人民出版社，1995，第107–108页。

以意义的消解为特点的虚无主义更多地侧重于否定，与之相对的另一种趋向，则表现为对意义的外在强化或意义的强制。在传统的社会中，意义的外在强化或强制往往以权威主义为其存在形态。在确立正统意识形态的主导或支配地位的同时，权威主义常常将与之相关的观念宣布为绝对真理或最高的价值原则，并要求人们无条件地接受这种观念系统。这一进路在相当程度上表现为意义的强制赋予：它在实质上是以外在强加的方式，把某种意义系统安置于人。意义的这种强制或强加，意味着限制乃至剥夺人们自主地创造、选择、接受不同的意义系统。自汉代开始，传统社会要求"罢黜百家，独尊儒术"，亦即仅仅将儒学的观念和学说规定为正当的意义系统，从而使之成为人们可以合法选择的唯一对象，这种立场在某种意义上便可以视为权威主义形态之下的意义强制。20世纪的法西斯主义通过各种方式，向人们强行灌输纳粹思想，亦表现了类似的倾向。

意义的如上强化或强制，也体现于认识世界与变革世界的广义过程，从认识领域与价值领域不同形式的独断论中，便不难看到这一点。独断论将认识过程或价值领域中的某种观念、理论、原则视为绝对真理，无视或否定与之相对的观念、理论、原则所具有的正面意义，其中也蕴含着将相关的意义系统独断地赋予社会共同体的趋向。在现时代，尽管权威主义在形式上似乎渐渐退隐，然而，上述的意义强制或意义强加却远未匿迹。从国际社会中赋予某种人权观念以唯一正当的形式，并以此否定对人权的任何其他向度的理解，到视某种民主模式为放之四海而皆准的形态，由此拒斥所有其他可能的民主政治体制；从推崇单一的价值体系，到以某种伦理原则或规范为普世伦理；从礼赞西方文化，将其完全理想化，到维护历史道统，拒绝对传统的任何批评；等等。所有这些主张虽然不一定都以权威主义为形式，但其内在立场却都不同程度地包含着意义强制或意义强加的权威主义趋向。这种权威主义的趋向与虚无主义尽管表现为两个极端，但在实质上又似乎相反而相成：如果说，虚无主义表现为意义的消解，那么，权威主义则以意义的异化为深层的内涵。

历史地看，意义的消解与意义的强制、意义的退隐与意义的异化相互共在以及与之相联系的虚无主义与权威主义（独断论）的并存，与现时代中相对性的突显与普遍性的强化彼此交错这一历史格局，无疑难以分离。一方面，经济全球化的历史趋向，使普遍性的关注成为内在的潜流，从全球正义到普世伦理，从大众文化中审美趣味的趋同到生态和环境的共同关切，从经济上的彼此依存、同盛共衰到安全领域的休戚相关，等等，都从不同方面体现了以上历史走向。与存在的普遍之维日渐突出相应，追求普遍的价值观念逐渐成为重要的伦理、社会、文化和政治景观。另一方面，科学、伦理、宗教、文化等领域中的确定性（certainty）追求逐渐为确定性的质疑所取代，特定群体（如女性、少数族群等等）的自我认同和权利意识越来越走向自觉，全球化过程中彼此相遇的不同民族在文化传统上的差异日益突显，语言游戏等哲学观念一再对绝对性加以消解，如此等等，这些现象每每容易引发各种形式的相对主义趋向。抽象的普遍主义与相对主义趋向的交融，往往为虚无主义与权威主义（独断论）的并存提供了思想之源和社会背景。事实上，抽象的普遍主义与权威主义（独断论）、相对主义和虚无主义，本身便存在着理论与历史的联系，对虚无主义和权威主义（独断论）的克服，在逻辑上以扬弃抽象的普遍主义和相对主义为其前提。

意义生成并呈现于人的知、行活动。以认识世界与认识自己、变革世界与成就自我的历史展开为前提，世界与人自身的存在呈现为意义的形态。作为意义生成的前提，人的知、行活动本质上表现为一个创造的过程：正是在成己与成物的创造性过程中，人既不断敞开真实的世界，又使之呈现多方面的意义，人自身也在这一过程中走向自由之境。虚无主义对意义的消解，其根本的问题就在于否定人的创造性活动的内在价值，无视意义追寻与自由走向之间的历史联系。意义的生成、呈现和追寻，同时具有开放的性质。以价值创造为历史内容，成己与成物（认识世界与认识自己、变革世界与成就自我）的过程展开为多样的形态，生成于这一过程的意义，也同样呈现多重性，后者为价值的多样、自主选择提供了前提。意义的以上生成和呈现方式，从另一个侧面展现了成己与成物过程的自由内涵：知、行过程与意义生成的开放性，同时也表现了成就世界与成就自我过程的自由向度。相对于此，权威主义试图以独断的方式，将某种意义系统强加于人，这不仅否定了意义生成的开放性，而且也终结了人的自由创造过程。可以看到，以意义消解为内涵的虚无主义和以意义强制为趋向的权威主义尽管表现形式各异，但在悖离人的自由创造和自由走向这一点上，又具有相通之处。

以认识世界与改变世界、认识自己与改变自己为指向，成己与成物内在地展开为一个寻求意义的过程。如果说，在理解—认知层面与目的—价值之维对意义的双重承诺使成己与成物同时表现为意义世界的生成过程，那么，对虚无主义和权威主义的克服与扬弃，则既意味着确认这一过程的价值创造性质，也赋予意义世界的建构以走向自由之境的历史内涵。

（原载《哲学动态》2009 年第 9 期）

论实践智慧

哲学以智慧之思为题中之义，实践智慧则进一步从实践之维，展示了智慧与人的关系。哲学层面的智慧，本身要求具体地落实于人的实践，人的实践活动及其展开，则在不同的层面受到智慧的内在制约。作为智慧的实践体现或智慧在实践之域的具体形态，实践智慧以观念的形式内在于人并作用于实践过程，其中既凝结了相应于价值取向的德性，又包含着关于世界与人自身的知识经验，二者融合于人的现实能力。价值取向涉及当然之则，知识经验则不仅源于事（实然），而且关乎理（必然）；当然之则和必然之理的渗入，使实践智慧同时呈现规范之维。在成己与成物（成就世界与成就人自身）的过程中，实践智慧联结了对世界的解释与对世界的变革，展现为"是什么"的理性追问与"应当成为什么"以及"应当做什么"的价值关切之间的统一。它在赋予智慧以实践品格的同时，也使实践获得了智慧的内涵。

一、解释世界与改变世界：走向融合

就现实的形态而言，实践智慧首先体现于人和世界的互动过程。从人与世界的关系看，人一方面以不同的方式认识与理解这个世界，另一方面又不断变革世界，使之合乎自身存在的需要。这里既涉及宽泛意义上的知行之辩，又在更实质的层面关乎解释世界与改变世界的关系。解释世界与"是什么"的追问相联系,其中内含着关于世界的知识经验;变革世界则基于"应当成为什么"的关切,后者渗入了不同的价值取向并进一步引向"应当做什么"的追问。"纯粹"的理论理性或知识经验往往主要关注"是什么"的问题,"纯粹"的实践理性或价值关切则以"应当成为什么"为首要的关切之点①,相对于此,在实践智慧中,"是什么"与"应当成为什么"以及"应当做什么"不再呈现为彼此分离的问题:"是什么"的理论性追问,以不同的形式(直接或间接)落实于"应当成为什么"以及"应当做什么"的实践性关切;"应当成为什么"以及"应当做什么"这一实践问题的解决,则以"是什么"的追问为其现实的根据。需要指出的是,这里所体现的"是什么"与"应当成为什么"以及"应当做什么"的沟通,与休谟所质疑的从"是"之中推出"应当",涵义有所不同。休谟视域中"是"与"应当"的关系,首先涉及逻辑之域,休谟所质疑的,主要是两者之间是否具有逻辑上的蕴涵关系。实践智慧论域中的"是什么"与"应当成为什么"以及"应当做什么"之间,则不限于狭义上的逻辑蕴涵关系,而是关乎广义的知行过程以及价值关系。从逻辑的层面说,"是"与"应当"之间确实不存在逻辑上的蕴涵关系,从而,我们也无法在演绎推论的意义上,从"是"之中推出"应当"。然而,从价值论的角度看,"是"与"应当"之间则呈现价值的蕴涵关系:在价值论的视域中,凡是真正有价值者,便是"应当"成为现实的;当我们判断某种存在形态是有价值时,这一判断同时也蕴含了如下预设,即相关的存在形态或价值"应当"成为现实。引申而言,某种行为如果"是"好的或善的(具有正面价值意义),那就"应当"去做。在此,以价值的蕴涵为前提,"是什么"与"应当成为什么"以及"应当做什么"之间,不再截然分离。舍勒已注意到这一点,他提出了"理想的应当"(ideal ought)的观念,后者包含如下涵义:"凡是有价

---

① 康德意义上的实践理性首先关涉"我应当做什么",然而,从更广的层面看,即使在伦理的领域,"做什么"最终也与"成为什么"(成就什么样的人格)相联系。

值(善)的,便是应当实现的(应当做的)。"① 就更广的知行关系而言,基于成己与成物的实践目标,"是什么"与"应当成为什么"以及"应当做什么"之间也形成了内在的关联:以价值关切为内容的实践意向,使"是什么"的认识既不断引向"应当成为什么"以及"应当做什么"的行动选择,又为后者提供了根据。在实践智慧的意义上肯定"是什么"与"应当成为什么"以及"应当做什么"的关联,体现的便是以上视域。

与"是什么"与"应当成为什么"以及"应当做什么"的以上沟通相联系,解释世界与变革世界的界限,也开始得到扬弃:对世界的解释,构成了变革世界的理论前提,变革世界的历史需要,则为解释世界提供了内在动力。质言之,以变革世界的实践关切接引对世界的理论解释,以解释世界的理论观念范导对世界的实践变革,构成了实践智慧的内在特点,在这一互动过程中,实践智慧同时联结了对世界的解释与变革。

以人的行动和实践过程为视域,实践智慧与前文所讨论的实践理性同时呈现出某种相关性:在不限于"解释世界"、以"变革世界"为指向等方面,实践智慧与实践理性无疑具有相通之处。② 不过,就其深层的内涵而言,实践智慧的内在特点在于以智慧为题中之义。在哲学的意义上,智慧首先与知识相对。从人与世界的关系看,较之知识以分门别类的形式把握经验领域的特定对象,智慧所指向的是关于事物以及世界的整体性认识。就内在的精神或意识之维而言,智慧涉及意识的不同方面:它既以理性为内容,又关乎情、意、直觉、想象等方面,从而以综合的形态展现了人的精神世界。宽泛地说,智慧不仅有其理论的向度,而且体现于实践之域。智慧的理论向度或理论层面的智慧不同于把握特定经验对象的知识,而是主要展现于对世界的形

---

① Max Scheler, *Formalism in Ethics and Non-formal Ethics of Value* (Evanston: Northwestern University Press, 1973), pp. 210 – 211.
② 关于实践理性的具体论述,参阅杨国荣《人类行动与实践智慧》第六章,生活·读书·新知三联书店,2013。

上理解，智慧的实践之维或实践层面的智慧则同时体现于改变世界的过程；前者可以视为形上智慧，后者则表现为实践智慧，二者既有不同侧重，又在成己与成物的过程中相互关联。① 与整体地把握对象相联系，智慧在实践过程中的特点具体表现为以道观之，与之相涉的整体视域同时构成了智慧作用于实践过程的观念背景，后者又进而与具体的情景分析相融合。基于综合的内在精神世界，智慧则如后文将论述的，以"度"的原则为实践取向。

从以上背景理解实践理性与实践智慧的关系，则可以注意到，前者（实践理性）既表现为理性在实践过程中的运用，又可以看作是实践智慧在理性层面的具体体现：较之"以道观之"的智慧视域，实践理性更多地体现于对实践过程中的相关原则及规范的把握，与行动的多样展开也具有更切近的联系。同时，与实践智慧内含精神世界的多重方面有所不同，实践理性以判断、推论等理性活动为主要内容，其特点不在于以综合的形态展现人的能力，而是首先将人的能力置于理性的层面，其着重之点也相应地体现于理性的普遍原则和规范。康德在实践理性的论域中一再将普遍准则和普遍法则提到突出地位，也从一个方面展现了实践理性的如上特点。要而言之，实践智慧与实践理性都既体现了说明世界与改变世界的交融，也关联着人的内在力量（能力）、普遍的原则和规范，但二者的侧重之点又有所不同。

当然，从更广视域中知与行的互动过程看，说明世界与变革世界又各有其相对独立性。在后一意义上，形上智慧和理论理性以广义的"是什么"为主要的追问对象，这种追问包含着为求真而求真的趋向，后者尽管并不直接以变革世界为目标，但它不仅对于深化关于世界的认识具有不可忽视的意义，而且通过推进对世界的理解而制约着对世

---

① 如所周知，亚里士多德曾区分了哲学智慧（philosophical wisdom）与实践智慧（practical wisdom），并认为哲学智慧关乎"按其本质是最高层面的事物"［参见 Aristotle, *Nicomachean Ethics*, 1140b30 – 1141b5, in *The Basic Works of Aristotle* (New York: Random House, 1941), pp. 1027 – 1028］。本书所说的智慧的理论向度或"形上智慧"与亚里士多德的"哲学智慧"在某些方面具有一定的关联。当然，亚里士多德同时强调哲学智慧涉及科学知识与直觉理性（intuitive reason）的交融（Ibid., 1141b5, p. 1028），本文则更侧重于形上智慧与实践智慧的相关性。

界的变革。事实上，实践过程中理论理性与实践理性、形上智慧与实践智慧的统一，本身以肯定上述视域中形上智慧和理论理性的相对独立性为前提。就此而言，实践智慧以及实践理性所体现的说明世界与变革世界的统一，并不排斥形上智慧及理论理性相对独立的展开。

　　人不仅与世界发生知和行的关系，而且面临认识自己与变革自己（成就自己）的问题。中国哲学在肯定"自知""知人"的同时，又将"成己""成人"提到重要地位，已注意到了以上方面。"自知""知人"从狭义上看涉及认识自己与认识他人，就广义而言则意味着把握作为个体的人与作为类的人；"成己""成人"作为对"应当成为什么"的具体回应，相应地关乎个体（自我）的实现与群体（社会）的完善。以成己与成人为指向，"是什么"的追问具体化为"何为人"的探索，传统儒学的"人禽之辨"便以"何为人"作为追问的对象。对人的理解（人"是什么"），进一步构成了考察人应当如何"在"（"应当做什么"）以及应当"成就何种人格"（"应当成为什么"）的前提。在这里，同样可以看到"是什么"（理解人自身）与"应当成为什么"以及"应当做什么"（改变人自身—成就人格、完善群体）之间的联系，这种关联从人自身之"在"这一层面，展示了实践智慧的品格。①

　　以成己与成物为指向，实践智慧同时有其形而上的依据。亚里士多德在谈到实践智慧（practical wisdom）的特点时，曾指出："善于考虑的人具有实践智慧。没有人会去考虑那些不可改变的事物，也没有人会考虑他不可能加以作用的事物。"② 这里的"考虑"以事物的改变为内容，它构成了实践智慧的题中之义。不难注意到，按亚里士多德

---

① 加达默尔曾对"实践知识"作了考察，并将这种实践知识与"技术"区分开来。按他的理解，在科学的时代，"技术概念"往往取代了"实践概念"。（参见《真理与方法》下卷，第 3 版后记，上海译文出版社，1999，第 739 页）这种有别于"技术"的"实践知识"，近于这里所说的实践智慧。与亚里士多德以来的传统相近，加达默尔所理解的实践，首先与道德、政治等领域的活动相联系，对他而言，这一视域中的实践知识，同时又涉及造就人自身。（参见《真理与方法》上卷，第 404 页）加达默尔的以上看法从一个方面注意到了实践智慧与"成己"的相关性。当然，对于实践智慧在更广意义上沟通说明世界与变革世界的内在趋向，则加达默尔似乎未能给予充分的关注。

② Aristotle, *Nicomachean Ethics*, 1140a30, in *The Basic Works of Aristotle*, p. 1026.

的理解，实践智慧的作用乃是基于事物可以加以改变，在以下表述中，亚里士多德更明确地指出了这一点："实践智慧处理可改变的事物。"①这里蕴含如下的逻辑关系：实践智慧体现于对事物和人自身的改变，这种改变的实现，又以对象和人自身的可改变性为前提。由此作进一步的考察，则可看到：对象和人自身的可改变性固然表现为一种本体论的规定，但这种规定的价值意义，又通过人的实践过程而实现，在影响、作用于实践活动的过程中，实践智慧的本体论根据与价值意蕴也呈现内在的相关性。

宽泛而言，"应当做什么"既关乎价值取向，又与自我认同相联系。价值取向具体落实于价值目标、价值方向的确认，它从总的方面规定着实践主体对行为的选择。以个体与群体的关系而言，肯定并注重群体价值者，一般不会选择危害群体的行为。自我认同则包括两个方面：其一，普遍层面的认同，包括承认自己为"人"（亦即肯定自己为"人"这一"类"中的一员）、肯定自己为一定社会共同体中的成员等等；其二，具体关系、境遇中的角色认同，如确认自身为"教师""学生""父""子"等等。前者表现为普遍意义上的社会归属，后者则同时具有身份定位的意义。价值取向为行为的选择、实践方向的确定提供了总体的范导，自我认同则从不同方面为一定存在境域中行为的选择、实践方向的确定提供了现实的根据。以中国传统社会中的家庭伦理关系与道德实践而言，仁道所确认的价值原则（肯定人的内在价值）以及社会归属和身份定位层面的自我认同，具体地规定了父慈子孝的实践方式："父"之慈与"子"之孝既以普遍层面上确认人的内在价值为前提（儒家仁道原则的核心就在于肯定人不同于物的内在价值），又基于"父"与"子"不同的身份、角色认定，前者决定了为善的定向，后者则规定了"慈"与"孝"等不同的行为方式。在这里，普遍的价值取向与特定的存在境域、类与个体、社会关系与历史背景彼此交错，实践智慧则体现于对这些相关方面的具体把握，这种

---

① Aristotle, *Nicomachean Ethics*, 1141b1, in *The Basic Works of Aristotle*, p. 1027.

把握进一步制约着"应当做什么"的实践选择。

亚里士多德曾对实践智慧的内涵作了具体阐释,并认为,实践智慧既体现于了解何者对自我及一般意义上的人有益,又涉及"合乎逻辑的、真实的能力形态",并以此"为人的利益而行动"。[①] 与利益相关,意味着实践智慧以价值的关切为题中之义,也是在相同的意义上,亚里士多德认为实践智慧指向"一种好生活",并关乎人"总体上的有益生活"。[②] 合乎逻辑体现了理性的品格;"为人的利益而行动"则是与价值追求相联系的实践活动,它以作用于世界并使之合乎人的需要为目标,其中内在地包含改变世界的要求。不难看到,对实践智慧的以上理解,无疑也在某种意义上注意到其联结"说明世界"与"改变世界"、"是什么"与"应当做什么"的内在特点。

以世界的变革与"应当做什么"的追问为指向,实践智慧在不同的层面都涉及目的性问题。从逻辑上看,在确认"应当做什么"之后,可以进一步追问:"为什么应当做所选择之事?"后者便关涉目的性。同样,对世界的变革,也基于一定的实践目标(理想),这种目标(理想)同时表现为相关的价值目的。与价值目的的如上关联,构成了实践智慧不同于"纯粹"理性或理论理性的内在特点。

就最一般的层面而言,实践智慧所指向的价值目标,具体表现为成己与成物。此所谓成己,在广义上指成就作为个体或类的人自身(自我的完成与群体价值的实现),成物则既指化本然的实在为合乎人需要的存在,也包括社会领域的变革。以成己与成物为实质的内容,"应当做什么"的关切与"为何应当做"的追问彼此交错与重合,二者统一于实践智慧。当然,在不同的实践背景中,实践智慧的目标指向往往有不同的侧重。在社会领域,成就自己(个体的完善)与成就群体(社会理想的实现),常常成为主要关注之点;在人与物的关系中,化"自在之物"为"为我之物"则构成了更为主导的方面。

[①] 参见 Aristotle, *Nicomachean Ethics*, 1140b5 – 20, in *The Basic Works of Aristotle*, pp. 1026 – 1027。

[②] Aristotle, *Nicomachean Ethics*, 1140a25, in *The Basic Works of Aristotle*, p. 1026。

从哲学史上看，对实践或行动的目的性，存在着不同的理解。在道德实践的领域，道义论强调以道德原则作为行为的出发点，排除对行为结果的功利考虑，由此，实质层面的目的，每每也被置于视野之外：在道义论的论域中，考虑与行为结果相联系的目的，便意味着偏离道德之界。较之道义论要求在伦理层面超越目的意识，中国先秦的道家在更广的意义上表现出消解行动目的性的倾向。在谈到人的行为性质时，庄子曾指出："无为为之之谓天。"① 所谓"无为为之"，首先相对于目的性的追求而言，其特点在于非有意而为；以"无为为之"为"天"的内涵，相应地包含扬弃目的性之意。与之相联系，对道家而言，理想的行为方式便是"动不知所为，行不知所之"②，亦即无任何行为的目的与意向，这里既意味着超越利害的计较，也包含以自然原则扬弃目的性的要求。

相对于以上进路，另一些哲学系统更多地表现出对目的的关注，功利主义在这方面具有一定的代表性：与注重行为结果相联系，功利主义将指向行为结果的目的放在重要地位。在目的与行动的关系上，功利主义具有二重性：一方面，它以获得幸福等功利的结果为行动的目的，就此而言，其目的之追求呈现某种一贯性；另一方面，对具体情景中何者为有利、何者有助于实现幸福等等，功利主义的理解又具有多样、变易的特点。与后者相应，功利主义视域中的目的，往往呈现某种偶然、外在的特点：对极端形式的功利主义（如行为功利主义）而言，所有特定情景中可能具有的功利结果，似乎都可以成为意向的目标。目的的这种偶然化、外在化，在逻辑上容易引向各种形式的机会主义：任何行动只要能够实现当下确认的功利目的，便都可加以选择。

与以上二重趋向不同，实践智慧以目的之承诺为其题中之义，从而有别于道义论与自然主义从不同方面对目的之消解，同时又以成己

---

① 《庄子·天地》。
② 《庄子·庚桑楚》。

与成物为目的之实质内涵，后者基于人在本源层面的存在价值，具有确定的价值内涵。正是在此意义上，亚里士多德认为，具有实践智慧的人不限于特定的利益，而是善于有意识地考虑"总体上的有益"①，相对于功利主义之将目的偶然化、外在化，实践智慧无疑体现了不同的趋向。

扬弃对目的之消解与克服将目的偶然化，主要从价值承诺这一层面体现了实践智慧的目的指向。目的本身与理想存在内在的关联，理想可以在不同形式的目的中取得具体形式，目的也可以体现并转化为理想。事实上，在不少情况下，目的与理想往往具有交错、重合的特点，如人生的目的与人生的理想便具有一致性。目的与理想的形成既与一定的价值取向相联系，又基于对现实的具体理解和把握。具有不同价值取向的人，其追求的理想及实践的目的也往往各异，而在多样的实践背景或行动情景中，目的也会获得不同的内涵。肯定人的内在价值，可以视为一种基本的价值取向，这种取向在人我关系中具体表现为以人为目的而非手段，在面对自我时，则意味着以"为己"（自我的完成和实现）为指向，而超越"为人"（仅仅以获得他人赞誉为鹄的）。在不同的历史时期，相应于多样的社会现实，以上目的和理想的具体内容以及表现形态往往呈现彼此相异的特点。

目的性与现实存在形态之间更实质的关联，体现于目的与法则之间。实践的过程既具有目的指向，又本于存在的法则（包括因果法则）。目的性赋予实践过程以"有为"的性质：目的使实践过程自觉地指向一定目标，从而既具有方向性，又表现为"有意而为之"。以存在法则为本，则使实践过程呈现某种"无为"的性质：遵循法则，要求实践主体避免仅仅从内在意向出发展开自我之"为"。单纯地强调"有为"，容易导致以合目的性否定合法则性，仅仅讲"无为"，则往往将以合法则性消解合目的性。在这里，实践智慧的特点在于化解合目的性与合法则性、有为与无为之间的张力，使二者在不同的情景中达到

---

① Aristotle, *Nicomachean Ethics*, 1140a30–35, in *The Basic Works of Aristotle*, p. 1026.

具体统一。

　　与内含价值目的与价值取向相联系，实践智慧同时在逻辑上涉及不同的作用方向。就现实形态而言，价值可以呈现不同的性质，通常所说的正面价值与负面价值、肯定的价值与否定的价值，便体现了这种相异的价值性质。同样，价值目的与价值取向本身也往往包含不同的内涵。从终极的层面看，唯有体现走向自由这一人类发展历史趋势的价值取向，才具有正面的价值意义。作为实践智慧的内在构成，价值取向既制约着行动的方向，也规定着实践智慧本身的性质。正如知识既可以为实现正面的价值目标发挥作用，也可以运用于负面的价值目标一样，实践智慧也包含着作用于不同价值目标的可能。在这里，赋予实践智慧以积极的价值内涵，无疑具有不可忽视的意义。

　　不难注意到，以上视域中的实践智慧不同于技艺或操作性知识。技艺或操作性知识有一定的程式或动作要领，从手艺等制作活动到体育竞技活动，呈现此特点。尽管仅仅懂得要领并不一定意味着做得好，但遵循要领（程序）却是技艺或操作性知识的前提。与之不同，实践智慧无法以程式、要领来限定。技艺或操作性知识往往运用于完成既定的目标、计划，实践智慧则体现于解决具体境遇中面临的问题，后者固然也涉及计划，但更侧重于解决计划实施过程中无法预期的各种问题。技艺或操作性知识通常基于已有的经验：经验对技艺的运用具有首要的意义，实践智慧则既与以往经验相联系，又关乎新的或特定的境遇、背景、情景，其运用更多地基于对特定情景的分析（如后文将进一步分析的，在实践智慧中，一般原理总是与特定情景的结合）。技艺或操作性知识指向确定的结果，其内在要求是合乎一定的标准、规范：手工劳动要求合乎技术规范，体育等技艺活动要求合乎动作要领，如此等等。相形之下，实践智慧更多地涉及在不同的情景之下对规范的创造性运用。此外，技艺或操作性知识主要涉及人与对象的关系，实践智慧则既与人与对象的互动相关，也体现于更广意义上人与人的交往过程。

二、原则的引用和情景的分析

实践智慧所内含的目的之维，内在地规定了实践和行动的方向。从心物关系看，目的关乎存在的法则；以知与行的互动为视域，目的又与手段相联系。作为价值取向的体现，目的规定了"应当做什么"；以目的之实现为指向，手段则主要涉及"应当如何做"的问题。"应当做什么"与"应当如何做"在逻辑上相互关联：前者以价值层面的理性关切为内涵，后者则更多地体现了工具层面的理性思虑。在实践智慧中，"应当做什么"所内含的价值理性与"应当如何做"所关涉的工具理性既对应于目的和手段，又彼此呈现相互交融的形态。

就实践过程而言，目的涉及实践的目标，手段则关乎达到目标的具体方式或途径。实践的目标与实践的方式之间本身并不存在直接的联系，二者的关联往往需要通过实践推理或实践推论的方式建立起来。实践推理或实践推论（practical reasoning）在逻辑上包含如下方面：形成某种目的，并希望实现这种目的；基于对具体条件的分析，以确定实现以上目的的方式和手段；选择这种方式和手段，以实现相关目的。这种推论不同于"是什么"的追问，而是着重于沟通"应当做"与"如何做"，并由此联结目的与手段。从推论的方式看，由目的到手段的进展，并不仅仅表现为一种形式层面的程序性过程，而是涉及实质层面的情景分析。事实上，实践推论的一般特点便在于：就推论的指向而言，它主要不以说明世界为目标；就推论的方式而言，它则不囿于逻辑的形式，而更多地涉及实质的背景与条件。这里可以同时对实质的推论与形式的推论作一区分。与形式推论主要基于前提与结论之间的逻辑关联有所不同，实质推论（material inference）的特点在于不限于逻辑的形式而以存在的规定以及概念的内涵为其根据。布兰顿已注意到这一点，在他看来，实质的推论是一种与本体论相关的、"建立在内容之上的推理"（content-based reasoning），它"涉及前提与结论之间非逻辑的概念内容"。① 非逻辑的概念内容既牵涉事物的现实规定,也关乎事物之间的实际联系。以日常生活而言,从"空中出现了闪电",可以推出"很快会听到雷鸣"。这种推论便属于实质的推论,它的依据不仅仅是概念之间形式的逻辑关系,而更多的是"闪电""雷鸣"这些概念所包含的实际内容,后者同时又涉及现实的事物(现实中的闪电、雷鸣)以及他们之间的关系:在现实的世界中,闪电和雷鸣具有事实层面的内在联系,实质的推论便基于如上的现实联系。在社会领域,可以进一步看到具有价值意义的实质推论,如"多行不义必自毙"。从"多行不义"引出"必自毙",这种推论同样不限于形式而包含实质的内容,其中涉及"不义""自毙"这些概念的具体内涵以及相关的存在形态:"不义"意味着完全悖离一定社会所普遍接受的规范,从而为社会所不容、为共同体所拒斥,如果所作所为一再"不义",则终将自绝于正义的人们、自绝于社会,并最后走向自我毁灭。实践推理(practical reasoning)在推论的具体进路上显然与实质推论(material inference)具有更内在的关联,其关注之点也相应地首先在于现实的存在背景。当然,这并不意味着实践推论与逻辑形式完全无涉,事实上,尽管实践推论不同于单纯的形式化推绎,但在基于现实的背景及实践需要的同时,其展开的过程总是同时蕴涵着对相关环节之间内在逻辑关联的确认。

通过实践推论而使目的与手段彼此沟通,同时可以理解为根据目的以选择手段的过程,这种选择,离不开实践智慧的作用。亚里士多德曾指出了这一点:"实践智慧则使我们选择正确的手段。""没有实践智慧,选择就不可能正确,正如没有德性,选择就不可能正确一样。"② 在此意义上,与实质推论(material inference)相关联、将目的与手段

---

① 参见 Robert B. Brandom, *Making It Explicit* (Cambridge: Harvard University Press, 1994), pp. 101 – 102。在布兰顿之前,塞拉斯(W. Sellars)已提出"推论的实质规则"(material rule of inference)这一概念 [参见 Wilfrid Sellars, "Inference and Meaning," in *Pure Pragmatics and Possible Worlds: The Early Essays of Wilfrid Sellars*, ed. J. Sicha (Atascadero: Ridgeview Publishing, 1980)],布兰顿关于实质推论的看法可以视为对塞拉斯相关观念的引申。

② Aristotle, *Nicomachean Ethics*, 1144a5, 1145a5, in *The Basic Works of Aristotle*, p. 1034, p. 1036.

联结起来的实践推论方式，可以看作是实践智慧在思维过程中的体现。

以实践推论为中介而沟通目的与手段，同时为扬弃目的之主观性提供了前提。目的在形成之时，往往呈现主观的形态，按黑格尔的看法，"目的最初仅仅是内在的东西，主观的东西"。[①] 作为实现目的之具体方式与途径，手段将目的引向了现实的实践过程，并由此使之走出观念之域。通过实践的过程，目的之主观性进一步被克服和扬弃，事实上，目的实现的过程，同时也是目的之主观性被扬弃的过程。从存在的层面看，当人的实践活动尚未对其作用之时，事物常常呈现本然的性质。这样，运用一定的手段、通过某种方式而展开的实践活动，便获得了双重意义：一方面，它扬弃了事物的本然性，使之打上人的印记，成为合乎人的需要的存在；另一方面，它又扬弃了目的的主观性，使之化为现实的存在形态。这种双重扬弃既是实践推论从观念走向行动的过程，又是实践智慧作用于现实存在的过程，它在确认实践推论旨在改变世界的同时，也使实践智慧的"实践"品格得到了具体展现。

从另一方面看，手段诚然为扬弃目的之主观性提供了前提，但它本身又受到目的的制约。目的所具有的价值性质，往往为手段的选择规定了方向，具有正面价值意义的目的，总是要求将手段限定在合理的限度中，不容许"不择手段"。在某些场合，为了实现正当的目的，也许需要使用某种非常规的手段，这种手段甚至可能偏离既成的规范。然而，即使在这种情况下，手段的"非常规性"也有其限度：实践过程可以在目的正当的前提下灵活地选择某种非常规的手段，但后者不能悖离根本的价值原则。质言之，实践过程要求以正当的目的引导手段的恰当选择，不允许以目的之正当为手段的不正当辩护。事实上，就否定的意义而言，手段的卑劣，往往折射了目的的不正当。在这里，实践智慧既表现为以手段扬弃目的所内含的主观性，也体现在以正当的目的引导手段的合理选择，而目的与手段之间的沟通，则进一步呈

---

① 黑格尔：《法哲学原理》，范扬、张企泰译，商务印书馆，1982，第20页。

现为二者之间的互动。

如前所述，目的既基于一定的价值原则，又展示了一定的价值取向，就此而言，它更多地与价值理性或理性在价值层面的运用相联系。相对于此，手段作为实现目的之方式和条件，其选择固然也涉及价值的取向，但它的作用较为直接地体现于能否实际地实现目的，从而也更多地涉及工具理性或理性在工具层面的运用。价值理性的问题首先是正当与否，相应地，对于目的，我们可以追问并判断其是否正当；工具理性的问题更直接的指向是否有效（能否有效地实现目的），从而，对于手段，我们所关切的主要是其有效性。在此意义上，当目的与手段在实践智慧中彼此沟通时，不仅"应当做什么"与"应当如何做"得到了内在的联结，而且价值理性与工具理性也开始呈现统一的形态。

作为目的之根据的价值原则，往往包含普遍的内涵，手段的具体运用，则关乎特定的情景，这样，目的与手段的互动，同时又涉及一般原则与特定情景的关系。以实现一定目的为指向的实践过程无疑离不开普遍的观念、规范，包括一般的价值原则、理论所蕴涵的普遍规定或规则等等，这些理论、观念、规范、规则从不同的方面为行动过程提供了普遍的引导。然而，从现实的实践过程看，行动主体所处的社会关系、所面对的环境往往各异，行动由以展开的背景及所涉的境域也总是具体多样、变动不居；无论是变革世界的活动，抑或社会领域中人与人的交往，都是如此。一般的规范和原则无法穷尽行为与情景的全部多样性与变动性，那么，如何将这些一般原则和规范应用于具体的情景？这里，便发生了一般原则的引用与情景分析的关系。在具体的实践过程中，一般原则的引用与情景的分析、判断相互结合，是选择、确定适当行为方式的前提，而在二者如何沟通方面，不存在一成不变的程式，它需要诉诸实践智慧。具体而言，这里可以表现为根据现实的情景，对某种原则运用之域及运用方式作相应的规定。以"说真话"的原则而言，其运用便需要视具体情况而定。当恐怖主义者出于毁灭众多无辜生命的目的而试图了解有关的信息，一旦向他提供这方面的真实信息，便可能导致灾难性后果（众多人将被夺去生命）之时，"说真话"的原则便应当加以限定。当然，这并不意味着简单地否定一般的原则，事实上，在以上情况下，拒绝提供真实信息（对"说真话"的原则作出变通），同时意味着遵循更普遍的原则——维护人的生命存在这一基本的人道原则。可以看到，这里一方面表现为根据具体的情景对某种原则作适当限定，另一方面又展现为基于具体的情景分析，将某种行为准则纳入更普遍的原则，并以后者（更普遍的原则）引导人的实践活动。以上过程的展开，本身表现为实践智慧的具体运用。

一般原则与特定情景的关系，在"理一分殊"的观念中得到了某种折射。"理一分殊"是宋明时期的重要哲学命题，尽管其最初的涵义主要侧重于道德关系，但随着理学的演进，其义已不限于伦理之域。从广义看，"理一"涉及一般的原则，"分殊"则关乎多样的情景。作为一般的原则，"理一"以普遍性为其内涵；"分殊"则更多地与特殊或差异相联系。在理学看来，一般的原则固然不可或缺，但仅仅执着于"理一"而未能关注"分殊"，则原则本身将流于空疏和抽象，从而难以落实："不知万殊各有一理，而徒言理一，不知理一去何处。"唯有结合"分殊"，"理一"的意义才能充分展现："盖能于分殊中，事事物物，头头项项，理会得其当然，然后方知理本一贯。"[①]"当然"与人之"行"相涉（应当做什么或应当如何做），在这里，"理一"与"分殊"统一的实践意义在于具体地沟通一般原则的引用与特定情景的分析，它从一个方面体现了中国传统哲学对实践智慧的理解。

在近代哲学中，康德对行为的规范性给予了较多的关注，这一点突出地表现在道德实践的领域。康德所肯定的基本道德法则之一便是："仅仅这样行动：你所遵循的准则（maxim），同时应当能够成为普遍

---

① 朱熹：《朱子语类》卷二十七，载《朱子全书》第 15 册，上海古籍出版社、安徽教育出版社，2002，第 975 页。

的法则（universal law）。"① 按照康德的看法，"实践领域一切合法性的基础，客观上就在于规则及普遍的形式（the form of universality）"。② 普遍的道德规范主要表现为形式因，由强调行为的规范性，康德进而将形式因（普遍法则）视为行为的动力因，强调道德行为决定于道德法则。对行动之规范性的肯定，无疑有见于实践需要规范的引导，但同时，康德对道德实践的情景性、具体性未能给予充分的关注：作为无条件的绝对命令，道德法则超越于一切情景。道德原则诚然具有超越特定情景的一面，但其现实的作用，又是在具体的道德境遇中实现的，对某一情景中"应当做什么"与"应当如何做"的判定和确认，既离不开一般法则的引导，也需要考虑相关的境遇。一般的法则如果游离于具体情景，便往往容易流于抽象的形式，其现实的规范作用也难以真正实现。

与以上进路相对，一些哲学家每每表现出另一偏向，即把关注之点主要指向特定情景。在实用主义者（如杜威）、存在主义者（如萨特）那里，便不难看到这一点。杜威将具体情景中的探索与解题提到重要地位，并突出了行动的特殊性，认为"行动总是特殊、具体、个体化、独特的"③。萨特强调个体在行为选择中的决定作用，并将这种选择视为既无前例可循，又无普遍之则可依的过程，等等，都表明了这一点。由强调情景的特殊性及个体作用，实用主义和存在主义常常将情景的特殊性与规范的普遍性视为相互排斥的两个方面，并倾向于以前者消解后者。在否定普遍性的前提下突出特殊性，往往引向强化境遇与行动的相对性，后者在逻辑上无疑容易导致相对主义。

以实践智慧沟通一般原则与特定情景，意味着扬弃以上二重偏向。一般原则若停留于自身而不落实于具体情景，便往往不仅具有抽象的性质，而且容易衍化为超越的教条，在此形态下，其现实性的品格也

---

① Immanuel Kant, *Grounding for the Metaphysics of Morals* (Indianapolis: Hackett Publishing Company, 1993), p. 30.
② Ibid., p. 38.
③ John Dewey, "Reconstruction in Philosophy," in *John Dewey: The Middle Works* (1899 – 1924) (Carbondale: Southern Illinois University Press, 1988), p. 175.

每每难以得到体现；特定情景中的问题如果仅仅以经验的方式来解决，则常常也会呈现自发性和盲目性。当一般原则运用于特定的情景时，一方面，原则本身通过引导人们解决特定情景中的问题，开始由抽象向现实过渡，另一方面，特定情景中的经验在一般原则的规范之下，也逐渐由自发、盲目向自觉的层面提升。在这里，实践智慧的特点既在于扬弃一般原则的抽象化与教条化，使之在特定的情景中获得具体的内涵与现实的品格，又表现为克服经验的自发性与盲目性，使之在一般原则的引导下获得自觉的品格。从历史上看，亚里士多德在肯定实践智慧关涉总的利益的同时，又指出：" 实践智慧不仅考虑普遍，而且考虑特殊，后者由经验而为人所熟知。"① 总体利益每每体现于普遍的价值原则，特殊事物则涉及特定情景，这样，实践智慧指向具体事物，同时也意味着普遍原则与特定情景的沟通，而经验的引入，则包含着对一般原则抽象性的扬弃。在相近的意义上，黑格尔认为："为了能够实现，善还必须得到特殊化的规定。"② 这里的"善"也与一般的价值原则、义务相联系，善的特殊化，涉及一般原则、义务的特殊化，其中同样蕴涵着一般原则在具体情景中的现实化问题。加达默尔在谈到实践知识时，也已注意到其与情景分析的关联。按他的理解，实践知识是"针对具体情况的，因此它必须把握情况的无限多的变化"③。这里亦涉及一般的观念与特定境域的相关性。不难看到，亚里士多德、黑格尔以及加达默尔已从不同方面有见于实践智慧沟通一般原则与多样情景的内在特点。按其本来形态，实践智慧不同于个体的偶然意识，其中包含着对普遍原则和规范的认同和接受，这种认同和接受随着知与行的展开而逐渐内化、沉淀于主体的实践智慧。上述过程既使实践智慧本身获得了内在的规范意义，也为一般原则与多样情景在实践智慧中的沟通提供了现实的根据。

从更广的层面看，一般原则与特定的情景之间的关系，并非仅仅

---

① Aristotle, *Nicomachean Ethics*, 1142a10–15, in *The Basic Works of Aristotle*, p. 1030.
② 黑格尔：《法哲学原理》，第 137 页。
③ 加达默尔：《真理与方法》上卷，第 26 页。

呈现为泛然的互动。相应于知与行的不同过程，二者的关系往往具有不同的侧重。在以说明和解释世界为指向的理论活动中，认识过程更多地侧重于从特殊走向普遍，事实上，一般原则、规范的形成，总是伴随着对特殊、多样规定的扬弃。然而，在以变革世界为指向的实践活动中，一般的原则、规范却常常面临着从普遍走向特殊的问题，如黑格尔已从一个方面注意到的，后者在某种意义上意味着一般原则的特殊化。在实质的层面，上述意义上的"特殊化"既意味着一般原则在特定情景的运用，总是具有条件性；也表现在，通过与现实背景的结合，体现一般原则的抽象理论开始被具体化。这里需要对条件的作用给予特别的关注。在实践过程中，条件的引入，常常使实践过程及其方式具体化。以自然与人的互动而言，下雨对人的实践有益还是有害？抽象地看，这一问题具有模糊性，但若引入抗洪或抗旱这类条件，则问题便变得清晰：在抗洪的条件下，下雨对人的行动不利；在抗旱的背景下，下雨则有益于人。同样，在经济活动中，是否应该降低银行的利率？一般地提出这一问题，往往无法做出确定的判断，但若引入与经济发展的特定状态相涉的条件，则问题便变得具体化：在经济发展滞缓、物价处于相对低位等条件下，应该适当降低银行的利率；反之，经济运行如果过热、物价又居高不下，则利率便不宜降低。以实践的历史展开为视域，一般原则的特殊化，总是伴随着条件的引入。

一般原则特殊化的实质涵义，也就是一般原则的具体化。在这一过程中，一方面，原则的普遍引导意义不能被消解，另一方面，原则本身又需要与不同的条件、背景相融合而获得具体规定。适当地定位以上两个方面，构成了实践智慧的内在要求。从现实的情形看，对行动具有实际规范意义的往往既不是纯粹的普遍原则，也非单纯的特定情景，而是具体的实践判断，这种判断一方面以普遍的规范为根据，另一方面又基于特定的情景，它构成了规范的具体形态，并实际地引导相关的实践活动。在这里，特定情景与普遍规范的统一，具体地表现为从普遍原则出发，对特定情景作出包含规范性的实践判断，后者同时可以视为实践智慧在普遍与特殊互动中的表现形式。

综而论之，在实践过程中，一方面，普遍的原则需要特殊化，另一方面，特殊的经验则需要普遍化。康德曾区分了判断力作用的两种形态：在普遍的东西（如规则、原理、法则）被给予的前提下，判断力表现为通过这种普遍的东西（规则、原理、法则）将特殊收摄于其下；在唯有特殊被给予的情况下，判断力则需要找到普遍的东西。与第一种形态相关的是规定性的判断力，与第二种形态相涉的则是反思性的判断力。① 在引申的意义上，普遍原则的特殊化更多地与康德所说的规定性的判断力相关，其特点在于以普遍统摄特殊；特殊经验的普遍化则涉及反思性的判断力，其特点在于通过发现或确认普遍的原则而将特殊归属于这种普遍原则。以上过程的完成，以普遍原则与特定情景的结合为前提，在二者的如上互动中，普遍原则通过走向特殊而不断扬弃自身的抽象性，特殊经验则在普遍原则的引导下逐渐获得自觉的形态。

一般而言，实践（行动）过程既渗入了理论性的知识，又涉及实践性知识。理论性的知识更多地关乎"是什么"（knowing that），其内容通常不限于特定的行动情景：它既非形成于该情景，也非仅仅适用于该情景。实践性的知识则较直接地涉及"如何做"（knowing how），其内容与特定的行动情景具有更切近的关系：尽管其中也包含普遍的内涵，但这种内涵往往与具体的情景分析相联系，并融合了对相关情景的认识和理解。当然，理论性的知识与实践性知识本身并非彼此隔绝，事实上，当理论性知识运用于具体情景时，其本身便不仅取得了现实的品格，而且也被赋予实践的意义，当代哲学家冯契所提出的"化理论为方法"，其内在的含义便是通过理论与具体实践情景的结合，使关于"是什么"的理论性知识，转换为关于"如何做"的实践性知识。广而言之，理论既源于现实，又还治现实，这里的"治"不仅是指认识论意义上以一定理论概念去整理经验材料，使之获得内在条理，而且也意味着在实践的层面为人的行动提供范导，由此进一步变革现

---

① 参见 Immanuel Kant, *Critique of Judgment* (New York: Hafner Publishing Co., 1951), p. 15。

实。以现实指向与情景分析的交融为进路，实践智慧既不断地化解理论性知识与实践性知识之间的张力，又从一个方面为理论之源于现实与还治现实的统一提供了现实担保，而通过现实化与情景化，实践智慧本身也取得较为具体的形式。

从实践过程考察一般理论与具体情景的关系，同时涉及理想性与理想化之辨。一方面，无论是成己（成就自我），抑或成物（变革世界），实践活动总是要求超越现实的形态、走向理想之境，在此意义上，实践过程无疑包含理想性。事实上，当一般的理论转换为规范实践过程的具体计划、方案之时，理想性的内容往往便渗入于其中。另一方面，实践所展开的特定背景，实践过程所涉及的问题，又具有多样、具体的形态，实践过程同时需要切实地把握这种具体性、特殊性，而不能以理想化的方式对其加以消解。在这里，显然应当给予理想性与理想化的区别以必要的关注。理想化所涉及的，主要是以理论的方式把握世界的过程，在自然科学的研究中，这一方式得到了多方面的体现。作为科学研究手段的实验，便常常使用理想化的方式，其特点表现为略去某些规定或关联，在比较纯化的条件下考察相关对象。这种理想化的方式也往往被运用于自然科学之外的领域，如分析哲学经常运用的思想实验，便可视为理想化的方式，现象学所提出的悬置判断，也具有某种理想化的趋向，即悬置具体的存在及思想背景。以上形态中的理想化，每每呈现抽象性的特点：在略去多样的规定、不同的关联以及现实背景之后，相关的对象往往同时被抽象化。从理论的视域看，以理想化的方式考察世界无疑体现了说明世界的某种需要，在科学的研究中，这一点得到了较真切的体现。[①] 然而，从实践的视域看，存在的具体形态却构成了现实的出发点：这里的重要之点，不是以理想化的方式以一消解多，相反，它所需要的恰好是对多样的规定、不同的关联以及现实背景的关注。由此，不难看到实践过程中理想性

---

① 当然，在分析哲学的思想实验以及现象学的悬置判断中，理想化的方式每每由抽象化而导向片面化，它从一个方面表现了以理想化的方式说明世界所具有的限度。

与理想化之间的张力，这种张力的化解，同样离不开实践智慧：在肯定理想性的同时，又扬弃理想化、从理想走向现实，构成了实践智慧的内在趋向。从另一方面看，理想的形成既以内在于现实的必然之道为根据，又渗入了人的价值关切，而在必然之道与价值关切之后，则蕴含着对普遍的存在法则与一般的价值原则的承诺，与之相联系，对理想性的肯定同时意味着确认普遍的原则。理想化的过程则如前所述，包含着对多样规定、现实情景的悬置，对理想化的扬弃，相应地意味着关注具体情景。要而言之，在理想化与理想性之别的背后，既存在着说明世界与改变世界的不同趋向，又不难注意到抽象与具体、一（一般原则）与多（多样情景）的分野，以实践智慧化解理想性与理想化的张力，可以看作是沟通一般原则与具体情景的逻辑引申。

三、"合度"与"中道"

以说明世界与改变世界的统一为指向，实践智慧在更为内在的层面上表现为对"度"的把握。作为哲学范畴，"度"的基本涵义是质与量的统一。黑格尔曾对此作了较为系统的阐释，在他看来，"质与量统一于度，存在由此得到完成"①。由此加以引申，则"度"又指一定事物的相关规定或相关方面之间适当而具体的融合，这种融合与统一既保证了事物性质的稳定性与延续性，又使事物处于一定条件之下最合适的形态。超出了一定的限度，事物的性质便会发生变化，这种限度，黑格尔称之为"临界线"或"交接线"（nodal line）。② 对度的以上理解，主要侧重于本体论的维度。"度"同时蕴含实践的意义：实践过程中的判断、选择，基于存在形态本身的统一和限度，本体论层面的存在形态，则为实践过程中的判断和选择提供了根据。③ 对"度"

---

① Hegel, *Hegel's Logic*, trans. William Wallace (Oxford: Clarendon Press, 1975), p. 157.
② Ibid., p. 160.
③ 黑格尔在从本体论层面阐释"度"的观念时，也涉及了其实践意义，他曾以开支为例对此作了分析，认为一旦超过了一定的度，则"原来被视为节省的行为，便可能转化为奢侈或吝啬"。（Ibid., p. 159）

的如上把握，进一步涉及实践智慧的作用方式。

前文曾论及，在实践过程的展开中总是面临多样的关系，包括对世界的实践关切与理论解释、行动的合目的性与合法则性、应当做什么（目的）与应当如何做（手段）、一般原则的引用与特定情景的分析、理论性知识的参照与实践性知识的应用等等。实践关系中以上方面的定位既无确定不变的标准，也无普遍一律的程序，其处理、协调离不开对"度"的把握。事实上，"度"作为实践智慧的作用方式，其意义首先便体现在对上述实践关系的合理处理。实践关系中的相关方面需要扬弃彼此的分离、对峙而达到内在的沟通，然而，如何以最适当的方式对其加以沟通？这里便需要把握具体的度：在以上方面，把握"度"的意义在于通过对一定条件下实践需要、特定背景、存在法则、普遍原理等的具体分析，使实践关系所涉及的不同方面达到适合于或有利于实践过程展开的统一形态。中国哲学曾提出如下观念："抱道执度。"① 道表现为统一的原理，"抱道"也就是以统一的原理为知与行的根据，"执度"在此首先意味着把握普遍的准则和规范。引申而言，在"抱道"的前提下"执度"，既关乎存在的统一形态，也涉及实践过程中相关方面的内在统一。

从本体论上说，"度"与事物的存在形态和方式相联系。某物之为某物，有其一定的"度"：在一定的"度"之中，它呈现为某物，超出此"度"，则不复为原来意义上之物。进而言之，事物的内在之序及存在的稳定性，也关乎"度"，只有在一定的"度"之中，事物才能保持内在之序并获得存在的稳定性。在此意义上，"度"涉及事物存在的界限、范围。荀子在谈到"礼"的作用时，曾指出："礼起于何也？曰：人生而有欲，欲而不得，则不能无求，求而无度量分界，则不能无争，争则乱，乱则穷。先王恶其乱也，故制礼义以分之，以养人之欲，给人之求。使欲必不穷乎物，物必不屈于欲，两者相持而长，是

---

① 《黄帝四经·道原》。

礼之所起也。"① 这里所说的"度量分界",便是指事物存在和变化的一定界限或范围。在社会领域的不同时期,生存资源的分配都有其"度",对已有资源的索求如果超出此"度",则社会便会无序化,而资源的分配又以社会成员各安其位为前提。礼的作用就在于将不同的社会成员安置于一定的"分界"之中,使之都按其特定之位索求和获取资源,彼此互不越位,由此保证社会的有序和稳定。荀子对社会结构、度量分界的理解无疑有其历史性,但这里或多或少已注意到了"度"的意义。从现实的层面看,对"度"的把握确乎表现为真切地了解事物有序存在的界限,而实践智慧则在于通过把握"度",将事物的变化保持在一定的界限之内,避免由超越界限而走向无序。

作为实践智慧的表现形式,"度"的观念同时与"中道"相联系。从哲学史上看,儒家很早已提出"中道"或"中庸之道"的主张,孟子便要求"中道而立"②,荀子也肯定:"道之所善,中则可从,畸则不可为。"③ 此所谓"中",并不仅仅是量的概念。从量的概念去理解,"中"大致表现为与两端等距离的那一点,然而,中国哲学所说的"中",更多地体现为实践过程中处理、协调各种关系的一种原则。这种原则,与道本身的涵义具有内在联系。在天道的层面,道首先表现为多样的统一。从多样的统一这一视域看,"中"就在于使统一体中的各个方面彼此协调。千差万别的事物同处于一个系统,如何恰当地定位它们,使之各得其所?这就是"中"所涉及的重要方面。道同时体现于变化过程,表现为发展的原理。从过程的角度来看,"中"则关乎不同演化阶段、环节之间如何协调的问题。无论是统一体中各个方面的适当定位,抑或过程中不同环节的协调,都既无一定之规,也没有一成不变的程序,它需要根据实践生活的具体情形来加以把握。这种协调与定位作用同时体现了合乎"度"的实践智慧。

以中道为形式的实践智慧,展开于不同的方面。就个体的精神生

---

① 《荀子·礼论》。
② 《孟子·尽心上》。
③ 《荀子·天论》。

活而言,如《中庸》已指出的,喜、怒、哀、乐等情感的流露,都要"中节",亦即把握适当的分寸,达到恰到好处。"过"与"不及"都是精神缺乏和谐、统一的表现,与之相对,精神层面的和谐应当保持在一定的"度"之上。在这里,"中道"与"合度"呈现为统一的形态,二者的交融体现了精神生活与人格涵养中的实践智慧。在引申的意义上,"中道"同时意味着合乎道,这里的道既指存在的法则,又表现为普遍的价值原则。作为存在过程中的最适宜形态,"中道"一方面与存在法则一致,另一方面又体现了普遍的价值原则,与之相联系,"中道"与"合度"的统一,也以合乎存在法则与合乎价值原则为其深层内涵。

在中国哲学中,上述意义上的"中道"常常又通过"经"和"权"的关系得到展示。所谓"经",主要是指原则的普遍性、绝对性,"权"则是对原则的变通,后者的前提是对不同境遇的具体考察。通过具体的情景分析使"经"和"权"之间得到适当协调,这也是"中道"的体现形式之一。孔子曾指出:"君子之于天下也,无适也,无莫也,义之与比。"[①]"义"本来指当然,但当它与"无适""无莫"相联系时,便同时带有了适宜之意。面对天下各种复杂的对象和关系,人既不应当专执于某种行为模式(无适),也不应绝对地拒斥某种模式(无莫),而应根据特定境遇,选择合适的行为方式。这种"无适"和"无莫",具体表现为在绝对地专执于某种行为模式与绝对地排斥某种模式之间保持中道,它既基于特定的境遇分析,又展现了把握"度"的实践智慧。

就现实的过程而言,对"度"的把握,既需要运用理性的能力,也离不开想象、直觉、洞察等方式,后者的共同之点,在于以不同于一般理性或逻辑思维的方式,展示了人把握世界与人自身的内在力量。就想象而言,其特点首先表现为基于现实及既成的知识经验而又超越现实的存在形态及与之相应的知识经验,并由此敞开和发现更广的可

[①] 《论语·里仁》。

能之域（包括事物及观念之间可能的联系）。以可能之域为指向，想象同时为创造性地把握世界提供了自由的空间。同样，通过扬弃程式化的思路、简缩习常的探索环节、转换思维的方式，直觉使人不为已有界域所限定，以非推论的方式达到对世界和人自身新的理解和领悟。与想象和直觉相联系的洞察，则进一步指向事物根本的、具有决定意义的联系、方面和规定，并赋予理解以整体性、贯通性的品格。在判断中，人的能力得到了更综合的体现。判断基于人的诸种能力，同时又涵摄了多方面的认识信息，从而，在更普遍的层面体现了实践智慧的综合性。具体而言，判断以理性、感知、想象、直觉、洞察等方面的交融和互动为前提，表现为直观、分析、比较、推论、决断等活动的统一。作为一种具有综合性质的能力，判断基于人自身存在的具体性：能力的综合统一，以人自身在身与心、个体规定与社会之维等方面的统一为本体论的前提。就作用方式而言，判断的特点首先体现于联结与沟通，后者既涉及上述不同能力之间的交融，也以观念形态与外部对象之间的关联为内容。引申而言，前文所提到的一般原则与特定情景的沟通等，都涉及不同能力的综合运用。尽管在形式的层面上，对实践过程中各种"度"的把握有时呈现出直接性、顿然性，但从实质的方面看，即使在以上情况下，依然渗入了不同能力的综合运用。

作为实践智慧的具体作用方式，"度"的观念一方面涉及价值取向或价值目标，另一方面又基于对世界的认识与理解，二者同时凝结并体现于人的现实能力。在明辨度量分界以及合乎中道、无适无莫的过程中，实践智慧与实践方式互融互动，从成己与成物的实践层面展示了其内在的方法论意义。

四、"神而明之，存乎其人"

作为实践智慧的具体表现形式，对"度"的把握难以离开知、行的主体：无论是确认度量分界，抑或经与权的协调，都是通过认识与实践的主体而实现。《易传》在谈到人的活动特点时，曾指出："化而裁之存乎变，推而行之存乎通，神而明之存乎其人。"① "化而裁之" "推而行之"都涉及广义的践行，"神而明之"的内在涵义，则是在智慧的层面深入地把握以上过程，后者最终通过知、行的主体而完成，所谓"存乎其人"便强调了这一点。实践智慧与实践主体的不可分离性，意味着对实践智慧的考察无法忽视实践主体。②

在论及实践智慧的特点时，亚里士多德曾指出："那些理性的形态都可能被遗忘，而实践智慧不可能被遗忘。"③ 理性的形态首先与关于什么（knowing that）的具体的知识或意见相联系，它在形成之后，常常可能随着认识的发展而被悬置，实践智慧则同时表现为关于如何（knowing how）的能力，它不仅形成于知、行过程，而且也实际地存在并体现于知、行过程。作为内在于知行过程的现实力量，实践智慧已具体化为人的存在规定，而实践智慧的不可遗忘性也就在于它与人同在。可以看到，在实践智慧中，现实性品格与形而上的存在规定呈现彼此重合的形态，这种统一，同时构成了实践智慧作用的本体论前提：正是通过融入并内在于人的存在，实践智慧具体地制约和影响了人的实践过程。

与实践主体相融合，使实践智慧同时呈现综合的特点。较之单纯的理性形态，实践智慧包含更多的内容，后者首先与德性相关。亚里士多德已指出了这一点："实践智慧是一种德性。"④ 这里所说的德性既包含本体论的意义，也具有价值的内涵。在本体论上，德性可理解为与人同在的内在规定，在价值论上，德性则呈现为一种善的品格。与后一意义上的德性相辅相成的，是人的能力。相对于德性的价值指向，能力更直接地表现为成己与成物的内在力量，前文所提及的理性、直觉、想象、判断等等，即展现为能力的不同表现形式。德性与能力

---

① 《易传·系辞上》。
② 麦克道威尔认为："人知道做什么——如果他能知道——并不是由于他运用普遍的原理，而是在于他是某种个体：这种个体以特定的方式了解某种情景。" [John McDowell, *Mind, Value, and Reality* (Cambridge: Harvard University Press, 1998), p. 73] 这一看法也注意到了行动主体在行动中的主导性，后者包括对特定行动情景的具体把握。
③④ Aristotle, *Nicomachean Ethics*, 1140b25, in *The Basic Works of Aristotle*, p. 1027.

的如上统一，可以看作是实践智慧在实践主体中的体现形式，作为智慧的具体形态，它同时又为实践智慧沟通价值理性与工具理性提供了可能：如果说，实践智慧的德性规定使之始终内含价值的关切，那么，以能力为题中之义，则使之与变革世界和成就自我的现实过程息息相关。

进而言之，与价值关切相联系的德性更多地涉及"应当做什么"，体现于变革世界与成就自我过程的能力则更直接地关联"应当如何做"。从现实的形态看，"应当做什么"的问题首先关乎行为的选择，"应当如何做"的追问则基于行为的落实、贯彻与展开。在行动的选择与行动的贯彻与展开之间，往往存在着某种逻辑的距离：基于一定的价值原则而倾向并选择某种行动，并不同时意味着将行动付诸实施；具有实施某种行动的能力，则往往不一定具有选择相关行动的意向。然而，当德性与能力统一于同一实践主体时，行动的选择与行动的贯彻、落实之间便不再彼此间隔。质言之，以德性与能力的统一为前提，"应当做什么"与"应当如何做"的关联获得了内在的根据。

从更广的视域看，在行动的选择与行动的落实之后，是知与行的关系。以实践为指向，实践智慧首先在宏观的层面呈现规范的意义：它引导着认识超越自身而向实践转化。就个体的层面而言，这里涉及认识、实践与主体的关系。在知行过程中，个体既是认识的主体，又是实践的主体，认识与实践通过人而彼此相关。不过，上述相关主要呈现本然的意义：人作为知与行的同一主体，使知与行彼此沟通。以人在存在形态上的二重性（既是认识主体，又是实践主体）为前提的这种沟通，往往缺乏自觉的内涵。然而，当实践智慧融入于人之时，知与行、认识与实践的联结，便获得了自觉的范导：以德性与能力、理论理性与实践理性的统一为实质的内容[①]，实践智慧既渗入了对世界的理解，又包含着实践的意向。在实践智慧的制约下，知与行的联结

---

① 宽泛而言，这里的理论理性和实践理性与康德所说的理性的理论运用与理性的实践运用相涉，理性的理论运用则并不仅仅关乎康德所侧重的数学、物理等普遍必然的知识，而且包括对世界的总体理解，后者与前文所提及的形上智慧具有相通性。

已不仅仅建立于认识主体与实践主体在本体论上（存在形态上）的同一性，而是进一步以认识旨趣与实践旨趣的内在交融为前提。

以德性与能力、理论理性与实践理性的交融为具体形态，实践智慧首先体现于个体的行动。在轮扁斫轮的著名寓言中，庄子曾借轮扁之口，对斫轮的特点作了如下描述："斫轮，徐则甘而不固，疾则苦而不入。不徐不疾，得之于手而应于心，口不能言，有数存焉于其间。"①"得手应心"是手与心之间的协调、契合，这种协调、契合不仅仅基于有意识的计划、安排，相反，如果单纯地按计划、程式行事，行为往往难免艰涩、生硬。"不徐不疾""得手应心"，意味着外在的"技"与"术"以及各种普遍的规范、程式已内化为个体的存在形态，作为内在于人的行为规定，这种存在形态同时取得了实践智慧的形式。与之相联系，此所谓"数"不仅是一种具有本体论意义的行为定势，而且也是实践智慧的凝结。庄子在庖丁解牛的寓言中，曾提到庖丁之所以能够使解牛过程达到出神入化之境，原因之一在于能够"依乎天理""因其固然"②，斫轮中的所谓"数"，便表现为对象之固然（理）与行动之方式的内在契合。不难注意到，在个体的行动过程中，实践智慧既与人同在，又融合于实践过程，既表现为明觉的意识，又包含超乎名言（"口不能言"）的行动机能，以上方面彼此相关，同时又将德性与能力、理论理性与实践理性的统一进一步具体化了。

作为一个过程，实践活动既包含不同环节，也经历不同的阶段。实践环节之间所呈现的是彼此互动的关系，不同的实践阶段之间则前后相续，具有连续性与延续性。实践过程的这种连续性不仅与实践对象、实践背景的相对稳定性相涉，而且以实践主体的连续性为其本体论根据。从行动意向（动机）的形成到行动计划的拟定，从行动计划的实施到行动结果的形成，从行动本身的反思，到其结果的评价，不同的环节、阶段彼此交融，展开为一个统一、连续的过程，这一过程

---

① 《庄子·天道》。
② 《庄子·养生主》。

的完成，则以实践主体的连续性、统一性为前提。另一方面，实践活动的连续性，又以现实的方式，确证了实践主体的连续性与统一性：实践环节的彼此联系与实践阶段的前后相续，从不同的方面表征了实践主体的同一性质。实践主体的这种连续性与统一性，既为实践智慧扬弃抽象性、形成具体的观念形态提供了本体论前提，也为其影响与制约实践的整个过程提供了可能。

实践本质上并不仅仅是个体性的活动，其展开过程涉及个体之间的关系。在社会领域，实践过程需要个体之间在观念层面的理解与沟通。首先是实践目标的确认。对参与实践活动的诸个体而言，关于确立何种目标，便需要达成一致的意见，缺乏一致的目标，不同的个体往往难以共同行动。在"应当做什么"（实践目标）确认之后，进一步的问题是"应当如何做"，后者所关涉的是行动的计划，对此，实践的主体同样需要形成共识。实践的目标与实践的计划在进入实际的行动过程之前，尚处于观念的形态，与之相关的一致与共识，也属观念层面的沟通。这种沟通的实现，既需要倡导者的引导、说服，也需要参与者的理解、接受；既需要明晰化的交流，也需要默会性的相契。这一过程不仅涉及理性辨析，而且也处处渗入了实践智慧：无论是实践过程中的引导、说服，还是对行动计划的理解、接受，都以说明世界与变革世界之间的关联为其前提，实践主体之间的交流与默会，同样基于这一点。

与观念层面的理解与沟通相联系的，是行动过程中的协调、配合。作为涉及多重方面、多种环节的过程，实践活动往往需要不同主体之间的合作。实践主体间合作的方式当然可以是多样的，但无论何种形式，都关乎彼此之间的协调、配合，后者既以对实践目标的理解为前提，又需要落实于具体的行动。从劳动过程中的相互协作、政治活动中的彼此支持，到体育比赛中的团队配合，等等，实践过程中的协调体现于各个方面。

在不同主体共同参与的行动中，行动的协调既基于共识，也需要默契。共识的形成往往借助于语言层面的对话、讨论、沟通，默契固然也渗入了理解，但这种理解并非仅仅以语言层面的讨论、对话为前提。相对于共识之表现为显性的理解，默契更多地以隐默的方式体现于行动过程中；事实上，观念层面的默会与行动中的默契，本身存在内在联系。共识并不一定直接落实于行动：它可以存在与行动之前、行动之外，默契则已内在于行动之中，与行动过程具有更内在的融贯性、一致性。共识可以表现为观念层面的一致，从而取得理性和逻辑的形态，默契则以行动者之间的相互了解、彼此互动为条件，与之相联系，默契离不开一定共同体中的社会联系，这种联系已超越了逻辑之域。作为观念的一致与沟通，共识具有自觉的品格；相对于此，默契往往表现为行动中的自然协调：后者包含自觉，但又超越了单纯的理性自觉。要而言之，默契惟有建立在共识之上，才具有稳定性、持久性；共识唯有化为默契，才能使行动过程出神入化，达到最完美的效果。不难看到，这里涉及多重关系，包括由语言交流而形成的合作与超乎语言的默契配合、观念及逻辑层面的一致与基于现实社会联系的相互呼应、理性的自觉与自然的融贯等等。这些关系的应对与处理，也离不开实践智慧。事实上，与观念层面的理解和沟通往往借助于实践智慧相近，实践过程中不同方面的协调与配合，也并非仅仅表现为程序性的过程，它同样需要由实践主体具体地运用实践智慧。

　　从更广的层面看，在实践过程的展开中，行动的条件、背景每每具有多样性、变迁性，面对变动不居的情景，如何采取适当的步骤、选择适当的方式，以协调不同实践主体的行动？这里无疑需要诉诸具体的分析、权衡、判断，而这种判断、选择，便涉及实践智慧：以沟通"是什么"与"应当成为什么"、"应当做什么"与"应当如何做"为实质的内容，实践智慧同时也为具体实践情景之下的选择、判断以及行动中的协调提供了内在的根据。即使是某些似乎具有程序化特点的实践活动，常常也需要运用实践智慧，如生产过程中不同工序、环节之间的衔接以及整个过程的有效运转，便既有程序的规定，也包含参与者的默契配合。可以看到，无论是观念层面的理解与沟通（包含内在的默会），抑或实践中的协调与配合（包括行动中的默契），实践智慧都渗入其中，而以上作用同时又通过实践主体的知、行活动而具体展现。

在实践过程中，变革对象与成就自我往往构成了同一过程的两个方面，实践中的协调与配合既涉及实践主体之间的互动，也关乎自我的成就。从后一方面看，这里又涉及目的与手段的关系。人是目的，这是与人禽之辨相联系的基本价值原则，以此为前提，则每一主体都不仅应将自身视为目的，而且也应确认他人（其他主体）的目的性规定，在此意义上，主体之间呈现为互为目的的关系。儒家所谓己立而立人、成己而成人，已蕴含这一观念。然而，每一主体成就自我的过程，并不仅仅基于自身的努力：成己需要多方面的条件，其中也包括其他主体的作用。相对于自我成就这一目标，其他主体的作用无疑呈现某种手段性：其意义主要体现于为自我的实现提供条件。就此而言，主体之间的关系似乎又具有互为手段的性质。黑格尔在谈到自我与他人关系时，曾指出："我既从别人那里取得满足的手段，我就得接受别人的意见，而同时我也不得不生产满足别人的手段。于是彼此配合，相互联系，一切个别的东西就这样地成为社会的。"[①] 根据这一理解，人我之间的互为手段，主要体现了个体间关系的社会性质。引申而言，在成己（成就人自身）与成物（成就世界）的过程中，一方面，每一主体都将他人视为目的，另一方面，他人又为自我的成就提供了条件，由此，主体之间的关系也获得了双重性质：两者既互为目的，又互为手段。在这里，主体之间的互为手段与主客体关系中主体以对象为手段具有不同的价值内涵：前者以相互成就为指向，后者则表现为单向的工具化。作为主体之间相互成就的形式，主体之间的互为手段显然并非仅仅呈现功利性的消极意义。从实践智慧的视域看，实践主体之间的如上关系，乃是基于价值理性与工具理性、理论理性与实践理性的交融：以如上统一为实质的内容，目的即体现于手段之中。不难注意到，在这里，手段并不仅仅呈现消极的性质，也不再单纯地表现为

---

① 黑格尔：《法哲学原理》，第207页。

外在的工具，它以目的（主体间相互成就）为指向，并构成了目的实现的内在环节，两者（目的和手段）在成己与成物的过程中彼此渗入，相互交融。如果说，与人同在主要从个体之维体现了实践智慧的本体论规定，那么，成己与成物过程中的目的与手段之辨，则从实践主体之间的关系上，进一步突显了实践智慧的具体内涵与实践意义。

以成己与成物为指向，实践智慧既展现了不同于形上之智的作用趋向，又非与之判然相分。相应于此，实践智慧融合了理论理性与实践理性，体现了说明世界与改变世界的统一。在制约和作用于实践的过程中，实践智慧既渗入了"应当成为什么"以及"应当做什么"的价值关切，又包含"应当如何做"的理性判断，既涉及"是什么"（knowing that），也关乎"怎样做"（knowing how）。基于"度"的观念，实践智慧进一步注重度量分界，由此沟通普遍的理论引导与具体的情景分析，并展示了独特的方法论意蕴。相应于德性与能力的统一，实践智慧以实践主体的存在为本体论前提，内在于人并与人同在。可以看到，在实践智慧中，价值取向、知识经验、行动定势彼此交融，形成为统一的观念性形态，后者作为存在的规定而凝结于实践主体。在赋予智慧以实践品格的同时，实践智慧也为实践过程的合理展开提供了内在的担保。

（原载《中国社会科学》2012 年第 4 期）

"事"与现实世界

与本然的存在不同,现实的世界因"事"而成。人通过"事"而与"物"打交道,"物"在人做事的过程中被把握、被规定。"事"的展开过程,也是"物"的意义不断呈现的过程。生成于"事"的世界,具体表现为属人的世界或人化的存在,其内在特点在于既涉及事实之维,也关乎价值规定。关注世界的现实性,同时需要避免化"事"为"心"或化"事"为"言"。以"事"为源,现实世界在扬弃存在本然性的同时,又确证了其实然性。

一、"事"与"物"

何为"事"?概要而言,"事"可以理解为人的活动及其结果。人的活动即人的广义之"为",所谓"事者,为也"①。这一意义上的"事",首先与"自然"相对,荀子曾言简意赅地指出了这一点:"不事而自然谓之性。"②"事"表现为人的作用,"自然"则意味着人的作用尚未参与其间,从而,"事"与"自然"构成相反的两端,"不事"与"自然"则彼此一致。在荀子看来,本然层面的"性"尚处于人的

---

① 《韩非子·喻老》。
② 《荀子·正名》。

作用之外，其特点表现为无涉于"事"而自然。对"事"与"自然"关系的以上理解，从一个方面彰显了"事"与人及其活动的关联。从赞天地之化育，到经济、政治、伦理、科学、艺术等活动，"事"展开为多重形态。引申而言，人的活动既关乎行，也涉及知，从而，广义之"事"也兼涉知与行。

以上视域中的"事"首先展开为动态的过程，后者可进一步引向事物和事件。事物和事件表现为人活动的结果。与"不事而自然"之物不同，事物是经过人的作用并打上了人的不同印记的对象，这种对象以合乎人的需要为指向，从生产活动所需要的各类劳动工具，到满足人安居与出行所需要的房宇、舟车，从文化领域的书画，到日常生活中的服饰，事物展现为多样的形态。在引申的意义上，事物也指综合性的社会现象，如"旧事物""新生事物"等，这一类事物同样是人的活动的产物：在因"事"而成这一点上，二者具有一致性。

事物表现为"事"的特定产物或结果，相对于此，事件更多地展现为已完成的行为过程，它可以由单个的行为过程构成，也可以表现为已发生的行为系列，其内容则涉及人类生活的各个方面。作为已完成的行为过程，事件同样与人的活动无法分离。这一意义上的事件与所谓"物理事件"需要作一辨析：物理事件如果发生于人的作用之外，如因云层自身互动而形成的降雨，可视为自然现象；物理事件如果发生于实验或人工条件之下，则已非纯粹的自然现象，而是融入于"事"并成为与人相涉的广义事件的构成，如人工降雨，便属后一类事件。

与"事"相对的是"物"。以人的活动及其结果为存在形态，"事"与人无法相分，与之不同，"物"首先呈现为与人相对的存在。《大学》曾指出："物有本末，事有终始，知所先后，则近道矣。""物有本末"是从本体论上说，着重于"物"自身的本体论结构；"事有终始"则是就人的活动而言，主要侧重于实践或广义之"行"的秩序。本体论结构属对象性的规定，实践或广义之"行"的秩序则关乎人自身的活动过程，二者各有自身的规定，但又彼此相关，而所谓"知所先后"，则是要求把握"事"与"物"的实质关联，由"事"而达

"物"。在《大学》看来，对"物"与"事"的不同规定及相互关联的把握，是合乎道的前提。由此作进一步分析，则可看到，以上论域中的"物"表现为两种形态：其一为尚未进入人的知行领域的对象，这一形态的"物"可以视为本然的存在；其二为已进入知行之域的对象，这一形态的"物"近于中国哲学所说的"所"，其特点在于已与人形成对象性关系，并具体表现为"境之俟用者"。以上两种形态的"物"或者尚处于人的活动领域之外，或者主要表现为人的作用对象，从而不同于作为人的活动及其结果的"事"。在哲学的视域中，如何避免人的物化，是一个无法回避的问题，而这种追问的逻辑前提，便是人与"物"之别。当然，如后文将进一步讨论的，与人相对的"物"也可以进入作为人的活动的做事过程，并通过人的作用（做事）过程而成为事物。事实上，作为人的活动结果的事物，往往同时基于人对"物"的作用（做事）过程，与之相关的事物，也相应地表现为"物"的转化形态。

　　海德格尔在《何为物》一书中曾区分了"物"这一词所表示的不同对象，它包括：可触、可达到或可见者，亦即在手边的东西；处于这种或那种条件下，在世界中发生之事；康德所说的物自体。[①] 这一看法注意到了广义的物既涉及本然存在（如物自体），也关乎已进入知行之域的对象（在手边的东西）。不过，将"世界中发生之事"归为"物"，表明海德格尔对"物"与"事"的实质性分别，未能给予充分的关注。如前所述，"事"首先表现为人的现实活动，正是这一规定，使之区别于作为人作用对象的"物"，"事"的以上内涵，似乎处于海德格尔的视野之外。就总体而言，海德格尔关注的主要是"此在"的生存过程，这一过程首先与烦、畏等心理层面的体验相涉，后者不同于通过"事"以成就世界，将"事"归入"物"与这一立场无疑存在内在的关联。从逻辑上看，"事"与"物"界限的模糊，不仅制约着

---

① Martin Heidegger, *What is a Thing?*, trans. W. B. Barton (Jr.) and Vera Deutsch (Chicago: Regnery, 1967), p. 5.

对"物"的理解，而且限定了对"事"的把握。

现实世界形成于"事"。这里所说的现实世界，不同于本然的存在，而是对人呈现不同意义的实在。黑格尔曾从不同的方面对现实作了考察。他首先从存在与本质的关系规定现实，认为："现实是本质与存在的统一。"①这一意义上的"现实"同时包含着必然性："真实的现实性就是必然性，凡是现实的东西，在其自身中是必然的。"② 对现实的以上理解，主要侧重于形而上学或本体论的视域，就其肯定现实表现为本质与存在的统一并包含必然性而言，也有见于现实的形上规定。在黑格尔那里，更值得注意的是"现实"与"精神"及"意识"的关联："整个世界的最后的目的，我们都当作是'精神'方面对于它自己的自由的意识，而事实上，也就是当作那种自由的现实。"③ "精神"和"意识"指向的是自由的现实，这种现实作为世界的目的，与人无法相分：对黑格尔而言，自由的现实即形成于人的"精神"和"意识"之作用。如所周知，"精神"和"意识"主要表现为观念之域的存在，以此为现实的前提，意味着将现实主要与观念领域及其活动联系起来。从其真实的形态看，现实作为对人呈现意义的存在，关乎"事"这一更为本源的活动，"事"既不限于精神之域，也不同于本然之物，与之相涉的现实，也相应地包含着更为具体的内涵。"现实"的综合形态或整体形态即现实世界，后者同时表现为人化的存在。

"春潮带雨晚来急，野渡无人舟自横"④，这是唐代诗人韦应物的名句。诗中固然提及"无人"之境，然而，从现实的情形看，其中的"无人"事实上以"有人"为前提：野渡无人所表明的仅仅是人的暂时不在场，其情境不同于人类出现之前的洪荒之世。洪荒之世或许也可以有"春潮"，可以有"雨"，但其中既无"野渡"，也无"自横"之舟："野渡"和"舟自横"存在于人做事于其间的现实世界。从本

---

① 黑格尔：《逻辑学》下卷，杨一之译，商务印书馆，1982，第177页。
② 黑格尔：《法哲学原理》，范扬、张企泰译，商务印书馆，1982，第280页。
③ 黑格尔：《历史哲学》，王造时译，上海书店出版社，1999，第20页。
④ 韦应物：《滁州西涧》。

然存在或抽象的形上视域看，与"事"无涉的"物"似乎具有本体论的优先性，然而，以现实世界为指向，则"事"呈现更本源的意义："物"的变革或"物"转换为"事物"、现实世界本身的形成，都基于"事"。海德格尔曾认为，"在世内存在者的诸种样式中，实在并不具有优先地位。"① 这里的"实在"如果引申为与"事"相对的本然之物，则认为其缺乏优先性似不无所见。以"事"为源，现实世界扬弃了本然的存在形态，并处处打上了人的印记；人既生活于其间，也参与其形成过程，所谓"赞天地之化育"，便肯定了这一点。

从"赞天地之化育"的角度看，"物"乃是通过"事"而进入现实世界。正是在人做事的过程中，本来与人无涉的"物"，开始成为人作用的对象，并由此参与现实世界的形成过程。在"事"之外，"物"固然存在，但其意义却隐而不显，唯有在做事中，"物"的不同意义才可能逐渐敞开。冬日之雪，曾被视为丰收的预兆，所谓"瑞雪兆丰年"，便肯定了"雪"对于丰收的预示性。宽泛而言，"雪"可以视为自然的"物象"，但这种"物象"在现实世界中所呈现的"预兆"意义，又需要通过农耕等事而得到显现。换言之，作为自然"物象"的雪固然不因农耕之事而有，然而，其标志意义的显现却以农耕的展开为前提。

如前所述，"事"作为人之所"为"，既涉及"行"，也包含广义的"知"，后者关乎科学研究活动或多方面的认识活动。与之相联系，"物"的意义之敞开及其进入现实世界，也呈现不同形式。在某些情况下，"物"固然难以在"行"的层面成为人实际作用的对象，但却可以在"知"的层面进入现实世界。距地球数十万光年或数百万光年的星球，在未被射电望远镜等考察手段发现之前，无疑尚处于本然形态，然而，在这种星球成为天文观察的对象之后，人虽依旧无法对其产生任何实际的变革，但它却可以在"知"的层面成为现实世界的一部分。河外星系由本然形态向认识领域中的天文学对象的这种转换，离不开

---

① 海德格尔：《存在与时间》，陈嘉映、王庆节译，生活·读书·新知三联书店，2006，第243页。

人所"从事"的科学探索活动。"物"的以上转换过程,同时表现为意义呈现的过程。宽泛而言,意义相对于人而言,其具体内涵既关乎价值—目的,也涉及认知—理解,做事的过程不仅在评价的层面上显现了"物"对人的价值意义,而且也在事实的层面上展示了"物"的认知意义。从宏观之域新的天体的测定,到微观之域基本粒子的发现,"物"之进入现实世界,都离不开人的做事(包括不同领域的科学探索活动)过程。

在谈到真理时,海德格尔曾以"去蔽"或"解蔽"为其原始的内涵。① 海德格尔所说的真理不仅涉及认识论,而且具有本体论意义:对他而言,"事实上存在就同真理'为伍'"②。后一视域中的"真理",同时指向本体论意义上的"真"或真实。"去蔽"或"解蔽"意味着使被蔽者显现出来或呈现出来,但问题在于,被蔽者究竟是什么?如何使之呈现?从形而上的层面看,被蔽者可以视为本然的存在:存在的本然形态在尚未转化为现实世界时,对人而言具有"蔽"而未显的特点。海德格尔以"去蔽"规定"真理",其中多少蕴含着肯定人可以"去蔽"之意,这一立场不同于康德之强调本然存在(自在之物)无法到达。然而,海德格尔同时以思辨的方式谈"去蔽"或"解蔽",认为其实质在于"把存在者从晦蔽状态中取出来而让人在其无蔽(揭示状态)中来看"③,这种抽象的表述使相关问题不免显得玄之又玄。相对于此,如果引入"事"的视域,并将其与本然世界和现实世界的区分联系起来,那么,问题就会比较明朗。相应于存在的本然形态对人"蔽"而未显,所谓"去蔽"或"解蔽",也就是存在走出以上的本然形态,而由此显现的"真理"或真实存在,则在实质上表现为由本然存在转换而成的现实世界,相对于"蔽"而未显的本然存在,现实世界无疑更多地呈现真切实在性。与海德格尔的思辨、抽象理解不

---

① 参见海德格尔:《存在与时间》,第 252 页;海德格尔:《路标》,孙周兴译,商务印书馆,2000,第 219 页。
② 海德格尔:《存在与时间》,第 246 页。
③ 同上书,第 252 页。

同，在其现实性上，超越本然形态（蔽），乃是基于广义的人之所"为"或人所作的多样之"事"，这种"为"或"事"以人所展开的知、行活动为具体内容。

这里可以对宗教领域的存在形态作一考察。宗教以彼岸的存在为信仰对象，同时也涉及礼拜、祈祷、诵经等宗教活动。与人的信仰相联系的彼岸存在，似乎已不同于本然的对象，与宗教仪式相关的活动作为人之所作，也似可归入广义之"事"。不过，如费尔巴哈已注意到的，归根到底，神是人的本质的异化："上帝的人格性，本身不外乎就是人之被异化了的、被对象化了的人格性。"① 与之相关的彼岸存在则具有想象或幻想的性质："一个神就是一个被想象的实体，就是一个幻想实体。"② 作为想象和幻想的产物，宗教视域中的彼岸存在固然不同于本然的对象，但却有别于通过对本然对象的作用而形成的现实存在。宗教以及宗教领域中的对象和活动，当然有其更为多样、复杂的根源，但作为信仰对象的彼岸存在，确乎离不开人的思辨构造，后者在实质上表现为以心观之。与之相应，尽管宗教活动涉及多重方面并往往展开于多样的时空关系中，但就其以彼岸存在为终极指向而言，这种活动更多地从属于思辨层面的以心观之。可以看到，宗教视域中的思辨构造不同于以现实的知行活动为内容的"事"，源于思辨构造或"幻想"的彼岸存在，也有别于生成于上述之"事"的现实世界。

广而言之，"何物存在？""如何存在（物以何种方式存在）？"，这是追问存在的过程中难以回避的问题。历史上的形而上学，往往以思辨的方式回应这些问题，这一意义上的"物"，也每每表现为思辨的构造。在其现实性上，以上这一类问题固然具有形上的性质，但其解决却离不开形下之域的做事过程。从日常生活到其他领域，"物"的外在形态和内在规定，都是在人所从事的多样活动中被把握。在饮食起居等日用常行中，人不仅确证了消费对象的实在性，而且也了解了其不

---
① 费尔巴哈：《基督教的本质》，载《费尔巴哈哲学著作选集》，生活·读书·新知三联书店，1962，第267页。
② 费尔巴哈：《宗教本质讲演录》，载《费尔巴哈哲学著作选集》，第683页。

同的功能属性,包括它们能够分别满足衣、食、住、行多样需要的各自特点。通过更广领域的"事"与"为",人对何物存在、如何存在等问题也达到更广层面的认识。可以看到,"物"敞开于做事过程,其属性、功能以及存在的方式,也是在做事的过程中被把握和规定。这里特别需要关注"物"的被规定问题,它意味着"物"在成为人的作用对象之后,其存在方式并非完全自在或既定:通过做事,人可以赋予"物"以更为多样的存在形态。以伐木为材、木材加工等活动(事)为前提,森林中的树木,可以取得建筑材料、家具、交通工具(如舟船)等形式,后者作为树木这种"物"在现实世界(不同于本然之域)的存在方式,并非其自在和既定的形式,而是因"事"而成。"物"之获得以上这一类存在形式,同时体现了"事"对"物"的规定。

  人通过"事"而与"物"打交道,在此意义上,人与"物"的关系,乃是以人与"事"的关系为中介。"物"唯有融入于"事",才呈现其多样的意义;"事"的展开过程,也是"物"的意义不断呈现的过程。以"为"或"做"为形式,"事"同时包含人对"物"的作用,从认知的层面看,通过这种作用,物之"是其所是"的品格由隐而显;就评价的层面而言,通过这种作用,物之"是其所不是"的趋向也得到了呈现。所谓"是其所是",也就是物自身所具有的规定;"是其所不是",则是"物"对人所呈现的价值意义,这种意义并非"物"的本然规定,而是生成并彰显于做事的过程:当"物"与人的需要之间呈现一致性时,其价值意义便得到呈现,通过人的做事过程,"物"所内含的这种价值意义进一步从可能化为现实,而"物"也由此"是其所不是"(获得其本然形态所不具有的品格)。价值形态与人所作之"事"的关联,往往未能得到应有的关注。海德格尔便认为:"价值是物的现成的规定性。"① 这种看法将价值视为物的自在规定,既悬置了"事"的意义,也无法把握价值的真实形态。

---

① 海德格尔:《存在与时间》,第116页。

在谈到治国方式及君子特点时，荀子曾指出："若夫谲德而定次，量能而授官，使贤不肖皆得其位，能不能皆得其官，万物得其宜，事变得其应，慎、墨不得进其谈，惠施、邓析不敢窜其察，言必当理，事必当务，是，然后君子之所长也。"① 这里也涉及"物"与"事"的分别："物"不同于人的活动（事），而是表现为人的作用对象；作为人的活动所面对的对象，"物"具有宜或失宜的问题，所谓"万物得其宜"，也就是通过人的活动，使不同的对象都得到适当的安置。相对于此，"事"则表现为人的活动及其结果，"事变得其应"，表明人的活动过程中所涉及的问题都得到合理应对，"事必当务"则进一步强调所做之事须依循必然、合乎当然。在这里，"物"主要呈现为对象性的存在，"事"则与人自身的存在无法相分；"物"与人相对，但其"得宜"与否，则离不开人的作用过程（事）。

从哲学史上看，关于"事"与"物"的关系，存在不同的理解进路。首先是以"事"释"物"，郑玄对"物"的诠释便体现了这一点："物，犹事也。"② 这一界定一再为后起的哲学家所认同，从朱熹到王阳明、王夫之，儒家一系的哲学大都上承了这一诠释路向。③ 在《易传》的"开物成务"等表述中，也可以看到将"物"置于"事"（人的活动）中加以理解的趋向："务"属人所"从事"的活动，"成务"以人的作用和活动为具体内容，而"开物"（以物为对象并作用于物），则同时展开为"成务"的过程。不难看到，这里所体现的，是"物"（本然对象）与"事"（人的活动）的沟通，以引"物"入"事"、以"事"成"物"为具体内容，这种沟通同时赋予"事"以更本源的性质。

与以上进路相对，另一种哲学趋向更侧重于"物"与"事"的分别，从庄子的相关论述中，可以比较具体地看到这一点。在谈到圣人

---

① 《荀子·儒效》。
② 《礼记注·大学》。
③ "物即事也。"（王守仁：《传习录中》，载《王阳明全集》，上海古籍出版社，1992，第47页）"物，谓事也。"（王夫之：《张子正蒙注·诚明》，载《船山全书》第十二册，岳麓书社，1996，第115页）

以及得道之士的时候，庄子指出："圣人不从事于务，不就利、不违害"，"彼且何肯以物为事乎"。①圣人或得道之士作为理想的人格，同时可以视为人的完美体现，"不从事于务"，也就是不参与人的各种活动（"事"），"不就利、不违害"则是超越价值的追求，二者体现的都是"不事而自然"："不从事于务"即远离于事，"不就利、不违害"则由拒绝价值追求而与"事"隔绝。对"事"的疏离，相应于对自然的崇尚。在天人之辩上，庄子的基本主张是"无以人灭天"，这一观念赋予自然原则以优先性。从形而上的层面看，"物"的本然形态更多地与自然相涉，从自然原则出发，庄子显然难以对旨在改变"物"之自然规定的"事"持肯定的态度："不以物为事"与"无以人灭天"前后一致，其要义在于维护自然之物而拒斥人为之事。类似的看法也见于上承道家思想的《淮南子》："是故天下之事，不可为也，因其自然而推之。""由此观之，万物固以自然，圣人又何事焉？"②在此，人所为之"事"与物同样彼此相分。物与事的这种分离，逻辑地导向物之本然形态（自然状态）的理想化，而因"事"而成的现实世界则由此被置于视野之外。

　　就"物"与"事"之辨而言，以"事"释"物"展现了"物"与人的关联：唯有进入人的活动过程（"事"），"物"才能敞开并获得其意义。"不以物为事"则侧重于"物"与人之别：从存在形态看，本然之物外在于人的活动之域（"事"）。前者肯定了可以通过"事"而把握"物"，后者则确认了原初形态中的"物"具有本然性，二者分别从不同方面突显了"物"的内在品格。当然，仅仅限于以"事"释"物"，在理论上可能由过度强化人的作用而弱化现实世界的实然性；单纯地强调"不以物为事"，则将由悬置"事"而使世界的现实性品格难以落实。

　　在现代哲学中，维特根斯坦曾突出了"事实"（facts）与"物"

---

① 《庄子·齐物论》《庄子·德充符》。
② 《淮南子·原道训》。

(things)之别。在早期的《逻辑哲学论》中,维特根斯坦即指出:"世界是事实(facts)的总和,而不是物(things)的总和。"① 这里的着重之点便在于区分"事实"和"物"。"事实"可以视为进入人的知行之域的对象,就其超越了本然的存在而言,它无疑不同于"物"。不过,尽管事实作为知行之域的存在已与人相关,但它又有别于表现为人的活动之"事"(engagements):事实更多地表现为人的活动之结果。这样,当维特根斯坦强调"世界是事实(facts)的总和,而不是物(things)的总和"之时,他固然注意到现实世界不同于与人无涉之"物",但对更本源意义上的"事"(作为人的活动之"事"),却未能给予充分的关注。历史地看,人乃是在广义的做事过程中作用于"物",并化本然之"物"(things)为"事实"(facts),与之相联系,理解现实的世界不仅需要注意"事实",而且应关注更本源意义上的"事"(affairs)。尽管维特根斯坦后期也注意到日用常行在语言理解中的作用,但其早期思想仅仅限于"物"(things)与"事实"(facts)之辩,这一进路无疑使其难以真正达到现实的世界。

二、作为事实界与价值界统一的现实世界

"事"展现为人的活动及其结果,生成于"事"的现实世界相应地无法离开人的所"作"所"为"。人做事的过程,涉及对"物"的作用,通过这种作用,人同时在因"事"而成的世界中打上自己的印记,而现实的世界则具体表现为属人的世界或人化的存在。

基于"事"的现实世界首先与事实相涉。如前所述,事实不同于本然之物,而是表现为进入知行之域的对象。作为人的作用之产物,现实世界中的存在首先表现为事实,而非人的作用之外的"物"。当维

---

① 维特根斯坦:《逻辑哲学论》,郭英译,商务印书馆,1985,第 25 页。参见 Ludwig Wittgenstein, *Tractatus Logico-Philosophicus* (Mineola: Dover Publications, 1999), p. 29.

特根斯坦肯定世界是事实的总和而非物的总和时，无疑也注意到这一点。就事实与"物"的分别而言，现实世界也可以视为事实之域。

从认识世界的角度看，事实之域涉及科学的世界图景。在狭义上，事实常常关乎科学认知，科学的世界图景，则首先通过事实而展现。作为不同于思辨构造或思辨推绎的把握世界方式，科学以事实为其出发点，无论是近代以来的实验手段，还是更广意义上的数学方法，都以事实为其指向。从形式的层面看，以实验及数学方法为手段，科学对世界的理解不同于单纯的现象观察而更多地呈现理论化的特点，其展现的世界秩序也有别于日常的经验之序而呈现为通过理论及逻辑活动而展示的存在结构，后者在一定程度上疏离于感性的直观。不过，以科学的概念、数学的模型等为构架，科学同时又在更深层、更内在的层面，展示了世界之序。究极而言，这种秩序既基于事实，又展示了事实之间的关联。

"事"作为人的活动，最终以实现人的价值目的为指向，在此意义上，它不仅关乎事实，而且包含价值之维。与之相联系，基于"事"的现实世界，并非仅仅表现为与本然之物相对的事实，而是同时展现其价值的向度。换言之，它既是事实界，也是价值界。宽泛而言，价值的追求及其结果体现于现实世界的各个方面。人在世的过程总是面临多方面的需要，从基本的生存过程（生命的维持），到社会、文化层面的发展，人的需要呈现多样形态。然而，本然之物不会主动地适应人，也不会自发地满足人的需要，唯有通过以不同的方式作用于世界，本然的对象才能获得"为我"的性质。事实上，"事"作为人的活动，其作用之一就在于使自在的对象成为合乎人需要的"为我"之物，后者同时表现为价值领域的存在。从早期的渔猎、采集，到现代高科技领域的生产活动，广义之"事"在改变世界和改变人自身的同时，也从本源的层面赋予世界以价值意义。

价值之维不仅涉及获得人化形式的对象世界，而且关乎社会领域中的社会实在，后者与自然对象的不同，首先在于其形成、作用都与人自身之"在"相联系。自然对象在进入知行之域以前，呈现本然的形态，社会实在则并不具有以上论域中的本然性：它形成于人的知、行过程，其存在离不开人的做事过程。与对象世界一样，社会实在呈现多样形式，包括体制、组织、交往共同体以及与之相关的活动过程，后者同时展示了社会历史的内涵，并呈现更为稳定的特点。从其具体形态看，社会实在（体制、组织等形态）涉及经济、政治、法律、军事、教育、文化等各个领域。以现代社会而言，在经济领域，从生产到流通，从贸易到金融，存在着工厂、公司、商场、银行等各种形式的经济组织；在政治、法律领域，有国家、政党、政府、立法机构、司法机关等体制；在军事领域，有军队及民兵等正规或非正规的武装组织；在教育领域，有大、中、小学，成人学校等各类教育、培训机构；在文化领域，有出版社、报刊、媒体、剧团、各种文学艺术的协会等组织和机构；在科学研究领域，有研究所或研究院、学术刊物、各类学会等组织形式；如此等等。作为价值之域的存在，这些社会实在形成于社会领域的多样之"事"（人的不同活动），其不同的功能和作用也实现于人的做事过程。

人的存在过程总是伴随着价值的关切，存在的价值意义也在人的生存过程中得到了更为具体、多样的展现。海德格尔的基础本体论以人的生存为关注之点，其考察也涉及价值的内涵。不过，对海德格尔而言，"价值是物的现成的规定性"[①]，作为物的现成规定，价值的形成与人自身的创造活动并无实质关联。与之相应，在海德格尔那里，人的存在并非以创造性的活动为内容，而是更多地呈现为向死而在的过程。按其理解，尽管人具有自我筹划的能力，其存在形态也相应地非既定固有，而是具有面向未来的开放性，但其生存过程总是难以摆脱"烦"、操心等体验。同时，在与人共在的过程中，作为个体的人往往处于沉沦之中，难以达到本真的自我，唯有在对死的畏之中，个体才能真正感受到自身存在的一次性、不可重复性和不可替代性，从而回归本真之我。以上看法的主要之点，在于将人的生存过程主要与烦、

[①] 海德格尔：《存在与时间》，第116页。

畏联系起来，并以对死的先行体验为确认个体存在价值的前提。烦常常伴随着操心、忙碌、不顺等等，畏虽不同于特定的惧怕，但却内在地包含无奈、无力、虚无等感受，无论从生活的实际境遇看，还是就自我的情感体验而言，以上意义中烦和畏都呈现某种消极的意味。对人的存在的如上理解固然包含价值的向度，但是这种价值关切同时又缺乏积极、向上的内涵。

与海德格尔以"不知死，焉知生"理解生存过程不同，中国哲学更侧重于"未知生，焉知死"①，其中蕴含的是对生的注重："生生之谓易""天地之大德曰生"②。从形而上的层面看，死意味着生命的终结，这种终结同时表明人的发展已走向终点。与死的这一意义相对，生既蕴含着多样的发展可能，也面向着宽广的意义空间。在人的存在过程中，生命的延续同时伴随着人自身的创造活动，这种创造性活动不仅改变了对象，而且也赋予人自身以存在的意义，尽管个体的存在确实具有一次性、不可重复性和不可替代性，但通过对世界的创造性变革（立功）、自身人格的涵养和提升（立德）、文化上的承先启后（立言）等等，人既可以展现自身的内在力量，也可以体验生命的真实意义，正是在此生的这种自我肯定中，人的存在价值获得了现实的根据。从这方面看，本真的存在不是向死逼近或对死的体验，而是对生的认同和生命意义的自我实现。较之海德格尔的向死而在，肯定"未知生，焉知死"的中国哲学似乎更深刻地切入了存在的意蕴。

从个体生存的具体过程看，其中无疑存在引发烦、畏的现实之源，个体自身也确乎常常经历这一类的情感体验，海德格尔对此的描述，显然不乏细致、深入之处。不过，人的生存过程，并非仅仅限于这一类现象，而是包含更为丰富的内容。烦产生于人做事或处事的过程，做事或处事既需要与物打交道，也无法避免与人打交道，这一过程确乎常常面临让人操心或不如人意的方面。然而，无论是与物打交道，

---

① 《论语·先进》。
② 《易传·系辞上》《易传·系辞下》。

还是与人打交道，人的存在过程都并非单纯地呈现消极或否定性的趋向。就与物打交道而言，前面已提及，人与物的互动同时展现为人通过作用于对象创造性地变革世界，使之合乎人的价值需要。作为包含人的创造性活动的过程，人与物的互动不仅包含积极的、建设性的内容，而且可以使人感受到自身本质力量的外化，并由此获得具有审美意义的体验。同样，在与人打交道的过程中，个体并非如海德格尔所认为的，仅仅沉沦于大众或走向常人，而是同时可以处处感受到人性的光辉。通过主体间的理性对话、理解和沟通，人与人之间将趋向于不断化解可能的紧张和冲突，逐步建立合理的交往关系，后者既赋予人以自主意识，也使人性平等的观念得到确认。尤为重要的是，与人打交道的过程中不仅包含理性层面的交流，而且渗入了情感层面的沟通，从家庭中的亲情，到朋友间的友情，从传统意义上的仁民爱物，到现代社会中的人道关怀，人与人之间的交往多方面地涉及情感之维。这种情感是否能够视为本体（所谓"情本体"），当然可以讨论，但基于情感的交往，以亲情、友情以及更广意义上的仁道之情等形式呈现的情感体验确乎内在于人的整个在世过程，并表现为人的基本生存境况。人的存在中这一情感之维，显然无法简单地归为"烦""沉沦"或真实自我的失落，事实上，它更应该理解为本真之我的内在体现，而在如上的情感沟通和体验中，人也同时从正面感受到存在的意义。

烦既意味着费心费神，也与忙（繁忙）相关。做事涉及多重方面，从谋划、操作到过程中的协调，做事总免不了忙碌。然而，"事"并不仅仅指向烦和忙。历史地看，人类在做事的过程中既创造了多样的文化成果，也使自身超越了仅仅为生存而做事：随着必要劳动时间的逐渐缩短，人类做事的领域不断突破生产劳动，获得愈益多样、广阔的形态。从经济领域到政治领域，从科学研究到艺术创作，人做事的过程固然往往呈现忙的形态，但同时又不断摆脱不同形式的强制而走向自由。进而言之，人的现实存在总是在忙与逸的互动中展开。就做事过程而言，其展开过程每每伴随有张有弛的节奏，这种张弛有度的运行方式，本身也表现了忙与逸的交互作用。从更广的生活过程看，与逸相关的空闲、休闲很早已进入人的生存领域,在人类历史的早期,日出而作、日入而息已成为生活的常态,其中的"息"相对于"作"而言,便体现了生活中逸、闲的一面。在现代社会,自由时间的增加进而为生存过程中的逸、闲之维提供了更多的可能,做事与闲逸之间,也常常呈现彼此交错的形态。要而言之,"事"中的张弛有度与"事"外的闲逸有致,从不同方面展现了人的生存过程的多维度性,其中包含多方面的价值意蕴。

现实世界的价值之维,同时包含理想的内涵。化本然世界为现实世界,并不意味着走向终极的存在形态,现实世界本身始终面临自我超越的问题:现实世界之"现实",既不同于本然,也有别于凝化不变。从现实世界出发,人们总是现成进一步的理想追求,理想作为包含价值规定的意义形态,具有"应然而未然"的性质:"应然"规定了价值方向,"未然"则敞开了未来发展的空间。进而言之,理想往往蕴含超越性:它首先表现为对已然或既成形态的超越,与之相一致,孕育理想的现实世界也并不排斥超越性。事实上,从个体存在到社会发展,现实世界关乎不同形式的超越指向。当然,这里的超越,最终植根于人在现实世界中所作的多样之"事":理想的实现,无法疏离于人之所"作",即使终极关切意义上的超越追求,也基于人的"在"世活动。《中庸》肯定"极高明而道中庸",也已有见于此:所谓"极高明",可以视为超越的追求,"道中庸",则表现为现实世界中的日用常行。这一意义上的超越,内在地包含过程性:超越乃是在人所作之事的历史展开中逐渐获得现实意义,离开了现实之"事"及其展开过程,超越每每将流于思辨的玄想。

可以看到,科学图景所敞开的事实之域和生存过程所展现的价值之维构成了基于"事"的现实世界的不同方面。事实之域既可以表现为认识论上的所知,也可以呈现为本体论上的人化实在,价值之维则是包含评价意义的人化规定,二者都因"事"而"在",并相应地打上了人的印记,在此意义上,事实和价值都具有"为我"的性质而不同于"自在"的形态。就形而上的层面而言,作为外在于人的知、行过程的存在，本然世界既没有进入事实之域，也尚未取得价值的形态，相形之下，现实世界则以事实之域和价值之维为其相关的构成。

然而，作为现实存在的不同规定，事实之域和价值之维在形成于"事"并内在于现实世界的同时，又包含着各自单向展开甚至相互相分的可能。人的活动过程固然赋予现实世界以事实之维和价值之维，但事实之域首先关乎真，价值之维则涉及善，二者内含的不同规定，常常在历史中引向彼此的分离。以本然之物向事实之域的转换为前提，科学的图景首先将世界还原为数学、物理、化学等规定：在事实之域中，世界呈现为可以用数学等方式来处理的形式，数学、逻辑之外的属性往往隐而不显，由此呈现的世界，多少失去了诗意的光辉，而与之相关的存在过程，则常常趋向于认同真而疏离善。事实既关乎真，又表现为实然，与实然相对的则是当然。以目的、理想的实现为指向，善的追求同时展现为对当然的关切，价值则往往被视为超乎实然的存在形态或理想（当然）之境。在超乎实然的同时，不仅价值本身的现实根据容易被悬置，而且善的确认每每隔绝于真的求索。在单向的价值追求中尽管也似乎涉及"真"，如海德格尔便把理想之我与本真自我联系起来，但这种"真"往往远离现实的存在形态：在海德格尔那里，通过从共在中抽身而去以及对死的先行体验而达到的"本真"自我，本身乃是缺乏现实性的抽象存在形态。

事实与价值、真与善、实然与当然的彼此相对，往往取得了不同形态。在休谟那里，它表现为"是"与"应当"的分野，"是"作为实然，属事实，"应当"则体现了人的理想、要求，从而与价值相涉，对休谟而言，"是"与"应当"缺乏逻辑的蕴含关系，因此从"是"之中无法推出"应当"。"是"与"应当"的如上分别，同时蕴含着事实与价值之间的某种鸿沟，后者在更广意义上科学与人文的对峙中得到了进一步的体现。以事实为指向的科学领域与追求人文价值的文化领域，往往构成了各自封闭的文化界限，二者之间既无法理解，又难以交流，逐渐形成了文化的鸿沟。这种文化分离在不同哲学思潮的对峙中也同样有所折射：科学主义与人本主义、分析哲学与现象学等分野，便表明了这一点。就个体而言，以上分野和对峙所导致的，则是内在精神世界的单一化与片面化，它使个体往往或者接受数学、符号构成的世界图景，或者认同诗的意境；二者各自对应于数理的运演和诗意的体验。

扬弃以上对峙，需要回到基于"事"的现实世界。在"是"与"应当"的分野中，事实与价值之间主要呈现为与推论相关的逻辑关系，科学与人文等对峙中，二者之间则涉及更广意义上的观念取向。然而，就其现实性而言，事实与价值既非仅仅限于逻辑的关联，也非囿于观念之域，其更内在之源应追溯于"事"。综而论之，"事"与价值和事实之间呈现错综的关系：一方面，事实与价值内在于现实世界，后者则因"事"而成，就此而言，事实与价值分离本身以现实世界在"事"中的生成为其前提——在现实世界之外本无事实和价值这一类"为我"或人化的存在形态，从而也谈不上二者的分离；另一方面，克服以上分离，又以"事"以及"事"所建构的现实世界为条件。在纯粹的逻辑视域中，"是"与"应当"确实并不包含蕴含关系，但在现实的层面，事实与价值则是同一存在的相关方面，二者之间更多地表现为基于"事"的相互制约而非仅仅是逻辑的推论关系。人的生存过程总是包含着多重的需要，正是后者推动着人从事多样的活动（做事）。同时，人们往往基于一定的需要（包括认知层面的需要和生存方面的需要），从已形成的价值取向出发，去"从事"多样的活动，接触不同事物，由此进一步了解相关事物的属性，使之由尚未为人所知的本然形态转换为人所把握的"事实"形态。现实需要和价值取向对本然之物转换为"事实"的如上制约，一开始便决定论事实和价值一开始就无法相分。通过"事"的展开，事物在事实层面的属性与人在价值层面的需要又相互关联，而事物对人的价值需要的实际满足和事物所含价值意义的敞开则呈现为同一做事过程的两个方面。在这里，事实与价值无法相分。从具体过程看，"事"的展开既需要基于事实的认知，也离不开价值的评价：如果说，价值的评价规定了人应当做什么，那么，事实的认知则制约着人如何做；前者关乎做事的价值方向和目标，后者涉及做事的方式、程序、途径。作为人的活动，做事既与正当性相关，也与有效性相涉，"事"的正当以合乎当然（体现合理的价值方向）为前提，"事"的有效则基于合乎实然（与存在法则一致）。在化本然界为现实世界的做事过程中，事实认知和价值评价从不同的方面对人提供引导，并进而担保"事"本身的有效和正当。不难看到，现实世界的生成过程并不仅仅限于事实认知，也非单纯地表现为价值评价，其间始终交织着二者的互动，而由此形成的现实世界则表现为事实之域和价值之维的统一。在这里，"事"既从本源上引向事实和价值的沟通，也为克服二者的分离提供了前提和根据。

要而言之，以"事"为视域，需要关注本然世界与现实世界在存在形态上的分别。本然世界固然具有实在性，但尚未进入人的知、行领域，也未通过"事"而与人发生实质的联系，其具体意义还没有向人敞开和呈现。相形之下，现实世界作为生成于"事"的实在，已取得了"为我"或人化的形态，其中既有认识论和本体论意义上的事实之维，也包含评价意义上的价值规定。本然世界虽不同于现实世界，但可以通过"事"而转换为现实世界，这种转换同时意味着赋予世界以事实和价值等相关内涵。

三、本然性的扬弃与实然性的确证

现实世界因"事"而成，这种生成品格，同时表现为对存在本然性的扬弃。然而，历史地看，尽管现实世界的生成性在哲学上得到了某种肯定，但在如何理解现实世界的这种生成性或非本然性方面，却存在不同的进路。

如所周知，康德区分了现象与物自体。从本然与现实的分别看，物自体存在于人的知行过程之外，属本然的存在，现象则已进入人的认识领域，从而超越了本然性并获得了现实的品格。对康德而言，现象的呈现，以人的先天直观形式（时空）作用于感性材料为前提，在此意义上，现象本身具有被构造的性质。可以看到，在康德那里，现象已扬弃了本然性,进入广义的现实世界;现象的这种现实品格,并非既成,而是由先天的认识形式所规定,这一看法无疑已从现象这一层面注意到现实世界的非本然性。然而,康德同时强调,现象的非本然性主要源于先天的认识形式,这种抽象的先天形式显然不同于作为人的现实活动的"事",它对现象的规定,也有别于因"事"而成。

黑格尔理解的世界,同样不同于本然的存在。如前所述,康德在区分现象与物自体的前提下,仅仅确认了现象的非本然性。与之不同,黑格尔以绝对精神为第一原理,并赋予这种精神以能动的力量,肯定其能通过自身的外化而生成自然及更广意义上的世界。对黑格尔而言,精神外化为自然和世界,不仅使自然和世界获得了实在的根据,而且也扬弃世界与精神的分离。尽管黑格尔以精神为源,但其肯定自然和世界的实在性,无疑又有别于贝克莱等怀疑世界的真实性,而对世界与精神分离的扬弃,则展现了试图超越近代以来心物、天人之间彼此对峙的趋向。按其实质,黑格尔所理解的绝对精神,可以视为人的观念、精神的形而上化和思辨化,以这种精神为自然与世界之源,在某种意义上也以思辨的方式触及现实世界的生成和人的关联。不过,在黑格尔那里,作为存在根据的精神本身表现为思辨和抽象的产物,从而不同于人的现实精神,以精神的形上化、思辨化为前提的自然与世界的生成固然有别于本然的存在,但却缺乏基于"事"的人化世界的现实性。黑格尔在肯定精神外化的同时,又强调随着自然、社会以及人的观念之展开,精神最后又回到自身。这种始于精神、终于精神的演化过程,与通过人的现实活动("事")以赞天地之化育,显然相去甚远。

前文已论及,海德格尔提出基础本体论,以个体的生存为主要关注之点。在海德格尔看来,个体并不是被规定的既成存在,而是包含着面向未来的不同可能,这种可能,为个体生存过程中的自我筹划提供了前提。个体的生存关乎广义的生活世界,将个体的存在过程理解为自我筹划或自我谋划的过程,同时意味着把生活世界的展开与人自身的活动联系起来。不过,尽管海德格尔曾对"上手"作了考察,并把上手理解为操作、使用等活动，作为人之所作，这种上手活动与"事"似乎也具有相关性，然而，在海德格尔那里，表现为"上手"的活动主要与个体的生存相联系，同时，"上手"虽然不同于"在手边"，但仍侧重于个体与已有器物的抽象关系，以此为形式，相关行为不仅缺乏实质的创造意义，而且往往包含某种思辨和空泛的性质。从总的方面看，海德格尔所说的筹划或谋划，大致限于观念之域，这种观念性活动，与作用于对象并实际地变革对象的"事"，显然有所不同。在海德格尔那里，个体的生存过程，同时又以烦、畏等心理体验为具体的内容，如果说，筹划、谋划主要从观念的层面体现了个体存在的自主性，那么，烦、畏等体验则更多地展现了个体内在的精神世界，二者都未超出观念的领域。较之作用于对象并实际地变革对象的活动，无论是人的筹划和谋划，还是烦、畏等体验，都属广义的"心"，从实质的方面看，海德格尔对人的生存过程及生活世界的理解表现出有见于"心"、无见于"事"的特点，其关注之点主要限于人的存在的意识或精神之维，而人的实际做事过程，则基本上处于其视野之外。

绝对精神的外化，首先关乎外在世界；个体的意识活动，则涉及与人的生存过程相关的生活世界。二者在限定于广义之"心"的同时，又都承诺了不同于本然的存在。现代哲学中，理解世界非本然性的另一种进路，体现于语言与世界的关系。随着所谓语言学转向的出现，从语言的层面理解世界成为一种趋向。

在肯定"世界是事实（facts）的总和，而不是物（things）的总和"的同时，维特根斯坦又强调："语言（我所理解的唯一的语言）的界限，意味着我的世界的界限。"[①] 这里值得注意的是将语言与世界的界限联系起来。从逻辑上说，把语言规定为世界的界限，表明人所达到的世界，仅仅是语言中的存在。维特根斯坦之后的分析哲学家，往往在不同程度上沿袭了上述思路。奎因提出了本体论承诺，但同时

---

① 维特根斯坦：《逻辑哲学论》，第79页。

又将"实际上什么东西存在"的问题从本体论的承诺中剔除出去,而将本体论问题仅仅限定于对"说什么存在"问题的讨论,并认为后者"差不多完全是与语言相关的问题,而什么存在则属另一个问题"①。质言之,奎因的本体论承诺,主要涉及对存在的言说和表述。在这里,语言同样构成了世界的界限。塞拉斯也曾论及语言与世界的关系,在他看来,人可以创造自己生活于其间的环境,这种创造同时意味着使世界成为"我们的世界"(our world),后者的形成主要与语言的运用和共同的意向相联系;人创造环境的过程,也主要以此为前提。② 这里固然注意到了人的世界("我们的世界"),但这一世界及其生成,却主要被归诸语言活动。由此,塞拉斯进一步认为,质(qualities)、关系(relation)、类(class)等等,都属"语言的实体"(linguistic entity),也"都是语言的表述"。③ 这种看法从另一方面将世界还原为语言。

与肯定语言是世界的界限相联系的,是世界与语言的某种重合。戴维森在谈到语言与世界的关系时,曾指出:"我们在共有一种语言(在这是为交流所必需的任何一种涵义上)时,也就共有一幅关于世界的图景,这幅图景就其大部分特征而论必须是真的。因此,我们在显示我们的语言的大部分特征时,也就显示了实在的大部分特征。"④ 语言与世界的图景在这里被理解为一种合而为一的关系:拥有共同的语言,同时也就拥有共同的世界图景;正是二者的合一,决定了语言的特征可以折射实在的特征。这里所展现的内在趋向,是化世界为语言,而当语言与世界图景彼此合一时,人的全部活动便难以超出语言:他所达到的,只是语言,而不是世界本身;语言之外的世界,在某种意义上成为康德所理解的物自体:在语言成为界限的前提下,人显然难以达到"界限"之外的真实世界。

---

① 参见 Willard V. Quine, *From a Logical Point of View* (Cambridge: Harvard University Press, 1980), pp. 15-16。
② Wilfrid Sellars, "Philosophy and the Scientific Image of Man," in *In the Space of Reasons: Selected Essays of Wilfrid Sellars*, ed. Kevin Scharp and Robert Brandom (Cambridge: Harvard University Press, 2007), pp. 406-408。
③ Wilfrid Sellars, "Abstract Entities," in *In the Space of Reasons: Selected Essays of Wilfrid Sellars*, p. 163。
④ 戴维森:《真理、意义、行动与事件》,牟博编译,商务印书馆,1993,第130页。

当然，作为人所把握的存在，语言中的世界已不同于本然的存在：在非本然性这一点上，语言中的世界与现实世界似乎具有相通之处。不过，与现实世界形成于"事"（人作用于对象的实际活动）有所不同，语言中的世界主要表现为语言的构造。当语言成为世界的界限时，语言同时也被赋予某种本源的形式：世界似乎主要基于"言"，而非基于"事"。

现实世界是否源于并限于"言"或"名"？在回答这一问题时，首先需要考察"言"（"名"）与"事"的关系。从"言"或"名"本身的起源看，其作用首先在于指实，荀子所谓"制名以指实"[1]，已注意到这一点。以名指实，并非仅仅源于某种观念的兴趣，而是基于现实的需要。在谈到"制名以指实"的意义时，荀子便着重从"上以明贵贱，下以辨同异"[2]的角度作了解释。"明贵贱"展开于社会领域，"别同异"则涉及更广的对象，二者都与"事"相关："明贵贱"，意味着通过社会领域的不同活动以建立一定的人伦秩序；"辨同异"，则是在区分不同事物的前提下，在更广的领域作用于对象。无论是社会领域的活动，还是在更广领域中对物的作用，都表现为处事或做事的过程：前者基于人与人之间的交往，后者表现为人与物的互动，二者作为"事"的不同形式，同时为名言（语言）的发生提供了现实的推动力。诚然，在某些情况下，语言的运用与现实之"事"似乎具有某种距离，但进一步的分析则不难发现两者之间的关联。以审美判断而言，其中无疑包含语言的运用，而从形式的层面看，这种运用与"事"好像并没有直接的联系。然而，审美判断本身表现为人以审美方式感受、把握世界的过程，在艺术创作过程中，这种判断与人"从事"的创作活动难以相分，在审美鉴赏中，则涉及人的感官（眼、耳等）与审美对象的互动，在欣赏自然山水之时，审美鉴赏过程进一步与拾阶登高、移步湖畔等活动相联系。以上互动和活动都关乎人之所"作"，从而也与广义之"事"相涉，基于此的审美判断以及渗入于其中的语

---

[1][2] 参见《荀子·正名》。

言,也相应地无法离开上述意义中的"事"。名言(语言)与做事过程的这种关联,同时表现为因"事"而有"言"。

语言关乎意义。就意义而言,语言不仅仅与指实相联系,而且涉及具体的活动过程。后期维特根斯坦提出语言游戏说,并肯定语言的意义在于使用。相对于早期对语言的理解,这一看法更多地触及了人的活动对语言意义的制约作用。人的活动的基本形式之一是做事,在日常的做事过程中,可以具体地看到语言意义与做事的关联。以施工过程而言,如果参与施工的某一劳动者高声说"钳子"或"锤子",则同一施工过程中的其他劳动者便会递上钳子或锤子。在这里,"钳子"或"锤子"的意义不仅仅在于指称某种特定的工具,而且包含诸如"现在需要使用钳子(锤子),请递上"等涵义。以上场景以较为形象的方式,展现了语言意义与做事过程的内在关联,并具体地表明:正是做事的过程,赋予"言"以具体的内涵。

进而言之,从人之所"为"与语言的关系看,一方面,人之所"为"可以呈现符号和语言的意义——从最简单的手势,到所谓行为艺术,都体现了这一点;另一方面,"言"不仅参与做事的过程,而且其运用过程本身也可以获得"事"的意义,所谓"言语行为"(speech act),便涉及"言"的这一方面。根据奥斯汀的看法,当我在船下水时作出"我把这艘船命名为伊丽莎白女王号"这类表述时,我并不是在记述或报道某种行为,而是同时在实施这一行为(to do it),相关的句子则可称之为"施行句"(performative sentence)①。日常有关允许、道歉、指责、赞成、请求等表述,也包含类似的意义,这种言语行为同时被称为"以言行事"(illocutionary acts or to do things with words)②。宽泛而言,言说行为本身也可以视为广义的"做事"过程,它虽然不同于实际地变革对象的感性活动,但作为人之所"为",与上述之"事"无疑有相通之处,在引申意义上甚而可归属其中。

---

① J. L. Austin, *How To Do Things With Words* (Cambridge: Harvard University Press, 1975), pp. 5–6.
② Ibid., pp. 94–108.

"言"与"事"的以上关系表明,语言并不具有本体论上的优先性,相反,从其起源、意义的获得,到"言语行为",语言都无法离开"事";在"以言行事"的情形中,言说之成为实施某种行为的方式,同样以归属广义之"事"为前提。语言的这种非本源性,也规定了它难以成为现实世界的终极构造者。分析哲学以语言为本,显然未能理解现实世界生成的真切前提。

黑格尔的思辨哲学以及海德格尔的基础本体论或存在哲学与分析哲学尽管展现了不同的哲学趋向,但在离开"事"而谈现实世界这一点上,却呈现某种相通性。前文曾论及,"事"在广义本来包括对世界的把握和变革,而对世界的把握则包含知,在此意义上,以绝对精神、个体意识等形式表现出来的"心"以及被规定为存在界限的"言"并非与"事"完全悬隔。然而,以上的哲学进路却仅仅限于观念之域,而将以做事的方式作用于外部对象的现实过程置于视野之外,这就在实质上通过"事"的抽象化而消解了现实之"事"。在中国哲学史上,王阳明虽然肯定了人应"事上磨练",但从心学立场出发,又往往表现出以心释事的趋向:"虚灵不昧,众理具而万事出。心外无理,心外无事。"① "夫在物为理,处物为义,在性为善,因所指而异其名,实皆吾之心也。心外无物,心外无事,心外无理,心外无义,心外无善。"② 从以心为本引出"心外无事","事"的现实性品格无疑难以落实。就心学系统而言,以上观念体现了王阳明对"事"的理解所内含的二重性,从思想的衍化看,它又制约着尔后的中国哲学对"事"的看法,在梁漱溟那里,便不难注意到这种影响。梁漱溟首先将宇宙理解为生活,认为"宇宙是一生活,只是生活,初无宇宙"。而生活则规定为"事的相续":"生活即是在某范围内'事的相续'。这个'事'是什么?照我们的意思,一问一答即唯识家所谓一'见分'。一'相分'——是为'一事'。'一事','一事',又'一事'……如是涌出

---

① 王守仁:《传习录上》,载《王阳明全集》,上海古籍出版社,1992,第15页。
② 王守仁:《与王纯甫》,载《王阳明全集》,第156页。

而已,是为'相续'。"① 这里所说"见分"和"相分"是唯识宗的概念,作为心识之域的作用者和作用对象,二者都主要意识或观念相涉。梁漱溟以"见分"和"相分"释"事",意味着将"事的相续"等同于意识(心)的活动。如果说,黑格尔的思辨哲学、海德格尔的基础本体论以及王阳明、梁漱溟的相关看法趋向于以"心"观之并进而化"事"为"心",那么,分析哲学的哲学取向便表现为以"言"观之并进一步化"事"为"言"。② 这里似乎存在某种"悖论":一方面,就广义而言,以"心"观之和以"言"观之都属于人之所"为"或人之所"作";另一方面,在以上哲学视域中,相应于离"事"而定位"心"与"言",不仅"心"与"言"被赋予本源的意义,而且世界本身也被奠基于"心"与"言"之上。从现实世界的生成看,这种哲学进路诚然注意到本然之物与现实世界的分别,但在超越本然存在的同时,将绝对精神(黑格尔)、个体意识(海德格尔)、语言形式(分析哲学)视为世界之本,无疑又趋向于疏离实然。

人存在于其间的现实世界确乎不同于本然之物,但通过人的活动("事")以扬弃存在的本然性,改变的主要是其存在方式(由自在的存在转换为人化的存在),本然之物在获得现实形态之后,其实然性并没有被消解。与"心""言"在观念领域的单向构造不同,"事"首先表现为人对外部对象的实际作用,基于"事"的现实世界也相应地在扬弃存在本然性的同时,又确证了其实然性。

(原载《哲学研究》2016 年第 11 期)

---

① 梁漱溟:《东西文化及其哲学》,载《梁漱溟全集》第一卷,山东人民出版社,1989,第 376 – 377 页。
② 事实上,塞拉斯便把行动理解为"语言对环境的输出"。[Wilfrid Sellars, "Some Reflections on Language Games," in *Science, Perception and Reality* (London: Routledge and Kegan Paul, 1963)]

杨国荣著作一览

1. 《王学通论：从王阳明到熊十力》，上海三联书店，1990。
『양명학：王陽明에서 熊十力까지』，김형찬 외역，서울：한국 철학회，1994.
2. 『맹자 평전』，이영섭 역，서울：미다스북스，2002.
《孟子的哲学思想》，华东师范大学出版社，2009。
3. 《善的历程：儒家价值体系的历史衍化及其现代转换》，上海人民出版社，1994。
4. 《实证主义与中国近代哲学》，五南图书出版公司，1995。
5. 《心学之思：王阳明哲学的阐释》，生活·读书·新知三联书店，1997。
6. 《科学的形上之维：中国近代科学主义的形成与衍化》，上海人民出版社，1999。
7. 《伦理与存在：道德哲学研究》，上海人民出版社，2002。
8. 《道论》，华东师范大学出版社，2009。
9. 《庄子的思想世界》，北京大学出版社，2006。
10. 『유교적 사유의 역사』，황종원 외역，서울：성균관대학교 유교문화연구소，2008.
11. 《认识与价值》，华东师范大学出版社，2009。
12. 《历史中的哲学》，华东师范大学出版社，2009。
13. 《思想的长河：文化与人生》，北京师范大学出版社，2010。
14. 《成己与成物：意义世界的生成》，人民出版社，2010。
《意义世界的生成》，学生书局，2011。
The Mutual Cultivation of Self and Things, trans. Chad Austin Meyers (Bloomington：Indiana University Press，2016).
15. 《人类行动与实践智慧》，生活·读书·新知三联书店，2013。
On Human Action and Practical Wisdom, trans. Paul J. D'Ambrosio, Sarah Flavel (Boston：Brill，2016).
16. 《哲学的视域》，生活·读书·新知三联书店，2014。
17. 《哲学引论》，高等教育出版社，2015。
18. 《中国哲学二十讲》，中华书局，2015。
19. 《作为哲学的中国哲学：杨国荣学术论集》，孔学堂书局，2016。
20. 《哲学：思向何方》，中国社会科学出版社，2019。
21. 《理解哲学》，北京大学出版社，2021。
22. 《再思儒学》，华东师范大学出版社，2021。
23. 《人与世界：以事观之》，生活·读书·新知三联书店，2021。
24. 《庄子内篇释义》，中华书局，2021。
25. 《老子讲演录》，中国人民大学出版社，2021。

后　　记

　　本文集应广东高等教育出版社之约而编。从时间上看，文集中收入的文稿始于20世纪90年代，止于21世纪第二个十年，前后跨越20余年；就内容而言，其中诸篇则既涉及哲学史的考察，也关乎哲学理论方面的思考，文集以"史与思"为名，主要基于内容方面的以上特点。以具体、真实的存在为指向，我的哲学探索在史与思的层面，都呈现"具体形上学"的形态，本书以"面向具体的存在"为副标题，也试图体现以上进路。

杨国荣
2019 年 4 月

 学术中国文丛

策 划：黄红丽　　主　编：张　江

文学卷

陈思和：《走在复旦的支路上》
曹顺庆：《中国比较文学话语建构》
吴承学：《近古文章与文体学研究》
王一川：《修辞论美学述略》
张福贵：《走向历史的深处：中国现当代文学学科性
　　　　　与学术逻辑》
陈晓明：《纯文学的困境与拓路》
孙　郁：《新旧文学的话语维度》
王　尧：《如何现实，怎样思想》
袁毓林：《认知科学背景上的汉语语法研究》
程章灿：《走进古典的过程》

历史学卷

桑　兵：《历史研究的碎与通》
阎步克：《爵秩品阶：权势金字塔的结构原理》
朱　英：《近代中国商人与商会》
张国刚：《大唐气象：制度、家庭与社会新论》

李剑鸣:《美国社会和政治史管窥》
霍　巍:《吐蕃与高原丝绸之路》
荣新江:《丝绸之路与中古中国》
韩东育:《学理日本》
黄　洋:《古希腊史散论》
包伟民:《两宋社会与读史心路》

哲学卷

俞吾金:《思想史视域中的马克思哲学》
吴晓明:《马克思哲学与当代中国》
杨　耕:《多维视野中的马克思》
倪梁康:《意识现象学的理会与践行》
杨国荣:《史与思：面向具体的存在》
万俊人:《他山问石：西方伦理学摄义》
孙周兴:《哲思的迷局：从现代哲学到当代艺术》
朱　菁:《认知、意志与行动》
王中江:《道通万有：本源・本真・本善》
韩水法:《未来之思》